DANNY MORGENSTERN

DAN BRAUN

TOTEN GRÄBER WIND

in Farbe und Bunt

Originalausgabe | © 2023
in Farbe und Bunt Verlag
Am Bokholt 9 | 24251 Osdorf

www.ifub-verlag.de
www.ifubshop.com

Herausgeber: Björn Sülter
Erstlektorat: Doris Kreklau-Giemulla
Endlektorat & Korrektorat: Telma Vahey
Cover-Gestaltung: EM Cedes
Satz & Innenseitengestaltung: EM Cedes
Cover- & Innenseitenillustrationen: Stefanie Kurt

Print-Ausgabe gedruckt von:
Bookpress (Polen)

ISBN (Print): 978-3-95936-424-9
ISBN (Ebook): 978-3-95936-425-6
ISBN (Hörbuch): 978-3-95936-426-3

INHALT

VORWORT

»Totengräberwind« ist ein sehr böses Buch.
Es verbindet die Elemente eines Kriminalromans mit denen einer Horrorgeschichte und den Momenten eines Psychothrillers.

Warum ist dieses Buch so düster, und warum sollten Sie es lesen? Die Gesellschaft vergibt Punkte für gutes emotionales Betragen: Wir erhalten Punkte fürs Training der emotionalen Muskeln, die die Gesellschaft schätzt. Liebe, Freundlichkeit, Loyalität, Humor usw. Doch neben diesen guten Emotionen haben wir auch schlechte: Angst, Aggressivität, Wut …

Wir alle haben, nehmen wir an, Triebe, die zum Sadismus tendieren, und Horrorstorys und Horrorfilme geben uns die Möglichkeit, diese Seite auf relativ harmlose Weise auszuleben. Der Mensch braucht in seinem Leben etwas Wahnsinn, in seinem Bewusstsein ebenso wie in seinem Unterbewusstsein, seinen Träumen. Deshalb ist Horror auch so beliebt.

Und Menschen sind in einer sehr unbequemen Lage: Wir sind, soweit wir wissen, die einzigen Wesen, die über ihr eigenes Ende sinnieren können …

Also, liebe Leserinnen, liebe Leser, begleiten Sie Oliver Borg bei seinem zweiten und vielleicht letzten (?) Fall.

Danny Morgenstern und Dan Braun
im Juni 2023

Für

Familienoberhaupt

Christian

»Ein Blick in die Welt beweist,
dass Horror nichts anderes ist als Realität.«

Alfred Hitchcock

KAPITEL 1

Ein Spaziergang im Zoo

Das Kinderzimmer roch nach Albträumen.

Der kleine Johann von Rotfelder ging nervös auf und ab und scherte sich nicht um die alten Puppen, Bauklötze und Eisenautos, die ordentlich, beinahe zwanghaft sortiert, in den Regalen an der einen Wand des kleinen Zimmers und auf dem Tisch standen.

Durch die gräulich schimmernde, einst weiße Gardine brachen Sonnenstrahlen in sein Reich und fluteten den Raum.

Heute war Sonntag, der Tag, an dem sein Vater ihm viel Zeit schenken würde. Was könnte er an diesem Tag alles erleben? Johann ging in seinen Gedanken die Möglichkeiten durch, die sich ihm auftun würden, und von seiner Phantasie beflügelt, merkte er gar nicht, dass er im Zimmer immer denselben Weg hin und zurück ging.

In den Lichtstrahlen tanzten Staubpartikel in der Luft, die Johann skeptisch beäugte. »Alles wird irgendwann zu Staub. Auch wir«, hatte sein Vater letzte Woche gesagt, und das brachte den Jungen nun zum Nachdenken. Schwebten da auch Überreste von Toten?

Johann trug seine braunen karierten Hausschuhe. Sie passten nicht zu seiner Sonntagkleidung, die sein Vater ihm heute Morgen ins Zimmer gebracht hatte.

Das Langarmhemd war etwas zu klein und lag eng an. Die braune Hose aus Baumwollstoff mit Hosenträgern biss sich mit dem Hemd, dessen gestärkter Kragen wie aus Beton wirkte.

Die Hose mit den schrägen Seitentaschen und einer Ziertasche hinten war wiederum viel zu groß, und Johann fummelte unentwegt am verstellbaren Gummizug, dem Reißverschluss oder dem Hosenknopf, aber es half alles nichts. Es galt, diese Hose in unregelmäßigen Abständen dorthin hinaufzuziehen, wo sie ursprünglich sitzen sollte. Die abnehmbaren verstellbaren Hosenträger waren ein völlig überflüssiges Accessoire, weil sie viel zu locker über die Schultern des Kindes verliefen und nicht für kleine Menschen gemacht waren. Obwohl sie so kurz wie möglich eingestellt waren, hingen sie schlaff wie alte Gummibänder über dem Jungen.

»Schmier dich nicht voll! Klecker nicht!«, lauteten die ermahnenden Worte seines Vaters, als dieser das Frühstückstablett auf den kleinen Tisch gestellt hatte. Dann war er, ohne weitere Worte zu verlieren, wieder aus dem Zimmer gegangen und hatte von draußen die Tür verschlossen.

Johann wusste, dass heute ein besonderer Tag war. Sonntag war immer der Tag der großen Unternehmungen, und er spürte ein Kribbeln im Bauch. Mit kindlicher Aufgeregtheit, aber dennoch vorsichtig, um nicht zu kleckern, aß Johann sein Frühstück mit gutem Appetit: eine Scheibe Graubrot mit Butter und Pflaumenmus, ein sehr hartgekochtes Ei, dessen

Inneres graubläulich verfärbt war, und ein großes Glas warme Milch, auf deren Oberfläche ein weißes Stück Haut schwamm.

Johann war acht Jahre alt, aber fiel es ihm noch immer schwer, Zeitspannen abzuschätzen. Und da im Kinderzimmer keine Uhr hing und er nicht wusste, wieviel Zeit seit dem Frühstück vergangen war – es kam ihm wie eine Ewigkeit vor – wuchs die Ungeduld in ihm.

Das große Fenster mit dem Oberlicht ließ sich nicht öffnen, und durch die staubige Scheibe sah er nur den Hinterhof des Hauses.

Durch das Schlüsselloch konnte er auch nicht spähen. Sein Vater hatte alle die für die Zimmertüren in Wohnungen üblichen Schlösser bereits vor Jahren durch Sicherheitsschlösser ausgetauscht, und durch den engen Zylinder war es unmöglich, hindurchzusehen.

Johann von Rotfelder ging zu seinem kleinen Schreibtisch, auf dem alle Blätter, ein Anspitzer und ein Radiergummi in zwanghafter Pedanterie angeordnet waren. Er prüfte mit einem genauen Blick alles auf der Tischplatte, um seinen Vater, wenn dieser endlich ins Zimmer kommen sollte, nicht zu verärgern, falls etwas schräg oder asymmetrisch platziert worden wäre.

Aus einem kleinen Becher ragten zwölf unterschiedlich lange Stifte. Es waren alles Bleistifte in verschiedenen Härtegeraden. Johanns Vater war der Ansicht, ein Kind müsse nicht mit verschiedenen Farben malen, um ein strukturiertes Bild zu erschaffen, und so musste der Junge seine Phantasien jahrelang in Grau zu Papier bringen.

Johann bückte sich noch einmal und schaute unter das schmale Holzgestell seines Bettes. Ja, er hatte das Töpfchen sorgsam mit einem Handtuch abgedeckt. Dafür konnte er also keinen Ärger bekommen. Vater mochte es nicht, wenn er beim Wechseln des Nachtopfs sehen musste, dass Johann auch Stuhlgang gehabt hatte.

Plötzlich hob Johann seinen Kopf und drehte ihn in die Richtung, aus der er ein Geräusch gehört zu haben glaubte. Kam jetzt Vater? Ja!

Der Schlüssel drehte sich im Schloss, die Tür wurde mit einem Knacken aufgeschoben, und vor dem düsteren Flur stand Friedrich von Rotfelder in einem beige karierten 50er-Jahre Anzug. Das Einstecktuch hing in der Brusttasche des Jacketts, und die drei Knöpfe, die von Rotfelder alle geschlossen hatte, hingen schlaff an den über die Jahre ausgeleierten Fäden.

»Na, mein lieber Johann, wie war dein Vormittag?«, fragte er, ohne dass er an einer Antwort auch nur das geringste Interesse zeigte. Ein großer Karneol baumelte an einer Kette, die der Mann um den Hals trug. Der Stein lag wie ein gelblicher Schleimpfropf vor dem Brustbein des leicht ergrauten Mannes, als er sich militärisch gerade in die Türöffnung stellte und seinen Blick kontrollierend über den Tisch wandern ließ.

»Gut, Vater!«, antwortete Johann und erhob sich im selben Moment von seinem kleinen Schreibtischstuhl, auf den er sich hatte fallen lassen, als die Kinderzimmertür aufgeschoben worden war.

»Bist du denn gut bei Kräften, um etwas zu unternehmen? Heute ist Sonntag!«

Johann streckte die Brust heraus: »Ja, Vater! Ich weiß!«

»Was möchtest du denn heute unternehmen?« fragte von Rotfelder, der bisher nicht mehr als einen Schritt in das Zimmer des Jungen gegangen war.

»Ich würde so gerne wieder Tiere ausstopfen!«, schoss der Junge hervor.

Johanns Vater hatte ihm beigebracht, wie man Vögel, kleine Nagetiere oder, wie beim letzten Mal, einen Fuchs präparierte.

»Heute nicht. Ich habe kein Tier da, und wir haben auch keine Zeit dafür. Hast du noch eine Idee?«, fragte Friedrich von Rotfelder.

Der Junge überlegte und schickte seine Augen für einen kurzen Moment nach rechts oben. »Ich würde gerne in den Zoo gehen«, sagte er dann entschlossen.

»In den Zoo … so, so.« Von Rotfelder machte zwei weitere Schritte in das Zimmer. »In den Zoo …« Seine Augen verengten sich zu Schlitzen, und er blickte sich mit den langsamen Kopfbewegungen eines Leguans im Raum um, wobei er keinen Winkel ausließ, um sicherzustellen, dass alles seine Ordnung hatte.

Johanns Herz begann wie wild zu pochen, denn er wusste, mit dem Ausgang dieser Visite stand und fiel alles, was er heute erleben könnte.

Friedrich von Rotfelder brauchte für seinen »Rundgang« im kleinen Zimmer fast eine Minute. 60 Sekunden einer zermürbenden Ewigkeit, die Johann den Schweiß auf die Stirn trieb.

Immer wieder berührte der Mann den hühnereigroßen Karneol, den er mit einer Kette um seinen Hals trug, als müsse er sich vergewissern, dass der Stein noch dort hing.

Dann wandte sich der Mann seinem Sohn zu, machte einen Schritt auf ihn zu und blieb kurz wortlos stehen.

Johann schnürte es den Hals zu, als sein Vater zum Sprechen Luft holte.

»Gut, mein Junge. Dann nimm dir eine leichte Jacke aus dem Schrank, ziehe deine Schuhe an, und dann machen wir uns auf den Weg.«

Friedrich von Rotfelder hatte den Satz noch nicht ganz zu Ende gesprochen, als sein Sohn sich auch schon in die Hocke ging, die Hausschuhe abstreifte und hastig den Zeigefinger der rechten Hand in einen Slipper steckte, um mit der Hacke schneller hineinrutschen zu können. Er wiederholte das mit dem anderen Fuß, so rasch er konnte, und mit leicht gerötetem Gesicht stand er augenblicklich wieder kerzengrade vor dem Mann, der ihm nun die lang ersehnte Abwechslung verschaffen würde.

Friedrich von Rotfelder streckte eine Hand aus, und sein Sohn ergriff sie sofort.

Es war immer ein Moment voller Spannung, wenn Johann die Schwelle zum Flur überschritt. Hier roch es anders. Hier fühlte sich der Boden unter den Schuhen weicher an, und hier war das Licht das eines anderen Planeten.

Sie gingen wenige Schritte und blieben vor einer dunkelbraunen Kommode stehen, auf der im gleichen Abstand zueinander und auch zu den Rändern rechts und links zwei Vasen in der Größe von Wasserflaschen standen.

Johann fixierte die beiden Vasen, ohne zu blinzeln.

»Na, mein Junge. Das macht Spaß, oder?«, fragte der Mann, der die Vasen ebenfalls nicht aus den Augen ließ.

»Was ist das?«, wollte der kleine Johann wissen.

»Na, die beiden Affen meine ich. Dort vor dir!«

»Warum bewegen sie sich nicht?«, fragte Johann, und eine leichte Enttäuschung schwang in seiner Stimme mit.

»Sie beobachten dich. Vielleicht haben sie Angst.«

Johann schaute noch einmal auf die beiden Vasen, die in ihrer Schlichtheit kaum mehr Langeweile hätten verbreiten können.

Die kleine Hand des Jungen begann in der des Vaters zu schwitzen, doch er wagte es nicht, sich dem Griff des Mannes zu entziehen, um sie am Hosenbein trockenzuwischen. Er konnte sich nicht daran erinnern, jemals sein Zimmer verlassen zu haben, ohne an der Hand geführt worden zu sein.

»Diese kleinen Racker. Immer nur Unsinn im Kopf!« Friedrich von Rotfelder schüttelte seinen Kopf und lächelte, während er die Vasen beobachtete.

Nach einer Weile fragte er: »Wollen wir weitergehen?«

»Ja!«, schoss Johann hervor, und der Weg führte die beiden zu einem kleinen Tisch, der weiter unten im Flur in einer Ecke stand. Auf dem Tisch befand sich eine leere, große Obstschale, die genau in der Mitte der runden Tischplatte stand.

»Die wird bis zu 200 Jahre alt«, sagte Friedrich von Rotfelder stolz.

»Wer?«, fragte Johann.

»Na, die Schildkröte«, antwortete sein Vater.

Der Junge schaute die Schale mit großen Augen an.

»Warum liegt die Schildkröte auf dem Rücken?«, wollte er wissen.

Der Kopf des Vaters kam herumgeschossen, und sein Griff verstärkte sich, sodass Johanns kleine Finger in der Hand des Mannes übereinander gedrückt worden.

»Willst du mich vorführen?«, fragte Friedrich von Rotfelder zornig.

Johann antwortete nicht.

»Na gut. Du hast heute ohnehin deinen Spaß gehabt. Wir gehen zurück in dein Zimmer!«

Johann wagte nicht zu widersprechen. Schnell sah er sich um und entdeckte die Tür zum schönen Badezimmer. Am letzten Sonntag, als er sich eine Unternehmung wünschen durfte, hatte er einen Ausflug ins Schwimmbad vorgeschlagen.

Friedrich von Rotfelder war daraufhin mit seinem Kind bis ins Badezimmer gegangen, hatte etwas Wasser in die Wanne laufen lassen und auch den Wasserhahn des Waschbeckens aufgedreht, und sie hatten beide für rund zehn Minuten dem Plätschern zugehört, bevor »die Badeanstalt schloss«, wie der alte von Rotfelder es ausgedrückt hatte. Danach waren sie zurück zum Kinderzimmer gegangen, und ihre Wege hatten sich für eine Woche getrennt.

Was würde sich Johann für nächsten Sonntag überlegen? Einen Ausflug ins Museum, wie schon so oft dieses Jahr? Ein Spaziergang im Park? Einer der Räume in Friedrich von Rotfelders Haus war an einer freien Wand mit einer großen Fototapete beklebt, die ein paar Bäume und eine Wiese zeigte.

»Nächsten Sonntag werden wir keinen Ausflug machen«, sagte Johanns Vater ganz nebenbei, und wie vom Donner gerührt blieb der kleine Johann stehen.

»In 14 Tagen haben wir wieder etwas Zeit für eine Unternehmung«, fügte der Mann hinzu.

»Warum nicht nächsten Sonntag?«

»Ich habe einen Arzttermin. Schon am Freitag. Eine kleine Augenoperation, und ich werde am Sonntag noch nicht ganz auf dem Posten sein, aber du musst dir keine Sorgen machen.«

Johann machte sich keine Sorgen. Zumindest nicht wegen der Operation. Aber wie konnte sein Vater die Dreistigkeit besitzen, einen Sonntag ausfallen lassen zu wollen?

»Kannst du dich nicht an einem anderen Tag operieren lassen?«, fragte Johann.

Sein Vater, überrascht von diesem Vorschlag, blickte ihn scharf an. »Nein!«

»Was wird denn operiert?«, fragte Johann, und es klang so, als würde er nicht glauben, dass sein Vater sich unters Messer legen würde.

Drei Sekunden verstrichen, in denen Friedrich von Rotfelder sich fragte, was seinen Sohn zu dieser Aufmüpfigkeit gebracht hatte, ihn auszufragen. Doch er unterdrückte seinen Ärger und antwortete.

»Ich bin beim Augenarzt. Mir wird der Star gestochen.«

Johann sah seinen Vater verwirrt an.

»Na ja. Früher hieß das so. Da wurde das Auge mit einer Art Nadel durchstoßen und die Linse heruntergedrückt. Das ist heute nicht mehr so«, erklärte Friedrich von Rotfelder. »Damals wurde mit der Starstichnadel in das Auge gestochen. Nach der Prozedur konnte dann das Licht ohne Hindernis auf die Netzhaut fallen, und man konnte wieder besser sehen.«

Johanns Vater machte Anstalten, zurück in Richtung Kinderzimmer zu gehen. Johann blieb aber stehen, und sein Vater zog verwundert an der Hand des Kindes, dessen Arm sich daraufhin streckte.

»Kann man das nicht hier machen? Musst du unbedingt zum Arzt? Kann er dich nicht hier operieren?«, fragte Johann unschuldig.

»Die Operation ist heutzutage etwas komplizierter. Man schneidet ein kleines Loch ins Auge und zertrümmert die kaputte Linse mit Ultraschall. Dann müssen die kleinen Trümmer abgesaugt werden, und ins Auge wird eine neue Linse eingesetzt. Dann kann ich, wenn ich mich erholt habe, besser sehen und habe auch mehr von unseren nächsten Ausflügen. Und jetzt komm. Du musst wieder in dein Zimmer. Ich habe noch zu arbeiten.«

Johann überlegte. Warum hatte Vater sich nicht für die erste Methode entschieden? Sie klang viel unkomplizierter. Auch schien es, als würde alles sehr schnell vonstatten gehen. Musste man dazu überhaupt ins Krankenhaus?

Wut stieg in Johann auf. Sein Vater würde ihm nächsten Sonntag also keine Zeit schenken. Er würde 14 Tage in seinem Zimmer verbringen müssen. 14 endlose Tage, an denen nur zweimal am Tag die Tür geöffnet werden würde, um Dinge hineingereicht zu bekommen oder schmutziges Geschirr herauszureichen. 14 Tage bis zum nächsten Ausflug.

Johann zählte die Schritte bis zur Kinderzimmertür, die sich in wenigen Momenten hinter ihm schließen würde. Da erfasste sein Blick einen kleinen Beistelltisch, und auf diesem Tisch, auf dem ein orangfarbenes Telefon mit Wählscheibe stand, lag auch eine große silberne Papierschere.

Die Bewegung des Kindes war so weich und elegant, dass Friedrich von Rotfelder nicht bemerkte, wie sein Sohn im Vorbeigehen die Hand über den kleinen Tisch und das Telefon gleiten ließ und lautlos die Schere ergriff.

Die Kinderzimmertür wurde geöffnet, und eine muffige Luft schob sich aus dem kleinen Raum.

Friedrich von Rotfelder hielt die Tür offen und wartete darauf, dass sein Sohn, ohne viel Zeit zu verlieren, wortlos wie immer, eintreten würde. Doch heute war alles anders. Heute änderte sich alles.

»Kommst du noch einmal kurz mit ins Zimmer?«, fragte Johann und schaute so liebevoll, dass niemand diesen Wunsch hätte abschlagen können.

KAPITEL 2

Körper sensationen

Es war kein Ende des Staus in Sicht. Oliver Borg hatte das Lenkrad seines gebrauchten VW Golf, den er erst vor einem Monat erstanden hatte, fest umschlossen. Er hielt die Lederummantelung in einem Würgegriff, als würde er mit 220 km/h auf einer kurvenreichen Straße entlangrasen. Das Weiße seiner Fingerknöchel trat deutlich hervor. Und dennoch stand das Auto. Es gab kein Vor oder Zurück.

Die Sonne verwandelte das Wageninnere in einen Brutkasten, und Schweißperlen liefen Borg über das Gesicht, trotz des offen stehenden Fahrerfensters. Er hatte von jeher eine Abneigung gegen Autobahnen und bevorzugte deshalb Landstraßen. Jetzt bekam er wieder seine Quittung für diesen Verstoß gegen die ihm selbst auferlegten Lebensregeln. Der Stau machte alle gleich: Millionäre, Bauern, Kleinwagenbesitzer, Schwarze, Weiße, Fußpflegerinnen, Fahrschüler, Vegetarier und selbst Kommissare, wie er einer war.

Gute 8.300 Euro hatte ihn der Wagen gekostet. 8.300 Euro, die ihm jetzt die Laune verdarben. Er ließ seinen Blick über die Armaturen wandern. 11.132 km war die Karre mit ihren 55kW bzw. 75 PS bereits gerollt, dann hatte der alte Besitzer sie abgestoßen. Borg hatte nicht nur die Bremse getreten, sondern auch die Kupplung – einfach in der Hoffnung, sollte sich vor ihm auch nur ein Zentimeter Spielraum ergeben, die Kupplung kommen zu lassen und dann ein kleines Stück in Richtung der nächsten Abfahrt weiterzurollen. Seine Träume wurden nicht erhört. Der Smart Fortwo vor ihm hatte sich seit fünfzehn Minuten nicht ein My bewegt.

›Rien ne va plus‹, dachte Borg, und er und sein Wagen versanken im Lärm der Gegenfahrbahn, auf der alles rollte, und im Staub des erdrückenden Sommers. Zum Glück war für die nächsten Tage Regen angesagt worden.

Jetzt wurde urplötzlich sein linker Arm taub, und er begann ihn mit der rechten Hand zu massieren. Was veranlasste seinen Körper nur zu diesen kleinen Sensationen?

Das war sie also, die Hölle!, dachte er. Der Teufel hatte sie in eine unendliche Autobahn verwandelt, und hier würde Borg nun stehen, bis zum Rest seines Lebens, und in seinem eigenen Saft schmoren.

Mit einem Luftstoß der Resignation atmete er aus, drehte den Zündschlüssel herum, und sein VW Golf starb innerhalb dieser Sekunde, was er durch das augenblickliche Verstummen seines monotonen Brummens und des sofortigen Einstellens seiner wütenden Vibrationen anzeigte.

Borg stellte das Radio an. Die letzten Klänge eines Liedes waren zu hören, und obgleich es ihm seltsam vertraut vorkam, so kam er doch nicht auf den Titel. Ein brutal schlechter Jingle kündigte den Übergang zu den Nachrichten an.

»11:58 Uhr – Zwei Minuten vor zwölf …«, sagte der Sprecher.

Rechen-Ass!, dachte Borg.

»Der Aufschwung bringt ganz offensichtlich Leben in den Arbeitsmarkt. Vor allem die Jungen profitieren davon«, fuhr die Stimme fort. »In Peine zum Beispiel: Dort ist die Zahl der Arbeitslosen unter 25 innerhalb eines Jahres um mehr als ein Drittel gesunken.«

Borg ließ seine feuchte Stirn auf das Lenkrad sinken, schreckte aber gleich wieder hoch, weil ein Motorradfahrer links neben seinem Wagen vorbeiraste. Im selben Moment nahm er ein Flimmern im Rückspiegel wahr. Die Stimme des Nachrichtensprechers wurde zu einem unwichtigen Blabla, das vom Sprachzentrum gar nicht mehr entschlüsselt wurde. Das, was da im Spiegel aufblitzte, war ein sich näherndes Einsatzfahrzeug der Polizei.

Vorbildlich hatten alle Wagen vor und hinter Borg eine Rettungsgasse gebildet, nur sein sehr gepflegter VW Golf III 1.8 GL aus dem ersten Besitz eines Rentners nicht. Ein Ruck ging durch seinen Körper, als ihm klar wurde, dass der sich rasch nähernde Polizeiwagen niemals zwischen seinem in der Mittelspur stehendem Auto und dem Audi TT in der linken Spur durchpassen würde.

Als wolle er mit einem Schraubenzieher zur finalen Drehung einer widerspenstigen verkanteten Schraube ansetzen, drehte Borg den Schlüssel im Zündschloss um, und die Lüftung keuchte ihm feuchtwarme Luft ins Gesicht. Das Blaulicht von hinten kam näher. 20 Meter noch. Er kurbelte am Lenkrad. Unmöglich, den Wagen zu bewegen! Er parkte dem Smart vor sich schon fast im Kofferraum, und der Opel hinter ihm hatte die intime Distanzzone bei Weitem unterschritten.

Borg fluchte. Jetzt wurde hinter ihm eine Sirene eingeschaltet. Gute Güte! Dachten die, er wäre blind? Er gestikulierte und streckte seinen Kopf aus dem Fenster, doch das machte die Situation nicht besser. Die beiden Beamten im Polizeiwagen schienen böse Masken zu tragen, als ihr Fahrzeug leicht versetzt hinter seinem zum Stehen kam. Der Beifahrer stieg aus, setzte seine Mütze auf und marschierte stramm auf die Fahrerseite zu.

Borg lief der Schweiß den Rücken hinunter.

»Sie blockieren die Rettungsgasse!«, sagte der Beamte laut.

»Ja, ich weiß.«

»Machen Sie den Weg frei. Wir müssen zum Einsatzort durchkommen!«

»Ja, ich weiß. Aber wie denn?« Borgs Hände wiesen entschuldigend auf den Wagen vor sich.

Der Tonfall war streng: »Zwei Punkte in Flensburg und mindestens 200 Euro Bußgeld! Bei einer solchen Behinderung, ja Gefährdung, erhöht sich die Geldbuße erheblich. Da kommt in jedem Fall ein Fahrverbot von einem Monat hinzu, und …« Der Beamte brach mitten im Satz ab. Dann beugte er sich weiter zum offenen Fahrerfenster hinunter. »Borg? Sind Sie das?«

Das hatte er befürchtet. Der Kollege hatte ihn erkannt.

»Ja.« Seine Stimme hätte eher zu einem kleinen Vögelchen aus einem Trickfilm gepasst als zu einem Mann im Alter von 42 Jahren.

Der Polizist schüttelte den Kopf. »Dass Ihnen das passiert, obwohl Sie vom Fach sind.« Er stützte die Hände in die Hüften.

Borg spielte alle Möglichkeiten im Geist durch. Konnte ihn das Vorzeigen des lückenlos geführten Serviceheftes und die Angabe, dass sein Wagen durch den Vorbesitzer über Jahre rauch- und tierfrei geblieben war, aus dieser peinlichen Situation retten? Wohl kaum. Auch alle durchgeführten Wartungen würden nichts an den Aufzeichnungen ändern können, die die Kamera hinten im Polizeifahrzeug gemacht hatte. Er war der Depp, und er schwitzte.

»Das Lenkrad ganz nach rechts einschlagen, da ist noch ein halber Meter Platz auf der rechten Seite!«, wies ihn sein Kollege an.

Borg reckte seinen Hals. Er hielt das für aussichtslos, doch folgte er den Anweisungen. Das Innere seines Mundes war das Einzige an seinem Körper, das jetzt noch trocken war. Er drehte das Steuer bis zum Anschlag, während der Verkehrspolizist der Dame im Smart vor ihm die Anweisung gab, bis an die Stoßstange ihres Vordermannes heranzufahren. Und siehe da, das Puzzleteil passte in die Lücke. Er manövrierte sich aus dem Weg, während er den Gedanken, sein Golf habe die ganzen Jahre beim Vorbesitzer in einer beheizten Garage gestanden, zu verdrängen versuchte. Der Polizist war längst wieder in den Einsatzwagen gestiegen, und die beiden grimmigen Gesichter passierten den Golf.

Borg kam wieder in dieser Welt an, und just in diesem Moment wurde das Kauderwelsch aus dem Radio, das nur als unverständliches Geplapper an sein Ohr gedrungen war, durch sein Gehirn entschlüsselt. Der Nachrichtensprecher war bei einem anderen Thema angekommen: »… Vermisst wird ein 5-jähriger aus Watenbüttel. Er wurde zuletzt am 24. September 2021 gegen elf Uhr auf dem Spielplatz am Ortseingang gesehen, wo er sich zu Fuß in Richtung eines dortigen Feldweges entfernte. Seitdem fehlt von dem vermissten Kind jede Spur. An seine Wohnanschrift ist er nicht zurückgekehrt. Der Junge ist etwa 1,20m groß, von schlanker Statur und hat kurze dunkelblonde Haare. Bei seinem Verschwinden trug er ein rotes T-Shirt mit Avengers-Aufdruck, blaue Jeans und ein schwarzes Cap. Weiterhin hatte er einen hellbraunen ledernen Brustbeutel und einen dunkelblauen Rucksack bei sich …«

Wieder einer, dachte Borg. In Braunschweig hatte die Anzahl verschwundener Kinder besorgniserregend zugenommen. Das dritte Kind in zwei Monaten war verschwunden. Vor den Schulen bildeten sich lange Autoschlangen, weil viele Eltern ihre Kinder nicht mehr allein zur Schule gehen lassen wollten.

Als er am Smart vorbei in die Schlange vor sich blickte, sah er ein Motorrad, das in der Rettungsgasse in falscher Richtung fuhr und auf ihn zukam.

Die Honda vom Typ VFR1200X Crosstourer kam direkt neben seinem Wagenfenster zum Stehen.

»Kommissar Borg?«, fragte die Stimme des Fahrers dumpf aus dem Helm.

»Ja.« Borg fragte sich, was jetzt wohl kommen würde.

»Da vorn hat sich ein Unfall ereignet. Würden Sie bitte einmal zur Unfallstelle mitkommen?«

»Das ist doch ganz sicher etwas für die Verkehrspolizei«, gab Borg etwas verblüfft zurück. »Ich arbeite bei der Mordkommission.«

»Ja, ich weiß«, erwiderte der Mann auf dem Motorrad, »aber Ihr Chef, Herr Koller, hat mich gebeten, Sie zu holen, nachdem er erfahren hat, dass Sie hier im Stau stehen.«

Was zum Teufel machte denn Koller am Unfallort? Oder war er in den Unfall verwickelt?

Borg schaltete den Motor aus und schnitt dem Nachrichtenmoderator damit das Wort ab.

»Wie weit ist das denn?«, fragte er den von oben in sein Fenster blickenden Mann.

»Ich schätze, 200 Meter. Gleich hinter der nächsten Kurve.«

Borg öffnete die Tür und stieg aus seinem Auto. »Steigen Sie ab und geben Sie mir Ihren Helm, bitte.«

»Was?«, fragte der Polizist.

»Glauben Sie, ich jogge da hin? Ich nehme Ihr Motorrad.«

»Das ist gegen die Vorschrift«, protestierte der Mann auf dem Motorrad.

»Jetzt hören Sie mal zu«, sagte Borg. »Wenn ich jetzt zum Unfallort muss, muss einer bei meinem Auto bleiben. Wer sein Auto auf der Autobahn unbeaufsichtigt verlässt, schafft mehr als nur eine geringe Gefahr für die Verkehrssicherheit und die anderen Verkehrsteilnehmer, denn der Autofahrer riskiert durch dieses Verhalten Auffahrunfälle. Das ist Ihnen doch bekannt, oder?«

Der Polizist schwieg, und Borg sah zu seiner Befriedigung die versteinerte Miene des Mannes durch das geöffnete Visier des Helms.

»Hier ist mein Autoschlüssel. Fahren Sie meinen Wagen zum Präsidium, wenn das hier wieder alles ins Rollen gerät. Da bekommen Sie Ihr Motorrad wieder. Na, los. Sie haben doch selbst gesagt, ich werde da vorn gebraucht.«

Der Polizist stieg mürrisch von seinem Motorrad ab und nahm seinen Helm ab. Borg verspürte ein leichtes Unbehagen, als er die schweißnassen Haare seines Kollegen sah. In diesen Helm sollte er sich nun zwängen?

»Das Motorrad ist dann aber nicht versichert.« Der Mann machte noch einen letzten Versuch, die Situation, durch die er so überrumpelt worden war, wieder unter Kontrolle zu bekommen.

»Mein Auto auch nicht ...«, entgegnete Borg, setzte den Helm auf, warf sein rechtes Bein über den Sattel und saß augenblicklich auf dem heißen Leder der Maschine. Er manövrierte die Honda mit den Füßen leicht zurück, drehte den Lenker in den maximalen Winkel nach rechts und schaffte es gerade so, das Motorrad zu wenden, bevor er die Rettungsgasse nutzte, um die angekündigten 200 Meter zum Grund des Staus nach vorn zu fahren.

Der kühle Fahrtwind blies ins offene Visier, und Borg, der jahrelang nicht mehr auf einem Motorrad gesessen hatte, empfand fast so etwas wie Vergnügen, als er in der Einflugschneise der anderen Fahrzeuge an den genervten Gesichtern der im Verkehr stecken gebliebenen Autofahrerinnen und Autofahrer vorbeifuhr.

Einige Personen waren aus ihren Fahrzeugen ausgestiegen, weil sie die Hitze im Wageninneren nicht mehr ausgehalten hatten.

Borg fuhr um die langgezogene Kurve und stellte fest, dass der Polizist eine Null im Schätzen von Entfernungen war. Fast einen halben Kilometer fuhr er, ehe er vor sich sah, was den Stau verursacht hatte.

Ein Anhänger lag quer auf der Autobahn. Die Zugmaschine hatte sich in der Mittelleitplanke verkeilt, und bergeweise Maissilage verwandelte den Schauplatz in ein expressionistisches Stillleben. Das Grün gehörte einfach nicht zu einem üblichen Unfall, und vor allem gehörte es nicht mitten auf die Autobahn. Der hintere Anhänger war in der Mitte durchgebrochen, ein weiterer stand noch auf der Autobahn und verhinderte jegliches Durchkommen. Unglaublich, was bei Unfällen für Kräfte wirkten, ging es Borg durch den Kopf, als er langsam an den Ort des Geschehens heranrollte.

Ein PKW, der mit einem Teil des Anhängers kollidiert war, stand mit Totalschaden am rechten Fahrbahnrand, und weißer Rauch stieg aus dem Blechhaufen auf. Zwei Menschen, vermutlich die Insassen, standen kopfschüttelnd neben dem Wagen. Sie hatte noch einmal Glück gehabt und schienen nicht verletzt zu sein.

Der Anhänger und alles, was dazugehörte, dominierte jedoch den Schauplatz.

Borg fragte sich, um was für eine Art Transportwagen es sich handelte, denn trotz seiner Schlichtheit waren einige futuristische Elemente aus dem zerstörten Anhänger gebrochen und fielen ihm nun ins Auge.

Die Pkw, die hinter dem Transport gefahren waren, standen quer zur Fahrbahn. Zwei weitere Fahrzeuge waren ineinander gefahren, und ein Wagen hatte die Leitplanke am linken Fahrbahnrand touchiert.

Borg schlängelte sich mit geschickten Lenkmanövern an den Unfallwagen vorbei und rollte langsam vor eine Gruppe aus drei Personen, von denen er eine als seinen Chef Jan-Frederick Koller erkannte.

Die Luft auf der Autobahn stand, und Borg merkte, wie sein Hemd an seinem Rücken klebte. Der Klimawandel strafte ihn für die vielen Jahre, in denen er sich nicht um die Umwelt geschert hatte. Jetzt garte er langsam vor sich hin. Selbst Schuld! Unglaubliche 30°C, und das am 25. September!, dachte er. Er konnte sich nicht erinnern, dass es in diesem Monat jemals eine solche Hitze gegeben hatte.

»Ah, da sind Sie ja! Gut, dass Sie da sind. Ich kam von der anderen Seite zum Unfallort. Wir sind die Autobahnabfahrt da vorn hochgekommen«, sagte Koller, als er mit langen Schritten auf Oliver Borg zuging.

Dieser stieg ab, nahm den nach billigem Rasierwasser riechenden Helm vom Kopf und legte ihn auf den Sitz der Maschine.

»Was ist mit dem Kollegen, dem das Motorrad gehört?«, fragte Koller.

»Der schwitzt«, sagte Borg knapp. »Was ist hier los? Was soll ich hier?«

»Es sieht ganz danach aus, als wenn wir hier einen neuen Fall haben. Deshalb bin ich vor Ort. Da vorn liegt ein Toter auf der Straße.«

Borg reckte den Hals. Ja. Da lag, bereits mit einem Tuch abgedeckt, zwischen dem auf der Autobahn verteilten Grünzeug, eine tote Person.

»Ist das nicht ein Fall für die Verkehrspolizei?«, fragte Borg.

»Ich denke nicht«, sagte Koller.

»Ist die Person auf die Autobahn gelaufen? Ein Selbstmörder?« Das erschien Borg das Naheliegendste.

»Fehlanzeige.« Koller trat einen Schritt näher an Borg heran. »Der Mann war bereits tot, als er auf dem Asphalt aufschlug.«

»Vielleicht ein Herzinfarkt, und er ist aus dem Führerhaus gefallen, als der Lkw verunglückte?«, mutmaßte Borg.

»Sicher nicht«, sagte Koller.

Borg waren diese Ratespielchen zuwider.

»Wie können Sie da sicher sein?«, fragte er.

»Das ist nicht der Fahrer, der da liegt. Der Fahrer ist verschwunden. Die Augenzeugen sagten, er sei nach dem Unfall aus der Kanzel geklettert, über die Leitplanke gesprungen und weggelaufen. Der, der da liegt, befand sich mitten in der Ladung, als der Anhänger zerbrach und das Häcksel hier über die Autobahn verteilt wurde.«

Borg ordnete seine Gedanken. Der Tote hatte also schon in der zerhäckselten Maispflanzenmasse gelegen.

»Was ist das für ein Transport?«, fragte Borg.

»Das kann Ihnen besser Kollege Löhr beantworten. Der hat bereits mit dem Unternehmen telefoniert, zu dem der Transporter gehört.«

Koller winkte einen freundlichen Beamten herbei, der ganz nach alter Manier etwas auf einen kleinen Notizblock kritzelte.

»Löhr, können Sie Kommissar Borg kurz aufklären, bitte?«

Löhr ließ sich das nicht zweimal sagen. »Nachdem wir dem Präsidium das Nummernschild durchgegeben haben, sind wir gleich an die wichtigsten Informationen gekommen. Es handelt sich um einen recht neu entwickelten Plattformwagen, dessen Spezialaufbau für eine schnelle Be- und Entladung ausgelegt ist. Der Grundwagen besteht aus einem zweiachsigen Standardchassis aus der PWO-Baureihe.«

Mein Gott, dachte Borg, ist das langweilig!

Löhr war noch lange nicht am Ende seiner Ausführungen: »Die Stirnwand und Rückwand bestehen laut Hersteller aus einer Stahlrahmenkonstruktion mit Aluminiumbordwandprofilen. Die Frontwand ist zusätzlich …«

»Stopp, stopp, stopp!« Borg hob abwehrend die Hände. »Das interessiert mich alles überhaupt nicht. Ich will wissen, wo der Wagen hinwollte, wer ihn fuhr und wie es zu dem Unfall gekommen ist.«

Löhr war offenbar nicht nur ein Experte für Fahrzeuge, sondern auch äußerst geschickt darin, dieses Wissen in Antworten einzubauen, die eigentlich völlig anderen Inhalts hätten sein sollen. »Dieser Wagen, der die zweiteiligen Seitengatter hydraulisch nach oben aufschwenkt und im geöffneten Zustand auf dem Dach ablegt, sollte laut Fahrplan eigentlich nach Volzum zu einer Biogasanlage fahren – allerdings wäre er erst drei Stunden später terminiert gewesen. Die Arbeiter wären zur Zeit der Ankunft noch gar nicht vor Ort gewesen.«

Löhr schaute noch einmal auf seinen kleinen Notizblock und sprach weiter: »Über den Toten wissen wir noch nichts.«

Er schaute ein weiteres Mal auf den Notizblock: »Über den Fahrer auch nicht!«

Borg wurde ungeduldig. »Und die Unfallursache?«, fragte er.

»Noch nicht ganz klar«, antwortete Löhr.

Borg drehte sich zu Koller. »Das Fahrziel, also diese Biogasanlage, würde ich mir gerne einmal ansehen, wenn's recht ist.«

Koller nickte. »Ich nehme Kontakt auf.«

»Sonst noch etwas?«, fragte Borg Löhr. Dieser blickte kurz auf seinen Notizblock und schüttelte den Kopf. Offenbar schaute der Beamte immer auf seine Aufzeichnungen, auch wenn er keine wichtigen Informationen darauf notiert hatte.

Borg ließ Koller und Löhr stehen und ging langsam auf den abgedeckten Leichnam zu. Ein Kollege von der Spurensicherung machte ihm Platz.

»Grüße Sie. Was können Sie sagen?«, fragte Borg.

»Er ist tot«, sagte der Ermittler.

Es hatte sich nichts geändert im Präsidium. Borg war noch immer nicht mit den Kolleginnen und Kollegen auf einer Wellenlänge, und das ließen sie ihn spüren.

»Schön, dass wir so schnell in dem Fall weiterkommen«, sagte Borg und ging schnurstracks auf den Toten zu. Jetzt erst bemerkte er, wie viel Maishäcksel hier auf der Straße lag. Die Masse, Grundfutter für Wiederkäuer und Substrat für die Biogaserzeugung, sah wie klein geschnittener Porree aus.

Borgs Schuhe versanken in den Pflanzenresten, und einige Bröckchen gerieten in seine Schuhe. Er blieb vor der Leiche stehen, ging in die Hocke und hob das Tuch ein wenig hoch. Kein Lüftchen wehte, und leichter Verwesungsgeruch stieg ihm in die Nase. Der schwarzhaarige Mann, der da vor ihm lag, war also schon seit ein paar Tagen tot. Borg prägte sich alle Informationen ein, die er auf den ersten Blick erfassen konnte, dann ließ er seinen Blick über den Bereich vor sich schweifen.

Zerkleinerte Maispflanzen, so weit das Auge reichte. Am Rand der Fahrbahn lag eine große ausziehbare Aluminiumleiter, die beim Unfall aus einem der Anhänger geschleudert worden war. Aus der Hocke erschienen ihm die grünbräunlichen Berge gigantisch. Es war erstaunlich, welche Menge der Maismasse in einem Anhänger Platz gefunden hatte, bevor dieser umgekippt war.

Borg schaute nach oben. Da lag ein Stiefel auf dem höchsten Berg aus Pflanzenteilen, und nicht weit davon ragten die Schnallen und ein kleiner Teil eines Rucksacks aus dem riesigen Haufen hervor.

Borg deckte den Kopf des Toten wieder ab, streckte sich nach rechts und legte die Beine des Mannes frei. Für einen Moment hielt er inne und überlegte, dann richtete er sich auf und drehte sich zu Koller um.

Der hob fragend den Kopf und die Augenbrauen. Borg bedeutete ihm, näherzukommen, was er augenblicklich tat.

»Haben Sie das da oben schon gesehen?«, fragte Borg.

»Ja, der Stiefel und die Tasche«, sagte Koller, während er etwas lutschte. Vermutlich Veilchenpastillen, dachte Borg.

»Sind Sie sicher, dass das nur ein Stiefel ist?« fragte Borg. Es war an der Zeit, das Frage-Antwort-Spiel einmal umzudrehen.

»Sieht so aus«, sagte Koller.

»Ich glaube, da steckt mehr dahinter.«

»Wie meinen Sie das?«

»Na, ja«, antwortete Borg, »unsere Leiche hat beide Schuhe an. Wem gehört der Stiefel?«

Koller zeigte keine Regung.

Im Hintergrund hatten sich zwei Männer, die mit ihren Wagen im Stau stecken geblieben waren, noch näher an den Unfallort herangewagt und filmten mit ihren Smartphones.

Als Koller die beiden erblickte, stieg ihm Zornesröte ins Gesicht.

Borg sah die Männer zwar auch, aber es störte ihn nicht, auch wenn diese Form des »Gaffens« 20 Euro bis 1000 Euro Strafe für die Kerle bedeuten konnte.

»Hören Sie auf zu filmen! Das Fotografieren einer hilflosen Person stellt einen Straftatbestand dar und kann mit bis zu zwei Jahren Freiheitsstrafe geahndet werden!«, rief Koller den Männern wütend zu, und als er das getan hatte, sahen sich die beiden anderen Beamten am Unfallort indirekt aufgefordert, etwas gegen die Gaffer zu unternehmen. Sie setzten sich militärisch in Bewegung.

»Sehe ich hilflos aus?«, fragte Borg ins Leere und drehte sich wieder zum Lkw. Er stapfte mit seinen Schuhen durch den Maissalat.

»Was denn noch?«, fragte Koller. »Sind Sie noch nicht …«, aber er hielt im Satz inne, als er sah, wie Borg über die Leiche stieg und sich mit ungeschickten Bewegungen den Weg auf den Maisberg bahnte. Immer wieder geriet der Untergrund ins Rutschen, und nur mühsam kam Borg dem Stiefel und dem Rucksack näher. Die herunterrutschenden Maisschichten brachten den schwarzen Rucksack näher an Borg heran. Er ergriff den einen Riemen, stieß sich mit dem linken Bein ab und bekam auch den Stiefel zu fassen, der da aus dem Grün herausschaute. Was dann geschah, ließ die Gaffer mit ihren Handys vor Aufregung auf und ab wackeln. Der ganze Silageberg geriet in Bewegung. Borg fiel nach hinten, hielt den Stiefel und den Rucksack aber weiterhin fest, und ein zweiter Leichnam – der Träger des Stiefels – rutschte aus dem grünen Berg heraus und blieb am Rand des Haufens in den Pflanzenschnipseln liegen.

»Scheiße!«, sagte Koller.

Borgs Körper machte noch eine ungeschickte Rückwärtsrolle, bevor auch er liegen blieb.

Die Gaffer versuchten, näher an den Schauplatz heranzukommen, um bessere und schärfere Bilder zu bekommen, und die beiden Beamten, die sich vor ihnen postiert hatten, schimpften durcheinander. Eine Leiche von Weitem zu filmen, das war für die Gaffer schon eine Befriedigung, aber dass noch ein weiterer toter Körper aufgetaucht war und ein Polizeibeamter den Berg herunterkugelte, das war eine Sensation!

Die beiden Polizisten, die die Männer vom Filmen abhalten wollten, wurden für einen Moment wie Luft behandelt, und auch sie kamen nicht umhin, sich ebenfalls von dem Geschehen auf dem Silagehügel ablenken zu lassen.

Borg stand auf und schüttelte sich ungelenk. Die Pflanzenreste waren nun überall in seiner Kleidung. Selbst aus den Haaren fielen sie ihm.

»Ich sagte doch, da steckt mehr dahinter«, sagte er, als er wieder stand.

Borg öffnete den Rucksack, den er sichergestellt hatte, und konnte nicht gleich erkennen, was sich darin befand. Er griff hinein und holte eine ganze Handvoll Kinderarmbanduhren hervor.

»Es ist wohl wirklich an der Zeit, einen neuen Fall aufzumachen«, murmelte er und blickte Koller ernst in die Augen.

KAPITEL 3

Ratten dem Himmel so nah

Als Borg mit dem geliehenen Motorrad vor dem Präsidium vorfuhr, war von seinem Wagen noch nichts zu sehen. Innerlich feierte er die Bilder, die er vor seinem geistigen Auge sah und die einen verschwitzten Polizisten in seinem Wagen mitten in einem Stunden andauernden Stau zeigten.

Borg spürte, wie sich Maiskörner in seiner Unterhose bewegten, als er schnellen Schrittes die Treppenstufen zu seinem Büro hinauf lief. Auf halben Weg kam ihm Sina Bachmann entgegen, und er stoppte abrupt.

Sina war Borg im letzten Sommer nähergekommen. Beide hatten zusammen an einem Fall gearbeitet und waren dabei gemeinsam in Lebensgefahr geraten. Diese Tatsache hatte vermutlich auch dazu geführt, dass sie sich angenähert hatten, aber letztendlich war alles nur ein Hirngespinst gewesen. Ein hormonelles Kribbeln, geboren aus einer Art Seelenverwandtschaft. Oder doch nicht? Zumindest traten sie jetzt auf der Stelle. Es war nichts passiert, schon gar nicht war es zu einer Beziehung gekommen, und doch konnten sie beide nicht aufhören, aneinander zu denken. Sie genossen ihre Begegnungen im Präsidium, fassten aber nicht den Mut, den einen entscheidenden Schritt zu tun, der noch fehlte, um den Startschuss für ein Miteinander zu geben. Es wurde irgendwie immer schwieriger, einen ersten Kuss mit jemandem zu erleben, den man unbedingt und ernsthaft wollte, als mit einer x-beliebigen Person, die einen einfach nur sexuell ansprach.

»Hi, Sina. Na, wie läuft der Fall im Fitnesscenter?«, fragte Borg. Ihm war die Antwort egal, aber ihm wollten einfach keine Smalltalk-Themen einfallen, und er wollte Sina so lange wie möglich im Gespräch halten.

»Ich bin noch nicht viel weiter. Das Ganze läuft so halb undercover. Die wissen im Fitnesscenter ja nicht, dass ich für die Polizei arbeite. Ich habe zur Tarnung sogar einen Firmenwagen mit Aufdruck einer Werbeagentur bekommen und meine Mitgliedschaft als Larissa Schneider unterschrieben. Aber mal ehrlich: Wenn jemand wissen möchte, wer ich wirklich bin, dann wird er es in Nullkommanix rausfinden. Wird auch nicht mehr lange dauern, bis mir da beim Workout jemand über den Weg läuft, der mich aus Braunschweig kennt.«

Sie war in Redelaune, das war gut, dachte Borg.

Sina war von Koller auf einen Fall von Kinderpornographie angesetzt worden. Die Spur führte zu den Rechnern einer Kette von Fitnesscentern in Braunschweig. Jedoch konnte die Polizei nicht herausfinden, welcher Mitarbeiter den entsprechenden PC zum Hochladen des pornographischen Materials genutzt hatte. Nun war Sina Bachmann – vielleicht auch wegen ihres kindlichen Aussehens – auf den Fall angesetzt worden und mischte sich dort in ihrer Rolle als Aushilfs-Aerobic-Trainerin unter die Mitarbeiter.

»Und was machst du so? Ich hörte, Koller will dir normalen Bürodienst aufdrücken?«

»Jetzt nicht mehr«, sagte Borg. »Wir haben da ein paar Leichen auf der Straße rumliegen gehabt und ein paar Armbanduhren, und sonst keine Spur. Das reicht vielleicht als Fall, bis ich in Rente gehe.« Borg stieß ein ehrliches Lachen aus.

»Mord? Muss ich mir Gedanken machen, wenn ich abends ins Kino gehe, oder sind die Straßen noch sicher?«

»Vermutlich bist du sicher, aber ich würde an deiner Stelle im Kino zunächst einmal auf Popcorn verzichten«, sagte Borg und schüttelte Maispflanzenreste aus seinem Ärmel.

Sie sah ihn fragend an, doch er ignorierte das.

»Wie sieht denn dein Plan aus?«, fragte sie interessiert.

»Ich kann nur beschämt erklären, zu irgendwelchen Ermittlungen unfähig zu sein, ich bin ein herrenloser Hund, der überall hinläuft.«

Beide lachten vergnügt und plauderten noch ein wenig über dieses und jenes. Der letzte Sommer wurde als Thema ebenfalls noch einmal angeschnitten, aber da beide befürchteten, sie würden mit der Vergangenheit und dem Erwähnen ihrer traumatischen Erlebnisse schlechte Stimmung heraufbeschwören, beendeten sie das Gespräch so schnell, wie sie es begonnen hatten. Beide ärgerten sich im Weggehen, dass sie sich nicht verabredet hatten.

Am nächsten Tag bestellte Polizeichef Jan-Frederick Koller Borg zu sich ins Büro. Als dieser beim Betreten des Zimmers die Tür mit Wucht aufstieß und kraftvoll schloss, ließ es auf seine Stimmung schließen.

»Alles in Ordnung? Sie wirken gereizt.« Koller runzelte die Stirn.

»Der Superbulle mit dem Motorrad hat meinen Wagen geschrottet!« Borg war stinksauer.

»Tom Spieß?«, fragte Koller und konnte sich ein Lächeln nicht verkneifen.

»Ja, genau der! Die ganze linke Seite ist zerschrammt. Der Typ hat seinen Führerschein im Lotto gewonnen. Am liebsten würde ich ihm seinen Motorradhelm in den Arsch schieben!«

»Ganz ruhig, Borg. Das war sicher keine Absicht.«

Der Kommissar blinzelte nervös und atmete einmal tief ein und aus, um sich zu beruhigen.

»Setzen Sie sich«, sagte Koller.

Borg nahm in einem ungewöhnlich konstruierten Ledersessel Platz, der nicht zum Rest des Mobiliars zu passte. Er saß jetzt genau in der Sonne und musste seine Augen zusammenkneifen, weil er geblendet wurde.

»Es gibt etwas Neues in unserem Mais-Fall«, sagte Koller. »Kann ich mich drauf verlassen, wenn Sie diesen Fall übernehmen, dass Sie nach unseren Spielregeln spielen?«

»Wenn ich nicht wieder joggen muss.«

»Sieht nicht danach aus.« Koller öffnete eine dünne blaue Mappe, die vor ihm auf dem Schreibtisch lag.

»Die beiden Toten konnten wir identifizieren. Der eine heißt Marius Liebelt-Minke, das war der ursprüngliche Fahrer des Lkw. Der arme Kerl ist am selben Tag erwürgt worden. Der andere Tote, der laut Gerichtsmedizin schon vier Tage tot war, heißt Roland Newski, ein Kammerjäger aus Braunschweig. Auch der wurde erwürgt. Wir müssen davon ausgehen, dass der Mann, der am Tag des Unfalls den Lkw fuhr, der Mörder ist. Von dem fehlt aber jede Spur.«

»Irgendwelche Besonderheiten, mal abgesehen davon, dass beide ermordet wurden?«, fragte Borg.

»Im Grunde nichts. Außer dass in den Sachen von Roland Newski eine Handyhülle gefunden worden ist, aber kein Handy.«

»Und das Handy selbst lässt sich nicht orten, richtig?«, vermutete Borg.

»Genau«, sagte Koller.

»Mehr nicht?«

»Na ja, also … zumindest nichts, was uns weiterhelfen könnte. Newski hatte Kot unter den Fingernägeln.« Koller sagte das mit einer Art Scham.

»Wie bitte? Kot?«, fragte Borg ungläubig.

»Nun ja, also, wahrscheinlich hat er sich vor Angst in die Hose gemacht, als er dem Tod ins Auge blickte. Ihm war wohl klar, dass er sterben würde. Jedenfalls hatte er die Finger voller Kot und die Hose natürlich auch. Es war sein eigener. Das haben wir überprüft.«

Borg rümpfte die Nase. Er hatte sich alles genau angehört. Das war nicht viel, was weiterhelfen konnte, nicht einmal diese absonderlichen Nebensachen.

»Was sagt die Spurensicherung zu den Kinderarmbanduhren aus dem Rucksack?«

»Die Kollegen sind dran. Mal sehen, ob die neben *Ihren* Fingerabdrücken noch weitere verwertbare Spuren finden.«

War das ein Vorwurf? Borg blickte seinen Chef scharf an. Zwar hatte er durch den letzten gelösten Fall bei Koller einige Sympathiepunkte gewonnen, dennoch waren die beiden Männer noch immer nicht auf einer Wellenlänge. Vielleicht lag es einfach an dieser typischen Konstellation zwischen Chef und Angestelltem. Welcher Arbeitnehmer war schon mit seinem Chef befreundet?

»Hat man sonst Spuren gefunden?«, fragte er.

»Na ja, nicht wirklich. Wir haben – wie gesagt – eine Handyhülle in der Tasche des toten Roland Newski gefunden, aber leider nicht das Handy.«

Borg stieß Luft aus den Nasenlöchern aus, sagte aber nichts. Kot unter den Fingernägeln und eine Handyhülle ohne Handy. Dieser Fall war aussichtsloser als aussichtslos.

»Was sagen denn die Augenzeugen?«, fragte er weiter.

»Die haben wir alle befragt. Zum Glück wurde niemand von denen verletzt, als der Anhänger auseinandergebrochen ist. Zur genauen Unfallursache können wir auch noch nichts sagen. Wahrscheinlich ist der Fahrer ein Psychopath.«

Wie alle anderen, die im Stau standen, dachte Borg.

Er erinnerte sich an den gestrigen Tag, dann fragte er: »Die beiden Kerle mit ihren Handys haben auch nichts gesehen?« Borg fand das unglaubwürdig.

»Lediglich, dass ein Mann mit Glatze und Blaumann aus dem Führerhaus geklettert ist, zum Fahrbahnrand lief, über die Leitplanke sprang und in den Büschen verschwand. Die Ermittlungen laufen. Im Führerhaus waren keine weiteren Fingerabdrücke oder verwertbaren Spuren. Er wird wohl Handschuhe getragen haben«, sagte Koller.

»Gesucht wird also ein Glatzkopf im Blaumann mit Handschuhen. Sehr vielversprechend.« Borg schüttelte den Kopf. Irgendwo musste man ja ansetzen, auch wenn die Fährte kalt war. »Ich will die beiden Männer noch einmal sprechen. Haben Sie die Adressen für mich?«

»Sicher.«

»Ebenso will ich mit den Angehörigen des Kammerjägers sprechen.« Borgs Plan entwickelte sich nach und nach. Er lehnte sich weiter nach vorn, um sein Gesicht aus der Sonne zu bekommen.

»Natürlich. Sonst noch etwas?«, fragte Koller.

»Ja. Ich hätte gern jemanden, dem ich vertrauen kann, an meiner Seite. Und es wäre gut, wenn Sie mir Sina Bachmann zuteilen könnten«, sagte Borg. »Wir haben bereits bewiesen, dass wir als Team gut funktionieren und …«

Koller unterbrach: »Unmöglich. Bachmann ist in dem Fall der Kinderpornographie gerade undercover unterwegs. Ich will das nicht vermasseln. Aber ich habe schon in die gleiche Richtung gedacht wie Sie. Sie benötigen eine verlässliche rechte Hand.« Koller hätte noch hinzufügen können: »… die aufpasst, dass Sie sich an die Regeln halten«, aber das dachte er nur und sagte es nicht. Er beugte sich ebenfalls nach vorn und drückte auf einer modernen weißen Apparatur einen der Knöpfe, die ihn mit verschiedenen Personen im Haus verbinden konnten.

»Theo, schicken Sie mir bitte Tom Spieß rein. Danke.« Koller ließ den Sprechknopf wieder los.

Ein Ruck fuhr durch Oliver Borg. »Nein! Das kann unmöglich Ihr Ernst sein! Tom Spieß ist frisch von der Polizeischule. Er hat meinen Wagen geschrottet!« Borg wurde im Ledersessel größer und größer.

»Geschrottet? Der Wagen hat einen Kratzer!« Koller wollte jegliche Diskussion vermeiden.

»Ja, aber der ist zwei Meter lang und geht von vorne bis hinten! Ersparen Sie mir diesen Dilettanten. Da arbeite ich lieber allein!« Borg war außer sich.

»Borg! Das ist eine Anweisung. Der Mann ist gut. Er ist sogar ausgebildeter Scharfschütze. Ich will jetzt nicht wieder zu einem Punkt kommen, den wir bereits abgehakt haben. Sie arbeiten mit Spieß zusammen, und basta! Er ist ein guter Junge.«

Es klopfte an der Tür.

Borg ließ sich nach hinten in den Sessel fallen.

Nachdem Koller »Herein!« gerufen hatte, wurde die Bürotür geöffnet, und ein adretter junger Mann betrat es, der in seiner Polizeiuniform wesentlich schneidiger aussah als in der Motorradkluft, in der Borg ihn auf der Braunschweiger Autobahn zum ersten Mal gesehen hatte.

Er roch das billige Rasierwasser, das er bereits aus dem Inneren des Helms kannte.

»Sie beide arbeiten in dem Mais-Fall zusammen. Kommissar Borg leitet die Ermittlungen, und ich möchte, dass Sie alles tun, was er sagt. Klären Sie die Sache, so schnell es geht, und machen Sie bitte nichts, was uns schlechte Presse bringen könnte.« Bei diesem letzten Teil seiner Anweisung warf Koller dem Kommissar noch einmal einen Blick zu.

Tom Spieß drehte sich zu Borg um, der sich schwerfällig aus dem Sessel erhob. Die beiden Männer schüttelten sich kurz die Hände.

»Aufregend. Es ist für mich eine Ehre, mit Ihnen zusammenarbeiten zu dürfen. Nach Ihrem letzten Fall sind Sie ja berühmt unter den Kollegen«, sagte Spieß.

»Sie bekommen all meinen Ruhm, wenn Sie dafür auch meine grauen Haare nehmen«, sagte Borg missmutig.

Was für eine Farce! Wie sollte er nur mit diesem Jungspund zusammenarbeiten? Die geringste Erschütterung seiner routinierten Vorgehensweise warf ihn immer völlig aus der Bahn. Nun hatte er diesen Klotz am Bein, der vermutlich seine eigenen Vorstellungen hatte und alles strikt nach Lehrbuch abarbeiten wollte. Ein Albtraum. Aber es half alles nichts, man musste sich im Leben entscheiden zwischen Langeweile und Leiden.

Als Borg und Spieß im Auto saßen und durch die Braunschweiger Innenstadt fuhren, sprachen sie zunächst kein Wort.

»Wohin wollen wir zuerst?«, fragte Spieß, der sich unbehaglich fühlte, weil er den Eindruck nicht abschütteln konnte, der Kommissar würde ihn hassen.

»Zuerst fahren wir zur Firma des toten Kammerjägers. Wie hieß er noch? Roland Newski. Familie hat er nicht. Vielleicht können uns seine Kollegen weiterhelfen«, sagte Borg monoton.

»Sie sind immer noch sauer wegen der Schramme, stimmt's?«, fragte Spieß voll Schuldgefühl.

»Das wird ja hoffentlich Ihre Versicherung übernehmen«, erwiderte Borg. »Zumindest das Radio haben Sie heile gelassen«, fügte er hinzu und schaltete es ein.

Wieder war der Sprecher vom Vortag zu hören, und wieder hatte er ein ungutes Thema für die regionalen Nachrichten auf seiner Liste: »… dies ist nun schon das zweite Kind in diesem Monat, das in Braunschweig spurlos verschwunden ist. Die Polizei bittet um Ihre Mithilfe. ›Im Jahresverlauf 2019 galten in Deutschland insgesamt 18.125 Kinder als vermisst, davon wurden 17.622 Fälle aufgeklärt‹, sagte Polizeisprecher Diethelm Rehling im Gespräch mit Radio38 …«

»Haben Sie etwas von dem zweiten verschwundenen Kind diesen Monat gehört?«, fragte Borg seinen neuen Kollegen laut, um den Radiosprecher zu übertönen.

»Heute Morgen im Präsidium war das Gesprächsthema. Aber es kommt noch schlimmer. Wir suchen noch einen weiteren Jungen. Die Sonderkommission ermittelt bereits, aber es ist noch nichts an die Medien rausgegeben worden. Wieder ein kleiner Junge. Ich glaube, sieben Jahre alt. Das Kind kam aus Meine«, berichtete Spieß.

Borg war froh, dass er mit den Entführungen nichts zu tun hatte und ihm der Fall mit den Mais-Leichen zugeteilt worden war, aber diese Nachrichten machten seine Laune nicht besser. Sein Sohn Paul war zwar schon 16 Jahre alt, aber Eltern sind immer besorgt, besonders wenn sich niemand mehr traut, den Nachwuchs allein auf die Straße gehen zu lassen.

Borg hielt mit seinem Wagen vor einer kleinen Ladenzeile in der Stadt. Zwischen einem Bäcker und einem Blumenladen trug ein kleines Geschäft das Logo der ›Geisterjäger‹, das unprofessionell so verändert worden war, dass man eine Küchenschabe anstelle eines weißen Geistes im Verbotsschild des markanten Kinofilmzeichens sehen konnte. Der Schriftzug, der dem des Kinoposters nachempfunden war, nannte den Firmennamen der kleinen Filiale: ›Bugbusters‹. An der Schaufensterscheibe war das Logo auch abgebildet, und der weiße Schriftzug »Wir pusten die Käfer weg« stand in dicken Lettern auf dem Glas.

Borg warf zunächst einen Blick durch die Scheibe und sah drinnen keinerlei Bewegung. In der Auslage waren verschiedene Werkzeuge, Mausefallen, Giftköder und Schutzbrillen drapiert, und auf einem ausgedruckten Zettel stand: »Wir fangen auch die Ratten der Lüfte«.

Daneben war eine Taube abgebildet.

Spieß stand bereits direkt vor der Eingangstür. »›Bugbusters‹ – 'ne tolle Werbeidee, oder?«, sagte er und meinte es ernst.

»Ja, ebenso gut wie die Idee, einen Friseur ›Kaiserschnitt‹ zu nennen.« Borg meinte sich zu erinnern, dass es in Braunschweig einen Salon mit diesem Namen gab.

Spieß öffnete die Tür. Statt des Läutens einer Glocke oder eines elektronischen Klingeltons war der Klang einer abgefeuerten Pistole zu hören, deren Kugel an etwas Metallischem abprallte. Als Borg die Tür hinter sich schloss, gab es dasselbe Geräusch noch einmal.

»Ich komme schon!«, rief eine Stimme aus dem Nachbarraum.

Hier im Geschäft roch es nach Chemie, und Borg fragte sich, ob es durch die Köder oder die Ampullen mit Insektenvernichtungsmittel zu diesem Gestank kam.

Im Regal standen mehrere kleine Sprühflaschen, die auf den Etiketten den sicheren Tod aller möglichen Krabbeltiere beschworen. ›Summ-Summ-EX‹ war einer der seltsamen Markennamen, die Borg las, und er fand das einfach nur lächerlich.

Die Kordeln eines altmodischen Vorhangs wurden geteilt, und ein vollbärtiger, ungepflegter Mann kam schnell in den Verkaufsraum.

»Na, was plagt Sie? Lassen Sie mich raten. Die Ratten der Lüfte? Ich sage Ihnen was: Als groben Stundenlohn lassen sich generell 100-150 Euro veranschlagen, aber wir haben unsere Tauben-Wochen, da könnte ich Ihnen mit 90 Euro die Stunde entgegenkommen. Die Abwehr der Biester kostet, abhängig von der Art des Abwehrsystems, 40-70 Euro pro Längenmeter. Aber ich kann Ihnen auch großflächige Lösungen wie Netz- oder Ultraschallsysteme anbieten. Das liegt dann bei …« Er tat so, als würde er im Kopf kalkulieren, »80 Euro pro Quadratmeter.«

»Wir haben kein Taubenproblem«, begann Borg.

»Schaben?«, fragte der Mann.

»Auch keine Schaben. Wir sind wegen …« Weiter kam Borg nicht.

»Bienen? Schrecklich, diese Biester! Und so gefährlich!«, fuhr der Bärtige dazwischen.

»Weder noch. Wir sind von der Kriminalpolizei. Es geht um Ihren Kollegen. Herrn …« Borg fiel der Name nicht ein, und er sah Spieß fragend an.

»Newski«, sagte Spieß knapp.

»Genau. Sie wissen, was passiert ist?«, fragte Borg.

»Ja. Der Arme. Ich hatte mich schon gewundert, warum er zwei Tage nicht zur Arbeit gekommen war.«

»Mein Kollege würde gerne Ihre Personalien aufnehmen. Haben Sie einen Ausweis griffbereit? Und während er das tut, würde ich Ihnen gerne noch ein paar Fragen stellen.«

Der stämmige Kammerjäger, der sich auf Nachfrage als Arno Hehl vorstellte, verschwand wieder durch seinen Vorhang und kam schon zurück, bevor die Kordeln wieder ruhig hingen. Er gab Spieß seinen Ausweis und lauschte gespannt auf Borgs Fragen.

Borg empfand es als eigenartig, dass der Mann, der vor einer Minute noch wie ein Wasserfall geredet hatte, jetzt so einsilbig war.

»Ich würde mir gerne einmal den Arbeitsplatz von Roland Newski ansehen, und haben Sie eine Kundenliste der letzten Tage?«

»Natürlich«, erwiderte Arno Hehl und bedeutete Borg und Spieß, ihm zu folgen. Wieder ging es durch die Kordeln. Im Nebenraum, größer war das Geschäft auch nicht, stand ein Doppelschreibtisch, mit einem aufgeräumten und einen unaufgeräumten Arbeitsplatz. Borg ging um den Schreibtisch zum aufgeräumten Platz und öffnete die Schublade.

»Wie kommen Sie darauf, dass das der Arbeitsplatz von Roland war?«, fragte Hehl.

»Intuition«, sagte Borg knapp.

»Da haben Sie sich getäuscht. Das ist meiner.«

Borg war verwundert, dass er falsch gelegen hatte. Er schob die Schublade wieder zu, ging auf die andere Tischseite und schaute sich an, was dort auf der Schreibtischunterlage lag.

Neben zahlreichen Ausdrucken, Bestelllisten für Insektenvernichtungsmittel und einem halbvollen Aschenbecher fand Borg ein kleines Notizheft.

»Roland war sehr altmodisch. Er trug sich seine Termine immer in das Notizheft ein und nur selten ins Handy«, sagte Hehl.

Borg fand das sehr sympathisch. Er blätterte in dem kleinen roten Heft, bis er auf der Seite angekommen war, auf der die Namen der letzten Kunden standen, die Roland Newski aufgesucht hatte.

Die Gerichtsmedizin hatte die Todeszeit des Mannes auf den letzten Samstag festlegen können. Nicht zur Arbeit gekommen war Newski aber bereits am Donnerstag davor, wie Hehl mitteilte.

Borg blätterte zurück auf den Mittwoch und las: »10:00 Uhr Familie Bardon, Theatherwall 18, Tauben.« Dahinter stand eine Telefonnummer. In der Zeile darunter war die Uhrzeit 13:00 Uhr notiert und der Name eines japanischen Restaurants. Dahinter standen die Adresse und das Wort »Küchenschaben«.

Weiter unten auf der Seite hatte sich Newski zwar die Zeit 16:00 Uhr notiert, es war aber nur der Satz »Ratten Dem Himmel so nah« daneben geschrieben, und das machte Borg stutzig.

»Hat Ihr Kollege jemals über seinen eigenen Tod mit Ihnen gesprochen?«, fragte Borg.

Hehl überlegte. »Nur über den Tod von Schädlingen …«, sagte er dann.

»War er depressiv?«

»Ich denke, so wie jeder andere auch.« Hehl sah zwischen Spieß und Borg hin und her.

»Wissen Sie, was er mit ›Ratten Dem Himmel so nah‹ gemeint haben könnte?«

Hehl stutzte. »Steht das da?«

»Ja. Mittwoch 16:00 Uhr – ›Ratten Dem Himmel so nah‹.« Borg zeigte Hehl die Bleistiftnotiz.

»Keinen Schimmer«, sagte Hehl wahrheitsgemäß.

»Wollte er vielleicht nur einen neuen Werbespruch für Ihr Geschäft notieren?«, warf Spieß ein.

»Nee«, sagte Hehl, »wir haben doch 'ne supergute Werbeidee: ›Bugbusters‹ mit dem bekannten Geisterjägerlogo …«

»Ja, supergut«, wiederholte Borg.

»Roland wollte ja noch den Werbespruch ›Wir killen Kakerlaken mit links‹, weil er Linkshänder war. Auch geil, was? Aber ich bin Rechtshänder, und deshalb haben wir das gelassen.«

»Ein Werbegenie, der Mann«, sagte Borg.

»Möchten Sie vielleicht einen Kaffee trinken? Den habe ich heute Morgen frisch aufgebrüht.«

»Nein, danke«, lehnte Borg ab. »Wir haben noch viel zu tun.« Genau genommen hätte Borg nichts gegen einen Kaffee einzuwenden gehabt, aber die Tatsache, dass Herr Hehl keinen sehr hygienischen Eindruck machte, der Kaffee ›heute Morgen frisch‹ zubereitet worden war – es war jetzt bereits nach 15:00 Uhr – und der ganze Laden voller hochgiftiger Chemikalien stand, ließ Borg davon Abstand nehmen. Wer weiß, dachte er, was da versehentlich in die Zuckerdose geraten sein konnte.

Borg und Spieß verabschiedeten sich, jedoch nicht ohne die Möglichkeit zu erwähnen, wegen weiterer Fragen noch einmal aufzukreuzen.

Die kleine Ermittlungsreise der beiden Beamten ging weiter. Das Wetter hatte sich grundlegend geändert. Tiefdunkle Wolken waren aufgezogen, als würde sich ein Herbstgewitter auf den großen Auftritt vorbereiten. Der Wind hatte zugenommen, und eine Böe fegte Laub und Staub durch die Luft. Borg kniff die Augen zusammen und hantierte in seiner Hosentasche, um den Autoschlüssel zu finden.

»Wahnsinn, wie das Wetter verrückt spielt!«, sagte Spieß.

»Ja. Jetzt haben wir den Klimawandel direkt im Gesicht!« Borg schloss schnell die Tür auf, und beide huschten ins Auto, um den ersten murmelgroßen Regentropfen zu entkommen.

»Gleich geht's los«, sagte Borg.

Aus dem Nichts heraus begann Spieß: »Herbstgewitter über Dächern, Schneegestöber voller Zorn, Frühjahrssturm im Laub vom Vorjahr,

Sommerwind in reifem Korn.« Er sah Borg an, als würde er auf Applaus warten.

»Ganz schlimm. Welcher Poet hat das denn verbrochen?«, fragte Borg.

»Das ist von Reinhard Mey.«

Borg schüttelte den Kopf. Mit einem Ruck schoss sein Golf nach vorn und wurde in Windeseile ein Teil des Braunschweiger Verkehrs.

»Wo fahren wir hin?«, fragte Spieß.

»Zur Biogasanlage. Ich will mir das mal ansehen.«

Aus dem Nichts heraus begann Borgs Handy das Lied ›Y.M.C.A.‹ von den ›Village People‹ zu spielen.

Er fingerte in seiner Gesäßtasche herum, während er versuchte, den Verkehr vor sich im Auge zu behalten, als er um das Staatstheater herumfuhr und die zweispurige Straße einspurig wurde.

»Wer gegen das Handyverbot am Steuer verstößt, muss – auch ohne Unfall – als Strafe mit einem Bußgeld von mindestens 100 Euro und einem Punkt in Flensburg rechnen. Im schlimmsten Fall droht sogar ein Fahrverbot«, sagte Spieß und hielt sich am Türgriff fest.

Borg sah Spieß böse an. »Und was steht auf Mord während der Fahrt?«, fragte er und nahm den Anruf entgegen.

Koller war am anderen Ende der Leitung.

»Borg? Sind sie weitergekommen?«

Dieser klemmte sich das Telefon zwischen seiner rechten Schulter und dem Ohr ein und schaltete den Scheibenwischer an, denn der Regen war stärker geworden.

Die Menschen auf den Bürgersteigen liefen in verschiedene Richtungen, als hätte es Fliegeralarm gegeben.

Borg folgte dem Kreisel um das Theater.

»Bis jetzt sind wir nicht viel weiter, außer dass ich die poetische Seite von Kollege Spieß kennengelernt habe.« Er warf Spieß einen verächtlichen Blick zu, der es allerdings nicht wahrnahm, weil er mit Besorgnis den Verkehr im Auge behielt.

»Hören Sie zu, Borg. Ich habe hier die beiden Namen, Adressen und die Telefonnummern der Gaffer, die am Unfallort so dreist waren.«

»Her damit!« Borg wandte sich an Spieß. »Schreiben Sie mal mit!«

»Womit? Ich hab' nix zu schreiben.«

»Dann ritzen Sie sich das in die Haut.«

Koller, der das mitgehört hatte, intervenierte: »Ich sende Ihnen die Daten als Nachricht.«

Borg setzte zur zweiten Runde um das Theater an. Die Scheibenwischer schafften kaum den Kampf gegen das Wasser, und die Sicht durch die Scheibe mutete wie eine Bewusstseinserweiterung nach Drogenkonsum an.

Borg sah schweigend auf sein Handy, auf dem die Kontaktdaten eingetroffen waren.

»Vorsicht!«, rief Spieß, und Borg wich einem Radfahrer aus, der einen vergeblichen Versuch gestartet hatte, dem Regen zu entkommen.

»Sehr gut. Dem haben Sie eben das Leben gerettet.« Borg beschleunigte wieder und hatte das Theater bereits erneut zur Hälfte umrundet. Er las die Nachricht, die Koller geschickt hatte.

»Hans-Werner Reitz und Jannik Klingler heißen die beiden Gaffer. Die nehmen wir uns vor. Die Biogasanlage kann warten.«

Es blitzte, und nur wenige Sekunden später antwortete der Donner. Hatte Borg eben noch gedacht, der Regen könne nicht stärker werden, so wurde er jetzt eines Besseren belehrt. Er drosselte die Geschwindigkeit und tippte mit der rechten Hand auf dem Handy herum, während er das Steuer mit der linken Hand weiter im Würgegriff hielt und stumpf im Kreis fuhr.

»Schalten!«, sagte Spieß eindringlich, denn der Motor heulte auf.

Borg stocherte mit der Gangschaltung herum, während er erneut die Kupplung trat und kommen ließ. Das Fahrzeug akzeptierte die nächste Auswahl des Gangs. Runde drei im Theaterparcours begann.

»Was machen Sie denn da? Halten Sie doch an, wenn Sie unbedingt telefonieren müssen!« In Spieß' Stimme klang Stress mit.

»Keine Zeit. Ich rufe Herrn Klingler an, den einen der beiden Gaffer, und frage ihn, wo er ist. Den befragen wir als Ersten.«

Spieß schüttelte den Kopf. »Soll ich nicht lieber anrufen? Sie fahren doch«, sagte er.

Was fiel diesem Jungspund ein!, dachte Borg. Er reagierte gar nicht auf diese Äußerung, denn er hatte noch lange nicht vergessen, dass Spieß ihm die Seite des Autos zerschrammt hatte, nachdem sie auf der Autobahn den Wagen und das Polizeimotorrad getauscht hatten.

Borg wählte und presste sich dann das Handy wieder ans rechte Ohr, erwischte derweil erneut einen falschen Gang, setzte es noch einmal ab, platzierte es wieder zwischen Ohr und Schulter und fluchte. Der Wagen machte einen Satz nach vorn, und Spieß stützte sich am Handschuhfach ab.

»Herr Klingler? Mein Name ist Borg. Von der Mordkommission. Wir würden Sie gerne einmal befragen. Wo befinden Sie sich zur Zeit?« Borg sprach laut, um das Brummen des Motors und das Prasseln des Regens zu übertönen.

Er fuhr ein hektisches Rechts-links-Manöver, während Spieß neben ihm schwitzte.

»Fitnesscenter? Welches denn? Ah. Verstehe. Dann bleiben Sie bitte dort. Ich komme mit einem Kollegen vorbei.«

Ein Wagen rauschte von rechts heran.

»Vorsicht!«, schrie Spieß.

Die andere Verkehrsteilnehmerin machte eine Vollbremsung. Im Augenwinkel sah Borg noch, dass es sich um einen Wagen von ›Manuela's Fahrschule‹ handelte. Er erwartete, dass die Fahrlehrerin auf dem Beifahrersitz an die Decke gehen würde, aber das passierte nicht. Sie lobte wohl ihre Fahrschülerin für deren schnelle Reaktion.

Sehr vorbildlich, dachte Borg. Sollten mal alle so unterrichtet werden, dann würde die Aggression im Straßenverkehr deutlich abnehmen.

Die Reifen von Borgs Wagen quietschten ein weiteres Mal, und er beendete das Gespräch.

»Dieser Klingler ist im Fitnesscenter am Ölper Knoten«, informierte er Spieß. Spieß atmete erleichtert aus.

Borg rauschte aus der letzten Runde im Kreis rechts auf den Theaterwall. Die Bäume des Theaterparks auf Spieß' Seite tobten im Wind. Blätter und kleine Äste flogen über die Fahrbahn, und die Scheiben im Wageninneren begannen zu beschlagen. Er drehte die Lüftung an.

»Was glauben Sie denn von dem Herrn Klingler zu erfahren?«, fragte Spieß.

»Der Typ ist 23 Jahre alt, was meinen Sie, wie viele Sekunden es gedauert hat, bis er mit seinem Handy losfilmte, als der Unfall sich vor ihm ereignete?«, fragte der Kommissar zurück.

»Keine Ahnung«, sagte Spieß.

»Mich würde es nicht wundern, wenn wir auf den Aufnahmen mehr sehen, als wir glauben.«

KAPITEL 4

Überflieger

Nachdem Borg seinen Golf am Hagenmarkt und dann am Astor-Kino vorbeigesteuert hatte, fuhr er auf die Celler Straße und folgte ihr bis zum Ölper Kreuz. Auf der rechten Seite war das Fitnesscenter schnell zu finden, und Borg parkte den Wagen auf dem großen Parkplatz hinter der Halle.

Wieder kribbelte sein linker Arm. Was war das bloß? Er fasste den Entschluss, das ärztlich abklären zu lassen, aber erst, wenn er hier seinen Job erledigt hatte.

Als er die Fahrertür öffnete, schoss ihm der feine Regen ins linke Ohr. Es gab wohl kaum eine unangenehmere Art von Niederschlag als Sprühregen.

Borg lief geduckt zur Eingangstür des Fitnesscenters, Spieß folgte ihm, auch vornübergebeugt. Die Menschen glaubten immer, sie würden weniger nass werden, wenn sie krumm durch den Regen liefen.

Die riesige moderne Halle war voll von Laufbändern, Spinningrädern, Crosstrainern und anderen Geräten, wie man es hier erwartete würde. Borg überraschte die hohe Anzahl der Fitnessgeräte.

Die Einrichtung wirkte einladend. Die Pfeiler der Halle und die Stahlkonstruktion der Decke waren in Türkis gehalten, der Boden war aus bräunlichem Laminat, und wäre es nicht so dunkel gewesen, so hätte das Tageslicht, das durch die riesigen Fensterfronten und die Deckenfenster fiel, motiviert.

In der Halle herrschte reges Treiben. Rund dreißig Personen schwitzten, während sie Übungen machten, ohne Ziel auf Bändern liefen oder stationär Fahrrad fuhren.

»Bitte die Masken aufsetzen!« Eine kleine, flinke Mitarbeiterin kam auf Borg und Spieß zu. Sie trug hautenge schwarze Leggins, hatte ihre Haare zu einem Zopf gebunden, und ihr Marken-T-Shirt mit dem Logoaufdruck der Fitnesskette saß weit – vermutlich, um ihren Brustumfang zu verbergen – passte aber gut zum Rest ihres Erscheinungsbildes.

»Hier herrscht Maskenpflicht!«, wiederholte sie.

»Die Pandemie ist doch vorbei«, sagte Borg verblüfft.

»Wir machen die Hausordnung!«, blaffte sie.

Borg hasste all diese Corona-Schutzmaßnahmen und versuchte, die Polizeikarte zu spielen.

»Wir sind Kriminalbeamte und müssen mit einem Ihrer Mitglieder sprechen.«

»Gut. Aber mit Maske«, sagte die Frau.

»Wir haben aber keine«, sagte Borg.

»Doch, ich habe eine«, korrigierte Spieß und zog sich augenblicklich eine schwarze FFP-2-Maske über Mund und Nase.

»Ich hab aber keine«, sagte Borg mit leicht gereiztem Unterton.

Die Mitarbeiterin verschwand kurz, ging hinter einen Tresen und kam mit einer weißen FFP-2-Maske zurück.

»Sie tragen doch auch keine Maske«, sagte Borg.

»Ich arbeite hier«, verteidigte sie sich.

»Woher wissen das die Viren?«, stichelte er und zog sich die Maske missmutig über das Gesicht. Die Frau reagierte nicht auf seine Bemerkung.

»Wir würden gern mit Herrn Jannik Klingler sprechen. Wo finden wir ihn?«

»Ich glaube, der ist bei den Bänken«, sagte sie. »Kommen Sie mit!« Drahtig marschierte sie vorweg, und Borg kam nicht umhin zu überprüfen, wie gut ihre Hose tatsächlich saß. Dieser Anblick machte etwas von dem wett, was sie an Antipathie durch ihr Maskengehabe aufgebaut hatte.

»Jannik, die beiden Männer wollen zu dir!«, sagte sie zu einem Mann, den sie verdeckte und der vor ihr auf einer Trainingsbank lag.

Das Erste, was Borg sah, als die Frau beiseite trat, war ein schweres Gewicht einer Langhantelstange, das scheinbar mühelos zurück in die Halterung gehoben wurde. Jannik Klingler richtete sich auf.

»Hallo, Herr Kommissar. Das ging schnell«, sagte er und setzte sich auf.

»Ja. Ich bin von der schnellen Sorte«, sagte Borg und drehte sich zu Spieß um. »Und er läuft hinterher.«

Spieß nickte Klingler zu.

»Das ist mein Kollege Spieß. Wir würden Ihnen gerne ein paar Fragen stellen.«

»Was sagen Sie?«, fragte Klingler.

Borg wiederholte lauter und langsamer: »Wir würden Ihnen gerne ein paar Fragen stellen.«

Neben der normalen Geräuschkulisse der laufenden Sportgeräte dämpfte auch Borgs Maske seine Worte.

Klingler stand auf und setzte sich ebenfalls eine Maske auf. Der Mann war ca. 1,90m groß und hatte ausreichend Muskeln für zwei Personen. Borg war das auf der Autobahn gar nicht aufgefallen.

»Wollen Sie nur mit mir sprechen oder auch mit Hans-Werner Reitz?«, fragte Klingler.

Das war der andere Mann, der auf der Autobahn gefilmt hatte. Borg war überrascht.

»Sie kennen ihn?«, fragte er.

»Wie bitte?«

»Sie kennen ihn?«

»Ja. Er trainiert auch. Er ist da hinten auf dem Laufband.«

Borg verstand das, was Klingler gesagt hatte, nur mit Mühe. Diese verdammten Masken!

»Ich bin gleich wieder da«, sagte Borg, drehte sich um und ging schnurstracks auf die kleine Mitarbeiterin zu, die ihr Leben hier ohne Maske genoss und bereits wieder hinter dem Empfangstresen stand.

»Junge Dame, ich bin, wie sie wissen, von der Polizei. Wenn ich eine Befragung durchführe, muss ich die Gesichtsregung meines Gesprächspartners erkennen können. Mimik, Mikroexpressionen, Sie wissen schon. Ich muss erkennen können, ob der Mann die Wahrheit sagt. Das geht aber mit der Maske nicht. Ich würde die Befragung gern ohne Masken durchführen«, sagte Borg.

»Das können Sie ja machen. Aber nicht hier«, entgegnete sie emotionslos.

»Die Leute auf den Fahrrädern und Laufbändern tragen ja auch keine Masken – und Sie auch nicht!«

»Ich arbeite hier, und die anderen machen Sport. Wenn die Mitglieder von einem Gerät zum anderen gehen, sich nur unterhalten oder nur rumstehen, dann müssen sie eine Maske tragen. Das ist Vorschrift«, sagte sie.

Diese Frau war einer dieser Menschen, die ihre Machposition ausspielten, komme, was wolle. Immer wieder hatte Borg das erlebt: Menschen, die im echten Leben keinerlei Einfluss hatten, nutzten ihre noch so unwichtige und kleine Befugnis, um allen anderen zu beweisen, dass sie das Sagen hatten.

Borg merkte, dass das Gespräch zu nichts führte. Er ließ die Frau stehen, die ihm einen verächtlichen Blick zuwarf, und ging zu Spieß und Klingler zurück.

»Ist das da drüben Herr Reitz?«, fragte Borg Klingler.

»Was sagen Sie?«, fragte Klingler. Die Amphetamine hatten wohl auch auf seinen Gehörgang geschlagen.

»Ob das Reitz ist, der Mann da auf dem Laufband?« Borg deutete auf einen schlanken jungen Mann, zu dem der Vorname Hans-Werner ebenso wenig passte wie der Ausdruck ›Schnitzel‹ zu einem veganen schnitzelförmigen Tofubrocken.

»Ja, das ist er«, bestätigte Klingler

»Kommen Sie mit!« Borg ging vor, Klingler und Spieß folgten ihm.

Der Regen trommelte wieder stärker auf das Blechdach und die großen Glasfenster in der Decke. Die Sportlerinnen und Sportler hier in der Halle genossen es, das schlechte Wetter beobachten zu können, und einige waren in der Monotonie ihrer Bewegungen wie in Trance gefangen.

»Herr Reitz, mein Name ist Borg. Ich bin von der Polizei. Wir würden gerne mit Ihnen und Herrn Klingler sprechen.«

Reitz' Gesicht verlor jegliche Freundlichkeit. Er drückte eine Taste auf seinem Laufband, das augenblicklich langsamer wurde und dann stoppte, und trat von dem Gerät herunter.

»Ist es wegen dieser Handysache? Ich habe doch Ihren Kollegen schon gesagt, dass es mir leidtut. Ich habe sogar ein Strafmandat erhalten. 70 Euro soll ich bezahlen – für das bisschen Filmen. Wir haben ja niemanden behindert. Was denn jetzt noch?« Reitz sprach schnell, und Borg verstand wegen der Maske und weil Reitz beim Sprechen keuchte, nur die Hälfte.

»Immer mit der Ruhe«, sagte Borg und überlegte gleichzeitig fieberhaft, wie er hier eine sinnvolle Befragung durchführen konnte, ohne dass ihm nur Zeit verloren ging. Vor die Tür zu treten und dort ohne Maske zu sprechen, erschien ihm angesichts des Wetters unpraktisch.

Er riskierte einen Blick hinüber zur kleinen Mitarbeiterin, und ihre Blicke trafen sich. Sie hatte alles unter Kontrolle. Die Frau war ein Zerberus und wartete förmlich darauf, dass Borg seine Maske auch nur ein Stückchen lüften würde. Verdammt!, dachte Borg und sah sich um.

»Sie sind doch so stark?«, sagte er zu Klingler.

»Ja«, bestätigte der und schaute fragend, weil er nicht wusste, worauf Borg hinauswollte.

»Schieben Sie mal diese beiden Laufbänder von da drüben vor diese beiden Laufbänder hier.« Borg deutete mit dem Finger von einem Gerät auf das andere.

»Warum?«, fragte Spieß.

»Weil der kleine Terrier da drüben es nicht anders will!«, sagte Borg.

Klingler wunderte sich zwar, tat aber, was Borg ihm aufgetragen hatte.

»Nein, andersherum. Stellen Sie die Laufbänder so hin, dass die Vorderseiten zueinander zeigen.« Borg hatte einen Plan.

»Also die Fronten aneinander?«, vergewisserte sich Klingler. Borg nickte. »Genau.«

Jannik Klingler schob die zwei Laufbänder in Windeseile vor die anderen beiden Geräte, als wögen sie nichts.

»Und jetzt?«, fragte er.

»Rauf auf die Bänder, meine Herren!«, befahl Borg und stieg zufrieden auf das Laufband, das genau gegenüber von dem stand, auf das sich jetzt Reitz stellte. »Sie auch!«, sagte Borg laut zu Spieß, und der betrat verwundert das Laufband, das direkt vor Klinglers Laufband stand.

»Und jetzt Masken ab, und zwar alle, bevor ich ungemütlich werde.« Mit diesem Satz riss sich Borg demonstrativ die FFP-2-Maske von den Ohren. Klingler und Reitz sahen sich an und nahmen ihre Masken vorsichtig ab. Auch Tom Spieß tat das.

Es dauerte keine drei Sekunden, und die Mitarbeiterin, die Borg die ganze Zeit beobachtet hatte, kam mit wütenden Schritten auf die vier Männer zu.

»Was soll das denn hier? Setzen Sie Ihre Masken wieder auf«, schrie sie wütend.

Borg spielte seinen Joker. Als würde er den ganzen Tag nichts anderes machen, tippte er routiniert nacheinander auf die Startknöpfe der vier Laufbänder. Klingler und Reitz begriffen sofort, was jetzt passierte, und setzten sich mit dem langsam anlaufenden Band in Bewegung.

Tom Spieß machte den Eindruck, als würde er einen Schreck bekommen, fuhr ein kleines Stück nach hinten und lief dann ebenso in leichtem Trab an.

»Wir machen Sport. Wenn man trainiert, braucht man keine Maske zu tragen«, sagte Borg überlegen und steigerte seine Laufgeschwindigkeit, um sie dem schneller werdenden Laufband anzupassen.

»Sie sind aber keine Mitglieder hier!«, sagte die Frau. »Ich hole den Chef!«

»Holen Sie ihn. Draußen an der Eingangstür steht: ›Probetraining – Jederzeit – Ohne Anmeldung‹. Tja, meine Dame. Hier bin ich und trainiere unangemeldet. Würden Sie mich jetzt bitte in Ruhe meine Arbeit machen lassen? Danke verbindlichst.« Borg wandte sich von der Mitarbeiterin ab und befestigte die Klemme, die mit einem Band zum »Not-Aus«-Magneten des Laufbandes verbunden war, an seinem Hemd.

Wutentbrannt drehte sich die kleine Frau um. Ihr Pferdeschwanz peitschte dabei ihre Schulter, und sie stolzierte, Flüche ausstoßend, auf eine Treppe zu, die zu einer oberen Ebene des Fitnesscenters führte.

»Die sind wir los!«, sagte Borg und schaute auf das Display seines Laufbandes: 7 km/h – das würde er ein paar Minuten durchhalten. Mit einem Seitenblick erkannte er, dass Spieß bei 10 km/h lief, und insgeheim freute er sich über sein Glück bei den Grundeinstellungen der Sportgeräte.

»So, meine Herren. Jetzt erzählen Sie mir noch einmal, was genau am Tag des Unfalls passierte.«

Klingler und Reitz wagten nicht, sich der Befragung zu entziehen; zu beeindruckt waren sie von Borgs kleiner Inszenierung. Sie berichteten, dass der Lkw, der die beiden Anhänger mit der Maissilage gezogen hatte, vor ihnen auf der Autobahn ins Schlingern geraten war. Zwei Fahrzeuge dahinter wären kollidiert, der hintere Anhänger wäre umgekippt und zerbrochen, während die Zugmaschine in die Leitplanke gefahren war. Dann war der ganze Verkehr zum Erliegen gekommen.

»Und dann?«, fragte Borg und stellte fest, dass seine Kondition wohl nicht mehr der entsprach, die er im letzten Sommer gehabt hatte. Sein Puls hatte sich trotz der geringen Laufgeschwindigkeit massiv erhöht, und ihm traten Schweißperlen auf die Stirn. Auch atmete er schnell und stoßweise und musste sich bemühen, nicht angestrengt zu klingen.

»Dann ist ein Typ aus dem Führerhaus geklettert. Er hatte gesehen, dass da ein Mann im Maisschnitt lag, und hat es wohl mit der Angst zu tun bekommen. Erst wollte er über die Mittelleitplanke springen, hat es sich aber noch einmal überlegt, ist auf die rechte Fahrbahn gelaufen, hat sich dort über die Leitplanke geschwungen und ist in den Büschen verschwunden.«

Borg registrierte mit Genugtuung, dass auch Klingler, der die Abläufe präzise schilderte, jetzt zu schnaufen begann.

»Das haben wir der Polizei doch alles schon erzählt«, warf Reitz ein.

»Dann erzählen Sie es eben noch einmal«, sagte Borg und drückte auf die Taste von Reitz' Laufband, die das Band beschleunigte. 12 km/h. Reitz verstummte und begann schneller zu laufen.

»Wie sah der Mann aus?«, fragte Borg.

»Er trug einen blauen Arbeitsanzug und Gärtnerstiefel. Er hatte eine Glatze und war ca. 1,80 m groß. Sehr muskulös, der Kerl. Die Hose stand in Ziehharmonikafalten auf den Stiefeln auf, und der Pullover, den er unter dem Blaumann trug, war an den Ärmeln ausgefranst«, sagte Klingler.

»Was haben Sie mit Ihrem Handy davon gefilmt?«, fragte Borg.

»Nichts!«, stieß Reitz hervor.

Borg betätigte die Beschleunigungstaste des Laufbandes, auf dem Reitz lief. 13 km/h. »Sie habe ich nicht gefragt!«

»Wie kommen Sie darauf, dass ich das gefilmt habe?«, fragte Klingler unschuldig.

»So genau, wie Sie mir den Ablauf das Aussehen und die Kleidung des Mannes beschrieben haben, haben Sie sich seinen Auftritt mindestens zwanzig Mal angesehen. Also? Wo sind Ihre Handys?«, fragte Borg und sah im Augenwinkel, wie Spieß neben ihm die Geschwindigkeitseinstellung, auf dem Band, auf dem er lief, ebenfalls erhöhte. Der hat den Schuss nicht gehört, dachte Borg.

Klingler kramte, während er beim Laufen geschickt die Balance hielt, in seiner Hosentasche und holte das neuste Smartphone hervor. Er lief noch immer bei 10 km/h, und um seine Lippen begann sich ein weißes Munddreieck zu bilden. Sehr gut, dachte Borg, der Muskelmann hat sich also nicht aufs Laufen konzentriert, und jetzt geht ihm gleich die Puste aus.

Klingler reichte Borg mit wackelndem Arm das Handy herüber.

»Und Ihres?«, fragte Borg Reitz, der gleichmäßig zu atmen versuche und nicht mehr sprach, um Luft zu sparen.

»Ich habe mein Handy in der Umkleidekabine. Ich kann es Ihnen holen«, keuchte er.

Borg tippte mit dem Daumen auf dem Touchpad von Klinglers Handy herum, wählte die Kontakte, und schon einen Moment später begann Hans-Werner Reitz' I-Phone in der einen Seitentasche der kurzen Trainingshose, die Reitz jetzt trug, laut zu klingeln.

»Oh!«, tat Borg überrascht. »Ist es doch nicht in der Umkleidekabine, sondern hier? Haben Sie sich vertan, oder wollten Sie nur die Daten löschen, sobald ich Sie aus den Augen gelassen hätte?«

Reitz' Gesicht versteinerte. Er bemühte sich, die Fassung zu wahren, und angelte mit seiner Hand in der tiefen Tasche der Jogginghose, um das Handy zu erwischen. Im selben Moment steigerte Borg die Geschwindigkeit des Laufbandes, auf dem Reitz rannte, auf 15 km/h. Das war für den Mann nicht zu schaffen, nicht mit einer Hand in der Hosentasche. Die hilflosen langen Schritte, die er jetzt machte, konnten nicht verhindern, dass er nach hinten gerissen wurde, und als er seinen unausweichlichen Abgang kommen sah, verlor er das Gleichgewicht und stürzte nach vorn auf das schwarze Laufband. Sein Körper überschlug sich grotesk, und ein Turnschuh flog an Spieß vorbei, der sich gerade noch im richtigen Moment ducken konnte. Die Kraft und der Schwung des Bandes rissen Reitz nach hinten und warfen ihn auf den Boden vor ein anderes Trainingsgerät, auf dem eine junge Frau stand und das Treppensteigen trainierte.

»Ein echter Überflieger, der Herr Reitz. Ihre Handys können Sie nächste Woche auf dem Polizeipräsidium abholen. Guten Tag, meine Herren«, sagte Borg, stoppte sein Laufband, setzte sich die FFP-2-Maske auf und hob das I-Phone auf, das neben Reitz auf dem Boden lag.

»Kommen Sie, Spieß, oder wollen Sie noch weiterlaufen?«

Tom Spieß sprang mit einem Satz von seinem Laufband herunter, ohne es abzustellen, und folgte Borg, der Slalom um die anderen Fitnessgeräte herumlief und die beiden Handys betrachtete, die er erbeutet hatte. Zumindest hatte er nun mehr als die Handyhülle des Toten mit den kotbeschmierten Fingern – vielleicht kam der Fall jetzt doch noch ins Rollen.

Borg wurde neugierig.

KAPITEL 5

Angstgesicht

Als Borg zufrieden in Richtung Ausgang des Fitnesscenters ging und bereits seine nächsten Schritte im Mais-Fall plante, nahm er im Augenwinkel ein ihm bekanntes Gesicht wahr. Zunächst dachte er an eine Sinnestäuschung, doch dann war ihm klar, dass er sich nicht geirrt hatte. Am Tresen stand, mit einem Wasserbecher in der Hand, Sina Bachmann.

Er glaubte seinen Augen nicht zu trauen. Sina sprach mit einem anderen Mitarbeiter des Studios, und als Borg feststellte, dass sich Spieß an einem Prospektständer zu schaffen machte, ließ er seinen Kollegen dort stehen und ging in seiner Verblüffung, Sina hier zu treffen, ohne einen schlauen Gedanken auf sie zu.

»Was zum Teufel machst du denn hier?«, fragte er.

Sina sah ihn mit weit aufgerissenen Augen an und schluckte.

»Ach, Herr Bielenberg«, sagte sie zu ihm, und ihre Stimme klang übertrieben künstlich.

Borg kniff die Augenbrauen zusammen. Bielenberg? Warum nannte sie ihn Bielenberg?

Der Mann neben Sina warf Borg ein kaltes »Hallo« entgegen.

Jetzt erst schaltete Borg. Ja, natürlich! Sina ermittelte hier verdeckt.

Borg zog seinen Mundschutz herunter. »Äh, ja. Ich darf mich vorstellen. Bielenberg, ääh … Rüthli Bielenberg«, sagte Borg zu dem fremden Mann und streckte ihm zur Begrüßung die Hand entgegen.

Der Mann machte nur eine Faust – den Corona-Gruß – zum Anstoßen. Borg nahm sie in seiner Verwirrung in die Hand und schüttelte sie.

»Nico Adermann«, sagte der Mann und zog seine Faust zurück.

Zwei elend lange Sekunden der Stille füllten den Moment mit Ungemütlichkeit.

Borg drehte sich wieder zu Sina: »Hallo, Sie … Sie hier zu treffen, das ist aber eine Überraschung«, begann Borg.

»Ja. Ich habe das Studio gewechselt. Das hier ist mein Kollege Nico.« Sie wandte sich kurz zu dem Trainer, der vor ihr stand und in Breite und Höhe alle hier im Fitnesscenter umherlaufenden Menschen zu schlagen schien.

»Ja, die Welt ist klein«, sagte Adermann. »Woher kennt ihr euch?«

Sina überlegte fieberhaft und sagte das Erstbeste, was ihr einfiel, auch um zu verhindern, dass Borg etwas Blödes von sich geben konnte.

»Herr Bielenberg ist mal mit einer Freundin von mir in Zürich ausgegangen …«, sagte sie schnell.

»War die auch so hübsch wie du?«, fragte Adermann und führte seinen weißen Wasserbecher zum Mund. Bevor er trank, konnte Borg noch das schleimige Lächeln des Fitnesscoachs sehen. Der Mann war ihm zutiefst unsympathisch.

»Tja, ich muss dann mal wieder an die Geräte. Ihr zwei habt euch sicher viel zu erzählen«, sagte Adermann, stellte seinen Becher ab, und Borg fiel die tätowierte Hand des Mannes auf. Auf jedes seiner Grundfingerglieder hatte er einen Buchstaben stechen lassen, die zusammen ein Wort bildeten: ›F U C K‹. Na, das ist mal ein Statement, dachte Borg.

»Auf dem Weg zu den Geräten den Mundschutz nicht vergessen«, sagte Borg und lächelte überlegen.

»Ich arbeite hier. Da bin ich befreit.« Der Mann griente und wandte sich noch einmal Sina zu: »Bleibt das bei unserem Date heute Abend, Dana?«, fragte er Sina.

»Aber natürlich. 18 Uhr im Restaurant.«

Adermann drehte sich um und ging wie ein Model zwischen den Laufbändern hindurch. Borg blickte ihm verwundert hinterher und war über den unglaublich muskulösen Po erstaunt, der in zwei wie aus Stein gemeißelte Oberschenkel überging.

»Herkules geht also heute mit dir essen«, stellte er an Sina gewandt fest.

»Bist du irre, hier aufzukreuzen? Du bringst meinen ganzen Auftrag in Gefahr. Wenn meine Tarnung auffliegt, dann bin ich am Arsch!«, gab sie zurück, behielt aber trotz ihrer Wut einen unauffälligen Tonfall bei.

»Immer mit der Ruhe. Er hat geschluckt, dass ich ein Freund von früher bin«, sagte Borg.

»Ja, genau. Rüthli Bielenberg – eine großartige Tarnung.« Sina kochte.

»Bielenberg kommt von dir!«

»Was willst du hier?«, fragte Sina.

»Ich ermittle.«

»Dann will ich hoffen, dass wir uns nicht wieder in die Quere kommen«, stellte sie klar. »Das hier ist mein Fall!«

»Den kannst du auch behalten. Ich arbeite an einer ganz anderen Sache. Wir sprechen im Präsidium. Einen schönen Tag noch … Dana«, sagte Borg.

Sie sah ihn bitterböse an. »Maske aufsetzen!«

Sina drehte sich um und ging in dieselbe Richtung, in die auch Nico Adermann gegangen war.

Borg sah ihr einen Augenblick hinterher und verfluchte sich für die miese Qualität dieser Begegnung. Sie hatte ja mit allem recht. Sie anzusprechen war der größte Fehler des Tages.

Borg zog seinen Mundschutz wieder über die Nase und wandte sich zum Ausgang. Verblüfft stellte er fest, dass Tom Spieß am Beratungstresen stand und mitten dabei war, eine Mitgliedschaft für das Fitnesscenter auszufüllen. Borg ging kopfschüttelnd an ihm vorbei zur Ausgangstür.

Was weder Borg noch Spieß an diesem Tag mitbekamen, war, dass Nico Adermann in der oberen Etage am Fenster stand und die beiden beobachtete.

»Was wollten denn diese Typen? Ich habe gesehen, dass ihr Stress hattet und die die Laufbänder umgestellt haben …«, fragte Adermann die kleine Frau, die neben ihn ans Fenster trat und auch hinausschaute.

»Diese Arschlöcher. Das sind Ermittler von der Polizei«, sagte sie. »Die haben Hans-Werner und Jannik befragt.«

Adermanns Blick verfinsterte sich. »So, so …«, sagte er langsam, ohne den Blick von Borgs wegfahrendem Golf zu nehmen. »Ermittler von der Polizei.«

Der Herbst hatte übernommen, und jetzt, da das Wetter diesen ungemütlichen, regnerischen Standard halten würde, sehnte sich Borg nach den vergangenen Wochen zurück, in denen er sich ständig über die Hitze geärgert hatte.

Es war bereits spät abends, als er in seinem Büro im Präsidium saß und gespannt in den Daten der erbeuteten Smartphones stöberte.

Er hatte sich nicht die Mühe gemacht, Reitz und Klingler nach den Zugangsdaten ihrer Handys zu fragen. Er war überzeugt, dass der Technikexperte die Handys problemlos entsperren konnte, und damit hatte er völlig richtig gelegen.

Pit Bauer, er stand jetzt neben Borg am Schreibtisch, arbeitete seit zwölf Jahren für die Strafverfolgungsbehörde. Er hatte keine zehn Minuten gebraucht, und Borg konnte auf alle Daten der Handys zugreifen.

»Sie scheinen sich auf Handys spezialisiert zu haben, was?«, fragte Borg.

»Normalerweise habe ich mit Rechnern zu tun, aber zurzeit arbeite ich daran.« Er hielt ein neu wirkendes Samsung Galaxy S21 hoch, das er eben aus seiner Tasche gezogen hatte.

»Ich dachte, das ist von Samsung und nicht von Ihnen«, sagte Borg mit einem ironischen Unterton.

»Ja, natürlich. Aber nicht die Modifikation. Die ist von mir. Ich habe es so umgebaut, dass es selbst gestochen scharfe Bilder schießen und filmen kann, wenn es stockfinster ist.«

»Kann mein Handy auch. Man sieht nur halt nix auf den Aufnahmen.«

Bauer lachte. »Auf meinen Bildern aber schon. Dank der Restlichtverstärkung, die ähnlich wie bei einem Nachtsichtgerät funktioniert, bekommen Sie sogar in Grabesschwärze die beste Bildqualität. Wir hatten nur noch nicht die Gelegenheit, es im Einsatz zu testen. In der Stadt brennt immer irgendwo Licht.«

Borg fand das aufgemotzte Handy hochinteressant, aber deshalb war er nicht hier. Es ging jetzt darum, in seinem Fall weiterzukommen.

Das Büro, in dem Borg saß, war bis auf das grelle Licht einer Schreibtischlampe und den eingeschalteten Monitor von Borgs PC in ein geheimnisvoll düsteres fahles Blau getaucht. Von draußen prasselte Regen gegen die Scheiben, und die Stille im Präsidium mit dem veralteten Mobiliar ließ die Szenerie wie einen Ausschnitt aus einer Krimiserie der 80er Jahre wirken.

Borgs Büro war das erste auf dem Gang in der dritten Etage und lag direkt links neben einer Zwischentür, die bei jedem Öffnen erbärmlich quietschte. Das Scharnier hatte repariert werden sollen, aber Borg hatte die Handwerker, als er sie zufällig dabei gesehen hatte, wie sie im Auftrag des Präsidiums das Quietschen beseitigen wollten, gestoppt. Er hatte jedem der beiden 10 Euro in die Hand gedrückt und sie gebeten, unverrichteter Dinge zu gehen. Die Pendeltür quietschte fortan weiter, und Borg war dadurch immer gewarnt, wenn sich jemand seinem Büro näherte.

Pit Bauer war kurz vor Feierabend zu Borg ins Büro gekommen und hatte ihn auf die quietschende Tür angesprochen, doch dieser wollte sich dazu nicht äußern.

Bauer, der schon für Spionagefirmen wie Cellebrite oder AccessData gearbeitet hatte, hatte wortlos mit seinem Werk an den Handys begonnen. Er nannte es ›digitale Forensik‹, und ehe Borg sich versah, waren die Passwörter geknackt.

»Es gibt unterschiedlichste Tools zum Eindringen in sämtliche gängigen Betriebssysteme. Ich habe Ihnen für Ihren PC etwas mitgebracht, um den Speicher auf den Handys effektiv zu durchforsten. Dabei werden die verschiedenen Datensätze übersichtlich zur Verfügung gestellt, um eine effektivere Sichtung zu ermöglichen«, hatte Bauer erklärt.

»Das wird kaum nötig sein. Ich will mir nur ein paar Videos ansehen.« Borg wusste genau, was er brauchte.

»Es können damit aber auch Daten, die gelöscht wurden, aber noch im Flashspeicher zu finden sind, wiederhergestellt werden – wobei das mehr eine Glückssache ist, da neue Daten wahllos gespeichert werden und dabei manchmal ältere überschreiben.«

Borg war von Bauers Wissen und seiner Arbeit überzeugt und ließ ihn machen. Es dauerte keine 15 Minuten, und alles, was der Kommissar benötigte, stand zur Verfügung.

»Na, dann mal viel Spaß beim Sichten der Daten. Ich hoffe, Sie finden, was Sie suchen.« Bauer verabschiedete sich freundlich und verließ das Büro.

Gleich nachdem Borg das bekannte Quietschen auf dem Flur vernommen hatte, öffnete er seine Schreibtischschublade und holte eine Flasche heraus.

Der Regen draußen machte es hier drinnen ein wenig gemütlich.

Es war nach halb neun. Er hatte jetzt, auch wenn es nicht erlaubt war, Alkohol während des Dienstes zu trinken, eine offene Flasche hochwertigen Whiskys vor sich stehen. Daneben stand ein Wasserglas, in das er sich an diesem Abend zum zweiten Mal zwei Fingerbreit des 18 Jahre alten Whiskys eingeschenkt hatte.

Er hatte die Flasche, wie auch die davor, aus den beschlagnahmten Beständen genommen, die in der Asservatenkammer in einem Nachbargebäude des Präsidiums gelagert wurden.

Seit einigen Monaten testete er sich durch die verschiedenen Sorten des Glenfiddich. Er trank genießerisch und in Maßen, und verbunden mit seiner Arbeit zu später Stunde am PC hatte sich eine angenehme Routine entwickelt. Eine gefährliche Routine, die er völlig unterschätzte und die nicht im Geringsten das darstellte, was ihm empfohlen worden war.

»Eine feste Routine lenkt geistige Energie in geregelte Bahnen und hält Stimmungsschwankungen fern«, hatte die Polizeipsychologin Dagmar Tickel zu ihm gesagt – wobei sie aber ganz sicher nicht das Trinken hochprozentigen Alkohols gemeint hatte. Borg musste Tickel zu seinem Leidwesen seit Abschluss des letzten Falls regelmäßig aufsuchen. Er hielt nicht viel von diesem Psychoquatsch, aber Koller hatte darauf bestanden, dass sein Untergebener zur Verarbeitung des Geschehenen mindestens ein Jahr lang psychologische Unterstützung bekommen sollte. Dieser hatte missmutig zugestimmt, und jetzt war Dagmar Tickel seine lästige Begleiterin geworden.

Aber vielleicht waren die wöchentlichen Besuche bei der Therapeutin auch hilfreich. Borg litt seit dem letzten Fall, bei dem er mehrmals an der Schwelle des Todes gestanden hatte, unter Albträumen und Schlaflosigkeit. Tickel versuchte, das mit Gesprächen in den Griff zu bekommen.

»Na, wie waren Ihre letzten Nächte?«, hatte sie bei der letzten Sitzung gefragt.

»Sehr gut«, hatte er geantwortet. »Sie bestanden jeweils aus zwei Teilen: einem wachen und einem schlaflosen Teil.«

Die Ironie fand bei Tickel keinen Anklang, und nun dachte er mit einem unangenehmen Gefühl an die kommenden Stunden auf ihrem kalten braunen Ledersofa.

Er nippte erneut am Glas und versuchte, sich wieder auf den aktuellen Fall zu konzentrieren. Das Handy in seiner Hand gehörte Reitz. Nachdem er schon eine Stunde lang – aus reiner Neugier – belanglose und langweilige Nachrichten im Chat und bei WhatsApp gelesen hatte, wischte er durch die Bilder, die Reitz geschossen hatte. Endlich entschloss sich, das Gaffervideo von der Autobahn zu suchen. Alles, was er auf dem Handy sah, zeigte sich auch in recht guter Auflösung und groß bei ihm auf dem PC-Bildschirm, der auf dem Schreibtisch stand. Kollege Bauer hatte gute Arbeit geleistet, und es war nur eine Kabelverbindung nötig gewesen, um alles, was das Smartphone zeigte, auch auf dem Flachbildschirm zu sehen.

Es dauerte nicht lange, und Borg wurde fündig. Tatsächlich! Reitz und Klingler hatten beide in einem Wagen gesessen, und die Aufnahme begann bereits, als noch gar kein Unfall passiert war.

Er setzte sich in seinem Schreibtischstuhl aufrecht hin und kniff die Augen zusammen, um schärfer sehen zu können.

Das Video wurde durch die Frontscheibe eines Pkw gefilmt und zeigte den schlingernden Transporter, der ohne Ankündigung von einer Spur auf die andere wechselte. Der Fahrer war nicht mehr Herr seiner Sinne, vielleicht war er sogar eingeschlafen.

»Fahr mal näher ran!« Die aufgeregte hohe Stimme im Film war eindeutig Reitz zuzuordnen. Also fuhr Klingler den Wagen.

Autos hupten wild durcheinander. »Näher ran!«, drängte Reitz.

»Alter, der pennt wohl am Steuer!« Das war Klinglers Stimme.

Der Lkw überholte zwei langsam fahrende Fahrzeuge auf der rechten Spur. Beim Spurwechsel geschah dann das Unausweichliche: Die Anhänger hatten sich aufgeschaukelt, und mechanische Kräfte wirkten.

»Alter! Siehst du das?« Klingler schrie förmlich.

Dann verwackelte die Kamera wie in einem Action-Film der Jason-Bourne-Reihe, ein Anhänger stürzte um, Reifen quietschten, man hörte das Zusammenstoßen von Fahrzeugen. Als die Bilder wieder erkennbar wurden, flog Maishäcksel über die Windschutzscheibe des Fahrzeugs, in dem Reitz und Klingler saßen, und die Zugmaschine kam mit einem metallischem Scheppern in der Leitplanke zum Stehen.

»Krass! Hast du das gefilmt? Hast du das gefilmt?«, schrie Klingler.

Reitz riss die Kamera herum und lachte laut. Er filmte Klingler, der seinen Wagen zum Stehen gebracht hatte und sich beide Hände an die Schläfen hielt.

Für einen Augenblick dachte Borg, er würde eine moderne Version von Edward Munchs ›Der Schrei‹ betrachten. Klingler hatte ein typisches Angstgesicht.

»Alter, steig aus. Film das!«, sagte Klingler und griff nach seinem eigenen Handy.

Reitz filmte wieder durch die Windschutzscheibe, dann verwackelten die Bilder erneut, und man hörte, wie eine Autotür aufgerissen wurde. Die verwackelten Bilder zeigten Reitz' Füße, dann schwenkte die Kamera wieder auf die Zugmaschine.

Borgs Hände wurden feucht. Er schluckte. Jetzt kamen die Aufnahmen, die er sich erhofft hatte: Die Tür der Zugmaschine wurde geöffnet, und ohne den Tritt zu benutzen, sprang ein klobiger glatzköpfiger Mann, der einen blauen Arbeitsanzug und Gummistiefel trug, aus dem Führerhaus. Borgs Nase berührte fast den Bildschirm.

»Zeig mir dein Gesicht!«, sagte er, als könnte der Mann ihn hören.

Der bullige Glatzkopf, den das Handyvideo zeigte, hatte einen Buckel . Er wunderte sich, dass weder Reitz noch Klingler das erwähnt hatten, obwohl es so offensichtlich war – und er rannte ungelenk zuerst zur Mittelleitplanke, schien es sich dann aber anders zu überlegen, kehrte um, sah die Leiche im Mais, stoppte kurz, richtete aber nie sein Gesicht zur Kamera, und rannte dann zum rechten Fahrbahnrand, um nach einem ungeschickten Sprung über die Leitplanke dort in den Büschen zu verschwinden.

»Alter, der Hammer! Geil! Da liegt einer im Grünzeug!« Reitz war außer sich und schwenkte auf die erste Leiche, die zu sehen gewesen war.

Borg hielt das Video an und lehnte sich in seinem Stuhl zurück.

Dann sah er sich die Stelle mit dem glatzköpfigen Quasimodo, der aus der Kanzel gesprungen und geflüchtet war, noch einmal an. Er zuckte vor Erregung zusammen. Was war das? Er fuhr im Film vor und zurück, um den richtigen Moment zu erwischen. Seine kleine Zeitreise führte ihn wieder zu der Szene, in der der Glatzkopf auf die Außenleitplanke zustapfte. Und: Ja! Da war es. Borg notierte die Zeit des Videos auf einem Zettel neben der Schreibtischunterlage. Er sah sich die Stelle ein weiteres Mal an. Als der Mann mit der Glatze Anlauf nahm, um über die Leitplanke zu springen, fiel etwas aus seiner Tasche. Es sah wie ein Päckchen Zigaretten aus, aber genau konnte Borg es nicht erkennen. Eine Zoomfunktion am PC brachte ihm den kleinen Gegenstand zwar etwas näher, aber er wurde unscharf, und Borg konnte nicht erkennen, worum es sich handelte.

Der Film auf Reitz' Smartphone lief noch weitere 35 Minuten. Borg blieb am Ball. Er sah zunächst, wie Reitz wieder und wieder auf die Leiche schwenkte, zwischendurch kam Klinglers Angstgesicht ins Bild. Dann – vielleicht mochten 15 Minuten vergangen sein – war das erste Polizeiauto zu sehen. Die Beamten waren aus der entgegengesetzten Richtung der Autobahn gekommen, was unproblematisch schien, da hinter dem Unfall alle Fahrzeuge zum Stehen gekommen waren und kein Wagen an der Unfallstelle vorbeikam.

Borg beobachtete das Geschehen und nippte zwischendurch an seinem Whisky. Immer wenn die Kamera in Richtung Straßenrand schwenkte, weil dort ein Beamter entlangging oder jemand etwas mit Kreide auf den Boden zeichnete, reckte Borg den Kopf nach vorn, um sich zu vergewissern, dass die kleine weiße Schachtel, die der Glatzkopf verloren hatte, dort noch lag.

Wenn Borg sie wieder gesehen hatte, lehnte er sich zufrieden und etwas entspannter zurück und starrte mit verbliebener Neugier auf die weiterlaufenden Videoaufzeichnungen.

Koller und die Spurensicherung trafen ein. Anscheinend hatten die Verkehrspolizisten sofort erkannt, dass es sich um ein Verbrechen handeln musste, und die entsprechenden Stellen informiert.

Borg schob die Unterlippe vor und nickte anerkennend. Koller war schnell am Unfallort.

Eigentlich unglaublich, dass niemand auf Hans-Werner Reitz und Jannik Klingler aufmerksam geworden war, die die ganze Zeit nahe am Unfallort standen – und Reitz auch noch mit einem Handy in der Hand!

Es war schon ein Fluch und ein Segen mit diesen Handys. Die ›Kameramänner‹ taten damit etwas Verbotenes, und letztendlich war doch Wertvolles dabei herausgekommen. Der Kommissar selbst war kein

Handyfreund. Sein eigenes Exemplar mit dem ›Y.M.C.A.‹-Klingelton hatte er schon mehr als einmal verflucht, aber wenn man erstmal ein Handy hatte, dann kam man nicht mehr davon weg. Borg versuchte, sich wieder auf den Film zu konzentrieren.

Keine fünf Minuten später schwenkte Reitz in Richtung Stau. Da hatte er wohl das Geräusch eines herannahenden Motorrads gehört – das war Tom Spieß, der zwischen den im Stau stehenden Fahrzeugen hindurchgefahren war.

Borg erinnerte sich, wie Spieß an der Scheibe seines Golfs vorbeigerast war, kurz bevor die Beamten ihn beim Blockieren der Rettungsgasse erwischt hatten.

Er starrte weiter auf den Bildschirm und war so in das Geschehen eingetaucht, dass er glaubte, alles live zu erleben.

Spieß fuhr mit seiner Honda Crosstourer an den Rand der Autobahn, um nicht durch die ausgekippte Maissilage fahren zu müssen.

»Nein!« Borg riss seinen Körper nach vorn, als er sah, dass der Kollege mit dem Vorderreifen genau auf dem kleinen Päckchen hielt, das der Verdächtige verloren hatte, die Maschine ausschaltete und abstieg.

»Nein, nein, nein!« Er schlug mit der flachen Hand auf die Schreibtischplatte und starrte böse auf den Monitor.

Spieß nahm seinen Helm ab und sprach mit einem Kollegen.

Die Kamera schwenkte wieder, und Borg, völlig verzweifelt, versuchte durch wildes Tippen auf dem Handy, völlig zweckloses Hin-und-Her-Spulen, die Aufnahmen wieder auf die Honda zu lenken, die auf dem Beweisstück parkte. Das ging natürlich nicht. Als er sich bewusst wurde, dass er nur ein Videobild und keine Live-Aufnahme vor sich hatte und demzufolge auch nichts aktiv ins Bild holen konnte, warf er sich zermürbt in den Schreibtischstuhl zurück und ließ den Film weiterlaufen.

Einige Minuten Film später traf ein Streifenwagen ein, der durch die Rettungsgasse gekommen war. Polizeichef Koller ging auf das Fahrzeug zu und sprach mit den Beamten, die ausgestiegen waren. Die beiden zeigten in Richtung des Staus, der sich hinter dem Unfall gebildet hatte, schüttelten die Köpfe, und auch Frederik Koller schloss sich mit einem Kopfschütteln an. Er ging hinüber zu Spieß und sprach ein paar Worte mit ihm. Nichts von dem Gesagten hatte Borg, der sich nun großzügig einen dritten Whisky einschenkte, verstehen können. Entweder fanden die Gespräche zu weit weg vom Handy statt, oder Reitz und Klingler hatten mit dämlichen Unterschichten-Kommentaren wie »Ey, Alter!«, »Hammer!«, »Krass, oder …?« jegliche wichtigen oder sinnvollen Gespräche übertönt.

Jetzt, vor dem Monitor, kam es Borg vor, als würde er in einer Zeitkapsel sitzen, denn er wusste, wo sich sein Ich am besagten Tag befunden hatte. Er rief sich in Erinnerung, wie er an diesem verdammten Tag im Stau in der Sonne gelitten hatte.

Die Show ging weiter: Spieß setzte sich den Helm wieder auf. Er war also von Koller aufgefordert worden, zum Kommissar zurückzufahren, der im Stau steckte und schwitzte.

Borg, der das nun als Aufzeichnung beobachtete, stoppte mit seinem Glas vor der Lippe und wartete gebannt, was passieren würde, wenn Spieß mit seinem Motorrad von dem nun platten Päckchen herunterrollen würde. Was er jetzt sah, erfreute ihn weniger: Spieß rollte langsam an, das kleine weiße Päckchen drehte sich am Vorderreifen klebend drei Runden mit, dann beschleunigte Spieß, das Weiß verwischte in der Geschwindigkeit der Rotation, und bevor das Motorrad in entgegengesetzter Richtung in die Rettungsgasse fuhr, flog das eckige unbekannte Etwas in die Büsche am Rand der Autobahn.

»Scheiße! Das gibt's doch nicht!« Er stellte das Glas ab und sah auf die Uhr. 22:45 Uhr – zu spät, um Spieß anzurufen. Morgen würde er sich den Kollegen vorknöpfen.

Dieser Fall war mal wieder ein Puzzlespiel für Verrückte, dachte Borg. Es galt, um jeden Preis diese Packung zu finden, denn das war die einzige Spur, die sich ihm bot …

Es musste etwa zur selben Zeit gewesen sein, als Nico Adermann und Sina Bachmann in einem italienischen Restaurant saßen und er den Rest des Weines aus einer Flasche mit violettem Etikett auf die beiden Gläser aufteilte.

Adermann goss sich nur einen kleinen Schluck ein und gönnte seiner Begleitung mehr als die doppelte Menge.

»Nein, bitte nicht so viel«, protestierte sie, aber es war zu spät.

»Du wirst doch diesen hervorragenden Wein nicht verschmähen«, sagte er gespielt ernst.

»Wir haben zwei Flaschen niedergemacht, von Verschmähen kann keine Rede sein.«

Die meisten Gäste hatten das Lokal bereits verlassen, und der Geräuschpegel war auf ein einschläferndes Niveau gesunken. Die Kerze auf dem Tisch flackerte und schoss, nachdem sie nur Augenblocke später erloschen war, ihre kleine Seele in einem grauen Rauchfaden nach oben.

»Wir sollten jetzt gehen«, sagte Sina.

»Aber Dana, fürchtest du dich vor mir?«, sagte Adermann und blickte ihr tief in die Augen.

Sina hatte ihre Rolle nicht verlassen. Sie fand Nico Adermann durchaus sympathisch und anziehend, aber dadurch, dass sie ihre Tarnung jetzt und bei den Ermittlungen im Fitnesscenter nicht auffliegen lassen wollte, war es eine unabdingbare Voraussetzung, auch den Menschen nichts von der Scheinidentität zu verraten, die keinesfalls zum Kreis der Verdächtigen gehörten.

»Ich muss ins Bett. Ich bin müde«, sagte sie wahrheitsgemäß.

Adermann winkte dem Kellner, der, wie es sich für ein gutes Restaurant gehörte, aufmerksam jede Regung wahrnahm und auf das Zeichen hin sofort an den Tisch kam.

»Wir würden gern zahlen«, sagte Adermann.

»Gern. Bar oder mit Karte?«

»Bar«, sagte Adermann, und während der Kellner sich für einen Moment entschuldigte, lehnte sich Adermann über den Tisch zu Sina.

»Was hältst du davon, wenn wir zu mir fahren und da noch einen kleinen Schlummertrunk nehmen?«

»Nico, das ist ein nettes Angebot. Aber ich würde lieber nach Hause fahren. Ich rufe mir ein Taxi.«

»Auf keinen Fall. Ich fahre dich natürlich«, protestierte Adermann.

Der Kellner kam zurück und nannte die Summe.

Adermann griff in seine Gesäßtasche und holte ein Bündel Geldscheine heraus. Selbst im schummrigen Licht des Restaurants konnte Sina die Farbe Lila erkennen.

Etwas versnobt, einen 500-Euro-Schein bei sich zu haben, dachte sie. Dass die überhaupt noch im Umlauf waren!

Adermann wickelte die Scheine auseinander und fächerte sie wie auf. Ein weiterer 500-Euro-Schein kam aus seinem Versteck, und mehrere 200er hoben sich gelb vom Rest der Scheine ab.

Dann zog er einen gelben Schein heraus und reichte ihn dem Mann, der das Geld betrachtet hatte.

Das Essen und die Weine hatten 122,80 Euro gekostet, und der Kellner nahm den Geldschein bewusst langsam aus Adermanns Hand, in der Hoffnung, eine Summe genannt zu bekommen, die das angemessene Trinkgeld enthielt.

Adermann schwieg. Der Kellner bohrte mit seinem Zeigefinger in den Geldstücken seines großen Portemonnaies, als wolle er seinen Gast mit dem Geklimper wecken, aber Adermann schwieg noch immer und wartete darauf, die Differenz ausgezahlt zu bekommen.

Sina rutschte unruhig auf ihrem Platz hin und her. Es war nicht ihr Geld. Sie war eingeladen worden, und so unangenehm es ihr auch war, sie konnte nicht über das Geld ihres Gönners verfügen und dem Kellner ein Trinkgeld zusprechen.

Warum war ihr Begleiter so knauserig?, fragte sie sich. Lag es an dem Durcheinander bei der Bestellung? Sie ließ den Beginn des Abends binnen Sekunden Revue passieren: Adermann war mit dem ihnen zugewiesenen Tisch nicht einverstanden gewesen. Kein Problem! Man hatte ihnen einen anderen Tisch gegeben. Er hatte nach dem Probieren des Weines die erste Sorte abgelehnt, und ein anderer Wein war gebracht worden. Gut, so etwas mag passieren. Sina hatte den Wein nicht probiert und konnte sich kein Urteil darüber erlauben, ob er gekorkt hatte oder nicht, da vertraute sie Adermanns Geschmack. Aber auch das konnte dem Kellner nicht angekreidet werden.

Kurz darauf hatte Adermann sein erstes Weinglas zurückgehen lassen. Es sei Lippenstift am Rand gewesen, und er hatte ein sauberes Glas gefordert. Sina hatte keinen Abdruck sehen können, aber das Licht war gedimmt gewesen. Vielleicht hätte sie genauso gehandelt.

Rückblickend war der Service hervorragend. Die Vorspeise war großartig, und auch der Hauptgang war lecker gewesen. Sina hatte Fettuccine Alfredo mit Hähnchen bestellt und, so hatte sie recht schnell entschieden, würde dies beim nächsten Besuch wieder tun.

Nico Adermann hatte zunächst Torta di Carciofi, eine Artischockentarte mit Robiola und Parmaschinken bestellt. Als diese aber serviert worden war, hatte er behauptet, der Kellner habe sich verhört und unter Nachdruck mitgeteilt, er habe Ziegenkäse-Polenta mit Ofentomaten und Spinat bestellt. Sina hatte zu diesem Zeitpunkt kaum Wein getrunken, und Adermanns teilweise verwirrende Extrawünsche waren ihr etwas merkwürdig vorgekommen. Aber rechtfertigte das alles das ausbleibende Trickgeld?

Der Kellner gab Adermann 77,20 Euro Wechselgeld, wünschte den beiden einen schönen Abend und ging, nicht ohne die leere Weinflasche mitzunehmen und die kleine Blumenvase in der Tischmitte gerade zu rücken, in Richtung Küche zurück.

Sina betrachtete ihren Begleiter, als dieser aufstand, und fragte sich, was für ein Mensch er wirklich war. Zwar hatten sich die beiden in den letzten zwei Stunden sehr gut unterhalten, aber letztendlich waren nur Belanglosigkeiten ausgetauscht worden. Sie hatte wenig von sich preisgeben können, da sie fest in ihrer Rolle der Aerobictrainerin Dana Hiller steckte. Aber ihr fiel auf, dass auch Nico wenig Privates über sich erzählt hatte. Es ging um Muskelaufbaupräparate, wie lange er schon in der Fitnessbranche arbeitete, welche Kleidung er beim Training bevorzugte, auf welchen Wagen er spare, wie er nach Braunschweig gekommen war und dass er sein Medizinstudium nach sechs Semestern abgebrochen hatte (»Nicht mein Ding«), nun jobbte und in einer Lebensfindungsphase wäre. Er habe mit 32 Jahren noch immer genug Zeit, um sich über seinen wirklichen Weg klar zu werden.

Sie verließen das Lokal, und Sina schloss nicht aus, sich wieder mit ihm zu treffen. Als Adermann ihr die Tür aufhielt, wirbelte ihr der Wind Nieselregen ins Gesicht, und erst jetzt merkte sie, wie die beiden in den vergangenen Stunden das unangenehme Herbstwetter vergessen hatten.

»Mein Wagen steht dort drüben«, sagte Adermann.

»Und da hinten steht ein Taxi«, warf sie ein. »Ist schon gut …« Sie musste diesem Angebot, gefahren zu werden, irgendwie entkommen. Darüber hätte sie sich schon viel früher Gedanken machen sollen.

Irgendwann würde sie ihm die Wahrheit sagen müssen, aber dann war der Fall mit der Kinderpornographie auf den Betriebsrechnern der Fitnessstudios, weswegen sie verdeckt ermittelte, hoffentlich längst Geschichte.

Sina wollte sich gerade verabschieden, aber just in diesem Moment ließ die Taxifahrerin drüben auf der anderen Straßenseite ihren Wagen an und fuhr in die dunkle Nacht davon.

Die roten Rücklichter wurden schnell kleiner.

»Schicksal«, meinte Adermann und lachte.

»Kannst du denn nach dem ganzen Wein überhaupt noch fahren?«, fragte sie.

»Du würdest staunen, wenn du wüsstest, was ich nach dem ganzen Wein noch alles kann.«

Der war schlecht, dachte Sina. Die Suche Blick nach Taxis in der Nähe schien nicht erfolgversprechend zu sein, und sie zog ihr Handy aus der Tasche.

»Bist du verrückt? Das dauert 15 Minuten, bis das nächste Taxi da ist. Da bist du bis auf die Unterwäsche durchgeregnet.«

»Ich kann ja im Restaurant warten.« Sina drehte sich um und sah, wie die letzten Gäste vor der Restauranttür einen Schirm aufspannten und den Kampf gegen dem Wind begannen.

Der Besitzer des ›Ristorante Castello‹ stand innen an der Tür und löschte das Licht im gläsernen Windfang.

Na gut, dachte Sina, es ist, wie es ist.

Sie gingen hinüber zu Adermanns Wagen, und er öffnete ihr die Beifahrertür. Geruch von scharfen Putzmitteln drang Sina schon beim Einsteigen in die Nase.

»Fahre mich bitte zur Kapellenstraße, das ist in der Nähe der Georg-Westermann-Allee.« In Wirklichkeit wohnte Sina – noch gar nicht so lange – am Löwenwall, doch sie wollte nicht riskieren, dass Nico, so nett sie ihn auch fand, erführe, wo sie tatsächlich wohnte. Sie würde in den sauren Apfel beißen müssen und das Stück von der Kapellenstraße bis zum Löwenwall zu Fuß gehen.

Ackermann schaltete das Radio ein, in dem ein Speicherstick steckte, auf den zugegriffen wurde, ließ den Wagen an und fuhr gemächlich zu Celine Dions ›My heart will go on‹ los.

Vielleicht ist es der kitschige Song, der die Scheiben zum Beschlagen bringt, dachte Sina.

Adermann fuhr durch die dunkle Stadt, und Sina fragte sich, ob er sich wirklich auskannte.

»Kapellenstraße. Weißt du, wo das ist?«

Er antwortete nicht.

»Du fährst in die völlig falsche Richtung«, sagte sie und versuchte, die in ihr aufsteigende Aufregung zu bändigen.

»Sei nicht so unentspannt. Ich bin auf dem richtigen Weg. Ich will dir vorher nur etwas zeigen«, sagte er. »Vertrau mir.«

Der Scheibenwischer quietschte ein demonstratives »Nein«, aber Sina sagte nichts.

Ackermann fuhr am Astor vorbei und bog nach dem Radeklint in den Inselwall ein.

Sina wurde unruhig. Sie versuchte gleichmäßig zu atmen und kämpfte gegen die Wirkung des Weines in ihrem Körper an. Ihre Müdigkeit war wie weggeblasen.

»Was willst du mir denn zeigen?«, fragte sie mit gespielt ruhiger Stimme.

Der Wagen kam mit einem Ruck zum Stehen. Adermann machte das Fahrzeug aus, und sie erkannte, dass er unter einer alten Platane in einer Parklücke am Inselwall geparkt hatte. Er lehnte sich zu ihr hinüber.

»Ich fahre dich nicht zu dir«, sagte Ackermann.

»Was?« Sie war verblüfft.

»Du gehörst nicht alleine in eine Wohnung. Das wäre Verschwendung. Ich wohne hier. Komm mit zu mir.« Seine unterdrückende Selbstsicherheit zerstörte alle Sympathie, die sie in den letzten Wochen für ihn empfunden hatte.

»Ich habe eine Schlange. Eine echte große Würgeschlange. Die würde ich dir gerne zeigen«, sagte er, und seine Hand legte sich so sanft auf ihre linke Schulter, als würden seine Finger schweben.

»Nein. Ich möchte jetzt nach Hause«, sagte Sina entschlossen.

»Du würdest etwas verpassen.« Sein Gesicht kam ihrem näher, und ein Gemisch von Knoblauch- und Weingeruch drang in ihre Nase.

Der Regen prasselte auf das Autodach, die Straße war finster und ungemütlich. Nur hier und da wurde sie durch Licht aus Wohnungsfenstern beleuchtet, in denen Menschen gerade zu Bett gehen wollten und sicher auch dankbar dafür waren, ein Dach über dem Kopf zu haben.

»Nico. Nochmal: Ich will jetzt nach Hause!«, sagte Sina erneut. Sie bemühte sich, dass das unmissverständlich klang.

Er lehnte sich wieder zurück. »Weißt du, Dana«, sagte er, und der vertraute Ton war aus seiner Stimme verschwunden, »es ist sehr schwer, hier in dieser Gegend einen Parkplatz zu bekommen. Ich glaube, es ist besser, wenn du zu Fuß gehst.« Damit stieg er aus, schlug die Fahrertür heftig zu und verschwand im Dunkel der Nacht.

Sina lief ein Schauer über den Rücken. Nicos bizarres und unangemessenes Verhalten hatte ihr Angst gemacht. Es lag etwas Schizophrenes in seinem Handeln.

Die Innenbeleuchtung des Wagens erlosch nach einer gewissen Zeit, und die Finsternis legte sich wie ein schwarzes Tuch auf das Gesicht der jungen Kriminalbeamtin.

Sie schluckte und spürte Unbehagen in diesem nach Chemie riechenden Auto. Nachdem sie sich nach allen Seiten umgeblickt hatte und keine Bewegung in der Umgebung wahrnehmen konnte, öffnete sie langsam die Beifahrertür.

Mit einem Ruck hatte der Wind die schwere Tür ergriffen und riss sie ihr fast aus der Hand. Sina stieg rasch aus, orientierte sich kurz und lief dann mit schnellen Schritten in Richtung der Hauptstraße. Sie wollte nur noch nach Hause und ins Trockene.

KAPITEL 6

Der Newski-Akt

Als Oliver Borg am nächsten Morgen ins Präsidium kam und in Tom Spieß' Büro stürmte, war er ernüchtert: Dieser war noch nicht da.

»Der kommt immer erst gegen 9:30 Uhr«, hatte ihm Maria Lepping gesagt, die seit einiger Zeit das Büro mit Spieß teilte.

Borg war wieder aus dem Büro gestolpert und über den Flur in Richtung seines eigenen Arbeitszimmers in der ersten Etage gegangen, wobei er auf seine Kollegen auf dem Flur keine Rücksicht genommen hatte. Er ließ sie ausweichen und behielt stur seine Laufrichtung bei. Seine Standardeinstellung an diesem Morgen sagte: »Aus dem Weg, ihr Idioten!« Oder: »Was für ein Frust, was für ein grauses, übles Dasein!«

Plötzlich, wie aus dem Nichts, stand Sina vor ihm, aber sie machte den Weg nicht frei. Borg hätte sie fast umgerannt.

»Sina!« Er sah sie, aus den Gedanken gerissen, geschockt an.

»Guten Morgen. Alles in Ordnung?«, fragte sie.

Er sagte nichts.

»Ich arbeite hier«, fügte sie mit übertriebener Ironie hinzu, um ihn aus seiner Welt zurück in ihre zu holen. »Was ist denn los mit dir?«

Borg hatte sich gefasst: »Der Tag fing schon wieder damit an, dass die Nacht vorbei war.« Sein Witz zündete nicht.

»Und was macht dich so übellaunig? Lagen heute Zombies auf der Autobahn?«, fragte sie, und ihr Lächeln begann ihn etwas aufzuheitern.

»Nein. Die sitzen hier heute alle in den Büros rum.«

Sie lachte. Das Eis war gebrochen.

Borg gestand ihr, schlechte Laune zu haben, auf Spieß zu warten, und all das in der Gewissheit, eine Biogasanlage besichtigen zu müssen, keine Verdächtigen bezüglich der Leichen und den vermutlich einzig brauchbaren Hinweis durch Tom Spieß' Motorradreifen für immer verloren zu haben.

»Es ist alles eine Farce! Die Welt ist eine Falle, und wir stecken mittendrin. Vielleicht wäre ich als Eichhörnchen besser dran als als Mensch mit diesem Beruf.« Borg schüttelte den Kopf.

»He!«, sagte Sina aufmunternd. »Man ist immer überall im Leben. Es überfällt uns mit einem plötzlich verrückten Glück, und es quält uns mit seiner sinnlosen Willkür.«

Borgs Blick hellte sich für einen Augenblick auf. Sina war ein Phänomen. Doch da sah Borg über ihre Schulter, und eine Frau mit streng zurückgebundenen Haaren und perfekt sitzendem Kostümchen kam den Gang entlangmarschiert.

Nein!, dachte Borg. Nicht die!

Die Polizeipsychologin Dagmar Tickel kam direkt auf Borg und Sina zu.

Sina hörte ihre auf dem Boden klackenden Absätze und drehte sich zu ihr um.

»Hallo, Frau Dr. Tickel.«

»Guten Tag, Frau Bachmann, guten Tag Herr Borg.« Sie nickte beiden zu und sah Borg dann mit milder Strenge an: »Gut, dass ich Sie hier treffe. Sie haben morgen um 12:30 Uhr einen Termin bei mir. Ich erinnere Sie nur daran, weil Sie die letzten beiden Termine nicht wahrgenommen haben. Wir sind mit unseren Gesprächen noch nicht durch. Also, Herr Borg, ich rechne fest mit Ihnen. Und Sie …«, sie wandte sich an Sina, »… sind ja Mittwoch bei mir. Also, bis dann. Guten Tag.«

Tickel nahm ihren klackenden Schritt wieder auf und verschwand in einem Nebengang.

»Gute Güte. Diese Psychologin macht mich noch ganz irre. Ich hasse diese Sitzungen«, sagte Borg. »Wo ist denn jetzt das Glück, von dem du eben gesprochen hast?«, fragte er Sina.

»Hier«, erwiderte sie. »Gehst du mit mir einen Kaffee trinken? Der oben in der Küche schmeckt, als wäre er drei Tage alt.«

Borg lächelte. »Der ist drei Tage alt.«

Als er eine knappe Stunde später zurück im Präsidium war, hatte sich seine Laune maßgeblich verbessert. Er war energiegeladener und fest entschlossen, mit Spieß im Mais-Fall Fortschritte zu machen. Er hatte sich fest vorgenommen, das dubiose plattgefahrene Päckchen zu finden, und malte sich aus, dass es eine wichtige Spur sein könnte.

Die überraschende Einladung zum Kaffee beim Bäcker auf der anderen Straßenseite und das nette unkomplizierte Gespräch mit Sina hatten ihn beflügelt, ein vorbildlicher Polizist zu sein. Ihr Gespräch war mit keiner Silbe auf Sinas gestrige Verabredung mit Nico Adermann eingegangen. Wenngleich beide aus unterschiedlichen Gründen an dieses Date zurückdachten, so wurde es dennoch nicht thematisiert.

Die beiden Kollegen verstanden sich prächtig und beschlossen, dieses Kaffeekränzchen bei Gelegenheit zu wiederholen. Der Tag konnte also doch noch gut werden.

Als Oliver Borg die Tür zu Tom Spieß' Büro nach dem Anklopfen zum zweiten Mal an diesem Tag öffnete, verschwand sein Lächeln: Noch immer saß Maria Lepping allein im Zimmer und tippte auf ihrer Tastatur. Es war fast 10:30 Uhr.

Diesmal war das Büro von Licht durchflutet, das durch einen Voilevorhang fiel.

»Ist Spieß immer noch nicht da?«, fragte Borg verblüfft.

»Doch, doch«, nickte sie, »der ist kurz auf der Toilette und kommt gleich zurück.«

So lange wollte Borg nicht warten. Er eilte den Flur hinunter zum Herren-WC, öffnete schwungvoll die weißgestrichene Holztür zum Vorraum und ging an den Waschbecken vorbei zu den Pissoirs. Gleich die erste Tür der drei Toilettenkabinen war abgeschlossen, wie die rote Zunge unter der Klinke unmissverständlich mitteilte.

Borg schlug dreimal hart mit der Faust an die Tür, und die Kabine bebte, während das Wummern der Schläge als Hall im weißgekachelten raum hin- und hergeworfen wurde.

»Spieß, machen Sie hin! Ich würde den Fall gerne klären, bevor ich meinen Rentenantrag einreiche.«

Aus der Kabine kam keine Antwort.

Borg schlug wieder an die Tür. »Spieß, scheißen können Sie zu Hause. Dafür werden Sie nicht bezahlt. Jetzt nehmen Sie die Finger aus dem Arsch und kommen raus. Wir haben zu tun!« Borg lauschte.

Die Spülung wurde betätigt, und mit einem Klacken verschwand die rote Zunge unter der Klinke.

Borgs Herz setzt einen Schlag aus, als sein Chef die Tür der Toilettenkabine öffnete und ihn böse ansah.

»Herr Koller!« Borg schaute entsetzt.

»Was fällt Ihnen ein? ›Finger aus dem Arsch‹? Ist das Ihr Ernst? Ich bin Ihr Vorgesetzter!« Koller kochte.

Die übernächste Tür öffnete sich, und Tom Spieß kam verlegen aus der Kabine.

»Ihm galt das«, stammelte Borg und zeigte verlegen auf Spieß.

Koller sah beide Männer abschätzig an, ließ sie stehen und verließ wutentbrannt den Raum.

»Aha. ›Finger aus dem Arsch‹ – das war wohl nichts, was?«, sagte Spieß.

Borg fragte sich, woher Spieß jetzt auf einmal diese Sicherheit nahm.

»Das bleibt unter uns«, begann Borg, der sich wieder gesammelt hatte, doch der Moment der Demütigung wirkte in ihm nach. »Wir fahren heute zur Biogasanlage und versuchen herauszufinden, warum die beiden Toten in dem Maishäcksel gelegen haben könnten.«

Vor Borgs geistigem Auge waren die Bilder der beiden Toten erschienen, und verbunden mit dem peinlichen Moment, den er eben erlebt hatte, hatte er einen Geistesblitz: ›Finger aus dem Arsch!‹ – Das war es! Borg ließ Spieß stehen und rannte aus dem Mitarbeiter-WC den Gang entlang hinter Koller her. Er holte seinen Chef am Treppenabsatz ein.

»Die Leiche von Roland Newski, dem Kammerjäger, wo ist die?« fragte er aufgeregt.

»Na, wahrscheinlich auf dem Friedhof und begraben. Die Rechtsmedizin hat alle Spuren gesichert und festgestellt, dass der Mann erwürgt wurde«, entgegnete Koller, der sich fragte, was in Borg gefahren war.

»Ich muss die Leiche noch einmal untersuchen lassen!«, sagte Borg.

»Was? Der ist ganz sicher schon eingeäschert!« Koller wurde ungeduldig.

»Glauben Sie mir. Ich habe da eine Idee. Bekomme ich Ihr Okay? Dann nehme ich zur Gerichtsmedizin Kontakt auf und kümmere mich um alles.« Borg war aufgeregt wie ein Schuljunge, und das passte nicht zu ihm.

»Na gut, Borg«, sagte Koller. »Aber bauen Sie keinen Mist! Sie gehen mir gewaltig auf die Nerven.«

Koller ging die ersten Stufen hinauf, und Borg wollte schnell in sein Büro, doch für einen Moment hielt er inne, weil er, beflügelt durch seine Idee, deutlich an Selbstvertrauen gewonnen hatte.

»Herr Koller!«, rief er seinem Chef nach, und der blieb stehen, um seine übelgelaunte Miene in Borgs Richtung zu drehen.

»Was denn noch?«, fragte Koller sichtlich verärgert.

»Eben auf der Toilette …«, begann Borg, und Koller dachte, jetzt würde es zu einer Entschuldigung kommen. »Sie haben Ihre Hände nicht gewaschen. Bis später, Chef.«

Bevor Koller reagieren konnte, war Borg schon aus seinem Sichtfeld verschwunden. Der Chef der Mordkommission blieb noch einige Sekunden regungslos auf der Treppe stehen und fragte sich, was sein Mitarbeiter mit der Leiche des Kammerjägers vorhatte – falls diese überhaupt noch existierte.

»Die Leiche ist längst beim Bestatter«, sagte der Mann, den Borg noch nie gesehen hatte und der in der Pathologie die Tagesschicht leitete.

Auch er fragte sich, was Borg jetzt noch mit dem toten, bereits untersuchten Körper anfangen wollte.

»Verbinden Sie mich mit dem Krematorium, zu dem wir seit Anfang des Monats die Toten schicken«, sagte der Gerichtsmediziner in das schnurlose Telefon in seinem Büro und setzte sich, auf eine Verbindung wartend, auf seine Schreibtischkante.

Borg lauschte dem Gespräch gespannt.

»Ja, guten Tag, hier ist Dr. Bernd Krumen aus der Pathologie des Kriminalamtes. Wir haben Ihnen gestern zwei Leichen geschickt, sind die bereits eingeäschert worden? … Ja … Ich warte.«

Borg hoffte, dass zumindest der Körper von Newski noch existieren würde, und lauschte aufmerksam dem Gespräch.

»Ja, Dr. Krumen hier. Genau. Es geht um Roland Newski und Marius Liebelt-Minke. Nr. BMT216A und Nr. LU6789«. Der Mann in Weiß las die Nummern und Namen von seinem Klemmbrett ab. »Ja, verstehe …«

Borg wurde ungeduldig.

Krumen hielt die Sprechmuschel des Telefons zu und wandte sich an an den Kommissar: »Die Leichen liegen beide noch im Bestattungsunternehmen. Die sollen um zwölf Uhr eingeäschert werden.«

»Großartig!«, gab Borg zurück. »Die sollen den Backofen wieder ausschalten. Ich komme vorbei. Sagen Sie denen das!«

Dr. Krumen sagte seinem Gesprächspartner am Telefon, man möge die Leichen nicht verbrennen, ein Kriminalbeamter käme noch einmal vorbei, um sie sich anzusehen, und legte auf.

»Haben Sie ein mobiles Röntgengerät?«, fragte Borg.

»Ja. Aber so klein ist das nicht. Da brauchen Sie sicher einen Van. Mit einem normalen Pkw bekommen Sie das nicht zum Krematorium.«

Borg überlegte, als plötzlich das Telefon klingelte.

Krumen nahm ab, und der Kommissar hörte diesmal nur mit einem Ohr hin. »Ja. Wenn das für Sie kein Problem ist. Na gut, ich sage es ihm.« Er hatte sich wieder auf der Schreibtischkante niedergelassen und drehte sich zu Borg. »Das ist das Krematorium. Die sagen, sie können die Leichen auch gerne wieder hierher bringen. Die wären in 20 Minuten da.«

Borg war hocherfreut. Das machte die Sache weniger kompliziert. Er bat den Pathologen, nur die Leiche von Roland Newski anzufordern, und als der Kollege das getan hatte, verabredete sich Borg mit diesem pfiffig wirkenden Mann aus dem Nebengebäude des Kommissariats, der ihm viel Arbeit erspart hatte, um mit ihm zusammen erneut einen Blick auf den Toten zu werfen, wenn man diesen wieder angeliefert hatte.

Während Borg auf die Leiche warten musste, machte er sich zwischenzeitlich auf den Weg und stattete Tom Spieß noch einen weiteren Besuch ab.

Er fand Spieß in seinem Büro am Computer vor.

»Jetzt sind Sie gefragt, mein Lieber! Fahren Sie zur Unfallstelle und suchen Sie die Böschung auf der rechten Fahrbahnseite ab! Ich vermisse ein kleines weißes Päckchen, das Sie überfahren haben«, befahl Borg.

Spieß blickte Borg ungläubig an.

»Ich hab' ein Päckchen überfahren?«, fragte er mit großen Augen.

»Ja, genau Sie! So groß wie eine Zigarettenschachtel. Es klebte unter Ihrem Reifen und wurde dann ins Gebüsch geschleudert.«

Borg zeigte Spieß die Aufnahme auf dem sichergestellten Handy, das er bei sich trug. Die beiden Männer verabredeten sich für 16:00 Uhr, um, falls sie etwas hatten herausfinden können, die Ergebnisse auszutauschen.

Gespannt, was ihn erwarten würde, ging Borg wieder hinüber zum Nebengebäude, in dessen Erdgeschoss seit 2018 die sanierte Sektionshalle mit Nebenräumen, die Sammlung histologischer und histochemischer Präparate und ein Hörsaal eingerichtet worden waren. Im ersten Stock des hässlichen grauen Hauses befanden sich die Geschäftsräume, der Seminarraum, die Bibliothek sowie makro- und mikrophotographische Einrichtungen. Im Obergeschoss waren Laboratorien für die Immunhistologie untergebracht.

»Wir haben uns noch gar nicht miteinander bekannt gemacht«, sagte der Pathologe, der für Borg die Telefonate geführt hatte, und stellte sich als Bernd Krumen vor.

Er führte den Kommissar in die Sezierhalle. Gleich im ersten Raum lag Newskis Leiche. Die wächserne Körper des Ermordeten verdeutlichte die Sterblichkeit.

»Das ist also der Newski-Akt«, sagte Borg. »Haben Sie das mobile Röntgengerät hier?«, fragte er.

»Was haben Sie denn genau vor?«

»Ich will in seinen Darm sehen«, sagte Borg.

»Dann habe ich etwas Besseres.« Dr. Krumen ging in einen Nachbarraum und kam mit einem mobilen Ultraschallsystem zurück.

»Was ist das?«

»Das ist das neue SIEMENS ACUSON Juniper-Farbdoppler-Ultraschallsystem. Damit können wir völlig unkompliziert einen Blick in den Körper werfen«, freute sich der Pathologe.

Borg gab genaue Anweisungen: »Ich möchte wissen, ob etwas im Enddarm der Leiche ist.«

»Was genau suchen Sie denn?«

»Ein Handy«, sagte Borg mit fester Stimme.

»Bitte was?«, Krumen dachte, er hätte sich verhört. »Warum sollte er ein Handy in seinem Rektum haben?«

»Na ja, die Handyhülle haben wir bei der Leiche gefunden, nicht aber das Handy«, sagte Borg.

Krumen blieb stocksteif stehen, dann schaltete er den Ultraschallmonitor ein.

»Das leuchtet mir noch immer nicht ein.«

»Wenn Sie sich Ihr Handy in den Hintern stecken würden, dann würden Sie doch dafür sorgen, dass es so klein wie möglich ist, oder? Also würden Sie die Hülle abnehmen«, erklärte Borg.

»Ich würde mir mein Handy überhaupt nicht in den Hintern stecken«, sagte Krumen und schüttelte eine weiße undurchsichtige Flasche. Darin war das Gleitmittel, das er verwenden wollte, damit der Schallkopf besser auf dem toten Körper entlanggleiten konnte.

Krumen drückte das durchsichtige Gel auf den Unterbauch der nackten Leiche.

»Wie kommen Sie denn überhaupt darauf, dass der arme Teufel sich das Handy in den Darm eingeführt hat?«, fragte er.

»Der Mann hatte Kot unter seinen Fingernägeln. Ich glaube einfach, er wusste nicht, wohin mit dem Handy, aber er wusste, dass er sterben würde. Als er sich in die Hose gemacht hatte, muss ihm eingefallen sein, wie er das Handy verschwinden lassen konnte, um uns eine Spur zu hinterlassen. Ein Held auf den zweiten Blick …« Mittlerweile, und das war Borg sofort aufgefallen, waren die Finger des Toten sauber – die Leiche war also gewaschen worden.

Er blickte nun gespannt auf den Monitor, und eine ihm unbekannte Welt tat sich auf, als das Ultraschallgerät seine Daten übermittelte.

»Falls wir nichts erkennen sollten – das Gerät ist hochmodern, ich habe 16 verschiedene Schallköpfe, die wir ausprobieren können«, sagte Krumen und fuhr mit deutlichem Druck auf der Bauchhaut des Körpers hin und her.

Borg sah nur den Monitor. Der Geruch, der sich im Raum verbreitet hatte, machte ihm zu schaffen, aber er war zu nahe am Ziel, um jetzt aufzugeben. Und außerdem: Aus der Toilettenkabine, aus der Koller am selben Tag getreten war, hatte es auch nicht besser gerochen.

»Warum, glauben Sie, wollte er das Handy verstecken?« Krumens Neugier war geweckt.

»Vielleicht sind darauf Kontakte gespeichert, die uns zum Mörder führen. Wer weiß.«

Das Innere einer Leiche hatte etwas Surrealistisches und Formenloses, doch dann glitt Krumen über etwas Nichtmenschliches, und eine eckige Form zeichnete sich deutlich vom Rest der Umgebung ab.

»Mein Gott! Sie haben recht! Da ist was! Das könnte ein Handy sein!« Krumens Aufregung steckte Borg an.

»Na, los, holen Sie es raus!«, drängte er.

Der Pathologe legte den Ultraschallkopf zur Seite und ging in einen Nachbarraum.

In diesem Moment, allein mit dem Toten, schaute sich Borg den bedauernswerten Körper des Mannes an.

Er fühlte sich in seiner Ermittlungsart wieder einmal bestätigt, so menschenunwürdig dieser ›Newski-Akt‹ auch vor ihm lag. Man musste an etwas Unglaubliches glauben, um etwas in Bewegung zu bringen.

Dr. Krumen kam wieder in den Raum. Er hatte verschiedene Skalpelle und ein langstieliges Werkzeug in der Hand, das am unteren Ende wie eine Zange aussah.

»Jetzt wird es unschön«, sagte er.

Borg fand allein die Leiche schon unschön, die violetten schrumpeligen Finger, den offenstehenden Mund, die fettigen Haare und die krummen Zehen, und jetzt legte der Mediziner auch noch Hand an …

Der Schnitt lief wie mit einem Stift gezeichnet über den Bauchraum, aber es trat kein Blut aus der Wunde aus, wie Borg es erwartet hatte. Stattdessen klaffte der Bauch wie der Mund eines Ungeheuers auf. Borg fühlte sich dadurch unweigerlich an eine Szene aus dem Film ›Das Ding aus einer anderen Welt‹ erinnert.

Krumen war jetzt nicht mehr zu bremsen. Er drang tiefer vor, und dann endlich benutzte er die Zange.

»Da ist das Baby!«, sagte er und präsentierte stolz das glitschige Handy im grellen Neonlicht des Sezierraums.

Borg nickte zufrieden, verspürte aber zugleich den Drang, sich an die frische Luft zu begeben.

»Gut, nehmen Sie zu Herrn Bauer von der IT-Abteilung Kontakt auf. Er soll mir die Speicherkarte auslesen und die Daten auf meinen PC schicken.« Borg dankte Krumen und ging zur Tür. Nun wollte er sich die Biogasanlage anschauen, zu der der Maishäckseltransporter unterwegs gewesen war.

»Was soll ich mit der Leiche machen?«, rief ihm der Arzt hinterher.

»Tja, für mich ist sie jetzt nutzlos, aber vielleicht möchten Sie Ihre 16 Schallköpfe noch ausprobieren«, entgegnete Borg und verließ diesen Ort des Todes.

KAPITEL 7

Wenn der Assistent erwacht

Auf dem Weg zur Biogasanlage war Borg erneut in einen Stau geraten. Auf der Braunschweiger Autobahn unterwegs zu sein, erinnerte ihn oft daran, wie es sich anfühlte, in einem defekten Fahrstuhl festzustecken. Man kam nicht weiter und, was noch viel schlimmer war: Man kam auch nicht wieder heraus.

Fast 45 Minuten hatte er sich unruhig auf dem Fahrersitz seines Autos hin-und-her geschoben. Es ging, wenn überhaupt, im Schritttempo voran.

Zwar war das Wetter etwas besser geworden, aber die graue Wolkendecke hing noch immer über der Stadt, und der Herbstwind griff wie ein Besessener nach den Blättern der Bäume und Sträucher, die hinter Lärmschutzwänden an der Autobahn standen.

Die Biogasanlage, die Borg sich ansehen wollte, befand sich in der Nähe von Volzum in der Gemeinde Sickte im Landkreis Wolfenbüttel. Ein Ort, den man unter normalen Umständen mit dem Wagen vom Präsidium aus in weniger als 20 Minuten hätte erreichen können. Können!

Als Borg von der Autobahn in den Kreisel in der Nähe des Schöppenstedter Turms abfuhr, war er unter den Armen verschwitzt, obwohl er lediglich fast zwanzig Minuten bewegungslos hinter das Steuer geklemmt gesessen hatte. Dieses Abfahren hatte ihn gerettet. Er war frei. Der Stau setzte sich derweil auf der Autobahn fort, und Borg konnte die neidischen Blicke der anderen Fahrerinnen und Fahrer spüren, als er die Abfahrt genommen hatte und endlich beschleunigen konnte, und das an einer Stelle, wo man normalerweise vom Gas ging.

Das kleine Dorf, zu dem Oliver Borg hinüberblickte, lag im Vorland des Elms. Es drückte sich malerisch an die Südflanke einer kleinen Senke, die sich vom Nachbarort Lucklum bis nach Salzdahlum zog.

Im Sommer war das hier sicher ein Paradies, dachte er, als er nur noch wenige Minuten von seinem Ziel entfernt war und einen prüfenden Blick in den Rückspiegel warf: keine Fahrzeuge hinter ihm – das sah er gern.

Die Straße vor ihm verengte sich zunächst und verwandelte sich dann in einen matschigen Abschnitt, der in eine Art Feldweg mündete. Borg folgte dem an der Scheibe festgesaugten Navigationssystem, doch als er zwei dunkelgrüne runde Dächer sah, die wie gigantische Mantelknöpfe am Ende eines weiten Feldes aufragten, ignorierte er die Anzeige. Er war sicher, sein Ziel vor Augen zu haben. Langsam rollte er an die Biogasanlage heran, und der Wagen blieb stehen, obwohl sein Fahrer nicht einmal auf die Bremse getreten war.

Borg stieg aus und stellte überrascht und erleichtert fest, dass es aufgehört hatte zu regnen. Ein Arbeiter kam auf ihn zu.

Er zog den rechten Handschuh aus und schüttelte Borg die Hand.

»Alles klar, Herr Kommissar?«, fragte er und lächelte.

»Sind Sie Herr Romanow?«, fragte Borg.

Der Mann nickte.

»Danke, dass Sie für mich Zeit haben. Warten Sie schon lange?«

»Ist schon gut, ich hatte hier in der Nähe zu tun. Wie kann ich Ihnen helfen? Ihr Chef sagte, Sie wollen sich die Anlage ansehen und mich zu Marius befragen.« Romanow rollte das ›R‹ in jedem Wort. Borg tippte auf einen russischen Muttersprachler.

Marius Liebelt-Minke war der ursprüngliche Fahrer des Häckseltransports gewesen, und man hatte ihn inmitten der Grünmasse, wie auch den Kammerjäger Roland Newski, tot aufgefunden.

»Ja«, sagte Borg und blickte sich auf dem Gelände um.

Der Geruch erinnerte ihn an eine Brauerei, in der der Betrieb in vollem Gang war.

»Was riecht hier so nach Bier?«, fragte er.

Romanow lachte. »Das ist kein Bier. Aber hier finden Vergärungsprozesse statt. Das ist ja in einer Brauerei auch der Fall.«

Sie gingen über den Zementboden, auf dem die Erde, die die Treckerreifen hierhergetragen hatten, zu einem matschigen Brei geworden war.

Borg fluchte, als seine linke Socke nass wurde. In seiner Schuhsohle musste ein Riss sein, durch den das Wasser eindrang. Er ging hinter Romanow her und versuchte beim Auftreten nur mit der Außenkannte seines linken Fußes abzurollen, damit nicht noch mehr Matschwasser in seinen Schuh drang.

»Alles in Ordnung?«, fragte Romanow, als er merkte, dass der Kommissar seltsam ging.

»Ja, ja. Alles bestens. Nur eine leichte Hüftfehlstellung nach einem Sturz von einer Schaukel, als ich acht war.«

Romanow schaute irritiert.

Am Rand des Geländes, teilweise auf den angrenzenden Feldern, waren flache Hügel aufgeschüttet worden, die man mit grüner Folie abgedeckt hatte.

»Was ist darunter?«, fragte Borg.

»Das ist der Maishäcksel, den die Bauern hier anliefern. Das Futter für unsere Anlage.« Er deutete mit dem Finger in Richtung der beiden riesigen Tanks.

»Mit anderen Worten: das Zeug, was in den Anhängern war, als der Unfall passierte?«, fragte Borg.

Romanow nickte wieder.

»Haben Sie vielleicht eine Erklärung, warum man Herrn Liebelt-Minke umgebracht hat?«, fragte Borg.

Diesmal schüttelte Romanow den Kopf. »Es ist mir völlig unerklärlich. Marius hatte keine Feinde, und er hatte kein Geld … und was ich noch unbegreiflicher finde: Warum stiehlt der Mörder seinen Transporter?«

Borg wollte nicht, dass Romanow selbst zum Fragesteller wurde, aber der Mann war ihm sympathisch, und so ließ er ihm das Gedankenspiel und die Fragen vorerst durchgehen.

»Ich meine, wenn ich jemanden umbringe, dann haue ich doch ab und hinterlasse keine Spuren, oder? Wie sehen Sie das?« Romanow schüttelte den Kopf.

»Tja, das ist dem Täter nicht gelungen, zumindest das spurlose Verschwinden. Haben Sie eine Erklärung dafür, warum der Transport dennoch in Richtung Volzum unterwegs war? Es sieht ja so aus, als hätte der Mörder die Ladung ordnungsgemäß hier abliefern wollen.«

Romanow überlegte wieder, dann sagte er: »Ja, aber es ergibt keinen Sinn. Um die Ladung abzuliefern, sind hier immer mindestens fünf, wenn nicht zehn Leute vor Ort. Der Mais wird abgekippt und mit Baggern auf den Haufen geschoben. Das ist kein Job für einen einzelnen Mann. Außerdem wäre die Ladung – so wie ich Ihren Chef verstanden habe – mehrere Stunden zu früh hier eingetroffen. Der Mörder war viel zu früh dran. Da hätte der Kerl hier mutterseelenallein herumgestanden.«

Romanow hatte recht. Borg war froh, dass der Mann mit ihm auf einer Wellenlänge lag, das machte die Ermittlungen angenehmer.

Die beiden Männer waren vor einem großen grauen Container und den beiden grünen Fermentern, den Gebäuden der Biogasanlage, angekommen. Aus dem Container liefen Rohre in den ersten Fermenter, und Borg, der sich niemals mit der Gewinnung von Biogas beschäftigt hatte, fragte Romanow, worum es sich bei dem Container handelte.

»Sehen Sie den Häcksel da oben?«

Borg schaute hoch und merkte erst jetzt, dass der Stahlcontainer oben offen war und ein kleiner Hügel Maismasse herausragte.

»Jeden Tag werden hier dreißig Tonnen Mais reingekippt«, fuhr Romanow fort. »Wir holen sie von da drüben«, er zeigte in Richtung der flachen grün abgedeckten Hügel am Rand des Geländes, »und schaufeln sie mit Baggern da oben rein.«

»Und dann?«, fragte Borg.

»Dann wird Biogas erzeugt.«

»Kann ich da oben mal reingucken?« Borg überlegte noch immer fieberhaft, was den glatzköpfigen Quasimodo, der die Morde begangen hatte, mit den Leichen hierher hätte führen sollen.

»Normalerweise könnten Sie da reinschauen, ja, aber wir haben im Moment keinen Bagger hier, und ich habe auch keine Leiter dabei, damit Sie hochklettern können.«

Borg hob die Augenbrauen. Was hatte der Mann gesagt? Er hätte keine Leiter hier? Borg ließ seine Eindrücke vom Tag des Unfalls vor seinem geistigen Auge ablaufen. Ja! Da hatte eine lange Leiter in dem Maishaufen gelegen.

»Sagen Sie, was würde passieren, wenn man einen menschlichen Körper oben in den Container wirft?«, fragte Borg.

»Das würde vielleicht auffallen, wenn die nächste Ladung Mais hineingeschüttet wird«, antwortete Romanow schnell.

»Gehen wir mal davon aus, man würde die Leiche mit etwas Häcksel abdecken, und niemand würde sie sehen.«

»Na ja, in dem Fall würden die nächsten dreißig Tonnen obendrauf gekippt werden, und der Körper wäre weg«, erklärte der Mann.

»Was heißt ›weg‹?« Borg wollte es genauer wissen.

»Na, sehen Sie, dieser Container hat unten ein Förderband, das den Inhalt auf zwei rotierende Auflockerungswalzen leitet. Nach und nach wird die Grünmasse, oder was auch immer in dem Container liegt, durch die Öffnung an der linken unteren Seite mit einer Spiralschraube in das Rohr befördert. Der Körper wäre dann schon längst klitzeklein geschnitten.«

»Klein geschnitten?« Borg war beeindruckt.

»Diese Walzen mit austauschbaren Werkzeugen sollen einen Substrat-Stau verhindern und sind letztendlich nichts anderes als Häcksler«, sagte Romanow und ging um den Stahlcontainer herum. »Danach würden die Leichenteile durch dieses Rohr in den Fermenter geschoben werden, und dort würde das ganze Gemisch dann gären und Biogas erzeugen«, ergänzte er.

Borg sah sich die Rohrleitungen hinter dem Container an. Das war mal eine saubere Art, eine Leiche loszuwerden.

»Meinen Sie nicht, die Rohre würden verstopft werden?«, fragte er.

»Unwahrscheinlich«, antwortete Romanow. »Die Messer schneiden alles sehr klein, damit genau das nicht passieren kann. Selbst Holzscheite oder anderes Zeug, das versehentlich in die Maschine gelangt, ist hinterher nur so groß wie Schafköttel. Wissen Sie, man braucht bei einer solchen Biogasanlage eine sehr zuverlässige Dosierung.«

Borg versuchte, sich den ganzen Ablauf vorzustellen. Der Mörder hatte vorgehabt, mit den beiden Leichen hier anzukommen, bevor andere Landwirte oder Mitarbeiter auf dem Gelände waren. Er hätte die Leiter aufgestellt, die Leichen nacheinander nach oben getragen und sie über die Kante in den Schlund des Containers geworfen. Das wäre sicher ein Klacks für diesen muskulösen Glatzkopf gewesen, den Borg auf den Handyaufnahmen gesehen hatte. Dann hätte er die Körper ein wenig mit Pflanzenresten bedeckt und den Transporter mit den Anhängern einfach irgendwo im Elm oder wo auch immer auf einem Feldweg abgestellt.

»Hätte eine Chance bestanden, jemals wieder etwas von den Leichen zu finden?«, fragte Borg.

»Auch unwahrscheinlich. Wenn die Flüssigkeit lange genug im ersten Tank gegärt hat, wird das übrig gebliebene Substrat in den zweiten Tank geleitet und dort weiter verwertet. Ganz am Schluss bleibt eine schleimige Flüssigkeit übrig. Die wird abgepumpt und als Dünger auf die Felder gegeben. Kein Mensch kontrolliert, ob da Knochensplitter oder Zähne oder dergleichen drin sind«, erwiderte Romanow.

Borg war zufrieden. Er konnte nun wahrscheinlich den Plan des Killers, die Leichen zu entsorgen, nachvollziehen, was ihm aber noch keine Antwort auf das ›Warum‹ gab.

Motorradgeräusche waren zu hören. Da kam jemand angefahren, und die beiden Männer gingen zurück auf den Platz vor die Biogasanlage.

Tatsächlich fuhr die Honda Crosstourer direkt auf sie zu. Borg erkannte die Maschine und Spieß, der vorgebeugt wie ein Rennfahrer darauf saß, obwohl er aus Sicherheitsgründen auf dem schlammigen Weg nur rund 30 km/h fuhr.

»Das ist mein Kollege«, sagte Borg zu Romanow.

Tom Spieß hielt direkt neben dem Wagen des Kommissars, stieg ab und nahm den Helm herunter.

»Soll ich alles nochmal erklären?«, fragte Romanow, als Spieß noch außer Hörweite war.

»Nicht nötig.« Borg hatte sich alles gemerkt. »Aber sagen Sie: Kann man mal in den Fermenter hineinschauen?« Er meinte den großen Tank, in der der Maishäcksel gärte.

»Im Moment sieht man da nicht viel, aber wenn Sie nächste Woche wiederkommen: Der rechte Fermenter wird da leergepumpt und mit einem Saugbagger gereinigt. Alle paar Jahre muss das mal sein, denn am Boden lagert sich unglaublich viel Sand ab.«

Borg nahm diese Information nur mit einem Ohr wahr, denn er sah etwas Ungewöhnliches in Spieß' Gesicht. Es war dieser Funke von Euphorie und Wachheit, die er nicht von ihm kannte.

»Herr Borg, ich habe was gefunden!«, rief Spieß ihm und dem Arbeiter entgegen.

Borg verabschiedete sich knapp, bedankte sich bei Romanow für die Zeit und ging seinem jungen Kollegen entgegen.

»Na, was haben Sie?« Er war neugierig.

»Ich war bei der Unfallstelle und habe das Gebüsch abgesucht«, freute sich Spieß.

»Und was erwarten Sie jetzt von mir? Gehaltserhöhung?«

»Nein«, sagte Spieß. »Ich habe etwas gefunden!« Spieß wollte einfach nicht auf den Punkt kommen.

Borg wurde langsam ungeduldig: »Und ist das Etwas, das Sie gefunden haben, aus Gold und Edelsteinen? Oder kann man es hochheben? Ist es magnetisch? Hat es einen Griff an der Seite? Benutzen es Menschen, um ihren Geschirrspüler damit zu entkalken? Helfen Sie mir! Ich bin ja so aufgeregt!« Borg übertrieb so sehr, dass Spieß in seine Tasche Griff und eine plattgefahrene weiße Schachtel herausholte.

Borg riss sie ihm aus der Hand und las den Namen des Medikaments: Sertralin. In der kleinen Tablettenverpackung befanden sich noch zwei Blisterstreifen mit zerdrückten Tabletten in platten Kammern. Einige der Sichtfenster waren leer, und die Alufolie war auf der anderen Seite teilweise aufgerissen.

Borg suchte nach der Packungsbeilage.

»Ist kein Beipackzettel drin, ich hab' schon nachgeschaut«, sagte Spieß.

»Versuchen Sie bitte mal, herauszufinden …«, begann Borg.

»Habe ich schon«, sagte Spieß, und Borg sah ihn überrascht an. »Sertralin ist eines der stärksten Antidepressiva, die es gibt.«

»Sehr gut, Spieß! Sie überraschen mich.« Borg meinte es ehrlich.

Spieß war mit seinen Ausführungen noch lange nicht am Ende: »Man verschreibt das Medikament unter anderem auch bei Angststörungen, Panikstörungen, posttraumatischen Belastungsstörungen und Zwangsstörungen.«

»Dann versuchen Sie, herauszufinden …« Wieder wurde Borg von Spieß unterbrochen.

»Die Anfrage, welcher Arzt in Braunschweig das Medikament bisher verschieben hat und welche Apotheken es rausgegeben haben, läuft bereits«, sagte Spieß.

Oliver Borg sah seinen Kollegen erstaunt an. Nanu, dachte der Kommissar, was war denn jetzt los? War sein Assistent tatsächlich erwacht und arbeitete aktiv an diesem Fall mit?

»Versuchen Sie mal, die Nebenwirkungen herauszufinden. Vielleicht macht es fahruntüchtig. Das könnte erklären warum der Glatzen-Quasimodo Schlangenlinien gefahren ist und einen Unfall gebaut hat«, sagte Borg.

Spieß holte sein Handy heraus und begann zu googeln.

Borg hasste Google, denn das Internet war die Quelle der Desinformation. Er ließ Spieß aber dennoch nachschauen.

Genau in diesem Moment meldete sich Borgs Handy mit ›Y.M.C.A.‹. Als die Trompeten den markanten Ohrwurm spielten, sah sich Spieß verwundert um, und auch Romanow, der nicht ganz außer Hörweite war, schaute seltsam.

»Mein Telefon«, beruhigte Borg die Männer und nahm ab. Am anderen Ende der Leitung war Bauer, der IT-Experte aus dem Kommissariat. Er hatte das in der Leiche von Roland Newski sichergestellte Handy zum Laufen gebracht, und es war ihm offenbar gelungen, den Speicher auszulesen.

»Besser, Sie kommen schnell vorbei und sehen sich das an«, sagte Bauer.

Borg hielt das auch für eine gute Idee und legte auf.

»Ein verzögerter Samenerguss«, sagte Spieß aus heiterem Himmel.

Borg und Romanow blickten Spieß verständnislos an.

»Wie bitte?«, fragte Borg verdutzt.

»Ein verzögerter Samenerguss«, wiederholte dieser.

Borgs Verblüffung blieb: »Jetzt?«

»Nein.« Spieß zeigte auf sein Handy. »Sie wollten die Nebenwirkungen von Sertralin wissen. Das ist eine.«

»Ahh …« Borg stöhnte. »Reden Sie in ganzen Sätzen, oder Sie landen noch auf dem Strich! Außerdem hilft uns das nicht weiter! Oder glauben Sie, der Killer ist in die Leitplanke gerast, weil er beim Fahren auf der Autobahn einen verzögerten Samenerguss hatte? Geben Sie mir Ihren Helm!« Borg hatte einen Entschluss gefasst.

»Meinen Helm?«, fragte Spieß verdutzt.

»Ja. Mit Ihrem Motorrad bin ich schneller in der Stadt und kann am Stau vorbeifahren. Ich muss ins Präsidium. Sie nehmen meinen Wagen.«

Er nahm Spieß den Helm aus der Hand und gab ihm dafür die Autoschlüssel. »Wir sehen uns dort. Und Ihnen noch einmal vielen Dank für die Aufklärung, Herr Romanow.« Borg schwang sich auf das Motorrad.

All das passierte in weniger als 20 Sekunden, und Spieß blieb überrumpelt an der Biogasanlage stehen. Der Himmel öffnete seine Schleusen, und es begann wieder zu regnen.

KAPITEL 8

Vorsicht vor Schmetterlingen

»Ich möchte mich noch einmal für mein Fehlverhalten entschuldigen, Dana«, sagte Nico Adermann zu Sina Bachmann. Er stellte sich ihr förmlich in den Weg. Sina hatte sich eben umgezogen, um in ihrer Rolle als Aerobictrainerin 60 Minuten lang für die Mitglieder des Fitnesscenters eine Einheit zu geben. Vor Jahren hatte Sina über einen längeren Zeitraum beim MTV-Braunschweig als Mitglied Aerobic und Fitnesskurse mitgemacht. Auch tanzen konnte sie dank ihrer Eltern, die sie damals mit 14 zu einem Schülerkurs in einer Tanzschule angemeldet hatten. Sina hatte mit Freude und Leichtigkeit alle Kurse bis zum Tanzabzeichen in Gold durchlaufen, doch weil ihr damaliger Tanzpartner sich von ihr getrennt hatte, war auch sie aus der Tanzschule ausgestiegen. Nun konnte sie all ihr Wissen in ihrer Rolle der Dana Hiller anzuwenden. In dieser Rolle hatte sie zum ersten Mal den Reiz des verdeckten Ermittelns gespürt. Es war eine willkommene Abwechslung vom ›normalen‹ Polizeialltag, und der Nervenkitzel, sich als jemand anders auszugeben, machte ihr Spaß. Doch bei all dieser verrückten Spionspielerei durfte sie ihr Ziel nicht aus den Augen verlieren: Es galt, Verbrechern auf die Spur zu kommen, die vor Gewalt und dem bestialischen Zerstören kleiner Kinderseelen nicht zurückschreckten.

Nach der Aerobicstunde hätte sie nach strikten Anweisungen von Koller gehandelt und mit einem speziellen USB-Stick die Daten ausgelesen, die am heutigen Tag über die Betriebsrechner des Fitnesscenters ins Internet hochgeladen worden waren.

Sollte sie kinderpornographische Daten oder anderes belastendes Material finden, hätte sich der Kreis der Verdächtigen auf acht Frauen und vier Männer verkleinert, die heute hier gearbeitet hatten.

Sina Bachmann stand nun mitten auf der Treppe, und sie wollte gerade heruntergehen, als sie auf Nico Adermann gestoßen war.

»Sag mir einfach, was ich tun soll, damit du das Ganze vergisst«, sagte er und versuchte, ein möglichst unschuldiges Gesicht aufzusetzen.

»Nico, ich komme zu spät zu meiner Stunde.« Sina wollte sich jetzt nicht mit ihm über den gestrigen Abend unterhalten. Sie war erst kurz vor Mitternacht, nach einem gewaltigen Fußmarsch durch Braunschweig, bis auf die Haut durchnässt in ihrer Wohnung angekommen, nachdem er sie einfach im Auto hatte sitzen lassen.

»Gib mir noch eine Chance, ja?« Er legte seinen Kopf schief und bot all seine schauspielerischen Fähigkeiten auf, um Sina dazu zu bringen, sein Fehlverhalten zu vergessen. »Lass mich dich ins Kino einladen, okay?« Er blockierte den Durchgang auf der Treppe noch immer. »Dann lasse ich dich durch, und du kannst deine Stunde geben.«

Sina formte ihre Lippen zu einem Wort, sagte dann aber nichts. Er wiederum erkannte an ihrem Gesichtsausdruck, dass er kurz vor dem Ziel stand.

»Komm schon! Lass mich nicht hängen!«, bettelte er.

»Na gut! Jetzt lass mich durch«, sagte Sina, und er machte ihr Platz. Als sie schnell an ihm vorbei die Treppe hinunter ging, um gerade noch rechtzeitig in ihren Übungsraum zu kommen, spürte sie seine Blicke im Rücken.

Nico war gutaussehend und gebildet. Er hatte ein einnehmendes Wesen und den Hang zu Übertreibungen. All das war annehmbar, doch seine Stimmungsschwankungen konnten zu einem Problem werden, dachte Sina. Dann wischte sie diese Gedanken weg, begrüßte ihre Gruppe und gab eine energiegeladene Aerobicstunde.

Oliver Borg war bis auf die Unterhose durchnässt, als er die Honda auf dem Parkplatz des Präsidiums abstellte. Seine Finger waren steif vor Kälte, und es schmerzte, sie vom Lenker zu nehmen und zu strecken. Sie wollten lieber in dieser Starre verharren.

Auch sein Genick tat ihm weh, aber das war nichts Ernstes. Wegen der Kälte und des Fahrtwindes hatte er sein Kinn die ganze Zeit auf die Brust gedrückt. Jetzt wollte es dort bleiben. Borg fluchte.

Ohne nach rechts und links zu schauen, lief er durch die Flure seiner Dienststelle, und als er vor dem Büro des IT-Spezialisten stehen blieb, lief seine Nase.

Er klopfte an, und eine heisere Stimme bat ihn, einzutreten.

»Ach, Herr Borg. Das ging schnell. Setzen Sie sich.«

Der Kommissar wollte vor dem Schreibtisch Platz nehmen, aber Pit Bauer bremste ihn.

»Nee, kommen Sie mal hier rum. Neben mich. Ich muss Ihnen zeigen, auf was ich gestoßen bin.«

Borg wurde neugierig. Er ging zu Bauer hinter den großen Schreibtisch, auf dem drei Flachbildmonitore standen. Entgegen allen Erwartungen war Bauers Arbeitsplatz aufgeräumt. Dort stand eine Kaffeetasse mit einem großen ›Q‹ darauf, die Stifte steckten ordnungsgemäß in einem Stifthalter, und Borg konnte auch keine Ränder von Gläsern oder Tassen entdecken, die Bauer bei einer mühsamen Recherche mit ihren Inhalten zum nötigen Durchhaltevermögen verholfen hatten.

»Wie geht es Ihnen denn so?«, fragte Bauer unvermittelt.

Borg schaute verwundert. »Gut. Warum?«

»Ich frage nur, weil Sie ja noch bei unserer Psychologenhexe in Behandlung sind, und wenn ich Ihnen jetzt zeige, was ich gefunden habe, dann kann es sein, dass Monate an Sitzungen völlig überflüssig waren«, sagte Bauer, und er meinte es ernst.

»Glauben Sie mir, Bauer, ich habe schon Dinge gesehen, die Sie nicht einmal für möglich halten würden, also zeigen Sie her.«

»Na gut«, sagte Bauer und flitzte mit dem Mauszeiger auf dem Bildschirm umher. Da öffnete sich auch schon die erste Datei.

Borgs Herz stockte, als er in die verweinten Augen eines Kindergesichts blickte. Die Kamera, von der die Aufnahmen stammten, schwenkte nach unten, und Borg schluckte, als er erkannte, dass das Kind, ein Junge, vielleicht fünf Jahre, splitterfasernackt mit seinen Füßen auf einem Kachelboden stand. Die kleinen Zehen hoben sich vom schwarz-weißen Schachbrettmuster der Fliesen, als wollten sie der Kälte des Untergrunds entkommen.

Die Kraft der monströsen Aufnahmen saugte Borg von dieser Welt in den Film. Er war jetzt bei diesem Kind. Er spürte die Kälte in dem Raum und die Angst des braunhaarigen Jungen.

Das Handy, mit dem der Täter gefilmt hatte, war auf einem Stativ befestigt worden, das mit einem Schwenkarm die geschmeidigen wackelfreien Aufnahmen möglich gemacht hatte.

Die Person, die hinter dem Stativ stand, griff rechts und links am Handy vorbei, sodass jetzt beide blau behandschuhten Hände des Fremden zu sehen waren. In der linken Hand befand sich ein breites rotes Schleifenband, das locker herunterhing.

Der kleine Junge ließ wie versteinert alles über sich ergehen. Die blauen Hände warfen das Band über den Kopf des Kindes und banden auf dem Brustkorb des zitternden Jungen eine Schleife, wie man sie bei einem Geschenk erwarten würde.

Die eine Hand in einem dunkelblauen Wollhandschuh fasste den Jungen an der rechten Schulter und drehte ihn herum. Die Pobacken des Kindes waren überbelichtet, und dann kam die Hand wieder ins Bild und hielt einen Gegenstand, den sich niemand in dieser Situation wünschen würde.

»Machen Sie aus!«, befahl Borg laut.

Bauer stoppte die Aufnahme. »Ich sag's ja. Das ist heftig!«

Borg wischte sich mit den Handflächen über sein feuchtes Gesicht. Hatte er draußen noch gefroren, schwitzte er jetzt.

Schwer atmend vergrub er für einen Augenblick sein Gesicht in den Händen und tauchte in eine schwarze Welt ab. Unvermittelt schoss sein Kopf wieder hervor.

»Newski hat das nicht gefilmt, sondern der Killer, und das ist jemand ganz anderes!«, sagte Borg.

»Wie kommen Sie darauf?« Die Stimme kam von hinten: Polizeichef Koller war unbemerkt in den Raum getreten.

Borg drehte sich erschrocken um, dann antwortete er seinem Chef langsam und sachlich: »Newski war Linkshänder. Der Täter, der dem Kind die Schleife umgebunden hat, war aber Rechtshänder«, sagte er.

»Wie kommen Sie auf sowas? Woran haben Sie das erkannt?«, fragte Koller.

»Während ein Rechtshänder üblicherweise zuerst in der rechten Hand eine Schlaufe hält, beginnt die Schleife für Linkshänder mit einer Schlaufe links. Ich denke, der Killer hat die Aufnahmen nur von Newskis Handy versenden wollen, um den Verdacht auf ihn zu lenken.«

»Das ist doch nicht stichhaltig«, sagte Koller und schaute auf seine Schuhe, um die Bindung seiner Schleifen zu betrachten. Borg und Bauer schauten auch nach unten. Koller trug Slipper und war sich dessen erst jetzt wieder bewusst geworden.

»Aus meiner Sicht ist das schon stichhaltig: Mit dem Verschwinden der Leiche, wenn das in der Biogasanlage geklappt hätte, wäre der Fall dann abgeschlossen gewesen, denn jeder hätte gesagt, der Kinderschänder ist verschwunden«, sagte Borg.

»Das ist zumindest ein Anfang. Aber das reicht nicht! In den letzten Monaten sind sechs Kinder verschwunden! Ich habe die Aufsichtsbehörde im Nacken, und wenn wir den Fall nicht bald klären, bin ich weg vom Fenster! Und das wollen Sie doch nicht, oder?«, fragte Koller.

Borg und Bauer sahen sich wortlos an.

»Passen Sie gut auf, was Sie jetzt sagen!« Koller war unberechenbar, was seine Wutausbrüche anging. Er hob einen Zeigefinger, um seine nächsten Sätze zu untermauern: »Sichten Sie das Material genau! Finden Sie irgendwelche Spuren, die zum Täter führen, und schnappen Sie sich diesen Mistkerl!« Koller drehte sich um und verschwand in seinen Slippern in die Richtung, aus der er gekommen war.

»Haben Sie das gerochen?«, fragte Borg den IT-Experten, und der nickte.

»Ja. Was war das?«

»Veilchenpastillen. Lutscht er immer, wenn er kurz vorm Amoklaufen steht«, sagte Borg.

Drei weitere Stunden vergingen, die Borg mit Bauer in dem kleinen Büro verbrachte. Die Lüfter der Rechner summten leise im Hintergrund, während sich die beiden Männer durch die Welt von Kurznachrichten und Videos kämpften, die sich im Speicher von Roland Newskis Handy befanden.

Sie stießen auch auf einige Pornofilme, aber die dort agierenden Darstellerinnen und Darsteller waren weit davon entfernt, Kinder zu sein, und das sprach noch mehr dafür, dass Newski den armen Jungen nicht selbst gefilmt hatte, sondern nur sein Handy dafür missbraucht worden war.

Wie erwartet, zeigte der Terminkalender auf dem Smartphone nur wenige Einträge – so hatte es auch Newskis vollbärtiger Kollege Arno Hehl beschrieben. Borg erinnerte sich an die Aussage von Hehl: ›Der trägt fast nie etwas in sein Handy ein.‹

Die meisten Dateien auf dem Smartphone waren die von Arbeitseinsätzen. Newski schien alles minutiös dokumentieren zu wollen. Er hatte Hornissennester gefilmt und auch, wie er diese mit schnell wirkenden Insektiziden eingesprüht hatte.

Borg fragte Bauer, ob das legal sei, da Hornissen doch unter Naturschutz stünden, aber Bauer hatte nur die Schultern gezuckt und den nächsten Film gestartet.

Man sah, wie Newski im vergangenen Sommer Wespennester ausgeräuchert hatte, Köder für Motten ausgelegt und mittels einer speziellen Powerdüse eine tödliche Substanz in ein Erdloch gesprüht hatte. Sein Auftrag war die rigorose Vernichtung von allem, was kreuchte und fleuchte.

Was für ein Job! Und das, obwohl die Tiere auf diesem Planeten die einzigen Lebewesen sind, die man als völlig unschuldig bezeichnen kann, dachte Borg.

Gelegentlich sah man bei Newskis Einsätzen Dinge, die sich örtlich ganz klar Braunschweig zuordnen ließen. Als er beispielsweise ein Problem mit Insekten hinter einer Holzverkleidung eines Fensterrahmens zu lösen versucht hatte, zeigte die Kamera im Hintergrund den Wasserturm auf dem Giersberg.

Solche Hinweise brauchte Borg, aber er konnte sich beim besten Willen nicht ausmalen, wie er Newskis Smartphonevideos mit dem Fall der Kinderpornographie in Verbindung hätte bringen können.

Die belastenden Szenen standen in keinem Zusammenhang mit den Videos, die die Kammerjägereinsätze zeigten.

Newski war sogar einmal selbst im Bild: In einem Spiegel hinten an einer Wand, die er mitgefilmt hatte, als er zwei Sprühflaschen »Summ-Summ-EX« auf einen Tisch stellte und dort stehen ließ.

Borg wünschte sich eine Schüssel Kekse und sah sich in Bauers Büro um, aber der IT-Experte schien sich nur von Bits und Bytes zu ernähren.

Es war fast 18:00 Uhr, und Borg fasste innerlich den Entschluss, das nächste Video würde das letzte für diesen Tag sein.

Bauer startete eine Aufnahme, die Newski im Inneren eines Gebäudes aufgenommen hatte. Er filmte zunächst die weiße Decke eines Raumes, dann hörte man das Rascheln eines Tieres, das im Inneren der Decke über den Gipskarton huschte.

»Da steckt ihr also!« Das war Newskis Stimme. »Na, meine Freunde, ich kann mir denken, dass es euch da gefällt.«

Wieder war ein Rascheln im Zwischenraum der Decke zu hören. Newski schaltete die Kamera nicht ab, sondern legte das filmende Handy auf einen Tisch und beugte sich über die Kamera. Seine Nase wurde größer und größer, als er sich über seine Arbeitstasche beugte, nach seinen tödlichen Utensilien suchte.

»Haben Sie etwas gefunden?«, hörte man eine kehlige Stimme rufen.

Bauer und Borg, die teilnahmslos die Aufnahmen sichteten, zuckten bei dieser Lautstärke zusammen.

»Ja!« Newskis Antwort kam überlaut aus den Boxen von Bauers PC, und der Fachmann für das Wiederherstellen von Daten drehte den Laustärkepegel herunter.

»Ratten! Sie sind in der Zwischendecke! Ich habe auch Rattenkot gefunden. Ich werde nicht drum herumkommen, hier Kronborungen zu machen und Köder einzuführen!«, rief der Kammerjäger dem Unbekannten zu.

»Das ist völlig unmöglich. Hier kann heute nicht gebohrt werden«, sagte die Stimme. »Können Sie morgen wiederkommen?«

Das Handy wurde wieder in die Hand genommen, aber die Kamera lief weiter. Newski hatte wohl vergessen, sie auszuschalten.

»Packen Sie Ihre Sachen zusammen und kommen Sie da raus.« Die Stimme hatte etwas Befehlendes, und Newski sagte, er packe seine Sachen zusammen, würde aber die Anfahrt und die Stunde für heute berechnen, auch wenn die ›Plagegeister‹ noch nicht unschädlich gemacht seien.

Borg und Bauer, die zuvor oft in den Handyaufnahmen vorgespult hatten, ließen diesen Clip in normaler Geschwindigkeit und mit Ton durchlaufen. Beide hatten die dunkle Ahnung, einen sechsten Sinn, dass dieses Video ein Geheimnis offenbaren würde. Und tatsächlich …

Newski hatte sein Handy in der Hand, ohne zu wissen, dass die Aufzeichnung noch lief. Die Bilder waren verwackelt und zeigten seine Beine und seine Füße. Dann sah man seine Hand nach der Arbeitstasche greifen, und plötzlich verharrte Newski in seiner Bewegung. Er ging auf die Knie, und die Kamera war nun ganz nah am Boden.

»Die Fliesen!«, rief Borg. »Haben Sie die Fliesen gesehen?«

»Ja!« Bauer war aufgeregt. Er hatte den Bodenbelag auch wiedererkannt: ein Schachbrettmuster. Auf genau einem solchen Schachbrettmuster hatte der kleine, nackte Junge gestanden, als ein Fremder ihn mit Newskis Handy gefilmt hatte, nur war der Raum zu jenem Zeitpunkt weniger beleuchtet gewesen.

Plötzlich huschte eine Ratte über den Fußboden, und Newski stieß ein Grunzen aus. Die Kamera zeigte, wie eine zweite Ratte aus einer leicht geöffneten Revisionsklappe im unteren Bereich einer Wand am hinteren Ende des Raumes heraussprang und in einem Loch auf der anderen Seite des Raumes in der Wand verschwand.

»Du Biest! Da versteckt ihr euch«, hörten sie Newski sagen, dann richtete er sich wieder auf und ging schnell zur Revisionsklappe, die der Nager aufgedrückt hatte.

Jetzt schien der Kammerjäger wieder zu bemerken, dass die Kamera noch lief, denn das Bild stabilisierte sich, und das Licht am Handy wurde eingeschaltet.

Er filmte, wie er seinen Arm vorsichtig in die Revisionsklappe steckte und etwas packte. Zunächst zog er zwei kleine Kinderrucksäcke hervor. Newski öffnete den Reißverschluss des einen Rucksacks. Die Kamera zeigte nicht das Innere des Rucksacks, aber Borg erkannte den Rucksack mit den Kinderuhren, der in der Maismasse auf der Autobahn gelegen hatte.

Dieser Kammerjäger hat das Beweisstück gefunden und mitgenommen, dachte Borg. Sein Herz schlug schneller. Er schluckte. Wie hing das alles zusammen?

Der Timecode auf dem Handyvideo, das über Bauers Monitor wiedergegeben wurde, zeigte an, dass die Aufnahme in einer Minute und 14 Sekunden vorüber sein würde.

»Kommen Sie schon, Newski, geben Sie uns einen Hinweis! Sie haben doch alles vor der Nase! Wo sind Sie da?« Borg sprach mit dem Monitor und beobachtete das Geschehen, ohne zu blinzeln. Seine Augen waren trocken, doch er traute sich nicht, auch nur eine Millisekunde zu blinzeln.

Newski hatte nun ein weiteres Mal in die Revisionsöffnung gegriffen, er zog aber ruckartig die Hand wieder heraus und zeigte Borg und Bauer durch seine Filmaufnahmen, dass er einen Schnitt in der Handfläche hatte, der stark zu bluten begann.

»Verdammt!«, fluchte Newski. Aber er gab nicht auf. Er griff noch einmal, etwas vorsichtiger und mit Bedacht in die Öffnung, und was er jetzt herauszog, war eine Waffe.

»Pausieren!«, schrie Borg.

Bauer drückte die Standbildtaste.

»Was ist das für eine Waffe?«, fragte der IT-Fachmann, der sich mit Waffen dieser Art nicht besonders auskannte.

»Sieht wie ein Schmetterlingsmesser aus, daran hat er sich wohl beim ersten Hineingreifen geschnitten«, sagte Borg. Letztendlich wirkte die glänzende Doppelklinge wie ein kleiner Säbel aus einem Piratenfilm. Die Waffe war etwa 45 bis 55cm lang.

»Schalten Sie wieder ein!«, forderte Borg.

Der Film wurde wieder gestartet. Newskis Hand zog ein weiteres Schwert aus dem Revisionsschacht. Man hörte sein aufgeregtes Atmen, und er filmte die beiden Schwerter. Der Mann hatte eine Ahnung, dass hier etwas nicht mit rechten Dingen zuging.

»Kommen Sie jetzt?«, rief die kehlige Stimme im Video von weiter hinten, und die mitschwingende Ungeduld war deutlich zu hören.

Jetzt wurde Newski hektisch. »Ja, ja. Ich bin gleich da. Packe meine Sachen zusammen.« Newski schob die beiden Schwerter wieder in den Revisionsschacht und legte auch den zweiten Rucksack wieder hinein. Den anderen Rucksack aber stopfte er trotz seiner Größe in seine am Boden stehende Werkzeugtasche.

»Er will die Kinderuhren sichern!«, sagte Borg, der das Geschehen gespannt verfolgte und sah, wie Newski die Beweise einsteckte.

Das Video hatte noch eine Laufzeit von 20 Sekunden. Borg hatte viel gesehen, das er erstmal verdauen musste, aber außer dem Schachbrettboden gab es bisher keinen Hinweis auf den Ort, an dem sich das Ganze abspielte.

Newski zuckte. Eine weitere Ratte kam aus dem Schacht gesprungen. Aber was hatte sie da zwischen ihren Zähnen? Eine kleine menschliche Hand!

Borg ballte vor dem Monitor die Fäuste, und sein Mund klappte auf.

Newski machte im Video ein Geräusch, als würde ihm jemand in den Magen boxen, so hatte er sich erschreckt. Die Ratte flitzte mit der kleinen Hand in der Schnauze an der Wand entlang und verschwand dort, wo auch die andere verschwunden war.

»Eine Kinderhand!«, schrie Borg. Er war ganz an den Rand des Stuhls gerutscht und stützte sich mit den Handflächen auf Bauers Schreibtisch ab, um näher am Monitor zu sein. »Das war eine Kinderhand!«, wiederholte Borg, und Entsetzen schwang in seiner Stimme mit.

»Mein Gott!«, hörte man Newski im Film sagen. Seine Aufnahme wurde zitterig. Newski hatte es mit der Angst zu tun bekommen. Er schnappte seine Tasche; das Handy filmte weiter.

»Jetzt haben Sie meine Geduld fast überstrapaziert«, rief die Stimme des Unbekannten von Weitem.

Die Bilder verwackelten, Newski stürzte förmlich zur Tür heraus. Das Handy wurde angehoben. Bäume und Sträucher waren zu sehen, ein Kiesweg. Noch vier Sekunden, dann wäre das Video zu Ende.

Borg presste die Lippen zusammen. Dann, in der letzten Sekunde, schwenkte das Bild auf das Heck eines golden schimmernden Wagens, der vor dem Gebäude parkte – und die Aufnahme endete.

»Zeigen Sie mir die letzte Sekunde!« Er rutschte unruhig auf dem Bürostuhl hin und her.

Von dessen Aufregung angesteckt, verklickte sich Bauer zweimal, dann präsentierte er das Standbild, das das Heck des Wagens in leichter Unschärfe zeigte: ein Leichenwagen.

Sina Bachmann und Nico Adermann verließen das Astor-Kino. Er hatte nicht nur den Eintritt für den Film bezahlt, sondern sie auch zu Getränken und das Popcorn eingeladen.

Es war kurz vor 23:00 Uhr, als sie auf den Bürgersteig hinaustraten und der kalte Wind sie ohrfeigte.

»Ich bin ganz schön müde!«, sagte Sina.

Tatsächlich war sie das. Der Film ›Die geheimen Briefe des Pasqual Bouraque‹ war zwar fesselnd gewesen, aber sie hätte die diesen Streifens niemals ausgewählt. Adermann wollte diesen französischen Film aber unbedingt sehen, und so hatte sie nachgegeben.

»Heute kommst du mir nicht so leicht davon!«, sagte Adermann. »Ich wollte dir etwas bei mir zeigen, und wohne nur fünf Gehminuten von hier.«

Jetzt ging das wieder los! Sina atmete tief ein. Der Abend war bisher nett gewesen. Ihr Begleiter hatte sich von seiner besten Seite gezeigt – sie hatte zunächst befürchtet, er würde ihr im Kino ans Knie fassen oder ihr den Arm um ihre Schulter legen, aber das hatte sich nicht bewahrheitet.

»Na gut!«, sagte Sina resigniert. »Aber nicht länger als 15 Minuten.«

»Du wirst es nicht bereuen, das verspreche ich dir!« Adermann freute sich sichtlich.

Schon als Sina ihre Zustimmung gegeben hatte, war sie sauer auf sich selbst gewesen. Die zweite Verabredung, und sie ging zu einem fast Fremden mit in die Wohnung! Er arbeitete in einer Firma, auf deren Rechnern kinderpornographische Aufnahmen ins Netz hochgeladen worden waren, und war noch lange nicht aus dem Kreis der Verdächtigen ausgeschieden. Unverantwortlich!, dachte sie. Andererseits konnte sie durch diese Wendung des Abends Adermanns Wohnung sehen und vielleicht etwas Verdächtiges finden.

Sie gingen gegen den Wind in Richtung Adermanns Zuhause. Er hatte nicht geschwindelt: Sie erreichten das Ziel in genau fünf Minuten. Es war ein Mehrfamilienhaus, in dem sechs Parteien wohnten. In keiner der Wohnungen brannte Licht.

Das Treppenhaus roch muffig, und die Glühbirne im Erdgeschoss flackerte. Sina sah, dass sich die Briefkästen im Treppenhauses befanden. Darunter standen ein Kinderwagen und ein Fahrrad.

Ihre Schritte hallten auf den Steintreppen, als sie nach oben gingen.

»Wir müssen ganz nach oben«, sagte Adermann.

Er wohnte im Dachgeschoss. Adermann schloss die Tür auf, griff mit seiner Hand in den düsteren Wohnungsflur, knipste das Licht an und ließ ihr den Vortritt.

»Darf ich dir deine Jacke abnehmen?«, fragte er.

Sina lehnte ab, sie wolle gleich wieder gehen, sagte sie.

»Jetzt sei nicht so ungemütlich.« Er streifte seine eigene Jacke ab, verschwand in der Küche und kam mit zwei gefüllten Sektgläsern wieder.

Sina nahm ein Glas. Er würde doch niemals aufgeben.

»Ich will dir etwas zeigen, Dana. Im Schlafzimmer«, sagte Adermann.

»Mehr fällt dir nicht ein?«, fragte sie genervt.

»Unsinn. Komm mit!« Er öffnete die Zimmertür am Ende des Flurs und machte auch dort eine schwach leuchtende Lampe an.

Sina ging ihm langsam hinterher. Sie hatte während der Polizeiausbildung auch Selbstverteidigung gelernt und wusste, wie man einen körperlich überlegenen Gegner zumindest kurzfristig ausschalten konnte. Diese Selbstsicherheit gab ihr den Mut, ihm zu folgen.

Sie betrat das Schlafzimmer, in dem ein großes Doppelbett stand. Die Vorhänge waren zugezogen. An den Wänden hingen verschiedene chinesische Dekorationsgegenstände wie Fächer und Schriftrollen. Auf beiden Bambusnachtschränken standen kleine Figuren aus Jade, und gegenüber dem Bett, dort, wo Adermann jetzt stand, befand sich ein überraschend großes Terrarium.

»Sieh mal hier«, sagte er und deutete auf den großen beleuchteten Glaskasten. »Das ist Astaroth.«

Sina trat an das Terrarium heran und sah darin eine gewaltige Boa constrictor.

»Meine Güte. Die ist ja groß!« Sie staunte, war aber wenig eingeschüchtert, eher beeindruckt. Ihr Bruder hatte ein Terrarium und Schlangen, mehrere ungiftige Nattern, und daher war sie weniger geschockt, als Adermann es erwartet hatte.

»Das ist eine Königsschlange.« Adermann leerte sein Sektglas in einem Zug. »Sieh mal, wie sie dich ansieht. Sie mag dich«, sagte er.

»Eine Boa constrictor, richtig?«, fragte Sina.

Er war überrascht. »Nicht schlecht. Du hast in Biologie aufgepasst.« Er stellte sein leeres Sektglas auf das Terrarium.

In Adermanns Nachttischschublade vibrierte ein Handy.

»So, und jetzt endet die Vorstellung.« Er nahm ihr das Glas aus der Hand, obwohl sie es noch gar nicht ganz geleert hatte. »Ich lade dich Samstag zu mir zum Abendessen ein. Ich koche. Das kannst du unmöglich ablehnen. Aber jetzt musst du gehen. Ich will nicht im Ruf stehen, dass ich meine Versprechen nicht halte.« Er fasste Sina an den Rücken und schob sie förmlich in den Flur. Sina sah ihren eigenen verblüfften Gesichtsausdruck, als sie an einem Spiegel im Flur vorbeiging. Adermann verabschiedete sich von ihr, wünschte ihr noch einen schönen Abend, betonte, wie sehr er sich auf morgen freue, und schon stand sie im Treppenhaus. Sie hatte mit allem gerechnet, aber nicht damit.

Irritiert ging sie durch den muffigen Treppenhausgeruch nach draußen und fragte sich, wo das Ganze hinführen sollte.

KAPITEL 9

Der goldene Geist

»Wo ist Spieß?« Borg hatte die Bürotür wütend aufgerissen und sprach mit Frau Winter, die sich mit seinem Kollegen das Zimmer teilte.

»Eben war er noch hier. Ich glaube, er ist in der Kaffeeküche.«

Borg eilte den Gang entlang, bog links ab und platzte in die kleine Küche im Präsidium. An der Arbeitsplatte lehnte Spieß. Auf der anderen Seite an der Wand stand Sina und umklammerte mit beiden Händen einen Kaffeebecher.

Bevor Borg etwas sagen konnte, kam ihm Spieß zuvor: »Ich habe Ihnen den Autoschlüssel auf den Schreibtisch gelegt …«

»Und wo haben Sie den linken Außenspiegel hingelegt?« Borg war nicht ganz so laut, wie er es gewesen wäre, wenn Sina sich nicht auch in diesem Raum befunden hätte.

»Das tut mir sehr leid. Ich wollte es Ihnen gleich sagen, aber Sie waren nicht am Platz. Ehrlich. Ich hatte einfach Pech. Ich werde den Schaden bezahlen! Ganz sicher!«

»Spieß, Sie bewegen sich auf ganz dünnem Eis. Sie fahren zweimal meinen Wagen, und beide Male bekomme ich ihn als Schrotthaufen zurück!« Borg raste vor Wut.

»Nun übertreib mal nicht«, sagte Sina und lächelte.

»Nicht übertreiben? Erst hat er mir die Seite verschrammt, jetzt ist der Spiegel ab!«

»Es tut mir leid«, wiederholte Spieß mit Nachdruck.

Borg schüttelte den Kopf. Aber es gab tatsächlich Wichtigeres.

»Kommen Sie, wir haben zu tun«, sagte er und versuchte, sich zu beruhigen.

Da tauchte Koller im Türrahmen auf. »Ah, gut, dass ich Sie alle hier treffe«, sagte er.

Borgs Laune wurde durch Kollers Eintreffen nicht besser, zumal der Chef im Ausgang der Küche stehen blieb und ihn damit blockierte.

»Die beiden Fälle sind jetzt zu einem geworden«, sagte er. »Der tote Kammerjäger ist offenbar dem Kinderschänder begegnet, wie Herr Borg rausfand, und das heißt, Sie drei arbeiten jetzt doch zusammen.«

Borg und Sina wechselten einen kurzen Blick.

»Newskis Handyvideos haben die Beweise geliefert: Der Unfall auf der Autobahn und dieser Kinderpornographiering hängen unmittelbar miteinander zusammen. Und mehr noch: Wir haben den kleinen Jungen identifizieren können, der im Video zu sehen ist. Er gilt noch immer als vermisst. Bastian Hesse heißt er. 5 Jahre alt. Verschwand vor 12 Tagen spurlos in Querum.«

»Mit anderen Worten sind jetzt drei Fälle zu einem geworden«, sagte Borg. »Unsere Leichen, Sinas Kinderpornos und die Entführungen der Kinder.«

»Es sieht danach aus.« Koller machte einen betroffenen Gesichtsausdruck. »Ich lasse dennoch ein weiteres Team ausschließlich nach den vermissten Kindern suchen. Wir sollten nichts unversucht lassen. Wie wollen Sie jetzt vorgehen?«, fragte er dann und nahm sich eine Tasse aus dem Schrank. Als er feststellte, dass sie nicht sauber genug war, stellte er sie ins Waschbecken und nahm sich eine zweite Tasse. Erst die dritte Tasse – mit einem Micky-Maus-Aufdruck – schien seinen hygienischen Ansprüchen zu genügen, und er schenkte sich Kaffee aus einer Kanne ein – nicht ohne vorher daran gerochen zu haben.

»Spieß und ich werden versuchen, den Leichenwagen aufzuspüren, der auf dem Video zu sehen war. Vielleicht bringt uns das weiter. Und ich habe Mendel kontaktiert und ihm die Bilder von dem Schwert zukommen lassen«, sagte Borg.

Mendel war der Experte für Waffen und ein geschätzter Mitarbeiter im Präsidium.

»Können Sie sich schon einen Reim auf das Ganze machen?«, fragte Koller und nippte mit spitzen Lippen an seiner Tasse.

»Newski war schlau. Wahrscheinlich hatte er dem Killer sein Handy aushändigen müssen und beim Aus-der-Tasche-Nehmen mit den Fingern den Bumper abgeklippt. So wussten wir, dass es ein Handy gab, nach dem wir suchen mussten.«

»Den Bumper? Was ist das denn?«, fragte Koller.

»Der Stoßschutz des Handys«, sagte Spieß.

»Den haben wir bei der Leiche gefunden, erinnern Sie sich?«, ergänzte Borg, und Koller nickte. »Deshalb war ich auf die Idee gekommen, dass das Handy existieren musste«, fuhr Borg fort. »Newski war das Handy zunächst abgenommen worden, der Kinderschänder hat es dann zum Filmen benutzt, und – schwupp! – waren auf dem Gerät Aufnahmen, die zeigen, wie Newski die Ratten und die Hinweise findet, und auch Videos, die die Misshandlung zeigen.« Borg machte eine kurze Pause, dann sagte er: »Newski war es irgendwie möglich gewesen, doch wieder an das Smartphone zu gelangen. Er hatte wohl gehofft, fliehen und mit dem Handy Beweise sichern zu können. Vielleicht war er aber ein noch größerer Held, als wir vermuten, und hat sich das Handy eingeführt, als er glaubte, wieder geschnappt zu werden, oder als ihm klar geworden war, dass er sterben müsste. Möglicherweise glaubte er, dass man, sollte ihm etwas zugestoßen sein, auf die Idee käme, sein Handy zu suchen und darüber diese Kinderschänder finden würde. Es gibt keine Verstecke am Körper, die bei einer genauen Durchsuchung nicht entdeckt werden. Das wusste er und hat das Handy in sein Rektum eingeführt. Ihm war klar, dass darauf die Beweise waren, und er wollte es um alles in der Welt nicht wieder in die Hände des Killers fallen lassen …«

»Schlau, die Sache mit dem Darm. Da schaut meistens niemand rein«, sagte Sina.

Borg zog eine Augenbraue hoch und warf Sina einen kurzen Seitenblick zu.

»Sonst noch etwas?«, fragte Koller.

»Ja«, sagte Spieß. »Die Tabletten, die der flüchtige Fahrer des Maissilagetransports verloren hat, sind unter dem Namen Sertralin bekannt. Ein Antidepressivum, das als Nebenwirkungen Durchfall, Übelkeit, Schwindel, Müdigkeit, Schlaflosigkeit, Kopfschmerzen …«, Spieß überlegte, »und Mundtrockenheit hervorrufen kann.«

»Und verzögerte Samenergüsse«, sagte Borg, der von den anderen Nebenwirkungen bisher nichts gehört hatte.

Polizeichef Koller schaute ihn irritiert an. »Gut, halten Sie mich weiterhin auf dem Laufenden«, sagte er, als ein weiterer Mann die Kaffeeküche betrat und es eng wurde.

»Ah! Mendel!«, begrüßte Koller den grauhaarigen Waffenexperten.

»Tag, die Herrschaften. Sie habe ich gesucht.« Er sah Borg an.

»Na, was haben Sie für mich?«, fragte Borg.

»Also, zunächst einmal, Sie hatten recht. Es ist ein Schmetterlingsschwert. Die werden typischerweise paarweise getragen und sind als Defensivwaffen konzipiert.« Ludger Mendel hatte das isolierte Bild aus den Handyaufnahmen unter die Lupe genommen und die Waffe aus dem Revisionsschacht zuordnen können, an der sich Newski geschnitten hatte. Er fuhr fort: »Beim Kampf werden die Dinger normalerweise körpernah eingesetzt, deshalb entspricht die Länge der Klinge dem Unterarm des Trägers. Eine zu kurze Klinge würde nicht genügend Schutz bieten, eine zu lange Klinge kann dem Träger selbst Verletzungen zufügen. Auf jeden Fall sollte man sich vor so einer Schmetterlingsklinge in Acht nehmen – sie ist meist sehr scharf«, sagte Mendel.

Der kleine Mann in den Endfünfzigern war sehr interessiert an den Waffen und bedauerte, sie nicht in Echt, sondern nur als Bilder vorliegen zu haben.

»Gehe ich recht in der Annahme, dass man mit einer solchen Waffe problemlos Hände abtrennen kann?«, fragte Borg.

»Eine Hand kann man auch mit einem scharfen Brotmesser abtrennen, dafür braucht man keine Schmetterlinge«, sagte Mendel.

Die Information war interessant, brachte Borg aber nicht weiter. »Kann man rausfinden, wer in Braunschweig diese Schwerter besitzt oder wo sie gekauft wurden?«

Mendel lachte. »Machen Sie Witze? Wir haben 2022! Jeder kann alles überall im Internet bestellen und dahin liefern lassen, wo er möchte.« Er nahm sich eine der von Koller aussortierten Tassen aus der Spüle, goss sich

Kaffee ein (alle verzogen ihr Gesicht) und verließ die kleine Küche mit den Worten: »Wenn Sie mich noch brauchen, ich bin in Bereich C17.«

»Na gut«, sagte Borg, »dann gehen wir jetzt auf Leichenwagensuche.«

»Noch nicht, mein Lieber!«, bremste Koller. »Erst in einer Stunde.«

Borg sah Koller verwundert an.

»Sie haben noch einen Termin, und ich bestehe darauf, dass Sie diese Sitzungen ernst nehmen.«

Oh nein!, dachte Borg. Die Psychologensitzung war das Letzte, das er gerade brauchte.

»Sie treffen die Entscheidungen. Sie sind der Herr der Lage! Ist Ihnen das bewusst?« Die Stimme von Psychologin Dagmar Tickel hämmerte in Borgs Kopf. Er fragte sich, ob er nicht gestörter aus diesen Therapiestunden herauskäme, als er hineingegangen war.

Tickel rollte alles auf: Borgs lebensgefährliche Situationen, die er bei seinem letzten Fall überstanden hatte, aber auch die Tatsache, dass seine Frau Finja ihn verlassen hatte und sein Sohn Paul jetzt besonders einen Vater brauchte, der eine gefestigte Psyche hatte.

»Ist Ihnen das klar?«, wiederholte Tickel.

»Glasklar, Frau Freud«, sagte Borg, der seinen Kopf in den Nacken gelegt hatte und auf dem Sofa, auf dem er lag, den Wunsch verspürte, ein Nickerchen zu machen.

Tickel saß in einem Ohrensessel vor dem Sofa.

»Was meinen Sie? Machen wir Fortschritte?«, fragte sie und wollte ein ›Ja‹ hören.

»Ich weiß es nicht, sagen Sie es mir«, sagte Borg. Mit jeder Bewegung, die er machte, quietschte das blutrote Ledersofa.

»Wollen Sie denn das Leben, das Sie leben, selbst bestimmen oder andere bestimmen lassen? Sollen Ihre Ängste Ihr Leben leiten?«

Das war keine Therapie, das war Gehirnwäsche. Seit drei Monaten ritt sie nun schon auf Borgs Ängsten herum, und das wahrscheinlich nur, weil er ihr in einem Anfall von Dummheit erzählt hatte, er hätte einst einen Albtraum gehabt, in dessen Verlauf er sich selbst in einer Blutlache hatte liegen sehen.

»Nein, ich will selbst bestimmen«, sagte Borg, weil er glaubte, dass sie das hören wollte. Er hatte überhaupt nicht über ihre Frage und auch nicht über den Inhalt seiner Antwort nachgedacht, bevor er sie gab.

»Dann sollte spätestens hier die ›Arbeit des Entscheidens‹ einsetzen«, sagte Tickel und klappte ihre Akte zu – normalerweise das Zeichen, dass die Sitzung zu Ende war. Borg hatte jegliches Zeitgefühl verloren, er glaubte, schon mehrere Stunden auf der Quietschcouch zu liegen. Er hob den Kopf und schaute die Frau mit den Locken fragend an. Alles in der

Hoffnung, sie würde die Therapie oder wenigstens die Stunde als beendet erklären, doch nichts dergleichen geschah.

»Wissen Sie, was ich damit meine, dass Sie selbst entscheiden sollen? Damit meine ich einen Entschluss, die Dinge einfach anders zu sehen und zu verstehen, dass wir alle große Freiheiten haben, von denen wir auch einige nutzen: die Freiheit zu siegen, zu leisten und zu blenden zum Beispiel. Und es gibt noch eine selten erwähnte und viel wichtigere Freiheit«, fuhr sie fort, »sie erfordert Aufmerksamkeit und Offenheit und Disziplin und Mühe und Empathie, andere Menschen wirklich ernst zu nehmen und Opfer für sie zu bringen, wieder und wieder, auf unendlich verschiedene Weisen, völlig unsexy, Tag für Tag. Es geht um wahre Bildung, Herzensbildung, wenn man so will, um die schlichte Offenheit für das Wahre und Wesentliche. Und Sie sollten sich dazu entscheiden, Ihre Wut und Impulsivität und verstörende Direktheit unter Kontrolle zu bringen, ein ordentlicher Mensch zu sein und sich im Zaum zu halten.«

Borgs Gaumen begann zu jucken, und er rieb seine Zunge daran. Hoffentlich bemerkt sie das nicht, dachte er.

»Sie sollten enger mit Ihren Kollegen zusammenarbeiten. Es gibt wissenschaftliche Untersuchungen, die belegen, dass psychische Erkrankungen sofort verschwinden, wenn Menschen unter einer äußeren Bedrohung zusammenstehen müssen.« Tickel stand auf.

»Dann wird es Sie freuen zu hören, dass ich wieder mit Frau Bachmann in einem Team arbeite«, sagte Borg.

Augenblicklich ließ sich Tickel wieder in ihren Sessel fallen. »Um Gottes willen. Das wird die alten Ängste wieder heraufbeschwören. All das, was wir bereits verarbeitet hatten, was Sie verarbeitet hatten, es könnte durch Ihre Kollegin und die Erinnerungen, die sie weckt, wieder hervorbrechen!« Tickel schnappte theatralisch nach Luft.

Borg verfluchte sich. Was hatte er jetzt wieder gesagt? Es wäre klüger gewesen, niemals etwas in Tickels Anwesenheit zu sagen, denn alles führte zu einem Satz, der mit »Um Gottes willen« begann.

Aber was hatte sie eben von sich gegeben? Er solle eine Entscheidung treffen? Na gut, dachte er, dann würde er jetzt die Entscheidung treffen, Tickel so zu verstören, dass sie selbst einen Psychiater brauchte. Vielleicht würde sie dann die Finger von seinem limbischen System lassen.

»Wissen Sie, Frau Tickel, ich glaube, Ihnen sind die Situationen, in denen ich mich befand, und die Probleme, die ich für die Gesellschaft zu lösen versuche, nicht ganz klar. In Ihrer kleinen Welt sind Probleme etwas andere als in meiner. Sie sagen, ein ordentlicher Mensch hält sich im Zaum. Nun«, er machte eine spannungsaufbauende Pause, »es gibt einen gewaltigen Unterschied zwischen den Menschen, die ich treffe, die anderen die Kehle durchschneiden oder ihnen ihr Geschlechtsteil in den

Mund stopfen, und den Menschen, die Sie treffen, die sich in einen Bus mit fremden Männern, Frauen und Kindern stellen und sie harmlos anpöbeln. Die Menschen, die ich jage, sind wie die Pest. Haftstrafen machen nur in den seltensten Fällen bessere Menschen aus ihnen. Bei der Pest war das so: Man glaubte, sie ausgelöscht oder die Ratten als Überträger verjagt zu haben, und am Ende war zwar die Epidemie niedergerungen, aber ein Bazillus wie *der* ist nicht zu besiegen, denn ein Pestbazillus stirbt nie und verschwindet nie. Er kann mehrere Jahre lang in den Möbeln und in der Wäsche schlummern, er wartet geduldig in Zimmern, Kellern, Koffern und Taschentüchern und Papieren auf den Tag, an dem die Menschen zu ihrem Unglück die Ratten wecken und sie zum Sterben in eine glückliche Stadt schicken, und dann, liebe Frau Tickel, rufen wieder alle nach mir, ich solle die Pest bekämpfen. Doch ich kann nicht kommen! Und wissen Sie, warum nicht?«, fragte Borg rhetorisch. »Weil ich auf einem Sofa lümmle und mich zuseiern lasse.« Er sprang auf, und Tickel zog sich in ihren Ohrensessel zurück wie eine Schnecke in ihr Haus.

Borg wusste nicht, ob das, was er über den Pestbazillus gesagt hatte, überhaupt stimmte, vielleicht hatte er es nur in einem historischen Roman gelesen, aber er fühlte sich jetzt, nachdem er das ausgesprochen hatte, bedeutend besser.

Wow! Das war mal 'ne Therapie, dachte er.

Er verabschiedete sich und ging mit einem siegesgewissen Lächeln in Richtung Tür.

»Und … und was haben Sie heute über sich gelernt?«, fragte Tickel leise aus ihrem Sesselversteck.

»Sich nicht erschießen, nicht gehen, nicht kneifen, da sein, auch wenn es schwierig wird! Etwas riskieren. Anständig sein und …«, Borg pausierte kurz, »… und sich vor den Schmetterlingen in Acht nehmen. Schönen Tag noch.«

Dagmar Tickel blickte verwundert auf die Tür, die Borg hinter sich geschlossen hatte, und schüttelte langsam den Kopf.

Ein Wagen hupte, als Spieß und Borg durch den Braunschweiger Feierabendverkehr fuhren.

»Den haben Sie eben geschnitten«, sagte Spieß mit einem belehrenden Unterton.

»Den hab' ich im Außenspiegel nicht gesehen … Oh! Da ist ja gar kein Spiegel!« Borg zelebrierte diesen Kommentar. Noch immer ärgerte es ihn, dass Spieß seinen Wagen nun schon zum zweiten Mal beschädigt hatte. Vielleicht sollte er das Motorrad seines Kollegen Spieß auch einmal durch die Mangel drehen.

Borg hatte sich eine Liste mit allen Bestattungsunternehmen in Braunschweig und Umgebung ausgedruckt. Durch den Leichenwagen, den er am Ende von Newskis Video gesehen hatte, war das naheliegend und kein besonderer Sherlock-Holmes-Einfall, diese Einrichtungen anzusteuern.

Vielleicht konnte ein Bestatter oder eine Bestatterin, die den Wagen gefahren hatten, etwas zu den Aufenthaltsorten des Fahrzeugs in dem Zeitraum sagen, in dem Newski verschwunden war.

So ließ sich vielleicht ermitteln, wo der Mann vor seinem Tod auf die erdrückenden Beweise gestoßen war.

Borg versank in seine Gedanken, und eine lange Pause entstand. Das schien Spieß unangenehm zu sein, denn nach einer Weile der Stille fragte er: »Worüber grübeln Sie nach?«

Borg antwortete augenblicklich: »Wir wissen jetzt, dass der Kammerjäger wegen der Ratten im Einsatz war – so wie es in seinem Auftragsbuch stand. Aber wir wissen nicht, wo er die Biester jagen sollte, denn er hatte neben die Ratten ja lediglich den Satz ›Dem Himmel so nah‹ geschrieben. Ich frage mich, was das zu bedeuten hat. Und ganz nebenbei habe ich mich auch gefragt, ob Sie überhaupt einen Führerschein haben.«

Spieß guckte verdattert. Wieder entstand eine kurze Pause.

»Haben Sie eigentlich Freunde, Borg?«, fragte Spieß unvermittelt.

Borg überlegte kurz und dachte an seinen Kollegen Timm Berber, der beim letzten großen Fall ums Leben gekommen war, und blickte ernst durch die verschmierte Windschutzscheibe.

»Nein, ich hab' keine Freunde. Aber wenn ich welche hätte, dann würden die Ihnen bestätigen, dass ich ein toller Kerl bin.«

Borg fuhr am Herzog-Anton-Ulrich-Museum vorbei und hoffte, Spieß würde jetzt nichts mehr sagen oder das Gespräch in andere Bahnen lenken.

»Ich habe 10 Freunde«, sagte Spieß.

»Ja, bei Facebook vielleicht«, sagte Borg.

»Nee, da sind es über tausend, und viele von denen habe ich sogar schon getroffen.« Spieß schien darauf recht stolz zu sein.

»Die magische Obergrenze der menschlichen Organisationsfähigkeit liegt bei 150 Menschen. Mit mehr Leuten können wir keine engen Beziehungen pflegen. Ab dieser Zahl brauchen wir Gesetze, Rangabzeichen und Titel«, sagte Borg, der das mal irgendwo gelesen hatte. Die Aussage zeigte wegen ihres lehrerhaften Inhalts die von Borg erhoffte Wirkung. Spieß sagte nichts mehr zu dem Thema.

Borg schaute aus den Augenwinkeln zu Spieß hinüber und sah, dass der am Arm ein blaues Tattoo trug, das knapp unter dem Ärmel hervorlugte.

»Was soll das darstellen?«, fragte Borg und zeigte auf Spieß' Tattoo.

Spieß schob den Ärmel seines Pullovers weiter nach oben, und jetzt erkannte Borg, dass es sich um den Kopf eines Pferdes handelte.

»Das ist ›Black Ruby‹, eines meiner Lieblingspferde«, sagte Spieß stolz.

»Sie stehen auf Pferde?« Borg arbeitete in einem Beruf, in dem einen nichts überraschen sollte, aber Spieß hatte es mal wieder geschafft.

»›Black Ruby‹ ist ein zugelassenes Zuchtpferd. Beste Gene«, begann Spieß, und Borg verfluchte sich innerlich, dass er nach dem Tattoo gefragt hatte. »Dieses Pferd hat ein Seitenbild, das haben Sie noch nicht gesehen. Der Rücken schwingt wie in einer Animation, und …«

Borg schaltete das Radio ein und drehte die Musik ganz laut, sodass Spieß in seinen Beschreibungen unterbrochen wurde und verstummte. Die nächsten drei Minuten während der Fahrt übernahmen ›Die Ärzte‹ mit ›True Romance‹.

Borg passierte das familiengeführte Bestattungsunternehmen ›Memento‹ an der Helmstedter Straße 195, fand aber zunächst keinen Parkplatz.

Die graue Wolkendecke lag wie ein Topfdeckel auf der Stadt. Es kündigte sich Regen an, und der Wind frischte auf.

Etwas weiter die Straße hinauf entdeckte Borg eine Parklücke, fuhr mit seinem Golf neben den davor stehenden Wagen und setzte den Blinker rechts, um rückwärts einzuparken. Ein anderes Fahrzeug kam von hinten angeschossen und parkte vorwärts auf dem Platz ein, den Borg ausgewählt hatte, noch bevor er den Rückwärtsgang einlegen konnte.

»Das war nicht nett«, sagte Spieß und wartete, was nun passieren würde.

Das ist Revierkampf wie bei Tieren, dachte Borg. Er hatte die Wahl, sich darauf einzulassen, aus dem Wagen zu springen und sich aufzuführen wie ein wilder Eber, oder zu beschließen, dass er auf diesem Niveau nicht reagieren wollte.

Borg musste Energie sparen. Wer wusste schon, wozu er sie noch brauchen würde? So atmete er einmal tief ein und aus, legte wieder den Vorwärtsgang ein und fuhr fünfzig Meter weiter, wo er einen anderen Parkplatz fand, in den er sein Auto problemlos hineinmanövrierte.

Borg hatte den anderen Wagen, der sich in die erste Lücke gestellt hatte, schon fast vergessen, doch als er und Spieß auf dem Bürgersteig zurück in Richtung Bestattungsunternehmen gingen, kam er unausweichlich an diesem Wagen vorbei, aus dem ein älterer Mann mit grauen kurzen Haaren und grauem Kinnbart stieg.

Borg merkte sich das Kennzeichen – der Wagen kam aus Hannover –, beschloss aber, nichts zu sagen.

Im selben Moment hörte er über seinem Kopf ein Knacken. Ein nicht gerade kleiner Ast war aus einer Baumkrone gebrochen und fiel direkt auf die Haube des silberfarbenen Fahrzeugs, mit dem der fremde Mann Borg den Parkplatz weggenommen hatte. Die Haube war sichtlich eingedellt und der zerbrochene Ast darauf liegen geblieben. Der Grauhaarige fluchte.

Vielleicht, dachte Borg, sollte er doch einmal über diese ganze Karma-Thematik nachdenken.

Er ging nun, nicht ohne sich zu freuen, mit Spieß auf ›Memento‹ zu.

Wer würde für ihn irgendwann zu einem solchen Unternehmen gehen und die letzten Vorkehrungen treffen, damit er von diesem Planeten weggewischt werden konnte wie Staub von einem Regal? Sein Sohn Paul?

Die Psychologin Dagmar Tickel hatte ihm geraten, nicht zu oft über den Tod nachzudenken, weil es ihn in eine depressive Grundstimmung versetzen könne, was er unbedingt vermeiden solle.

Er lächelte grimmig. Bei einem Auftrag, bei dem es um brutalen Mord ging, war das nicht ganz so einfach. Er musste sich wieder mit jeder Faser und jedem Gedanken dieser Geschichte widmen, um hinter die Geheimnisse des Falls zu kommen, und das war kein Honigschlecken. Der Tod hatte wie immer harte Kinnbacken, er gab kein Geheimnis freiwillig preis.

Borg und Spieß betraten das Bestattungsinstitut an der Hauptstraße, die sich direkt danach gabelte, und waren überrascht, wie angenehm die Atmosphäre im Geschäft auf sie wirkte.

Es war warm und gemütlich und ganz das Gegenteil von dem, was Borg erwartet hatte. Ein freundlich wirkender Mitarbeiter kam auf sie zu und fragte, wie er helfen könne.

Der Mann trug schwarze Kleidung, und ein hellblauer Hemdkragen ragte oben aus dem feingestrickten Pullover hervor.

»Guten Tag. Mein Name ist Oliver Borg, das ist Herr Spieß. Wir sind von der Mordkommission.« Borg zeigte seinen Dienstausweis und schilderte, dass er nach einem Leichenwagen suche, der sich in der Nähe eines möglichen Tatorts aufgehalten haben könnte.

»Ich kann Ihnen gerne die Listen holen, auf denen wir die Adressen vermerkt haben«, sagte der Mann.

»Bevor Sie sich die Mühe machen«, Borg wollte keine Zeit verlieren, »es handelte sich um einen goldfarbenen Leichenwagen.«

Der Mann hielt inne. »Goldfarben? Da muss ich Sie enttäuschen. Unsere Wagen sind alle schwarz. Die meisten Leichenwagen sind eher dunkel gehalten. Goldene Wagen hat meines Wissens nur ein Unternehmen hier im Umkreis.«

Borgs Pulsfrequenz erhöhte sich etwas. Er hatte nicht erwartet, so schnell einen so großen Schritt voranzukommen.

»Welches Bestattungsunternehmen ist es?«

»Mir fällt der Name jetzt nicht ein, aber es liegt hinter dem Mittellandkanal. Ein riesiges neumodisches Bestattungsunternehmen, das Anfang des Jahres seine Tore geöffnet hat. Da gibt es alles, sogar einen weitläufigen neuen und einen historischen Friedhof. Dieses Unternehmen hat goldene Leichenwagen. Neulich war erst wieder ein Bericht in der Braunschweiger Zeitung. Warten Sie, ich suche Ihnen die Adresse raus.« Der Bestatter bat um einen kurzen Moment, sagte, die beiden Männer könnten sich hier gern umsehen, und verschwand in einem Nebenraum.

»Na, das hört sich ja vielversprechend an.« Borg war sichtlich zufrieden.

Spieß ging eine dreistufige Treppe hinauf und gelangte in einen Ausstellungsraum, in dem zahlreiche Urnen und fünf Särge ausgestellt waren. Borg folgte ihm.

Er fragte sich, ob Spieß gleich wieder einen Vertrag unterschreiben würde, wie er es im Fitnesscenter gemacht hatte. Bevor er jedoch einen Spruch loslassen konnte, kam der aufgeschlossene junge Mann zurück und gab Borg einen Zettel, auf dem eine Adresse stand.

»Ich wünsche Ihnen beiden viel Glück für die Ermittlungen. Der Tod ist zwar unser Geschäft, aber es ist immer etwas angenehmer, wenn er auf natürliche Art und Weise und ohne Qual eintritt«, sagte er und verabschiedete sich von den beiden Kriminalbeamten.

Borg und Spieß gingen schnell zurück zum Wagen, denn das Wetter war nicht besser geworden, im Gegenteil. Wieder fiel leichter Regen.

Als sie eingestiegen waren, gab Borg die Adresse, die ihm der Mann gegeben hatte, in das Navigationssystem ein. Das Bestattungsinstitut, das angeblich über goldene Leichenwagen verfügte, befand sich, wie Borg der Karte entnahm, in einem Dreieck zwischen den Orten Harxbüttel, Eickhorst und Thune.

»Dann wollen wir mal schauen, ob wir dort etwas finden«, sagte Borg und ließ den Wagen an. Die Scheibenwischer quietschten monoton, und weder Borg noch Spieß sprachen auf der fast zwanzigminütigen Fahrt ein Wort. Beide hatten ein seltsames Gefühl, aber keiner der beiden traute sich, dieses Gefühl anzusprechen. Sie verließen die Stadt und fuhren auf die Autobahn Richtung Watenbüttel. Borg lief ein kalter Schauer über den Rücken, als er einige Straßen und Wege wiedererkannte, die er vor einiger Zeit entlanggejoggt war.

Es war später Nachmittag; bald würde es dunkel werden. Im nebligen Dämmerlicht sah Borg eine vermeintlich eng zulaufende Landstraße. Das Grau ging in Violett über.

Das Bestattungsunternehmen war nicht leicht zu finden. Die Straßen, die dorthin führten, waren abgelegen, und ab einem bestimmten Punkt stimmte die angezeigte Strecke nicht mehr mit der überein, die Borg tatsächlich fuhr.

»Die haben hier offenbar ein paar neue Straßen gebaut, die ich noch nicht im Navi habe«, sagte er.

»Wir müssten aber gleich da sein. Ich glaube, wir sind noch richtig«, meinte Spieß, und seine Aussage bewahrheitete sich.

Je näher sie dem vermeintlichen Ziel kamen, umso schlechter wurde das Wetter.

»Kehren Sie um!«, befahl das Navigationssystem plötzlich und wiederholte noch einmal nachdrücklich: »Kehren Sie um!«

Echt jetzt?, dachte Borg und warf Spieß einen missgnügten Blick zu.

Sie kamen, nachdem sie durch ein kleines bewaldetes Gebiet gefahren waren, an Rieselfeldern vorbei, und dann zeigte sich vor ihnen ein großer einstöckiger Gebäudekomplex, der nicht hierher zu gehören schien. Auf dem weitläufigen Grundstück ragte die Spitze einer Kapelle in den Himmel und war zum Teil über die gewaltige Mauer zu sehen, die ihrerseits weiträumig umzäunt oder mit hohen Hecken von der Außenwelt abgetrennt war.

Borg kam der Ort unheimlich vor, und besonders jetzt im schwindenden Tageslicht wirkte das ganze Anwesen wie eine Kulisse aus einem Dracula-Film.

»Da vorn!«, sagte Spieß und deutete auf zwei Fahrzeuge, die in eigens dafür vorgesehenen Parkboxen standen.

»Ja. Ich sehe es«, antwortete Borg knapp. Die beiden Leichenwagen waren höchstwahrscheinlich goldfarben, aber jetzt in der Dämmerung sahen sie eher braun aus.

Weder Borg noch Spieß hatten große Lust, den Golf zu verlassen, aber es half nichts.

Der Wind drückte mit aller Kraft gegen die Türen des Autos, als wolle er verhindern, dass die beiden Beamten hier ausstiegen.

Spieß schlug den Kragen seiner Jacke hoch, und Borg sah auf die Uhr seines Handys: 18:35 Uhr.

Die beiden Männer gingen geduckt über den Kiesweg zu den Parkboxen und blieben vor den Leichenwagen stehen. Borg schaltete die Lampe an seinem Handy ein, und das grelle Licht ließ das Gold wieder echt erscheinen.

»Leider hat man auf dem Handyvideo kein Kennzeichen gesehen. Jetzt müssen sie uns die Aufenthaltsorte und im Idealfall die Fahrtenbücher beider Fahrzeuge geben«, sagte Borg. »Na, los, bringen wir es hinter uns.« Borg schaltete die Lampe aus und drehte sich um, als plötzlich ein dünner schwarzgekleideter Mann vor ihm stand.

»Was machen Sie da am Wagen?«, fragte er mit harter Stimme.

Borg und Spieß zuckten zusammen.

»Du liebe Güte, haben Sie uns einen Schrecken eingejagt!« Borg fasste sich mit einer Hand an die Brust. »Wir sind von der Polizei«, sagte er, nachdem er sich wieder gesammelt hatte.

»Von der Polizei?«, fragte der Mann misstrauisch. »Und aus welchem Grund interessieren Sie sich für unsere goldenen Geister?«, wollte er wissen.

»Genau genommen interessieren wir uns nur für einen der goldenen Geister«, sagte Borg. »Sind Sie der Leiter des Bestattungsunternehmens?« Der Mann lachte. »Sehe ich wie der Leiter aus?«

»Nein.«

»Ich bin vom Wachschutz«, erklärte der Mann.

Borg wunderten gleich zwei Dinge: Wie kam ein Unternehmen darauf, einen so dünnen und gebrechlichen alten Mann beim Wachschutz einzustellen, und warum benötigte ein Beerdigungsinstitut einen Wachmann?

»Ist denn noch geöffnet?«, fragte Borg.

»Die Mitarbeiter sind schon alle gegangen, glaube ich, aber Herr von Rotfelder ist sicher noch hier. Er wohnt auf dem Anwesen. Aber ich bezweifle, dass er ohne Termin mit Ihnen sprechen wird«, sagte der Sicherheitsmann.

»Wir ermitteln hier. Also wird er nicht drumherum kommen«, sagte Borg.

»Ich werde mal nach ihm sehen. Warten Sie bitte vorm Haupttor.« Das spindeldürre Männchen verschwand fast in der Dämmerung, und Borg und Spieß mussten sich bemühen, um es nicht aus den Augen zu verlieren.

Sie gingen an einer langen weißen, anscheinend neu errichteten hohen Mauer entlang, gelangten zu einem Teil des an die Außenseite des Geländes angrenzenden Hauptgebäudes und blieben vor einem Eingangsportal stehen, das aus einer zweiflügligen Tür aus Sicherheitsglas bestand.

Drinnen war es stockfinster, und nur die Leuchtreklame im oberen Bereich der Hauswand warf ein schwaches gelbes Licht auf den Schotterboden vor den Eingang.

Der Wachmann war flink ins Gebäude gegangen, und die Tür hatte sich lautlos hinter ihm geschlossen.

Borg schaltete wieder seine Handylampe ein. Er leuchtete zur Scheibe hinein, aber die Schwärze wollte sich nicht verscheuchen lassen. Man konnte nichts erkennen, was Aufschluss über den Eingangsbereich hinter der Glastür geben konnte.

Er hielt sein Smartphone tiefer und versuchte dort an der Scheibe sein Glück. Auf Höhe der Oberschenkel war die Scheibe verschmiert. Es sah aus, als habe jemand mit einem öligen Lappen von innen daran herumgewischt oder mit einer fettigen Substanz seltsame Abdrücke hinterlassen. Es waren aber keine Spuren von Händen oder Fingern, wie Borg unschwer feststellten konnte.

Spieß hätte ebensogut irgendwo anders sein können. Er beherrschte tatsächlich die Kunst, so untätig zu sein, dass man seine Anwesenheit völlig vergaß.

Es war mittlerweile völlig dunkel geworden.

Borg trat ein Stück zurück und blickte an der Gebäudewand hoch. Der nette Bestatter aus der Braunschweiger Innenstadt hatte zwar die Adresse, nicht aber den Namen dieses Bestattungsinstitutes aufgeschrieben, und Borg las nun die schwungvollen Lettern, die die Worte in dem in schmutzigem Gelb beleuchteten Schriftzug bildeten. Der Name dieser Einrichtung, die hier so abgelegen, weit entfernt von den umliegenden Dörfern und Orten, inmitten der Wiesen und Felder lag, barg etwas Verheißungsvolles in sich, und Borg schluckte, als sich ihm der ganze Satz erschloss, der dort über dem Portal leuchtete, denn er hatte ihn schon einmal gelesen.

»Was ist denn?«, fragte Spieß.

»Es sieht so aus, als ob wir unserem Ziel nähergekommen sind.« Borg deutete mit dem Kopf nach oben zum Namen des Bestattungsinstituts: ›Dem Himmel so nah‹.

KAPITEL 10

Sternenfeuer

Jetzt ergab der Eintrag in Roland Newskis kleinem Büchlein mit den Kundenterminen Sinn: ›Ratten Dem Himmel so nah‹. Als Borg das vor einigen Tagen beim Besuch des Kammerjägerkollegen gelesen hatte, war ihm die Notiz zunächst willkürlich vorgekommen. Borg war zwar irritiert gewesen, weil das ›Dem‹ nach dem Wort ›Ratten‹ groß geschrieben war, aber der Zusammenhang erschien ihm kryptisch.

Der Mörder hatte also hier sein Nest. Mitten in einem gewaltigen Bestattungsunternehmen – sehr zweckmäßig, dachte Borg.

Jetzt galt es, den Schuldigen zu finden und ihm schnell das Handwerk zu legen. Kinder wurden vermisst, es gab zwei Tote, und abstoßende Videos verteilten sich im Darknet.

Borgs Anspannung stieg, als er sah, wie in einem der hinteren Gänge des Bestattungsinstituts das Licht eingeschaltet wurde. Dann kam eine Gestalt den Gang entlang. Sie ging nicht schnell, so als hätte sie alle Zeit der Welt. Borg erkannte, dass es sich um einen Mann handelte, aber er sah schon jetzt am Gang und an der Statur, dass es sich niemals um den Fahrer handeln konnte, der nach dem Unfall des Maishäckseltransporters geflüchtet war und den die Gaffer mit ihren Handys gefilmt hatten.

Ein weiteres Licht wurde eingeschaltet, und Vorraum und Windfang füllten sich mit dem grellen Weiß der kalten Neonlampen.

Der Mann im schwarzen Anzug kam auf die Tür zu. Borg sah, dass der Schlüssel bereits von innen steckte, als die Hand des Mannes mit langen dünnen Fingern wie eine Spinne nach der Türklinke griff. Es war also nicht abgeschlossen gewesen, aber die Tür hatte außen nur einen Knauf. Nun öffnete sich die Tür einen Spalt, durch den Borg skeptisch blickte, als hätten die Scheiben, durch die er vorher zu sehen versucht hatte, irgendein Geheimnis verhüllen können.

Im selben Moment fiel wieder Regen, und Borg schaute in die beinahe schwarzen Augen des Dreißigjährigen, die seinem Blick standhielten.

»Guten Abend, meine Herren. Ich kann hier helfen, hat mein Kollege gesagt?« Die metallisch klingende Stimme sprach langsam und deutlich. Dann wanderte der Blick des Mannes langsam von Borg zu Spieß, und die schwarzen Augen schienen Borgs Kollegen förmlich zu scannen.

»Dürfen wir hereinkommen?«, fragte Borg.

»Nein«, sagte der Mann ruhig.

Das hatte Borg nicht erwartet. »Es regnet wie verrückt, und wir müssen mit dem Leiter dieses Unternehmens sprechen.«

»Er steht vor Ihnen.« Die Stimme klang, als käme sie direkt aus einem Telefon, das die Frequenz der Mitten nicht übermittelte. »Wer sind Sie?«

»Wir sind von der Polizei. Mordkommission. Ich bin Tom Spieß, und das ist der Leiter der Ermittlungen, Kommissar Oliver Borg«, mischte sich Spieß in das Gespräch ein und holte seinen Dienstausweis hervor.

»Bedaure. Ich habe eine Sehschwäche und keine Kontaktlinsen drin. Bemühen Sie sich nicht, mir irgendwelche Papiere unter die Nase zu halten. Ich kann nichts erkennen.«

Borg merkte, wie ihm das Regenwasser von den Haaren über das Genick in den Kragen lief. Er wusste, dass ihnen gleich die Tür vor der Nase verschlossen werden würde, und er konnte nichts dagegen tun.

»Wir ermitteln in einem Mordfall«, sagte Borg. »Alle Spuren führen zu Ihnen.« Während er sprach, durchsuchte er seine Jackentasche nach einem Stück Papier und erfühlte einen Geldschein. Wahrscheinlich ein Zehn- oder Zwanzig-Euro-Schein. Borg faltete das Banknotenpapier im Inneren der Tasche zweimal und zog den Schein unmerklich hervor. »Dürfen wir uns bei Ihnen mal umsehen?«

»Bedaure. Ich habe noch eine Waschung vorzunehmen und keine Zeit für Sie. Morgen Vormittag ist hier eine große Trauergesellschaft und eine Beerdigung. Kommen Sie morgen Nachmittag wieder. Oder haben Sie einen Durchsuchungsbeschluss?« Die Stimme des Mannes klang unaufgeregt wie die eines Roboters.

»Verstehe«, sagte Borg. »Ich hatte gehofft, Sie würden kooperieren. Wir kommen morgen wieder. Verraten Sie mir noch Ihren Namen?« Borg trat einen Schritt näher an die Tür heran, sodass sich seine Hand ganz nah am Knauf befand.

»Mein Name ist Johann von Rotfelder. Das ist mein Bestattungsunternehmen. Dann erwarte ich Sie morgen Nachmittag. Gute Nacht, meine Herren.« Kaum hatte er diesen Satz ausgesprochen, zog er die Tür zu.

Borgs Hand schnellte unmerklich nach vorn, und er hoffte, den Geldschein in der richtigen Höhe in den sich schließenden Türspalt geschoben zu haben. Sein Herz pochte.

»Na, das war ja mal unangenehm«, sagte Spieß.

»Es wird noch unangenehmer«, sagte Borg. »Los, lassen Sie uns zurück zum Auto gehen und die Heizung aufdrehen. Vielleicht trocknen wir ein bisschen.«

Sie liefen durch den Regen zum Wagen, als könne die nutzlose Eile irgendetwas daran ändern, dass sie schon völlig durchnässt waren.

Borg ließ den Motor an und drehte die Heizung auf die höchste Stufe. Dann fuhr er den Kiesweg entlang und fluchte über die beschlagenen Scheiben. Nach rund einem Kilometer blieb er stehen.

»Warum halten wir?«, fragte Spieß.

»Weil wir jetzt außer Sichtweite sind.« Borg schaltete die Scheinwerfer aus, ließ den Motor aber laufen.

»Was haben Sie denn vor?« Spieß war nicht klar, was Oliver Borg jetzt plante.

»Glauben Sie, wir finden morgen Nachmittag noch etwas von dem, was wir heute dort finden würden?«, fragte Borg. »Wir müssen da heute rein und den Laden durchsuchen, wenn dieser seltsame Typ in seiner Gruft liegt und schläft.«

»Wie wollen Sie da reinkommen? Das ist doch sicher alles alarmgesichert«, sagte Spieß.

Borg wusste, dass sein Kollege recht hatte, aber wenn sein kleiner Trick mit der Banknote geklappt hatte, dann war die Tür zum Windfang noch offen.

»Ich habe einen Geldschein in Höhe des Schnappers zwischen die Tür und den Rahmen geschoben, als der liebe Herr von Rotfelder uns so uncharmant im Regen hat stehen lassen.«

»Ehrlich? Wahnsinn! Ist das nach Vorschrift?«, fragte Spieß.

»Wenn Sie die Frage ernst meinen, dann laufen Sie heute noch zu Fuß zurück nach Braunschweig, das verspreche ich Ihnen!« Borg öffnete das Handschuhfach und suchte nach einer Taschenlampe. Vergeblich.

»Wehe, Sie erzählen Koller von der Aktion!«, drohte er. Dann drehte er an der Sitzlehnenverstellschraube des Fahrersitzes und fuhr mit seinem Oberkörper langsam nach hinten. »Sagen Sie mir in zwei Stunden Bescheid. Ich will mich ausruhen.«

Spieß konnte es kaum fassen. Jetzt arbeitete er mit einem Polizisten zusammen, der sich nicht an die Anweisungen hielt. Wie würde das in seinen Beurteilungen aussehen, wenn das jemand erfuhr? Schlimmer noch, würde Borgs Plan auffliegen, dann hätten sie vielleicht beide ein Disziplinarverfahren am Hals. Spieß tastete nun nach der Sitzlehnenverstellung auf seiner Seite. Als er das handflächengroße Rad gefunden hatte und drehen wollte, bewegte es sich keinen Zentimeter. Er umfasste es anders und wandte alle Kraft auf, um auch seinen Sitz in die Liegeposition zu bringen, doch es machte ›Knack‹, und Spieß hatte das Rad in der Hand.

»Was war das?«, fragte Borg, ohne die Augen zu öffnen.

»Nichts«, sagte Spieß, presste seinen Oberkörper angespannt an die senkrecht stehende Rückenlehne und schob das abgebrochene Rädchen unter seinen rechten Oberschenkel.

Die Musik im ›Jolly Time‹ war ohrenbetäubend.

Nico Adermann stand an der Bar und beobachtete ein paar Frauen, die nicht älter als zwanzig waren.

Es war Freitag, und tanzwütige Menschen aus Braunschweig und Umgebung hatten sich zusammengefunden, um für einige Stunden all die Corona-Problematik und den Stress des Arbeitsalltags zu vergessen.

Adermann war aus einem anderen Grund hier. Er nippte an seinem Glas.

Seine Verabredung mit Sina Bachmann, die er unter dem Namen Dana kannte, war für morgen geplant, aber er hatte von seiner Kollegin Vanja, die auch im Fitnesscenter arbeitete, erfahren, dass sich Dana für heute mit Axel verabredet hatte und ins ›Jolly Time‹ gehen wollte.

Adermann traute Dana nicht. Seit die beiden Männer bei ihnen im Studio aufgetaucht waren und der eine Dana angesprochen hatte, hegte er einen Verdacht gegen sie. Hinzu kam noch, dass der eine der beiden Männer eine Clubmitgliedschaft abgeschlossen hatte und es Adermann gelungen war, herauszufinden, dass Tom Spieß, so der Name im Anmeldebogen, bei der Polizei arbeitete.

Nico Adermann suchte in der Menge nach ihm bekannten Gesichtern, was das Flimmerlicht der LEDs und Discokugeln, die aufblitzenden Lichtsterne der Projektoren und der Moving Heads nicht einfach machten.

Da war sie! Adermann leerte sein Glas in einem Zug und bahnte sich seinen Weg auf der Tanzfläche, wobei er etliche Menschen anrempelte.

Sina tanzte beschwingt auf der Stelle und wollte sich gerade zu Axel vorlehnen, weil sie seine Frage wegen der lauten Musik nicht verstanden hatte, als Adermann vor ihr stand.

»Was machst du denn hier?«, fragte er und versuchte, freundlich zu wirken.

»Nico!« Sie war überrascht. »Ich bin mit Axel hier. Er hat gefragt, ob ich ihn begleite.«

Axel stoppte seinen Tanzmodus und schien über die Anwesenheit seines Kollegen wenig erfreut zu sein.

»Steht unsere Essensverabredung für morgen noch?« Adermann kämpfte mit seiner Stimme gegen die laute Musik an, und als er Sinas Ohr näherkam, damit sie ihn besser verstehen konnte, roch sie, dass er Alkohol getrunken hatte.

»Ja, natürlich. Warum sollte sie nicht stehen?«, fragte sie laut zurück.

»Weil du heute mit Axel ausgehst. Kann ja sein, dass du dann morgen keine Lust hast, dich weiter mit mir zu treffen.«

»Unsinn. Wir tanzen nur. Ich komme morgen zu dir!«, sagte Sina.

Das Licht flackerte rot und weiß auf und ließ Adermanns Gesicht wie eine Fratze in einem surrealistischen Film erscheinen. Es war diese Art von Sternenfeuer, das in ihm das unwohle Gefühl auslöste, das er schon kannte.

»He, Nico. Dana ist mit mir hier. Du kannst ja da drüben weitertanzen!«, sagte Axel laut und stellte sich halb zwischen Sina und ihn.

»Lass gut sein, Axel«, sagte Sina.

Der Schlag traf Axel unvermittelt. Adermann hatte ausgeholt und ihn mit Wucht am Kinn getroffen. Augenblicklich machten die anderen Menschen auf der Tanzfläche Platz. Leute, die sich für gewöhnlich durch nichts vom Tanzen ablenken ließen, witterten jetzt die Gefahr und gingen auf Sicherheitsabstand.

Axel fasste sich ans Kinn, pumpte sich auf und rannte mit Zorn in den Augen auf seinen Gegner zu.

Sein Kopfstoß traf Adermann in die Magengrube, und die Tänzerinnen und Tänzer auf der Fläche schrien wie bei einem Ringkampf auf. Adermann umfasste den Oberkörper des Angreifers mit seinen langen Armen und zog sein Knie mehrfach ruckartig nach oben. Axel stöhnte auf, als ihn die Tritte zweimal im Unterleib trafen, doch dann spürte er, wie Adermann von ihm abließ. Er rang nach Luft und hatte das Gefühl, sich übergeben zu müssen. Im Augenwinkel sah er, was nun passierte: Adermann stolperte nach hinten und fiel rücklings auf den schmutzigen Boden. Sein Körper zuckte unkontrolliert, und er verdrehte die Augen nach hinten.

Die Menschen bildeten einen Kreis um Adermann, der die Kontrolle über seinen Körper verloren hatte. Als Sina begriff, was nun passierte, war Axel bereits in der Menge verschwunden.

Es musste gegen 22:15 Uhr gewesen sein, als Adermann auf einer Trage in einem Krankenwagen lag und wieder klar denken konnte. Sina saß hinten im Fahrzeug und beobachtete die geschickten Handgriffe des Rettungssanitäters.

»Hatten Sie diese Symptome schon öfter?«, fragte der Sanitäter.

»Ja. Ich leide an Epilepsie. Wird durch Flimmerlicht ausgelöst«, sagte Adermann schläfrig. Er schaute zu Sina und lächelte sie an. »Danke, dass du mitgekommen bist.«

»Wie lange hat der Krampfanfall gedauert?«, fragte der Sanitäter Sina, während er eine Spritze aufzog.

»Ich vermute mal, fünf Minuten. Jemand hat ihm einen Gegenstand in den Mund gesteckt, damit er sich nicht die Zunge abbeißt. Als Herr Adermann wieder zu sich kam, war er für weitere fünf Minuten nicht ansprechbar, und dann waren Sie ja Gott sei Dank schon vor Ort«, sagte Sina.

»Tja, wenn die Problematik bekannt ist, dann werden Sie wahrscheinlich morgen schon aus dem Krankenhaus entlassen. Über Nacht behält man sie sicher zur Beobachtung dort«, sagte der Mann in der orangefarbenen Jacke.

»Oh, gut. Dann kann unsere Verabredung zum Essen ja morgen laufen.« Adermann zwinkerte Sina zu.

Sie hatte ein ungutes Gefühl. Sicher konnte sie seine Reaktion in gewisser Weise nachvollziehen. Andererseits war es schon mehr als ein Zufall, dass er genau dort aufgetaucht war, wo sie sich mit Axel getroffen hatte.

Sina war die Verabredung mit Axel eingegangen, weil sie sich durch mehr Kontakt zu den Mitarbeiterinnen und Mitarbeitern des Fitnesscenters einen schnelleren Fortschritt ihrer Ermittlungen erhoffte. Mord, Entführung und Kinderpornographie waren keine Kavaliersdelikte, und es musste schnell

Ergebnisse geben, damit nicht noch mehr Menschen in Gefahr gerieten.

Der Rettungswagen fuhr ohne Blaulicht, und der hintere Bereich, in dem sie sich zusammen mit dem Sanitäter befanden, bewegte sich wie ein Wagen bei einer Kinderfahrattraktion in einem Freizeitpark.

Sina war froh, als Adermann ihr sagte, sie müsse nicht mit auf die Station kommen, und er freue sich auf morgen, als man die Trage mit ihm aus dem Wagen hob. Er ergriff ihre Hand, zog sie zu seinem Mund und küsste zärtlich ihre Finger.

Sina ließ das geschehen, obwohl es sich nicht gut anfühlte. Auf seinen Fingern war überdeutlich die markante Tätowierung der Buchstaben F.U.C.K. sichtbar. Dann wurde er durch die sich automatisch öffnende Glastür in das Krankenhaus geschoben.

KAPITEL 11

Nachtvogel

Ein Donnern riss Borg aus einem widerlichen Traum. Er musste sich kurz orientieren und erinnerte sich daran, dass er im Wagen auf dem Fahrersitz die Augen geschlossen hatte, um zu dösen und auf die vollständige Nachtschwärze zu warten, die aus ihm einen Schatten machen würde, wenn er sich zum zweiten Mal an diesem Tag zum Bestattungsunternehmen begab.

Neben ihm im Auto erwachte auch Spieß aus einer ungesunden Position.

»Wie spät ist es?«, fragte Borg.

»Zwanzig vor zwölf! Ich bin eingeschlafen!« Spieß versuchte, sich zu entfalten. Ihm taten alle Knochen weh.

»Wenn ich sage, wecken Sie mich, dann sollen Sie nicht selber pennen!« Borg war wütend. Die Wut, aus dem Schlaf gerissenen worden zu sein und die Wut, Zeit verloren zu haben, addierten sich.

Es blitzte und donnerte ein weiteres Mal.

»Na, großartig!«, sagte Borg ironisch. »Sie bleiben hier. Wenn ich in einer Stunde nicht zurück bin, dann holen Sie Verstärkung.«

Borg öffnete die Fahrertür, und frische Luft machte ihm klar, wie abgestanden die Luft im Wagen war.

Dieser Scheißregen!, dachte er. Seine Schuhe sanken tief in den schlammigen Boden am Feldrand ein.

Borg orientierte sich. Er schlug den Jackenkragen hoch und lief zielstrebig durch das üble Wetter auf das Bestattungsinstitut ›Dem Himmel so nah‹ zu. Dann und wann zeichneten sich die Silhouetten der schwarzen Bäume im Blitzlicht des Unwetters ab und bildeten dabei groteske in die Luft gestreckte Hände. Borg fühlte sich unwohl. Hatte der Geldschein das Schließen der Tür verhindert? Noch 500 Meter, und er würde es wissen.

Wieder gelangte über die gebrochene Schuhsohle Flüssigkeit in Borgs linken Schuh, und er ärgerte sich, dieses kaputte Paar noch nicht weggeworfen zu haben.

Das Bestattungsinstitut sah wie eine Festung aus, als der Himmel hinter dem Komplex einmal kurz aufleuchtete. Die Neonbeleuchtung des Schriftzugs war mittlerweile erloschen, und Borg merkte, wie ihn Seitenstiche ermahnten, langsamer zu werden. Als er an der weißen Mauer angekommen war, presste er seinen nassen Körper dicht daran und schob sich in Richtung Tür.

Überwachungskameras waren ihm bisher nicht aufgefallen. Als er neben der Glastür des Eingangs stand, schaute er noch einmal nach rechts und links, um sicherzustellen, dass der Trottel vom Wachschutz nicht mit einer Taschenlampe hier draußen umherlief.

Borg drückte sachte gegen die Glastür und hoffte. Ja! Die Tür glitt sanft auf, und der Wind half dabei. Borg bückte sich, hob den zu Boden gefallenen 20-Euroschein auf, der den Schnapper des Schlosses zurückgehalten hatte, küsste ihn und steckte das Geld wieder in seine Jackentasche.

Im Windfang roch es nach Putz. Es war der typische Baustellengeruch, der in neuen Häusern erst nach Wochen oder gar Monaten verschwand, aber wie hatte Borg vom ›Memento‹-Mitarbeiter erfahren?: ›Dem

Himmel so nah‹ war erst vor Kurzem wiedereröffnet worden, und neue Gebäudekomplexe waren zu alten Gebäuden hinzugekommen. Dieser Abschnitt des Unternehmens war also neu errichtet worden.

Borg lief durch die dunkle Vorhalle. Natürlich würde er Fußabdrücke hinterlassen, aber es half nichts. Sollte Johann von Rotfelder ihn doch wegen Einbruchs anzeigen. Hauptsache, Borg fand Spuren, die zum Killer führten.

In absoluter Stille ist es niemals einfach, keine Geräusche zu machen. Borgs Schritte kamen ihm ungewöhnlich laut vor, und hätten nicht ab und an das Donnern des Gewitters und das Heulen des Windes ein Geräusch gemacht, wäre er vermutlich zu dem Entschluss gekommen, zu krabbeln statt zu gehen, bloß, um leiser zu sein.

Von der Eingangshalle führte ein Korridor ab, und die zahlreichen verschlossenen Türen ließen darauf schließen, dass dieses Gebäude viel größer war, als es von außen aussah.

Borg lauschte an Türen, drückte hier und da Klinken herunter und stellte zu seiner Enttäuschung fest, dass keiner der Böden in diesem Abschnitt des Bestattungsinstitutes einen Bodenbelag mit Schachbrettmuster hatte, wie er im Video zu sehen gewesen war, als der kleine Junge so hatte leiden müssen. Auch gab es keinen Raum mit einer Revisionsklappe in Bodennähe oder von den Dimensionen dessen, der auf Newskis Handyvideo zu sehen waren.

Borg spähte durch eine Glastür, die sich an der Rückseite des Gebäudes befand, jedoch verschlossen war. Draußen schüttelte der Nachtwind die Bäume.

Borg folgte dem nach links führenden Flur und kam an einem Feuerlöscher an, der das Ende einer Sackgasse markierte. Obwohl sich Borgs Augen an die Dunkelheit gewöhnt hatten, erkannte er nur mit Mühe Umrisse verschiedener Gemälde, die hier an der Wand hingen. Durch ein Fenster sah er in geringer Entfernung ein weiteres Haus, das über einen kleinen Weg erreichbar war, aber da es keine offene Tür gab, musste Borg frustriert den Rückweg antreten. Die Zeit lief ab, und er wollte nicht riskieren, dass Spieß unnötigerweise hier mit der Kavallerie anrückte.

Plötzlich hörte Borg ein Zwitschern. Er glaubte zunächst, es sich eingebildet zu haben, doch dann hörte er es wieder. Unter einer Tür, deren Klinke er noch nicht heruntergedrückt hatte, um zu testen, ob sie offen war, drang ein schwacher Lichtschein hervor. Leise fasste er das kalte Metall der Klinke an und betätigte sie vorsichtig. Er öffnete die Tür behutsam, schob seinen Kopf in den Raum hinein und blickte in das spärlich beleuchtete große Zimmer. In der Mitte standen zwei Tische, zwischen denen man hindurchgehen konnte. Es waren aber keine Esstische, sondern solche, wie man sie in einem Labor vorfinden würde.

Da war wieder das Zwitschern. Es kam aus einem Glasbehälter, der auf einem der Tische stand. Darin saß ein kleiner Vogel, der ab und zu aufflog, mit den Flügeln das ihn umgebende Glas berührte und sich dann wieder auf den Boden des Glases fallen ließ.

Borg huschte ins Zimmer und lief auf die Geräuschquelle zu. Auf der Tischplatte lagen Skalpelle, und unter dem Tisch mit dem Glas, in dem das Tier saß, standen Gas- und Sauerstofflaschen.

Für Borg als Laien waren die Aufbauten mit den Kolben und die kleinen braunen Glasfläschchen mit unbekannten Inhalten nur schwer zuzuordnen. Er wusste lediglich, dass das nicht zum üblichen Arbeitsmaterial eines Bestatters gehörte. Von Rotfelder hatte also noch andere Interessen.

»Herr von Rotfelder?« Die Stimme kam aus dem Flur.

Borg ließ sich augenblicklich zu Boden fallen. Im nächsten Moment wurde die Zimmertür geöffnet, und der dürre Mann vom Wachschutz kam hinein.

»Herr von Rotfelder? Sind Sie hier?« Der Mann kam auf die Experimentiertische zu, und Borg hörte, wie der kleine Vogel aufgeregt in seinem Glasgefängnis zu flattern begann.

»Ganz ruhig, kleiner Nachtvogel«, sagte der Mann und ließ ein Schlüsselbund neben dem Glasbehälter auf die Tischplatte fallen. »Bestimmt kommt gleich der Herr und lässt dich fliegen.«

Mit diesem Satz ging der Wachmann wieder in Richtung Tür und verschwand.

Borg hatte die Füße des Mannes beobachtet und versucht, seinen Atem anzuhalten, um keine Geräusche zu machen. Jetzt musste er mehrfach tief ein- und ausatmen, weil er das Gefühl hatte, dass ihm schwindelig wurde.

Er richtete sich wieder auf, was dem Vogel einen weiteren großen Schrecken einjagte, sah das Schlüsselbund auf dem Tisch liegen, beachtete es nicht weiter und beschloss, dieses Labor und das gesamte Anwesen möglichst schnell zu verlassen.

Borg hatte sich den Weg, den er gekommen war, ganz bewusst eingeprägt. Nun hastete er zur Eingangshalle und wollte diesen Ort des Todes nur möglichst schnell verlassen. Er nahm diesmal keine Rücksicht auf Geräusche und kam mit quietschenden Schuhsohlen zu der Glastür. Er drückte die Klinke herunter und presste sich mit seinem Körper an das Glas. Nichts geschah. Er zog an der Tür, doch wieder bewegte sie sich nicht.

Nach kurzem erfolglosem Ruckeln tastete er nach dem Schlüssel, der vorhin noch im Schloss gesteckt hatte. Fehlanzeige. Der Schlüssel war weg, und jemand hatte die Tür abgeschlossen.

Borg fluchte innerlich. Er rannte dahin zurück, woher er gekommen war. Der Schlüssel, den der Wachmann auf den Tisch mit dem Vogel gelegt hatte, war der aus der Tür. Borg musste ihn sich besorgen, um aus Draculas Schloss entfliehen zu können. Wenn er das nicht schaffte, würde gleich Spieß mit weiteren Kollegen hier stehen, und dann war sicher auch Koller informiert, und das Disziplinarverfahren würde in diesem Jahr unter Borgs Weihnachtsbaum liegen.

»Mist! Mist! Mist!« Borg passierte die Trauerhalle und bog nach links ab.

Er ging vorsichtig vor und öffnete die Tür zu dem Raum, in dem der Schlüssel lag, mit Bedacht und leise. Er schaute, vorahnend erst durch den

Türspalt: Da stand Johann von Rotfelder in einem weißen Kittel vor dem Tisch, auf dem sich des Glasgefängnis des Vogels befand.

Borg kniff die Augen zusammen, um schärfer zu sehen. Er fragte sich, was von Rotfelder da tat und beobachtete gespannt, was nun geschah.

Von Rotfelder notierte etwas auf einem Block, dann drehte er an einer Apparatur, von der aus Schläuche zu dem Glaskasten liefen, in dem der Vogel in unregelmäßigen Abständen aufflog, gegen die Scheibe stieß und dann erschöpft wieder auf dem Boden landete.

Dem kleinen Vogel ging es wie Borg: Er wollte nicht hier sein, aber er musste.

Borg biss die Zähne zusammen und zermarterte sich sein Gehirn, wie er unbemerkt hier herauskommen konnte.

Nicht ahnend, was um ihn herum geschah, fuhr von Rotfelder mit seinem seltsamen Experiment fort. Er entzog dem Tier den lebensnotwendigen Sauerstoff, denn für eine Weile erschien der Vogel durchaus lebhaft; aber mit der weiteren Abnahme der Luft begann er deutlich zu ermatten und bald darauf heftige und ungleichmäßige Krämpfe zu zeigen. Der Vogel warf sich zwei- oder dreimal herum und starb mit dem Bauch nach oben und dem Kopf nach unten.

Borg bekam eine Gänsehaut.

Von Rotfelder klopfte mit seinem Kugelschreiber gegen die Glaskuppel, in der das tote Tier lag, und schien wütend zu sein.

Er hob die Glashaube ab, packte den Vogel mit seinen langen, dürren Fingern und hielt ihn sich nah vor das Gesicht. Er war wirklich kurzsichtig, dachte Borg.

Dann, mit einer schnellen Bewegung griff von Rotfelder mit seiner anderen weißen Spinnenhand den Kopf des Vogels, riss das Tier entzwei und warf die Körperhälften auf den Tisch.

Borg trat der Schweiß auf die Stirn, als er sah, wie von Rotfelder, unzufrieden mit seinem Experiment, nach dem Schlüsselbund griff, das Borg unbedingt an sich bringen musste, um diesem Ort entfliehen zu können.

Da legte von Rotfelder die Schlüssel wieder auf den Tisch, ging an das andere Ende des Raumes und nahm den roten Telefonhörer eines Haustelefons ab, das an einer der Wände angebracht war.

Borg huschte ins Labor und kroch auf dem Fußboden zwischen die Tische. Er hob seinen Arm und tastete auf der Tischplatte nach dem Schlüsselbund. All das hatte nicht länger als fünf Sekunden gedauert. Zuerst berührte er einen Stift, dann erfühlte er einen Teil des zerrissenen Vogelkörpers und dann die Schlüssel. Er hob sie fast geräuschlos an, drückte sie in seiner zur Faust geschlossenen Hand zusammen, um nicht doch noch ein verräterisches Geräusch zu machen, und kroch zurück in Richtung Tür.

»Was sagen Sie da? Fußspuren?«, hörte Borg die Stimme von von Rotfelder sagen, der verkrampft den roten Telefonhörer an sein Ohr presste, und Borgs Herz schlug abermals schneller.

Verdammt!, dachte er. Jetzt wussten sie, dass jemand auf dem Anwesen und im Gebäude war.

Borg krabbelte schnell Richtung Ausgang des Raumes und war mit dem halben Körper durch die Tür, als er einen weiteren Satz aufschnappte.

»Dann lassen Sie schnell die Hunde los. Die schnappen sich diese Scheißkerle!« Die metallische Stimme hatte ihre Ruhe verloren und klang sehr zornig.

Nachdem Borg das gehört hatte, waren seine Geräusche ihm egal. Er sprang förmlich auf seine Füße, begann zu rennen und nahm auch auf die Möbelstücke rechts und links keine Rücksicht. So rammte er einen kleinen antiquarischen Schrank, und eine darauf stehende Vase fiel zu Boden. Er lief durch die kalte Vorhalle und wollte im rechten Winkel schnell zur Ausgangstür gelangen, als seine Füße die Haftung verloren und es ihm den Boden darunter wegriss. Borg schlug hart auf den Fliesen in diesem Vorraum auf. Das Platschen wurde mehrfach zwischen den Wänden der Eingangshalle hin- und hergeworfen, doch das kümmerte Borg nicht. Im Moment des Aufpralls hatte sein rechter Arm, auf den er gefallen war, ein knackendes Geräusch von sich gegeben, und augenblicklich danach war ein brennender Schmerz durch den Arm in die Schulter gerast. Borg stand schnell auf. Ihm war klar, dass der Arm gebrochen sein musste. Er gab sich den Schlüssel unter Schmerzen in die linke Hand und fummelte am Schloss herum.

Bellen war in den Gängen zu hören, ein Bellen, das lauter wurde. Koordination in Momenten des Stresses war eine Unmöglichkeit. Die Hunde hatten ihn gewittert.

Ganz ruhig!, ermahnte sich Borg, und er probierte im Dunkeln einen Schlüssel nach dem anderen aus. Da endlich – das Bellen schwoll an, die Füße laufender Hunde waren auf den Fliesen zu hören – da glitt der Sicherheitsschlüssel ins Schloss der Glastür. Borg riss die Klinke herunter, im Augenwinkel erschien ein schwarzer Schatten im Türrahmen zum Durchgang des angrenzenden Flurs und wurde nicht einmal langsamer, als er den Bogen in Richtung Borg einschlug.

Borg biss die Zähne zusammen und presste sich ungeschickt durch den Spalt der Tür, den er sich aufgezogen hatte. Mit aller Kraft warf er sich in letzter Sekunde gegen die Scheibe, und die Tür verschloss sich unter dem Druck seines Körpers wieder. Borg glitt bei diesem Manöver auf den nassen Steinen vorm Eingang abermals aus und rutschte an der Scheibe herunter. Ein Schreck erfasste seinen Körper, als unter Bellen und Knurren die gewaltigen Schnauzen der beiden wütenden Dobermänner mit ihren spitzen Zähnen gegen das Glas schnappten und schleimigen Speichel an der Scheibe neben Borgs Kopf hinterließen.

Borg rappelte sich auf, schloss die Tür von außen ab und schleppte seinen verschwitzten Körper durch den Regen in die Dunkelheit.

Tom Spieß saß auf heißen Kohlen. Noch 10 Minuten, und er sollte die Kollegen informieren. Er zuckte zusammen, als Borg die Fahrertür aufriss und sich unabsichtlich ungebremst auf Spieß' Schoß fallen ließ.

»Was machen Sie auf dem Fahrersitz?«, keuchte Borg.

»Ich wollte Hilfe holen!«, sagte Spieß und versuchte, seinen Körper unter Borgs hervorzuziehen und sich zurück auf den Beifahrersitz zu wälzen.

»Los, rüber, verschwinden Sie hier!«, sagte Borg, und die beiden Männer vollführten ein Slapstick-Ballett, das zwischendurch von Borgs Stöhnen untermalt wurde.

»Vorsicht, mein Arm ist gebrochen«, sagte Borg, als Spieß auf den Beifahrersitz zu gleiten versuchte. Ein Fuß wurde knapp an Borgs Nase vorbeigeführt.

»Wie ist das passiert?«, fragte Spieß.

»Der Herr von Rotfelder hat ein paar eindrucksvolle Tiere auf seinem Anwesen«, sagte Borg und ließ den Wagen wieder an.

»Was für Tiere?«, fragte Spieß.

Borg beschleunigte, die Reifen drehten durch, wirbelten Schlamm und Grasbüschel hoch, griffen, und der Wagen raste los.

»Kleine Vögel zum Beispiel!«

KAPITEL 12

Der Duft der Gefahr

Selbst das Alltägliche wird reizvoll, wenn man es nur vor den anderen geheim hält. Borgs Arm schmerzte, und der Gips störte ihn bereits jetzt, obwohl er ihn seit nicht einmal zwölf Stunden trug.

Borgs Unterarm war in der Nacht bereits angeschwollen, als er gemeinsam mit Spieß im Auto noch nicht einmal das Krankenhaus an der Salzdahlumer Straße erreicht hatte.

Wortlos hatte Borg dann die Prozeduren über sich ergehen lassen. Das fing bei einer schmerzhaften Untersuchung in der Unfallaufnahme an und führte nach fast einer Stunde Wartezeit in einen Röntgenraum. Als der Arzt Borg gesagt hatte, was dieser schon wusste, nämlich dass eine Fraktur vorlag, war alles andere ebenfalls nach der üblichen Verfahrensweise abgewickelt worden.

»Wie lange muss ich denn diesen Gips tragen, Frau Doktor?« Genau genommen wollte Borg die Antwort gar nicht wissen, weil er wusste, dass sie ihm nicht schmecken würde.

»Ich denke, bei diesem glatten Bruch sollte der Arm etwa einen Monat mit einem Gipsverband oder einer Schiene ruhiggestellt werden«, sagte Dr. Julia Lüneberg, die voller Hingabe den rechten Ärmel von Borgs Pullover bis zur Schulter aufgeschnitten hatte, bevor sie den Arm eingipsen konnte.

»Einen Monat?« Borg war überrascht. »Geht das nicht schneller? Das Brechen hat doch auch nur 'ne Sekunde gedauert!« Borg versuchte, seinen Ärger mit Ironie zu vertreiben.

Als er das Behandlungszimmer verlassen hatte, stand Spieß im Flur des Krankenhauses und trank Kaffee aus einem braunen Plastikbecher.

»Und? Ist der Arm gebrochen?«, fragte Spieß.

»Nein. Ich hab' ihn mir eingipsen lassen, weil das jetzt Mode ist!« Borg ging an seinem Kollegen vorbei und wollte nur noch nach Hause.

Am nächsten Morgen, der Besprechungsraum roch irgendwie nach Knoblauch, hatte Borg zwei Paracetamol eingeworfen, weil ihm nicht nur der Arm, sondern auch die Schultern und die Rippen auf der rechten Seite Schmerzen bereiteten.

Borg hatte behauptet, er wäre beim Duschen ausgerutscht, um nicht in Erklärungsnöte zu kommen. Jetzt, nachdem er zumindest berichtet hatte, dass er und Spieß am gestrigen Abend ›Dem Himmel so nah‹ einen Besuch abgestattet hatten (seinen Alleingang hatte er bewusst verschwiegen), schien Polizeichef Koller wenig von Borgs Vermutungen beeindruckt zu sein.

»Nur weil das Video einen Leichenwagen zeigt, der zu dem von Ihnen genannten Bestattungsunternehmen gehört, kann doch kein Durchsuchungsbeschluss ausgestellt werden! Wie stellen Sie sich das vor?« Wieder war Koller die große Bremse in allen Abläufen.

»In diesem Unternehmen geht etwas nicht mit rechten Dingen zu. Das sagt mir mein Instinkt. Haben wir Unterlagen über diesen Johann von Rotfelder?«

An den drei U-förmig aufgestellten Tischen im Besprechungszimmer saßen neben Borg und Spieß ein weiterer Kollege, den Borg bereits kannte, und auch Sina Bachmann. Den vieren gegenüber hatten zwei weitere Polizisten Platz genommen, und an dem Tisch am Kopfende hatten zwei schmierig aussehende Beamte, die Borg noch nicht kannte, die Stühle besetzt. Koller stand am offenen Ende des U und tat so, als würde er die Besprechung leiten.

Er ging zum Telefon, das auf einem der Schreibtische stand, und drückte nur eine Taste. Er forderte alles an, was man auf die Schnelle über Johann von Rotfelder finden konnte.

»Frau Sammer kommt gleich und bringt uns Unterlagen über den Mann.«

Koller ging zum Fenster und öffnete es. Also war er nicht die Person, die Knoblauch gegessen hatte, dachte Borg.

»Während wir warten, möchte ich Sie noch miteinander bekannt machen.« Koller stellte die beiden Männer am quer stehenden Tisch vor. In ihren Anzügen sahen sie wie Versicherungsvertreter aus.

»Das sind Herr Dino Tlustek und Herr Hans Dieter Mühle-Scheuermann«, sagte Koller.

Tom Spieß lachte laut auf und erntete einen bösen Blick von seinem Chef. Spieß zwang sich daraufhin, still zu sein, obwohl Borg genau sah, dass er innerlich zu platzen drohte.

»Die beiden Herren sind ebenso mit der Aufklärung der Entführungsserie betraut – jeder Mann ist hier wichtig – und sind, wie Sie, Borg, gestern richtig bemerkten, demzufolge auch mit im Team der Ermittler.«

Na, herzlichen Glückwunsch!, dachte Borg. Die beiden hatten ihm gerade noch gefehlt.

»Meine Herren, können Sie uns einmal alle ins Bild setzen, bitte?« Borg übergab das Wort an Tlustek.

»Guten Morgen, meine Herren und meine Dame.« Er warf Sina ein breites Lächeln zu, das sie zurückhaltend erwiderte. Borg schaute Sina gleich darauf einmal in die Augen, und sie schenkte ihm auch ein Lächeln. Aber ein echtes, und er erkannte den Unterschied deutlich, was ihn freute.

»Wir haben von den mittlerweile sechs vermissten Kindern keine Spur. Wir wissen nur, wo sie zuletzt gesehen worden sind.«

Tlustek stand auf, ging zu einer hinter Borg hängenden Wandkarte die Braunschweig und die umliegenden Dörfer zeigte, und deutete auf die darin steckenden roten Pinnnadeln. Von jeder Nadel lief ein Faden zu einem Foto, das außerhalb der Karte an der Wand befestigt war. Die Bilder zeigten, bis auf eine Ausnahme in Schwarzweiß, die Gesichter kleiner

Kinder. Es waren vier Mädchen unter den Vermissten. Tlustek berichtete, dass man bisher keine Leichen gefunden habe, von den Kindern jede Spur fehle und es auch keine Augenzeugen gäbe.

»Wir vermuten, dass eine Bande von Kinderhändlern zugeschlagen hat. Alle Orte, in denen die Kinder verschwunden sind, liegen sehr nah an Autobahnauffahrten. Demzufolge war es für die Entführer vermutlich einfach, die Opfer schnell aus Braunschweig oder sogar Deutschland hinauszubringen …«

Tlustek redete weiter, aber Borg verlor sich in seinen Gedanken und hörte nicht mehr zu. Der Mann sprach, doch der Kommissar glaubte, er habe Watte in den Ohren – er war abgetaucht. Er dachte an die Eltern der entführten Kinder, dachte an seine Ex-Frau und seinen Sohn Paul und sah ihn als kleinen Jungen vor sich. Als er daran dachte, was er gefühlt hätte, wenn sein Kind verschwunden wäre, atmete er schwer. Er starrte ohne zu blinzeln an die Wand und merkte, wie sich ihm die Kehle zuschnürte.

Er schüttelte den Gedanken ab und hörte wieder zu.

»… und das Gebiet, wo der kleine chinesische Junge Ho Yi Wong zuletzt gesehen wurde, liegt zwischen dem zur Gemeinde Vechelde gehörenden Klein Gleidingen im Westen und den Braunschweiger Ortsteilen Lamme im Norden. Von dem Kind fehlt jede Spur …«

Jemand klopfte an die Tür. Tlustek unterbrach seine Ausführungen, und eine dicke Frau mit Nickelbrille betrat den Raum.

Sie wünschte allen einen guten Morgen, übergab die angeforderten Unterlagen und verließ das Besprechungszimmer ebenso schnell wieder, wie sie es betreten hatte.

»Ah! Die Unterlagen über das Bestattungsinstitut und dessen Leiter«, sagte Koller, als er einen Blick auf die Zettel geworfen hatte, die er jetzt auf dem Tisch vor Sina Bachmann und Pit Bauer ausbreitete.

Borg war wieder völlig im Hier und Jetzt. Seine Kopfhaut prickelte. Das hatte er oft, wenn er etwas kaum erwarten konnte.

Koller bedankte sich bei Tlustek, und da dieser nichts mehr zu sagen hatte, hob Koller zwei Zettel und begann vorzulesen, was darauf stand.

»Johann von Rotfelder, geboren in Schwalmtal am Niederrhein in Nordrhein-Westfalen am 18. August 1985, Vater Friedrich von Rotfelder, Mutter Dragomira Zverev«, Koller tat sich schwer, diesen Namen auszusprechen, »seit 1993 wohnhaft in Braunschweig. Hatte mehrere Privatlehrer und machte sein Abitur.«

»Ist denn Hausunterricht erlaubt?«, fragte Sina Bachmann.

Bauer meldete sich zu Wort: »In Ausnahmefällen ist Hausunterricht möglich. Das gilt aber nur für besondere Fälle, beispielsweise bei schwerer Krankheit oder dergleichen. Soweit ich weiß, unterrichten aber nicht beliebige Lehrkräfte, sondern Lehrer der zuständigen Schule.«

Koller fuhr fort: »Danach eine dreijährige Ausbildung zum Steinmetz, dann eine weitere dreijährige Ausbildung als Bestatter, erbte das Familienunternehmen ›Ruhe und Frieden‹ und führt es seit 2015. Sein Vater ist verstorben … nachdem man ihn mehrere Jahre nicht mehr zu Gesicht bekommen hatte. Vielleicht war er schwer krank.«

Borg sah Johann von Rotfelder vor seinem geistigen Auge. Er sah, wie der Mann gestern den Vogel erstickt und in zwei Teile gerissen hatte. Mit jedem Satz, den Koller aus dem Lebenslauf des Mannes vorlas, stieg in Borg die Abneigung gegen diesen Menschen, der seinen Lebensunterhalt mit dem Tod anderer verdiente. Borgs Kieferknochen begannen zu schmerzen, weil er instinktiv wusste, wie boshaft von Rotfelder war, aber nichts gegen ihn in der Hand hatte.

»Ich bin ziemlich sicher, dass der Herr von Rotfelder seinen Laden so aufgeräumt hat, dass wir heute Nachmittag nicht einmal einen Fingerabdruck von ihm selbst in seinem Geschäft finden würden«, sagte er.

»Sicher haben Sie recht. Aber das können wir nicht ändern. Erstmal müssen wir davon ausgehen, dass er unbescholten ist«, sagte Koller.

»Mein Gefühl sagt mir, dass der Mann in alles verwickelt ist.«

»Mag sein, aber aufgrund Ihres Gefühls kann ich kaum anordnen, ihn überwachen zu lassen. Wir brauchen handfeste Beweise.«

Borg überlegte fieberhaft, wie es ihm gelingen könnte, von Rotfelder im Auge zu behalten und darauf zu warten, dass er einen Fehler machte, ohne gegen irgendwelche Dienstvorschriften zu verstoßen. Reine Überwachung wäre nutzlos. Das Beerdigungsinstitut war riesig und aufgebaut wie eine Festung, da sah man von außen nichts. Es musste eine Möglichkeit geben, von Rotfelder nicht mehr von der Seite zu weichen.

Borg spielte zahlreiche Möglichkeiten durch, und alle waren total lächerlich: zu behaupten, sich als Sargträger oder Leichenwäscher Geld dazuverdienen zu wollen oder sich als Unterstützung für den spindeldürren Wachmann ins Spiel zu bringen oder den eigenen Tod vorzutäuschen und dann mit geschlossenen Augen in der Leichenhalle zu liegen und auf den von Rotfelder überführenden Fehler zu warten.

Absurd, absurd, dachte Borg. Doch plötzlich, als er zu Spieß schaute, der mit offenem Mund dasaß und gebannt Koller zuhörte, glitt der Hauch eines Lächelns über sein Gesicht, und ein Funke der Freude blitzte in seinen Augen auf: Er hatte vielleicht eine Lösung gefunden.

Als die Sitzung vorbei war und alle auf den Flur hinaustraten, drängte Borg Spieß an die Seite.

»Wir treffen uns um elf Uhr in der Kantine. Seien Sie pünktlich. Ich hab noch etwas zu erledigen«, sagte Borg.

»Und was mache ich bis dahin?«, fragte Spieß.

»Sie sind Scharfschütze, richtig?« Borg hatte das bei einem Gespräch mit Koller aufgeschnappt, als der ihm Spieß untergejubelt hatte.

Spieß nickte. »Ja, bei der Bundeswehr habe ich das gelernt. Zwölf Wochen dauert die Ausbildung zum Scharfschützen und …«

Borg unterbrach ihn: »Besorgen Sie sich ein Scharfschützengewehr. Aber«, Borg fasste Spieß am Arm und zog ihn dicht zu sich heran, »passen Sie auf, dass niemand davon Wind bekommt. Verstanden?«

Wieder nickte Spieß.

»Packen Sie das Gewehr in meinen Kofferraum.« Borg gab Spieß den Autoschlüssel.

Spieß wusste, dass es vergeblich sein würde, jetzt eine Frage zu stellen, und noch vergeblicher, sich dem absurden Befehl Borgs zu widersetzen. Als er das dachte, war Borg auch schon den Flur hinuntergelaufen und zur Treppe abgebogen.

Nachdem Borg die quietschende Schwingtür hinter sich gelassen und in sein Büro eingetreten war, griff er zum Telefonhörer, klemmte ihn zwischen Ohr und Schulter und wählte mit der linken Hand ungeschickt die Nummer von Bernd Krumen aus der Gerichtsmedizin.

»Ach, Herr Borg. Na, sind sie mit dem Handy weitergekommen?«, fragte Krumen.

»Ja. Ich habe eine Spur«, sagte Borg.

»Was kann ich denn heute für Sie tun? Haben Sie wieder eine Leiche mit einer Wundertüte im Rektum für mich?«

»Nicht ganz«, sagte Borg. »Haben Sie Gipsbandagen auf Lager?«

Krumen schien zu überlegen. Es knackte kurz in der Leitung, dann sagte er: »Ja. Was wollen Sie denn damit?«

»Das verrate ich Ihnen gleich. Ich bin in fünf Minuten bei Ihnen.« Borg beendete das Gespräch, steckte das Handy in die Hosentasche, öffnete seine Schreibtischschublade und griff nach einem alten Freund.

Er ging über die Straße zum Nachbargebäude, auf der trotz des Regens ein reges Treiben herrschte. Vielleicht war eine Vorlesung in der Uni ausgefallen, und die Studenten trieben sich jetzt hier herum. Die sollten besser kellnern lernen oder Pommes verkaufen, um sich auf ihr kommendes Leben vorzubereiten, dachte er und ging zickzack durch die Menschenmenge.

Krumen erwartete ihn bereits und trug wieder seinen weißen Kittel. Borg fragte sich, wie es dem Mann gelang, trotz dieses schmutzigen Jobs immer einen fleckenlosen weißen Kittel zu tragen. Das gelang nicht einmal einem Bäcker, obwohl der nur mit weißem Mehl hantierte und nicht mit Blut, Hirn und Innereien.

»Was ist Ihnen denn passiert?«, fragte Krumen, als er Borgs Gipsarm sah.

»Nur ein glatter Bruch. Deswegen bin ich da. Sie sollen ihn eingipsen.

Das können Sie doch, oder?«

Krumen war irritiert. »Ja, ja. Sicher kann ich das. Aber … aber der Arm ist doch schon eingegipst.«

»Schneiden Sie den alten Gips auf und machen Sie mir einen neuen drum. Ich will aber die hier in der Hand behalten«, bat Borg und hob mit der linken Hand seine P99.

Krumen legte die Stirn in Falten. »Wie bitte?«

»Sie haben richtig verstanden. Gipsen Sie die P99 mit ein. Ich muss auf Nummer Sicher gehen.«

»Das kann nicht Ihr Ernst sein! Eine geladene, ungesicherte Waffe? Sie machen Witze!« Krumen konnte, ja, er wollte es nicht glauben.

»Hören Sie: Ich werde in den nächsten 8 Wochen mit links onanieren müssen. Ich mache ganz bestimmt keine Witze, also los!«

»Der Gipsarm wird unnatürlich dick aussehen«, protestierte Krumen. »Außerdem sieht man die Waffe doch in ihrer Hand! Das wird auffallen!«

»Gipsen Sie die Hand mit ein!«, wiederholte Borg. »Kein Mensch wird darauf achten. Das interessiert niemanden.«

Krumen schüttelte den Kopf, machte sich dann aber an die Arbeit.

Borg hatte sich zwei Jacken mit Reißverschluss am Ärmel von einem Kollegen mitbringen lassen, der sich im letzten Jahr auch einen Arm gebrochenen hatte. Eine davon zog er sich nun über. Durch den Reißverschluss ließ sie sich einfach über den Gips ziehen. Borg war zufrieden.

Nach nicht einmal zwanzig Minuten verließ Borg die Gerichtsmedizin mit einem neuen Gips. Er hatte Krumen darum gebeten, die Hand, in der er die Waffe hielt, so weit mit einzugipsen, dass selbst der Lauf im Gips versteckt war. Krumen hatte Borg darauf hingewiesen, dass heutzutage fast nur noch Kunststofffasern mit Kunstharz zum Gipsen verwendet werden und er auch solche vorrätig hätte, doch Borg wollte nicht, dass sich der Gips von dem unterschied, den man ihm im Krankenhaus angelegt hatte. Deshalb benutzte Krumen ebenfalls das altmodische Material.

Während er die Bandagen anlegte und fast künstlerisch ineinander verstrich, sprach er unentwegt über den Irrsinn dieser Idee, doch Borg hörte gar nicht mehr zu.

Die Waffe würde zwar direkt nach links schießen, wenn er sie abfeuern musste, weil der Arm eingewinkelt vor seinem Bauch lag, aber mit einer raschen 90°-Drehung konnte er vielleicht etwas gegen einen Angreifer vor sich ausrichten. So absurd diese Bewaffnung auch war, Oliver Borg fühlte sich jetzt bedeutend sicherer.

Der Gipsarm sah länger aus, vor allem deshalb, weil die P99 mit einem Schalldämpfer ausgestattet war. Er war mit der Waffe mehrfach im Einsatz gewesen und kannte sie genau. Sie hatte die Walther PPK bei der Polizei abgelöst, und er war mit ihr sehr zufrieden. Dass er sie sich jemals an einen gebrochenen Arm gipsen lassen würde, hätte er sich jedoch nie erträumt.

Zurück im Präsidium eilte er wieder die Treppe hinauf, als plötzlich die Psychologin Dagmar Tickel vor ihm stand.

»Borg! Sie sind gehetzt! Warum machen Sie sich Stress?«, fragte sie empört.

»Ich bin angeschissen, weil ich der bin, der ich bin!« Borg drehte sich zur Seite, um sie mit seinem Gips passieren zu können, und war verschwunden, bevor sie etwas entgegnen konnte.

Borg hetzte weiter und platzte in das Büro von Bauer, der wie immer wie angewurzelt vor seinen kleinen technischen Geräten an seinem Schreibtisch saß.

»Borg. Hätte nicht erwartet, Sie so schnell wiederzusehen. Gibt es neues Videomaterial, das ich wiederherstellen soll?«

»Diesmal nicht«, keuchte Borg. »Aber Sie haben doch dieses Handy mit der Nachtfilmfunktion entwickelt. Das würde ich gerne einmal testen.«

Bauer wusste nicht, ob er sich freuen oder besorgt sein sollte, denn ihm war nicht ganz klar, wofür Borg das Gerät einsetzen wollte.

»Was in Gottes Namen ist denn mit Ihrem Arm passiert?«, fragte Bauer.

»Gebrochen«, antwortete Borg knapp.

»Das ist ja irre, wie fett der eingegipst ist. Macht man das so?«

Borg antwortete nicht.

»Ich mache es nicht kaputt«, versprach er, nachdem ihm das Handy ausgehändigt worden war, und verließ das Büro, nachdem Bauer ihm eine knappe Einweisung in die wichtigsten Funktionen gegeben hatte.

Die Polizeikantine war fast leer. Für das Mittagessen war es den meisten Kollegen zu früh, aber da Borg sich um elf Uhr mit Spieß dort verabredet hatte, wollte er gleich zwei Fliegen mit einer Klappe schlagen. Die Uhr zeigte 10:45.

»Oliver, was darf es sein?«, fragte der Mann an der Essensausgabe. Es war merkwürdig, mit allen Mitarbeitern in untergeordneten Positionen verstand sich Borg prächtig: mit den Reinigungskräften, den Köchen, dem Hausmeister – alle waren auf seiner Wellenlänge. Sein Vorgesetzter jedoch, die Kollegen in gleichem Rang und natürlich auch die Psychologin waren ihm zuwider.

»Was hast du denn heute auf deiner Karte?«, fragte Borg.

»Wie immer drei Gerichte. Marokkanische Linsensuppe mit Rindfleisch, Gefüllte Wirsingroulade mit Kartoffelpüree oder Salzkartoffeln und Sauce und als Drittes Schnitzel ungarischer Art mit Pommes Frites und gemischtem Salat.«

Borg brauchte nicht lange zu überlegen. »Dann einmal wie immer, bitte!«

»Also wieder nur Pommes?« Verständnislose Blicke trafen den Kommissar.

»Wo denkst du hin! Natürlich nicht nur Pommes«, erwiderte dieser. »Mayo auch!«

Das Essen in der Kantine war meist unterirdisch, und so roch es auch. Borg nannte das den ›Duft der Gefahr‹. Er war bereits seit mehreren Jahren fast ausschließlich auf die Pommes umgestiegen, falls sie als Beilage eines Gerichts zur Verfügung standen. Das hielt die Wahrscheinlichkeit, Magenschmerzen oder Durchfall zu bekommen, auf einem niedrigen Level.

Als Spieß die Kantine betrat, hatte Borg sein Essen bereits verschlungen und einen halben Liter Wasser getrunken. Für einen Einarmigen war das eine passable Leistung. Zwar war Borg beim Essen mit links Mayonnaise auf die Jacke getropft, aber angesichts der komplizierten Herausforderung, seinen rechten Arm wegen des Gipses nicht einsetzen zu können, war er recht zufrieden.

»Und? Hat alles geklappt?«, fragte Borg.

»Junge, Junge, das ist mal ein fetter Gips!«, staunte Spieß.

Borg guckte grimmig.

Spieß setzte sich zu ihm an den Tisch und flüsterte fast: »Es war kompliziert. Ein Freund hat mir geholfen, da ranzukommen. Legal ist das nicht. Ich hab das Ding in Ihren Kofferraum gelegt, aber was zum Teufel haben Sie vor?«

»Warum flüstern Sie?«, fragte Borg in normaler Lautstärke. »Glauben Sie, wir werden abgehört, oder der fette Krause da hinten interessiert sich für das, was wir vorhaben?« Er deutete mit seinen Blicken zu einem übergewichtigem Mann hinüber, der drei Tische weiter saß und ein Schnitzel in sich hineinstopfte.

»Was wollen Sie mit der Waffe?«, fragte Spieß.

»Ich nichts. Aber Sie!«

Spieß' Gesichtsausdruck erinnerte Borg an einen Waschbären, der nicht verstand, warum soeben ein Blatt von einem Baum gefallen war.

»Was soll ich denn tun?«, fragte Spieß.

»Sie sind doch darin ausgebildet, diese Waffe abzufeuern, oder? Das haben Sie mir doch erzählt. Oder haben Sie geschwindelt?« Borg hielt nichts für ausgeschlossen. Er hatte selbst ebenfalls eine Scharfschützenausbildung, aber das half nicht bei seinem Plan.

»Nein, ich hab' nicht geschwindelt. Natürlich bin ich Scharfschütze.« Der Waschbär nickte.

»Gut. Wenn wir jetzt gleich zu von Rotfelder fahren, lasse ich Sie in der Nähe raus. Suchen Sie sich einen Baum oder eine andere Deckung. Ich locke von Rotfelder in den Schauraum mit den Särgen und dann …«

»Das ist Mord! Da mache ich nicht mit!« Spieß' Stuhlbeine quietschten unter dem Ruck, den sein Körper auf der Sitzfläche gemacht hatte, auf dem Boden.

»Quatsch! Bleiben Sie sitzen, hören Sie zu!« Borg sah sich um, ob Krause nicht doch zuhörte. Aber: Nein. Krause kaute genüsslich auf Sehnen und Knorpeln.

»Sie sollen von Rotfelder natürlich verfehlen. Ich reiße ihn zu Boden, und Sie schießen ein zweites Mal daneben. Am besten dorthin, wo er vorher stand«, fuhr Borg fort.

»Das riecht trotzdem nach Gefahr! Was wollen Sie damit bezwecken?« Man sah Tom Spieß an, dass er seinen Kollegen für verrückt hielt.

Eine Fliege landete auf dem Tisch, und Spieß klatschte instinktiv mit der flachen Hand darauf. Das zerquetschte Insekt blieb an seiner Handfläche kleben. Er schüttelte die Hand, bis es zu Boden fiel, und wischte sie sich an der Hose ab.

Borg kam zurück zum Thema: »Ich brauche eine Möglichkeit, an von Rotfelder dranbleiben zu können. Wenn wir ihm plausibel machen, dass er in Gefahr schwebt, dann wird er es vielleicht dulden, dass ich zu seiner Sicherheit an seiner Seite bleibe, und dann kann ich auch Koller dazu bringen, meinem Vorhaben zuzustimmen.« Der Plan war Borg eingefallen, als er bei der Sitzung im Besprechungsraum nach einer Lösung gesucht hatte. »Sie wissen doch: *Wer den Feind* umarmt, macht *ihn* bewegungsunfähig.*«*

Spieß schüttelte ungläubig den Kopf. »Das ist Wahnsinn!«

»Haben Sie eine bessere Idee? Sie haben doch Kinder. Vielleicht ist es Ihnen lieber, wenn die in den nächsten Videos zu sehen sind, die hochgeladen werden. Also los! Ich will früher da sein als erwartet, dann kann ich den Moment der Überraschung besser nutzen.«

Borg stand auf, verabschiedete sich vom Küchenchef, lobte das leckere Essen, hielt Spieß die Kantinentür auf und trat dann durch den Essensgeruch auf den Korridor hinaus.

KAPITEL 13

Affe der Diamanten

Borg hatte sich hinter das Steuer seines Wagens geklemmt. Als er auf dem Fahrersitz saß, hielt er einen Moment inne. Erst wurde sein Blick düster, dann zeigte sein Gesicht Resignation.

»Was ist?«, fragte Spieß.

Der Kommissar hob den gebrochenen Arm leicht an, dann hielt er mit der linken Hand den Wagenschlüssel hoch.

»Starten Sie mal«, bat er Spieß, der das Schauspiel vom Beifahrersitz aus beobachtete. Dieser steckte den Schlüssel ins Zündschloss und ließ den Wagen an, während Borg die Kupplung trat.

»Seien Sie so gut und schalten Sie, wenn ich es Ihnen sage. Ich kann das mit diesem Scheißgips nicht. Rückwärtsgang.« Borg wartete, bis Spieß in einem komplizierten Manöver mit seiner linken Hand den richtigen Gang eingelegt hatte, dann ließ er das Pedal kommen und setzte ein Stück zurück.

»Erster Gang!«, befahl er.

Spieß begann zu schwitzen, und sie waren noch nicht einmal aus der Parklücke heraus.

»Rückwärtsgang!«

Das Getriebe machte das Geräusch eines Mixers.

»Der ist noch da, wo er eben auch war«, kommentierte Borg und fuhr wieder ein Stück nach hinten.

»Erster Gang!« Er kurbelte verbissen mit seiner linken Hand am Lenkrad.

Geschafft! Der Wagen rollte in den Verkehr.

»Zweiter Gang.« Borg sah es gar nicht ein, Spieß ans Steuer zu lassen. So lange er konnte, wollte er über sich und die gesamte Operation die maximale Kontrolle haben.

Spieß' Hände waren verschwitzt, und er war heilfroh, dass sie die Grüne Welle hatten und fast ganz ohne Schalten aus dem Stadtverkehr herauskamen.

»Wer hat Ihnen denn diesen absurden Gips verpasst? Seit wann gipst man denn die Hand ganz mit ein?«, fragte Spieß.

Borg stieß es sauer auf, dass ihn jeder auf den Gips ansprach. »Es ist ein sehr komplizierter Bruch!«, sagte er. »Schalten!«

Auf dem Weg zum Bestattungsinstitut hatte Borg Spieß noch einmal erklärt, wie er sich alles vorstellte. Um ganz sicherzugehen, ließ er Spieß den Plan wiederholen.

Der junge Kollege hatte daraufhin das hinten im Wagen liegende Scharfschützengewehr beschrieben, das er sich von einem Freund hatte geben lassen.

Das G22 war die Standardwaffe bei der Bundeswehr. Bei einem Gewicht von etwas über 8 Kilogramm ließ es sich auch bei Wind recht ruhig halten. Die fünf Patronen im Kastenmagazin hatten laut Spieß eine Reichweite von bis zu 600 Metern.

»Wenn wir ein gutes Gebüsch finden, dann müssen Sie gar nicht so weit weg sein. Nach den Schüssen springen Sie in mein Auto und fahren in die Stadt. Liefern Sie die Waffe wieder ab und – schalten, bitte – halten Sie sich bereit. Ich melde mich, wenn ich wieder abgeholt werden will.«

Borg war fest entschlossen, seinen Plan in die Tat umzusetzen.

»Durch den Nieselregen wird es natürlich schwieriger mit dem Schuss«, sagte Spieß.

»Falls wir uns da nicht richtig verstanden haben: Sie sollen das Ziel NICHT treffen. Scheiß auf das Wetter! Sie sollen das Ziel verfehlen! Oder wollen Sie mir jetzt sagen, die Wahrscheinlichkeit, ein Ziel zu verfehlen, sinkt mit Regen und Wind?« Borg blickte nicht auf die nasse Straße, sondern direkt in Spieß' Augen, was diesen angesichts der hohen Geschwindigkeit etwas nervös machte.

»Nein, nein. Ich meine ja nur: Wenn ich knapp daneben schießen soll, dann wäre es ja blöd, wenn ich doch treffe, oder?«

Borg trat die Kupplung. Der Wagen jaulte auf, als Spieß zunächst den falschen Gang einlegte. Er korrigierte seinen Fehler aber schnell, und Borg überlegte. »Tja. Stimmt. Aber dann wäre es ein Unfall und kein Mord. Das Problem ist nur, dass Ihnen das keine Sau glauben wird. Also: Machen Sie das, was Sie wahrscheinlich in der gesamten Scharfschützenausbildung gemacht haben: Verfehlen Sie das Ziel!«

Die Reifen des Wagens gruben sich in den Schlamm des Feldweges, in den Borg eingebogen war, als er hart auf die Bremse trat.

Vom Braun und Grau der Landschaft hob sich Gebüsch ab, das sich rund 300 Meter vom Bestattungsinstitut ›Dem Himmel so nah‹ befand.

»Das ist Ihr Nest. Von hier blicken Sie genau auf die Schaufensterseite. Da locke ich ihn hin«, sagte Borg.

Spieß stieg aus und fluchte, als er bis zu seinen Knöcheln in Schlamm stand.

Borg blieb im Wagen sitzen, machte den Motor aus und hielt den Schlüssel aus dem Fahrerfenster.

»Nett, dass Sie mit rauskommen«, sagte Spieß.

»Geht nicht. Neue Schuhe.« Borg wartete, bis Spieß das Gewehr aus dem Kofferraum genommen, denselben wieder zugeworfen und den Schlüssel zurückgegeben hatte.

»Besser wir machen ein Zeichen aus, wann ich abdrücken soll«, schlug Spieß vor. »Nicht, dass Sie sich in dem Moment rasch bewegen und ich versehentlich Sie kille.«

Borg zog die Augenbrauen hoch. »Ja. Das klingt sinnvoll …« Er überlegte kurz. »Wenn ich mir ans Ohrläppchen fasse, dann schießen Sie!«

»Okay!« Spieß' Gesichtsausdruck zeigte zum ersten Mal an diesem Tag die Entschlossenheit, die Borg schon die ganze Zeit hatte sehen wollen.

»Also dann! Zwei Schüsse. Keine Treffer. Verstanden? Ich parke den Wagen vorne an der Einfahrt des Weges. Wenn Sie das Gewehr abgefeuert haben, dann machen Sie ja schnell, dass Sie wegkommen. Den Schlüssel lasse ich stecken.«

Borg griff sich mit der linken Hand quer über den Schoß, schaltete, klemmte dabei das Lenkrad mit seinem linken Oberschenkel fest, um eine Drehung zu verhindern, und verfluchte seinen gebrochenen Arm.

Das Auto fuhr an, und der Schlamm schob sich wie Brei unter den Reifen hervor.

Fünfzig Meter weiter an einer kleinen Wegkreuzung, die zwischen den Feldern lag, stellte Borg den Wagen ab, atmete noch einmal tief durch und machte sich auf den Weg zu Johann von Rotfelder.

Er trug ein neues Paar Schuhe, das er glücklicherweise im Kleiderschrank auf Lager gehabt hatte, und eine schwarze Regenjacke von Jack Wolfskin. Den rechten Arm hatte er aber nicht in den Ärmel gesteckt, sondern die Jacke auf dieser Seite locker über die Schulter gehängt. Darunter trug er noch immer das beigefarbene Hemd mit dem kleinen Mayofleck und ein weißes T-Shirt. Seine Hose war eine Moleskin Thermo Cordhose, die nicht altmodisch wirkte.

Borg hatte das Gefühl, dass der Regen stärker wurde, je näher er dem Bestattungsunternehmen kam. Seine P99, die er hatte eingipsen lassen, saugte die Kälte förmlich auf und übertrug sie auf seine Hand, mit der er den klobigen Griff umfasste. Sein Zeigefinger lag locker am Abzug, und auch vom Magazinhalter schien Kälte in seinen Zeigefinger übertragen zu werden. Es fühlte sich ungewöhnlich an, die Waffe um 90° gekippt in der Hand zu halten, wenn er den Arm vor der Brust anhob. Und auch die Tatsache, nur nach links schießen zu können, erschien irrsinnig, aber er fühlte sich ein wenig sicherer mit der Waffe.

Vielleicht war es sein zurückliegender Auftrag gewesen, der Borg klargemacht hatte, dass der Tod überall lauern konnte. Und da sein jetziger Auftrag ihn zu einem Bestattungsunternehmen führte, sollte er sich vielleicht in zweierlei Hinsicht darauf einstellen, mit dem Tod konfrontiert zu werden.

Er versuchte, die Schritte auf dem Weg zu ›Dem Himmel so nah‹ auf Erhebungen oder Grasbüschel zu setzen, um nicht in nassen Sand, Schlamm oder Matsch zu treten. Dennoch war ihm klar, dass diese neuen Schuhe wohl kein langes Leben haben würden, wenn das schlechte Wetter anhielt.

Borgs Nase begann zu laufen, als er auf das Hauptgebäude des riesigen Anwesens zuging. Er wühlte mit der linken Hand in allen Taschen, die er erreichen konnte, fand aber kein Taschentuch und wischte sich schließlich einmal mit der linken Jackenärmel die Nase ab.

Vor ›Dem Himmel so nah‹ parkten ungewöhnlich viele Fahrzeuge. Das mussten die Wagen der Trauergäste sein.

Ein schwarz gekleideter Mann, den Borg nicht kannte, hatte an der Glastür Stellung bezogen.

»Guten Tag. Sind Sie zur Trauerfeier von Frau Hildegard Pölitz hier?«, fragte der Mann.

»Ja. Genau«, log Borg.

Der Mann betrachtete Borg einmal von oben bis unten, und an seinem Blick erkannte Borg, dass der Türsteher nicht mit seiner Kleidung einverstanden war.

»Sagen Sie mir bitte Ihren Namen.«

»Hildegard hat mich immer nur Lumpi genannt«, sagte Borg mit zerknirschtem Gesichtsausdruck, und es kam ihm nun zugute, dass seine Nase lief. Er schniefte.

»Bedaure, mein Herr. Sie müssen mir Ihren richtigen Namen nennen.«

»Lumpi Meier«, sagte Borg und war gespannt, was jetzt wohl passieren würde.

»Ich habe Sie leider nicht auf der Liste.«

»Junger Mann, fassen Sie sich ein Herz. Hildegard geht ihren letzten Weg, und nur weil ihre Angehörigen mich nicht auf die Liste haben setzen lassen, soll ich nun hier draußen im Regen stehen?«

»Die Trauerfeier und die Beisetzung sind nur für Gäste, die ich hier auf der Liste stehen habe.«

»Hilde und ich waren eng befreundet. Ich verspreche Ihnen, mich wird niemand bemerken.« Borg legte den Kopf schief.

Im Gesicht des Mannes war ein innerer Kampf ablesbar. Borg hatte sein Ziel fast erreicht.

»Vielleicht machen Sie eine Ausnahme, wenn ich Ihnen einen kleinen Obolus gebe«, sagte Borg und zog mit der linken Hand den Zwanzig-Euro-Schein, der ihm schon einmal gute Dienste geleistet hatte, aus der linken Jackentasche.

Der Mann zögerte kurz, aber dann nahm er das Geld entgegen.

»Na gut. Mein Beileid!« Er trat einen Schritt beiseite und ließ Borg passieren. »Die Trauerfeier findet in unserer kleinen Kapelle statt. Den Gang runter, durch das Hauptgebäude und hinten zur Flügeltür wieder raus. Wenn Sie auf dem Grundstück sind, sehen Sie die Kapelle zu ihrer Rechten.«

So einfach geht das, dachte er und er ging mit gesenktem Haupt, nicht ohne durch offen stehende Türen links und rechts zu spähen, den Gang hinunter. Nirgends sah er einen Fußboden mit Schachbrettmuster.

Als er an der Flügeltür am anderen Ende des Komplexes angekommen war und sie öffnete, verharrte er einen Moment, um zu staunen, aber Borg wusste selbst nicht, was ihn jetzt so beeindruckte: entweder, dass er etwas sah, was er nicht erwartet hatte, oder dass er von der Größe des sich vor ihm auftuenden Bereiches überwältigt war, oder dass er das Gefühl hatte, in eine völlig andere Welt einzutreten. Das Anwesen war gigantisch! Die Karten in seinem Navigationssystem hatten ihn offensichtlich getäuscht. Zu seiner Linken befand sich ein Friedhof mit Grabsteinen, so weit das Auge reichte. Zu seiner Rechten stand eine kleine Kapelle. Dahinter war ein bewaldeter Bereich, und hinter diesem teilte eine hohe Mauer das Grundstück ab, das sich über den weit entfernten Bereich des Anwesens ausdehnte.

Die vielen Grabsteine gaben dem weitläufigen Platz etwas Geordnetes. Borg ging langsam und nachdenklich an einer Reihe Gräber entlang und las die Namen und Daten.

»Huhu!« Borg drehte sich herum, als er die Kinderstimme hörte, doch sah er niemanden. Hatte er sich die Stimme eingebildet? War es der Klang des Windes?

»Huhu!« Da war es wieder, und Borg konzentrierte sich darauf, herauszufinden, aus welcher Richtung der Ruf gekommen war.

Er ging drei Meter weiter in der Reihe der Gräber, in der er sich befand, und machte einen langen Schritt zwischen zwei Grabsteinen hindurch, der ihn in die nächste Reihe führte.

Hinter einem der Grabsteine hockte ein kleines Mädchen und sah ihn mit großen Augen an. Sie sagte nichts, weil sie sich sowohl fürchtete als auch über ihren Schabernack amüsierte.

»Hast du eben gerufen?«, fragte Borg, obwohl er die Antwort kannte.

Das Kind nickte. Borg erkannte an der Kleidung des Mädchens, dass es sich nicht um ein Kind handelte, das zu einer Trauergesellschaft gehörte. Es trug weiße baumwollene Strumpfhosen und dunkelrote Hausschuhe. Die Strumpfhose war erstaunlich sauber dafür, dass das Mädchen – es mochte vielleicht sieben oder acht Jahre alt sein – hier zwischen den Gräbern im Regen herumspielte. Die Strickjacke, die die Kleine über ihrem altmodisch wirkendem Kleid trug, schien nicht für dieses Wetter geeignet zu sein.

»Wer bist du denn? Und was machst du hier?«, fragte Borg. Ein Friedhof war kein Ort für ein kleines Mädchen, und Borg rechnete mit der schlimmsten Antwort überhaupt, doch das Kind blieb zunächst stumm.

»Suchst du deine Eltern?«, fragte er.

Wieder schüttelte das Kind den Kopf.

»Was machst du hier? Ist dir nicht kalt?«

Jetzt hatte das Kind wohl Vertrauen gefasst, denn es entschloss sich, ihm zu antworten: »Ich wohne hier.«

»Du wohnst auf dem Friedhof?« Borg fand das alles sehr merkwürdig.

Das Mädchen nickte.

»Wie heißt du denn, und wo sind deine Eltern?«, fragte Borg, als hinter ihm dumpfe Orgelmusik zu hören war. Er drehte sich um und blickte hinüber zu der kleinen Kapelle in etwa hundert Metern Entfernung. Dort fand die Zeremonie für die verstorbene Hildegard Pölitz statt.

Als Borg sich wieder dem Mädchen zuwandte, um Antworten auf die Fragen zu erhalten, war es verschwunden. Er schaute sich in alle Richtungen um und ging zwischen den Grabsteinen umher, doch das Kind war wie vom Erdboden verschluckt.

Ein Rabenschwarm flog umher, entfernte sich, kam wieder und umkreiste dann die Kapelle unter heiserem Gekrächze.

Borg schlenderte über den für diese Jahreszeit und dieses Wetter ungewöhnlich gut gepflegten Rasen auf die Kapelle zu. Die Orgelmusik wurde lauter. Sand knirschte unter seinen Sohlen, als er die drei breiten Steinstufen nach oben ging. Er öffnete die Tür einen Spalt und linste hinein. Muffige Luft schlug ihm entgegen. Es roch nach vermodertem Holz.

Die Inneneinrichtung dieser Kapelle war auf das Notwendigste beschränkt.

Auf den Bänken saßen viele schwarz gekleidete Menschen mit dem Rücken zu ihm. An einem Pult vor einer Art Altar stand Johann von Rotfelder. Neben ihm war ein Sarg aufgestellt, und auf einer Staffelei stand ein großes Bild, das die Verstorbene zeigte.

Borg sah die Empore auf beiden Seiten, aber dort standen keine Trauergäste. Die Orgelmusik war so laut, dass Borg unbemerkt eintreten konnte und sich den in der letzten Bank sitzenden Personen näherte, ohne wahrgenommen zu werden. An der Stirnwand der Kapelle befanden sich ein schlichtes Kreuz und eine Inschrift mit biblischem Inhalt. Auch hinter von Rotfelder ragte ein großes hölzernes Kruzifix aus dem Boden, an dem eine Jesusfigur hing.

Schon seltsam, dachte Borg, der niemals etwas für die Kirche übrig gehabt hatte: Da haben Menschen als Symbol ihrer Gemeinschaft und ihres Glaubens einen an ein Holzkreuz genagelten Mann.

Borg wollte nicht, dass von Rotfelder ihn sah, und ging wieder langsam zur Tür. Er trat hinaus auf den nassen Weg und ging quer über den Rasen.

Nicht weit von der kleinen Kapelle sah er ein ausgehobenes Grab. Die Erde daneben würde in kurzer Zeit den Sarg bedecken, der eben noch neben von Rotfelder gestanden hatte.

Die Trauergäste würden anmarschiert kommen, kurz vor dem Grab stehen bleiben und dann einer nach dem anderen Sand oder Blumen in das Loch werfen. Borg malte sich das alles aus, und so kam es auch. Es dauerte nicht einmal eine Viertelstunde – genug Zeit, dass Borg durchgefroren war – und vier bullige Typen in schwarzer Kleidung kamen aus der Kapelle. Sie hatten den Sarg geschultert und gingen auf das Grab zu, neben dem Borg stand.

Dann kam von Rotfelder aus der Kapelle, der Trauerzug folgte still. Während des Gangs zum Grab läutete eine Glocke mit einem monotonen Singsang, und Borg blickte in die ausnahmslos traurigen Gesichter. Ausnahmslos? Nein. Borg sah in von Rotfelders Miene etwas Zufriedenes, ja Erregtes. Er trug jetzt eine dicke Brille mit schwarzem Rahmen, und seine Haare waren offenbar nach hinten gegelt.

Borg fragte sich, wie von Rotfelder wohl reagierte, wenn er ihn bemerken würde. Die Antwort folgte auf dem Fuße: Während sich alles in dem Schneckentempo eines üblichen Trauerzuges bewegte und die Gesten und Schritte aller Anwesenden in Zeitlupe abliefen, bewegte sich von Rotfelders Kopf plötzlich ruckartig wie der eines Vogels. Seine schwarzen Augen erfassten Borg, und im selben Augenblick entblößte von Rotfelder seine Nagetierzähne. Diese Mimik löste Unbehagen in Borg aus.

Er erkannte, dass von Rotfelder sich unwohl fühlte. Als hätte der Mann dem Wetter ein Kommando zugebellt, drückte eine Windbö so gegen Borgs Körper, dass er fast das Gleichgewicht verlor, und Regen spritzte ihm ins Gesicht.

Oliver Borg wollte kein Zeichen von Schwäche zeigen und nickte von Rotfelder selbstsicher zu. Ohne den Blick von Borg abzuwenden, schritt von Rotfelder auf das leere Grab zu.

Borg ging, als sich der Trauerzug dem Grab näherte, etwas zur Seite, aber niemand schien ihn zu bemerken.

Der Sarg wurde von den Trägern auf Planken gestellt, die man über die Grube gelegt hatte. Als der letzte Trauergast am Grab angekommen war, verstummte die Glocke, und bis auf das Geräusch von Regen, der auf nasses Laub und Rasen fiel, hörte man nichts mehr. Von Rotfelder baute sich vor dem Sarg auf und begann mit seiner Trauerrede.

Der metallische Klang seiner Stimme verdrängte jede menschliche Emotion, und wenn das Ganze aus Borgs Sicht auch ausgesprochen professionell ablief, so spürte er doch, dass von Rotfelder sich selbst nicht zuhörte, sondern mit seinen Gedanken ganz woanders war.

Borg heftete seinen Blick auf von Rotfelder. Der Mann hatte ein dunkles Geheimnis, das wusste Borg, und es würde alle seine Fähigkeiten erfordern, ihm dieses Geheimnis zu entlocken. Er hoffte darauf, dass er sich auf Spieß verlassen konnte, und sehnte den Moment herbei, wenn er von Rotfelder in den Schauraum locken und an sein Ohrläppchen fassen würde.

Die Minuten wurden zu Stunden. Von Rotfelder kam einfach nicht zu einem Ende. Borg wurde ungeduldig und merkte, wie Nervosität in ihm aufstieg. Dann endlich war die Beisetzung vorüber. Der Sarg war von den vier Trägern mit Seilen hinabgelassen worden, nachdem sie die Planken entfernt hatten. Die Trauernden verabschiedeten sich nacheinander am Grab von der Verstorbenen, indem sie Erde, Blumen oder Blütenblätter auf den Sarg warfen. Das symbolisierte die Vorstellung, die der Verstorbene wieder zu Erde werden würde. Die engen Familienmitglieder gingen als Erste ans Grab, dann folgten die übrigen Mitglieder der Trauergemeinde.

Von Rotfelder hatte sich einen neuen Platz gesucht, an dem alle an ihm vorbeigehen mussten, wenn sie den Friedhof verlassen wollten. Er sprach den Hinterbliebenen sein Beileid aus und starrte voller Ungeduld zu den Familienangehörigen hinüber, die sich nicht lösen konnten und noch eine Zeit am Grab standen.

Als die beiden letzten Trauergäste, ein älteres Ehepaar, die Grabstätte verließen, wurden von Rotfelders Bewegungen schneller. Er ging mit großen Schritten auf Borg zu.

»Empfinden Sie es nicht als unhöflich, so früh hier aufzukreuzen? Wir waren erst viel später verabredet.« Die Regentropfen hatten die schmierigen Gläser von von Rotfelders Brille in ein modernes Kunstwerk verwandelt.

»Entschuldigen Sie mein schlechtes Timing, Herr von Rotfelder, aber ich wurde hereingebeten und dachte mir, ich schaue mich hier einmal um, bevor wir miteinander sprechen.« Borg spielte das Unschuldslamm, und von Rotfelder fing sich wieder.

Der Hausherr streckte seine Hand aus, und Borg tat das auch – allerdings mit seiner linken Hand, und als sich die beiden anfassten, fühlte es sich befremdlich an. Es war die erste Berührung zwischen den beiden Männern, und Borg spürte von Rotfelders harte Hautschuppen in dessen Handinnenfläche, die ihn an ein Reptil erinnerten.

»Nun, dann haben Sie so zumindest einen kleinen Einblick in das bekommen, was ich tue. Ich gebe den Menschen Hoffnung. Ich begleite sie«, sagte er.

›… und dann begrabe ich sie‹, spann Borg den Satz in Gedanken weiter.

»Was ist denn mit Ihrem Arm passiert? Der ist ja unglaublich dick eingegipst. Sogar die Hand!«, stellte von Rotfelder fest.

»Ja, ein sehr komplizierter Bruch. Ellenbogen, Handgelenk, Unterarm, Oberarm, Mittelhandknochen, Finger, alles gebrochen«, log Borg.

Von Rotfelder sah ihn erstaunt an. »Sie haben doch sicher Besseres zu tun, als hier auf meinem Anwesen herumzulaufen. Gibt es nicht Fälle, die Sie lösen müssen?« Von Rotfelder lächelte ein gekünsteltes Lächeln.

Borg fröstelte. Der Regen war zwar schwächer geworden, aber dafür hatte der Wind zugenommen. Würde er doch nur diese dunkelgrauen Wolken vertreiben!, dachte Borg.

»Wir sind einem Mörder auf der Spur, und einige Hinweise führen direkt zu Ihrem Unternehmen.«

»Lächerlich!«, sagte von Rotfelder.

»Mag sein. Aber in meinem Beruf muss ich jeder Spur nachgehen. Und da mir ein Mitarbeiter von Ihnen gesagt hat, dass gestern Abend

Eindringlinge in ihrem Haupthaus waren …« Borg pokerte, denn niemand hatte etwas Derartiges gesagt.

Von Rotfelder schnitt eine hässliche Grimasse: »Wer hat Ihnen das erzählt?«

»Einer Ihrer Mitarbeiter sagte das beiläufig. Er fragte mich, ob ich wegen der gestrigen Eindringlinge hier wäre. Das gibt mir schon zu denken. Haben Sie die Polizei informiert?«

»Er muss sich irren. Wir hatten hier gestern eine Katze im Haupthaus, und die hat meine beiden Hunde aufgescheucht.«

Borg stellte zufrieden fest, dass von Rotfelder ein Lügner war, und das bestärkte ihn in seiner Meinung über den Mann.

»Wir haben zwei Leichen gefunden. Einen Lkw-Fahrer, der eine Lieferung Maissilage von den umliegenden Feldern zu einer Biogasanlage transportieren wollte, und einen Kammerjäger. Der Kammerjäger war zuletzt bei Ihnen im Einsatz. Können Sie mir darüber etwas sagen, während Sie mir einen Überblick über dieses Gelände hier verschaffen?«, fragte Borg.

Von Rotfelder öffnete den Mund leicht, und seine spitzen, dünnen Zähne waren zu erahnen.

»Das ist eine Tragödie. Diese beiden Menschen so aus dem Leben zu reißen.« Von Rotfelder setzte sich in Bewegung, und Borg folgte ihm. »Ja. Tatsächlich hatten wir einen Kammerjäger hier. Er hat uns von lästigen Ratten befreit und ist dann wieder gegangen. Sein Tod erklärt, warum wir bisher noch keine Rechnung bekommen haben.«

Die beiden Männer gingen jetzt gemächlich nebeneinander her.

»Ja. Sehr bedauerlich«, sagte Borg ein wenig zu übertrieben. »In welchen Räumen hat er gearbeitet?«

Trotz der Schwärze der Augen seines Gegenübers sah Borg ein Aufflimmern darin oder bildete es sich zumindest ein.

Von Rotfelder tat, als würde er überlegen, und spielte den Ahnungslosen: »Das … Das kann ich Ihnen nicht sagen.«

»Mir können Sie's sagen. Ich bin von der Polizei.« Borg wollte dieses Spiel spielen, und viel wichtiger: Er wollte es gewinnen.

»Nein. Ich meine damit, ich weiß es nicht mehr. Das ist ein riesiges Anwesen. Wir haben das Haupthaus mit den Schauräumen und dem Empfang, dann die Kapelle, vor der Sie standen, in einem Nachbargebäude die Aufbahrungsräume, eine Abteilung, in der die Verstorbenen gewaschen, angezogen und wenn nötig geschminkt werden, dann gibt es mein Haus, das ganz neu am anderen Ende des Grundstücks errichtet wurde, ein Krematorium, das seit einer Woche in Betrieb ist, und ein Gästehaus für die Belegschaft.«

Borg war beeindruckt.

»Wie groß ist denn das Anwesen, wenn ich fragen darf?«

»Zirka fünf Hektar. Der größte Bereich wird von drei nicht zusammenhängenden Friedhofsabschnitten eingenommen.«

»Ich bin in solchen Hektar-Angaben nicht sehr gut. Wie groß sind denn fünf Hektar? So wie der Bereich in Braunschweig, auf dem das Schloss steht?«, fragte Borg.

Von Rotfelder lachte kurz auf. »Größer. Fünf Hektar entsprechen ungefähr fünf Fußballfeldern.«

Borg staunte wieder. Er blickte einmal über das ganze Gelände und sah in der Ferne, wie die vier Mitarbeiter des Friedhofs den frischen Grabhügel mit den Kränzen und Gestecken der Trauerfeier schmückten – unglaublich, wie schnell sie das Grab komplett zugeschüttet hatten.

»Warum hängen denn die Friedhöfe nicht zusammen?«, fragte er.

»Wissen Sie, es gibt hier einen historischen Friedhof, der meine Familie erst dazu gebracht hat, das Land zu kaufen und es um einen neuen Friedhof zu erweitern. Der alte Friedhof liegt in dieser Richtung.« Von Rotfelder deutete mit seinem langen weißen Zeigefinger an Borgs Gesicht vorbei in die Landschaft. »Er liegt auf einem Hügel und wurde zwischen 1814 und 1818 angelegt. Die Einweihung fand im März 1818 statt, und ab 1862 wurde er mit größeren Erweiterungen einer der wichtigsten Friedhöfe im Umkreis. Um sein Erscheinungsbild zu bewahren, finden nördlich der Fürstengruft keine Beerdigungen mehr statt.«

Sie hatten die Flügeltür der Rückseite des Haupthauses erreicht, als von Rotfelder das erzählte. Borgs Anspannung stieg: Im Haupthaus waren die Schauräume mit den Fenstern. Spieß lag auf der Lauer, und Borg betete, dass sein Plan funktionieren würde.

»Warum ist das ganze Anwesen von hohen Hecken und Mauern umgeben? Wer will denn schon freiwillig auf einen Friedhof?«, fragte Borg.

»Die meisten Mauern und Zäune haben wir erst neu errichtet. Es geht uns darum, die Gräber vor Schändungen zu schützen.«

»Ist das denn schon einmal passiert?«, fragte Borg.

»Man muss mit allem rechnen. Besonders, weil wir neben dem historischen und dem normalen Friedhof, den Sie eben gesehen haben, auch noch den dritten Friedhofsbereich haben. Sie verstehen sicher, dass besonders Menschen, deren verstorbene Angehörige wichtige Personen aus den Bereichen Kunst, Kultur, Politik oder Wirtschaft waren, darauf Wert legen, dass die Gräber unangetastet bleiben.«

»Warum sollten diese Gräber denn einer größeren Gefahr ausgesetzt sein als die anderen?«, fragte Borg.

»Kennen Sie Benny Hill?«, wollte von Rotfelder wissen.

»Ja, der Komiker.«

»Genau.«

»Was ist mit dem?«

»Er starb am 20. April 1992 in England. Es hieß, er habe sich mit all seinem Schmuck bestatten lassen. Nachdem sein Grab mehrfach aufgebrochen worden war, wurde es auf Anordnung seiner Angehörigen mit einer Betonplatte versiegelt. Hässlich.« Von Rotfelder schüttelte den Kopf. »Und genau diese Qualen und Demütigungen möchte ich den Hinterbliebenen der bei mir auf dem Friedhof bestatteten Menschen ersparen. Daher ist der Friedhof, wir nennen ihn Ehrenfriedhof, dieser Menschen mit einer weiteren hohen Mauer abgetrennt«, erklärte von Rotfelder.

»Also ein abgesperrter Bereich in einem abgesperrten Bereich? Ich meine: Das ganze Territorium ist doch ohnehin von Mauern umgeben.« Borg hielt das für übertrieben.

Sie hatten das Haus erreicht, über das Borg vorhin auf das Gelände und zur Kapelle gelangt war. Von Rotfelder öffnete die Tür.

»Was ist das für ein Kran?«, fragte Borg, bevor sie eintraten, und deutete darauf. Von hier draußen in der Ferne konnte man ihn und seinen Ausleger über dem Teil des Ehrenfriedhofs sehen.

»Das ist ein zehn Meter hoher Mobilkran, ein sogenannter Gittermastkran. Damit können wir die Grabsteine schnell und problemlos über die Mauer zum Ehrenfriedhof heben.«

Der Wind drückte die beiden Männer förmlich in das Gebäude und schloss die Tür hinter ihnen.

»Ein scheußliches Wetter«, sagte Borg.

»Ich bin ein Freund des Regens. Mein Vater hat immer gesagt: ›Der Regen ist mein Begleiter.‹«

Sie gingen durch den langen Korridor des Hauptgebäudes.

War es ihm draußen zu kalt gewesen, merkte Borg jetzt, wie die Hitze in ihm aufstieg.

»Sind Sie ausschließlich Bestatter?«, fragte Borg.

Von Rotfelders Antwort kam wie aus der Pistole geschossen: »Natürlich nicht! Das ist ein Riesenunternehmen. Ich bin Geschäftsmann und vieles mehr. Mit ›Dem Himmel so nah‹ liefere ich Komplettpakete für die letzte Reise.«

»Was bedeutet das genau?«

»Ich bin Bestatter, Thanatopraktiker und Steinmetz. Mein Vater hat mir diesen Beruf sozusagen in die Wiege gelegt und dieses Unternehmen mit aufgebaut. Leider ist er 2020 von uns gegangen.«

Borg gelang es nicht, seine Verwunderung zu unterdrücken: In der Besprechung im Präsidium hatte es geheißen, von Rotfelders Vater sei bereits 2015 verstorben – er hatte sich das gemerkt, weil auch von Rotfelders Mutter 2015 verstorben sein sollte und ein derartiger doppelter Schicksalsschlag in einer Familie den Kommissar nicht kalt gelassen hatte.

Von Rotfelder sah die Verwunderung und blieb stehen. Borg versuchte ein Ablenkungsmanöver, das sein Stutzen vielleicht erklären konnte: »Was ist denn ein Thanatopraktiker?«, fragte er, weil er das tatsächlich nicht wusste.

»Ein Thanatopraktiker, oder auch Thanatologe genannt, hat verschiedene Aufgaben.« Von Rotfelder ging auf diese Frage ein, und sein Misstrauen gegenüber Borg wurde kurz zerstreut. »Ich bin für die Wiederherstellung eines ästhetischen Erscheinungsbildes des Verstorbenen durch spezielle Kosmetik, Restaurierung oder Rekonstruktion verantwortlich. Das macht man besonders dann, wenn ein Mensch durch Gewalteinwirkung, einen schrecklichen Unfall oder eine entstellende Krankheit gestorben ist. Meist geht es aber nur darum, die Verfärbung, die durch den Zerfallsprozess einsetzt, zu kaschieren oder schnelle Verwesung zu verschleiern. Meistens handelt es sich um die Körper von Suizidenten.«

Borg rümpfte die Nase, aber von Rotfelder war in seinem Element und noch lange nicht am Ende. »Es ist meine Aufgabe, die Verwesung einer Leiche hinauszuzögern, und das geschieht in manchen Fällen mit einer Art Einbalsamierung, die wir ›Modern Embalming‹ nennen. Dabei wird das Blut durch einen verwesungshemmenden Wirkstoff ersetzt, der meist auf Formalin basiert.«

»Gunther von Hagens lässt grüßen«, sagte Borg. Er hatte sich vor einigen Jahren einmal eine ›Körperwelten‹-Ausstellung in Berlin angesehen und war von den Plastinaten des Dr. Gunther von Hagens sehr beeindruckt gewesen.

Von Rotfelder hatte Borgs Worte gar nicht gehört. »… und auch die Herstellung von Totenmasken einer verstorbenen Person wird ab und an von mir verlangt. Genaugenommen bin ich ein Künstler des Todes.« Von Rotfelders schmieriges Lächeln widerte Borg an.

»Können Sie mir die verschiedenen Räume Ihres Unternehmens zeigen?«, fragte Borg beiläufig.

»Wozu soll das gut sein?«

»Ich möchte mir ein genaues Bild von diesem gigantischen Betrieb machen. Außerdem ist es mir wichtig zu wissen, ob hier jemand hereinkommen konnte und den Kammerjäger vielleicht vorher hier getroffen hat«, log Borg.

»Hier kommt niemand rein. Wir sind sozusagen abgeriegelt, und bei Beerdigungen gibt es eine Kontrolle am Eingang«, sagte von Rotfelder.

»Und wir haben ja gesehen, wie gut das bei mir funktioniert hat«, sagte Borg. »Ich habe sogar einen falschen Namen genannt und wurde eingelassen.«

Von Rotfelder stieß Luft aus seiner schmalen Nase aus.

»Bitte, Herr von Rotfelder. Wenn Sie mich dabei unterstützen wollen, diese Morde aufzuklären, so ist es wichtig, dass ich alle Räume sehe und alles erfahre, was ich wissen möchte. Vielleicht fangen wir mit dem Schauraum an?« Borg wusste, dass sich Spieß dem Dauerregen sicher mit Dauerfluchen angepasst hatte, und er wollte nicht riskieren, dass er beim vereinbarten Schuss auf die Scheibe vor Kälte zitterte.

»Ja. Natürlich zeige ich Ihnen die Schauräume«, sagte von Rotfelder, dessen Laune sich plötzlich geändert hatte und die ihn fast fröhlich klingen ließ.

Borg merkte, dass die metallische Stimme ihren bedrohlichen Klang verloren hatte, und war überzeugt, dass man im Schauraum keine Spuren mehr finden würde.

Plötzlich ging eine Tür auf, und zwei Dobermänner preschten hervor. Borg kannte die Tiere und warf seinen Körper mit einem Ruck an die Wand hinter sich. Im Bruchteil einer Sekunde, in der die Tiere in den Flur stürzten, wurde Borg klar, dass ein kräftiger Mann – es musste einer von den Sargträgern sein – die Hunde an Leinen hielt. Sie starteten zwar einen Angriff auf Borg, doch hielt der Mann sie mit Leichtigkeit zurück.

Borgs Arm schmerzte durch die ruckartige Bewegung, die er gemacht hatte, und er war heilfroh, nicht vor Schreck den Abzug der P99 im Gips gedrückt zu haben.

»AUS!«, schrie von Rotfelder, und wie bei einer Zirkusnummer duckten sich die Hunde und machten schmatzend Platz.

»Tut mir leid, Herr Borg. Ich muss mich für Teutan und Safel entschuldigen. Die betrachten jeden Fremden als Eindringling in ihr Revier und sind daher tagsüber, wenn lebendige Menschen hier herumlaufen, im Zwinger«, sagte von Rotfelder. Dann wandte er sich mit strenger Stimme an den Mann, der die Hunde an der Leine hielt: »Vladimir! Warum kommst du am helllichten Tage mit Teutan und Safel hier ins Haupthaus?«

Borg sah sich die Hunde skeptisch an, und die Tiere hielten seinem Blick stand. Sie knurrten leise, und dem muskulöserem der beiden lief Speichel aus dem Maul.

»Teutan geht es nicht gut. Ich wollte Sie informieren. Er jault und würgt. Ich könnte mir vorstellen, dass er ernsthaft krank ist«, sagte Vladimir, und seine Stimme klang schuldig.

»Dann bring das Tier zu einem Arzt! Ruf Dr. Bickel an. Oder besser: Lade die Hunde in den Wagen und fahr gleich hin!«, befahl von Rotfelder.

Vladimir nickte und zog die Hunde in Richtung Ausgang, wo sie unruhiger wurden, ihre Wege kreuzten, die Leinen sich verhedderten, ein kleines Chaos ausbrach und der Mann so aus dem Gleichgewicht gebracht wurde, dass er stolperte. Augenblicklich schlug er auf die Hunde ein und beschimpfte sie. Die Tiere krochen vor Schreck und ließen sich ziehen, dann waren sie alle verschwunden.

Schon seltsam, dachte Borg. Diese Hunde hätten den Mann ohne Weiteres töten können.

»Sie müssen entschuldigen, Herr Borg. Die beiden Racker bewachen das Grundstück, wenn es dunkel wird. Kommen Sie, Sie wollten den Schauraum sehen.«

Borg hatte das Gefühl, als klebe er an der Wand. Er löste sich und ging mit unsicheren Schritten hinter von Rotfelder her. Der Schreck steckte ihm noch in den Knochen. Wenn Teutan und Safel nicht angeleint gewesen wären, dann hätte Borg von großem Glück reden können, wenn er in der Notaufnahme wieder zu sich gekommen wäre, dachte er.

Der Schauraum war warm beleuchtet. Im Schaufenster standen drei Sargmodelle. Im hinteren Bereich befand sich eine Art Verkaufstresen – auch absurd bei einem Bestattungsunternehmen – und im großen Präsentationsbereich stand ein runder Tisch aus Kastanienholz, mit vier bequem aussehenden Stühlen.

»Das ist der Schauraum. Wir haben natürlich im Lager weitaus mehr als diese drei Modelle, die Sie dort sehen«, begann von Rotfelder. »Die schicken Holzsärge hier sind jedoch die Topmodelle. In der Regel sind Särge aus Holz – sowohl bei der Feuerbestattung als auch bei der Erdbestattung. Natürlich gibt es auch Metallsärge oder Särge aus Pappe. Wenn die Kunden eine Leiche ins Ausland überführen wollen, dann müssen es wieder ganz andere Modelle sein. Beliebt bei einigen Kunden sind im Moment die exotischen Särge, die stehen aber in einem der hinteren Schauräme.«

Borgs weiche Knie hatten langsam wieder an Festigkeit gewonnen, aber sein Mund war staubtrocken. Nicht der Hunde wegen – das hatte er verarbeitet – es ging ihm um den Plan, der seinen Adrenalinspiegel hochgetrieben hatte.

Kleine Schweißperlen glänzten auf Borgs Stirn. Es war stickig hier drinnen, aber gleich würde der Wind hineinfegen, dachte Borg.

Spieß hatte sicher schon den Finger am Abzug und wartete auf das vereinbarte Zeichen, die Berührung am Ohrläppchen.

Borg schaute durch die Schaufensterscheibe ins Grau. War das wirklich eine gute Idee gewesen? Was, wenn Spieß von Rotfelder tatsächlich traf? Oder schlimmer noch: Borg selbst traf? Was, wenn die Scherben der Scheibe, die unweigerlich durch den Einschlag der ersten Kugel zerbersten musste, jemanden verletzten?

Borg setzte alles auf eine Karte und hob langsam seine linke Hand zum Ohr. Von Rotfelder stand mit zwei Metern Abstand zu ihm, und diese Distanz musste wohl für einen Scharfschützen ausreichen, um hindurch schießen zu können.

Noch wenige Zentimeter, und Borgs Hand hätte das Ohrläppchen erreicht.

»Papa, wo ist Mama?«, fragte plötzlich eine Kinderstimme.

Borg riss seine Hand nach unten, und von Rotfelder sah ihn skeptisch an.

»Jeopardy, mein Schatz. Hatte ich dir nicht gesagt, du sollst im Haus bleiben?« In von Rotfelders Stimme schwangen väterliche Strenge und zurückgehaltene Wut mit.

Das Mädchen schluckte. Es sah traurig zu Borg. Er erkannte das kleine Kind, das vorhin zwischen den Grabsteinen gespielt hatte. War das von Rotfelders Tochter?

»Ab ins Haus mit dir, Jeopardy! Weil du dich heute widersetzt hast, bleibst du drinnen! Und morgen auch!« Von Rotfelder sah das Kind mit strenger Miene an, und es deutete seine Blicke richtig. Jeopardy stellte keine Fragen mehr, drehte sich um und verließ den Schauraum so unauffällig, wie sie ihn betreten hatte.

»Bitte entschuldigen Sie. Das war meine Tochter Jeopardy. Sie hätte hier nicht rumlaufen dürfen. Sie sollte im Haus bleiben.« Von Rotfelder sagte das so, als wäre ihm ein gravierender Planungsfehler unterlaufen.

»Ein hübsches Kind«, sagte Borg ohne Hintergedanken und merkte, wie von Rotfelders Blick prüfend auf ihm ruhte. Hatte er etwas Ungewöhnliches oder Falsches gesagt?

»Hier im Schauraum gibt es nicht viel mehr zu sehen. Vielleicht noch die Urnen dort drüben in den Regalen. Je nach Ausführung liegt der Preis für eine Urne zwischen circa 90 und 250 Euro. Lassen Sie uns zum Krematorium hinübergehen, durch diese Tür da hinten in ein Nebengebäude.« Von Rotfelder drehte sich um und war im Begriff, den Schauraum zu verlassen. Er machte einen Schritt auf Borg zu. Borg stand unter Strom. Er sah seinen Plan scheitern und griff sich hektisch ans Ohrläppchen.

Die Schaufensterscheibe sprang mit einem Knall in Tausende Scherben. Borg warf sich nach vorn und riss von Rotfelder von den Füßen. Als die beiden Körper hinter den Särgen auf dem Boden aufschlugen, traf ein weiterer Schuss das Regal hinter ihnen, und eine Urne zersprang in ihre Einzelteile. Trotz der geplanten Inszenierung war Borg direkt auf seinen gebrochenen Arm gefallen, und der Schmerz trieb ihm die Tränen in die Augen. Von Rotfelder war mit dem Kopf aufgeschlagen und stöhnte.

»Liegen bleiben!«, schrie Borg voller Ernsthaftigkeit und spähte zwischen den Särgen durch die gähnende Öffnung, in der einst die Schaufensterscheibe gewesen war. Augenblicklich strömte kalte Luft in den Raum.

Die Tür im hinteren Bereich des Schauraums wurde aufgerissen, und ein übergewichtiger Mann in Gärtnerkleidung kam hereingehumpelt. Seine schwarze Kurzhaarfrisur sah aus wie eine Perücke. Er grunzte laut. Borg erschrak.

»Bleib draußen Koukol! Wir werden angegriffen!«, schrie von Rotfelder.

Borg bekräftigte das: »Raus mit Ihnen!«

»Lass die Hunde raus!« brüllte von Rotfelder dem Mann zu.

Borgs Herz machte einen Ruck. Bloß nicht die Köter, dachte er. Dann hätte Spieß richtig Probleme am Hals!

Koukol steckte seinen Kopf durch den Türspalt und grunzte wieder etwas. Offenbar konnte der Fleischberg nicht sprechen, aber von Rotfelder verstand dennoch, was der Mann ihm mitteilen wollte.

»Verdammt!«, fluchte er. »Die Hunde sind zum Tierarzt unterwegs!«

»Sind Sie verletzt?«, fragte Borg.

»Ich glaube nicht«, sagte von Rotfelder.

»Gut. Können Sie bis zum Tresen krabbeln? Ich folge Ihnen. Dann nehmen wir den Ausgang da hinten und alarmieren meine Kollegen!«, sagte Borg. Der Stress in seiner Stimme klang überzeugend, obwohl er wusste, dass niemand mehr auch nur annähernd in Gefahr schwebte.

Von Rotfelder verharrte zunächst in seiner Position. Borg sah ihm an, dass er sich mit dem Gedanken, hier weitere Polizeibeamte umherlaufen zu haben, nicht anfreunden konnte. Nach einigen Sekunden hatte er aber erkannt, dass es keine Alternative gab, und krabbelte in Richtung Ausgang.

Laub wurde in den Schauraum geweht, und der Regen prasselte auf die drei Särge. Borg balancierte sich mit Mühe auf den Knien und der linken Hand, während er versuchte, seinen schmerzenden rechten Arm am Körper zu halten. Als er durch die Tür in das Hinterzimmer gelangt war, schloss er sie und zog ungeschickt das Handy aus seiner Tasche, um die nicht eingeweihten Kollegen zu informieren.

Es dauerte rund zwanzig Minuten, bis die Verstärkung vor Ort war. Niemand von Borgs Kollegen hatte eine Ahnung, was hier vorgefallen war, aber Borgs Laune verschlechterte sich, als auch Frederick Koller am Tatort erschien.

»Was genau ist hier passiert?«, wollte er wissen.

»Auf Herrn von Rotfelder ist geschossen worden. Zweimal. Aber der Schütze war offenbar ein Dilettant. Niemand ist verletzt.« Borg hielt seinen Bericht knapp.

Mehrere Polizisten waren dabei, die Umgebung abzusuchen. Man hatte Spürhunde angefragt, und von Rotfelders Personal lief aufgescheucht über das Anwesen.

Der bullige Koukol hatte die Freigabe erhalten, den Schauraum in Ordnung zu bringen, nachdem zwei Kollegen von der Spurensicherung die Geschosse sichergestellt hatten.

»Wo ist eigentlich Spieß?«, fragte Koller.

»Ich denke, er ist auf dem Revier. Er hat mich heute Vormittag nur hier abgesetzt, und ich bat ihn, zurück in die Stadt zu fahren, um weitere Nachforschungen anzustellen.« Vermutlich war Spieß erst auf dem Revier eingetroffen, als die hier anwesenden Polizisten, einschließlich Koller, schon ausgerückt waren, mutmaßte Borg.

»Herr Koller«, begann er und wollte nun den zweiten Teil seines Plans in die Tat umsetzen, »ich habe erfahren, dass sich hier auf dem Anwesen gestern Eindringlinge herumgetrieben haben. Zusammen mit dem Angriff heute halte ich es für das Beste, wenn Herr von Rotfelder Personenschutz bekommt. Wir wissen noch immer nicht, was hinter dem Ganzen steckt. Angesichts der Tatsache, dass zwei Menschen tot sind, die in diesem Umfeld zu tun hatten – die Maisfelder, auf denen Marius Liebelt-Minke gearbeitet hatte, liegen hier in der Nähe, und Roland Newski war hier als Kammerjäger im Einsatz – halte ich es für wahrscheinlich, dass Herr von Rotfelder in Gefahr schwebt.« Borg strickte nun eine Geschichte, die ihm die Möglichkeit böte, von Rotfelder unter Kontrolle zu haben und uneingeschränkt, aber unter einem Vorwand, seine Ermittlungen fortsetzen zu können.

Koller überlegte, dann ging er zu von Rotfelder hinüber, der mit ernster Miene zwischen den im Raum zurückgeschobenen Särgen stand.

»Herr von Rotfelder, gibt es jemanden, der Ihnen Böses will?«, fragte Koller.

Borg stand daneben und hörte sich das Gespräch an. Er hoffte, es würde darauf hinauslaufen, als von Rotfelders Personenschützer eingesetzt zu werden.

»Mir Böses will? Natürlich nicht.« Von Rotfelder sagte das, als wäre er sich vollkommen sicher.

»Wir gehen aber von der Annahme aus, dass Sie in Gefahr schweben. Da ein Mensch im näheren Umfeld und auch der Kammerjäger, der hier arbeitete, umgebracht wurden, muss ich darauf bestehen, dass Sie Personenschutz bekommen.« Koller redete langsam und sachlich. Borg feierte innerlich.

»Personenschutz?«, schoss von Rotfelder hervor. »Sie glauben, ich brauche Polizisten, die an meinem Rockzipfel hängen? Ich habe mein eigenes Wachpersonal. Das wird mich schützen können«, sagte er entschlossen.

»Bei allem Respekt«, schaltete sich Borg ein. »Jemand in Ihrem Umfeld könnte in die Geschichte verwickelt sein. Und Ihr Personal war es auch, das mich hier, ohne mich zu kontrollieren, hereingelassen hat. Ich hätte sogar bewaffnet sein können!«, sagte Borg voller Empörung und spielte diese fast schon zu übertrieben. Unter seinem Gips nahm er wieder die verborgene Waffe wahr und bewegte den Zeigefinger kontrolliert zwischen Abzug und Demontagebügel hin und her.

»Herr Borg hat völlig recht!«, bestätigte Koller. »Im Moment ist jeder verdächtig.«

»Gestatten Sie mir den Vorschlag, mich als Ihren Schutz einzusetzen?«, sagte Borg. »Ich kenne das Grundstück jetzt etwas durch Ihre Führung und habe Ihnen heute das Leben gerettet. Ich fühle mich Ihnen verbunden und bin sicher, Ihnen keinesfalls zur Last zu fallen. Sicherlich wird es uns anhand der Munition und durch die Ermittlungen gelingen, den Fall in wenigen Tagen aufzuklären.«

Koller hielt, was Borg zuletzt gesagt hatte, für unwahrscheinlich, denn er konnte sich auf all das, was hier passiert war, keinen Reim machen.

»Ich denke, Herr Borg hat recht. Er sollte, wenn möglich, rund um die Uhr an Ihrer Seite bleiben. Zumindest bis wir wissen, dass Sie nicht in Gefahr schweben«, sagte er.

Johann von Rotfelder sah aus, als müsste er eine bittere Pille schlucken. »Na gut. Herr Borg kann morgen einen freien Raum im Quartier der Bediensteten beziehen, in dem auch das Friedhofspersonal und der Wachservice untergebracht sind. Aber«, von Rotfelder wandte sich an Borg, »das ist mein Unternehmen, und ich will nicht, dass Sie ohne Erlaubnis hier herumschnüffeln.«

»Sie können sich auf mich verlassen«, sagte Borg. Er nahm sein Handy und wählte die Nummer von Spieß. Jetzt geriet Bewegung in den Fall. Borg wollte sich von Spieß abholen lassen, um zu Hause zu duschen und ein paar Sachen zu organisieren, doch Spieß ging nicht ans Handy.

»Herr Koller!« Ein regendurchnässter Polizist sprach durch die kaputte Schaufensterscheibe. »Wir haben einen steckengebliebenen Wagen rund 500 Meter von hier gefunden. Die Frau Beyer fragt soeben den Halter ab. Braunschweiger Kennzeichen. OB 217.«

Borg stutzte: »Das ist mein Auto!«

Koller warf ihm einen verwunderten Blick zu. »Ich dachte, Spieß hat Sie hier abgesetzt?«

»Ja, hat er auch«, sagte Borg. »Wir waren mit meinem Auto hier.« Jetzt musste er aufpassen. Von Rotfelder wurde hellhörig.

»Aber ich dachte, er ist zurück ins Präsidium gefahren?«, fragte Koller etwas verwundert.

»Ja. Ist er auch, aber mit einem Taxi, weil wir uns im Schlamm festgefahren hatten!« Borg gingen langsam die Erklärungen aus.

»Vielleicht kann mir jemand helfen, den Wagen freizubekommen. Dann fahre ich damit in meine Wohnung und hole ein paar Sachen.« Borg wollte einfach nur raus aus dieser Situation. »Können Sie mir kurz helfen?«, fragte Borg den Polizisten, der draußen stand. Dieser nickte.

Borg ging durch die Scherben und sah Koukol auf allen Vieren mit einem Kehrblech die Glassplitter zusammenkehren. Er konnte sich nicht helfen: Der Mann sah wie ein Menschenaffe aus, der mit einem Haufen Diamanten spielte. Das grobe Gesicht wirkte auch deshalb grotesk, weil die fleischige Nase viel zu tief über den dicken Lippen saß und Koukol keine Augenbrauen und Wimpern hatte. Auch fehlte jegliche Anflug von

Bartwuchs. Nur die schwarzen kurzen Haare saßen auf dem übergroßen Kopf wie ein Deckel. Borg kam dieser Gorilla seltsam bekannt vor. Wo hatte er den Muskelprotz schon einmal gesehen?

Mit diesen Gedanken ging Borg in die kalte Dämmerung hinaus. Keine andere Jahreszeit war so weit vom nächsten Sommer entfernt wie der Herbst. Borg hasste diesen Mangel an Tageslicht: Auf dem Weg zur Arbeit war es noch dunkel, bei der Fahrt nach Hause schon wieder. Der ständige Regen sorgte für Pfützen, so weit das Auge reichte, und die feuchte Kälte kroch unweigerlich in seine Kleidung, obwohl er erst seit einer Minute unter freiem Himmel war.

Was war in Spieß gefahren, nachdem er die Schüsse abgefeuert hatte, und wo war er jetzt?, fragte sich Borg, als er mit dem anderen Polizisten zu der Stelle ging, wo man sein Auto gefunden hatte.

Seine Nase begann wieder zu laufen, und er fröstelte. Logisch. Erkältungen waren wie immer im Herbst auf dem Vormarsch. Weil man die meiste Zeit des Tages in geschlossenen Räumen verbrachte, konnten sich Viren rasend schnell verbreiten. Borg dachte über die letzten Corona-Wellen nach, und seine Laune wurde düsterer, als er an die kommende, die neunte Welle dachte. Selbst eine einfache Grippe konnte er jetzt nicht gebrauchen. Er musste topfit sein – besonders jetzt, als Lebendiger unter den Toten, als Ermittler im Zentrum des Bösen.

Niemals zuvor war er so überzeugt gewesen, wer für eine Tat verantwortlich war, und niemals zuvor hatte er so wenige Beweise, um das auch seinem Chef plausibel machen zu können. Es half alles nichts. Er musste in die Höhle des Löwen. Und was das für ein Kabinett der Schauergestalten war, unter das er sich jetzt mischen würde: von Rotfelder, als undurchschaubarer Herrscher des Reiches mit seiner Familie, bewacht von zwei scharfen Hunden, die von dem Mann namens Vladimir betreut wurden, und einem Sicherheitsteam, bei dem Gestalten wie der Dürre ihr Unwesen trieben. Dann der grunzende Koukol, dieser Affe der Diamanten, der ihm nicht aus dem Kopf ging, und die Sargträger. Borg fühlte sich wie in einem Horrorroman. Das gesamte Anwesen mit den Friedhöfen und verschiedenen Gebäuden war wie eine Arena, in der Opfer gebracht wurden, und Borg hoffte inständig, dass diese Opfer immer schon tot waren, wenn sie hier angeliefert wurden. Er hatte nicht die geringste Lust, wie ein Gladiator zum Tod verurteilt oder von Tieren gejagt zu werden. Er wollte von Rotfelder das Handwerk legen, aber dazu musste er Beweise finden, und das würde nicht einfach werden.

Der Boden wurde weicher, als Borg und der ihm fremde Polizist das Auto fast erreicht hatten. Spieß war also noch ein Stück mit dem Wagen gefahren und dann hier im Matsch stecken geblieben, dachte Borg, denn der VW stand nicht mehr dort, wo er ihn für Spieß abgestellt hatte. Dieser Trottel!

»War die Scheibe schon immer kaputt?«, fragte der Polizist verwundert.

»Was?« Borg ging um den Wagen herum. Das Beifahrerfenster war eingeschlagen. Ein Rand der verbleibenden Scheibe ragte noch aus der Gummilippe des Fensters hervor.

»Nein!« Borg kochte. »Wenn ich den in die Finger kriege!«, murmelte er.

Der Polizist war pragmatisch veranlagt und sammelte rasch ein paar dicke Äste zusammen, die er unter die Reifen legte.

Borg klemmte sich mit seinem Gipsarm hinter das Lenkrad. Der Schlüssel steckte noch. Er ließ den Wagen an und fuhr in den Nebel davon, der begann, sich über die Felder zu legen. Die kalte Luft wehte durch das kaputte Fenster herein, und mit jedem Meter, den sich Borg der Braunschweiger Innenstadt näherte, dachte er an die Zukunft, in der er von Rotfelder und seine Schergen zu Fall bringen würde. Hoffentlich.

KAPITEL 14

Zerschmetterte Helix

Sina Bachmann hatte einen unbeobachteten Moment genutzt, als alle anderen Trainerinnen und Trainer im Fitnesscenter in Kursen oder Eins-zu-eins-Betreuungen waren, und sich den Verlauf eines der Rechner angesehen, die hier in dieser Filiale der Kette standen. Der Verlauf der aufgerufenen Seiten am PC führte von Seiten, auf denen Muskelaufbaupräparate angepriesen wurden, über Sportgerätehersteller bis hin zu Trainingsbekleidung. Es gab keinen Hinweis darauf, dass irgendjemand irgendetwas auf verbotene Internetseiten hochgeladen hatte. Die Dateien, die gespeichert waren, bezogen sich hauptsächlich auf Werbeflyer, Kundendaten und Rechnungen. Sie durchsuchte den PC nach Filmdateien, stieß aber nur auf Tutorials mit Anleitungen, wie man bestimmte Muskelgruppen aufwärmen konnte.

Frustriert, in ihrem Fall nicht weiterzukommen, hatte sie den Bildschirmschoner wieder aktiviert und das Büro verlassen.

Auf der Treppe kam ihr Nico Adermann entgegen.

»Dana, mein Schatz. Heute koche ich für dich. Wann treffen wir uns?«, fragte er.

»Ich bin gegen 18:30 Uhr bei dir. Einverstanden?«

Nachdem Adermann in der Diskothek einen Krampfanfall erlitten und sie ihn begleitet hatte, als er ins Krankenhaus eingeliefert worden war, hegte sie mehr Sympathie für ihn.

Adermann hatte das Krankenhaus gleich am nächsten Morgen verlassen dürfen und war – auch zur Überraschung aller Kolleginnen und Kollegen – pünktlich zur Arbeit erschienen.

Er war charmant und zuvorkommend, bester Laune und hatte Sina im Handumdrehen damit angesteckt.

Sina wusste selbst nicht, was diesen Sinneswandel bei ihr hervorgerufen hatte. Sie hielt es jedoch für ausgeschlossen, manipuliert worden zu sein. Adermann war ihr nähergekommen. Normalerweise, so wusste Sina, zeigten sich Männer am liebsten von ihrer starken Seite. Cool, hart, unverwundbar, selbstsicher. Aber das machte sie oft auch unnatürlich, denn Schwächen waren menschlich, seien es körperliche Unvollkommenheit oder Schwächen der Persönlichkeit. Und Sina selbst betrachtete sich oft viel strenger als ihre Mitmenschen, die sie meist aus der Distanz sah. Vielleicht war das auch das Problem gewesen, warum sie bisher keine langfristige Beziehung geführt hatte, dachte sie. Dadurch, dass sie Nico Adermann nähergekommen war, konnte sie nicht nur seine vermeintlichen Schwächen sehen, sondern auch das Gute in ihm.

Adermann hatte nach Dienstende im Fitnesscenter geduscht. Sina war nach Hause gefahren, hatte sich dort ebenfalls frischgemacht und stand pünktlich um 18:30 Uhr an der Tür der Dachgeschosswohnung, die sie beim letzten Date so plötzlich verlassen hatte.

Adermann hatte die Tür geöffnet, Sina mit einem Kuss auf die Wange begrüßt, ihr die Jacke abgenommen, und dann war Sina in einen Strudel der Unterhaltung geraten, der die Zeit nur so verfliegen ließ.

Während der anregenden Gespräche hatte Adermann gekocht, sie hatten Sekt getrunken und viel gelacht. Das Essen war köstlich gewesen: Putenbrustspieße mit Reis in einer leckeren Soße. Die Nachspeise, die sie im kleinen Wohnzimmer zu sich genommen hatten, bestand aus einem Kaffeeparfait, das er schon am Morgen vorbereitet und in den Gefrierschrank gestellt hatte. Wie hatte er das nur alles zeitlich schaffen können? Es war »irrsinnig lecker«, wie Sina anmerkte.

Sina hatte die Uhr nicht im Auge, und es war ihr überhaupt nicht in den Sinn gekommen, diesen großartigen Abend abzubrechen, als Adermann plötzlich vom Sofa aufstand, sein Sektglas erhob und zu singen begann: »Happy Birthday to you, happy Birthday to you. Happy Birthday dear Dana, Happy Birthday to you.«

Sina blieb wie versteinert auf dem Sofa sitzen. Er beugte sich zu ihr hinunter, stieß mit ihr an, wobei sie ihre Hand keinen Zentimeter bewegte, und leerte sein Glas in einem Zug.

»Es ist so toll für mich, mit dir in deinen Geburtstag reinzufeiern.« Er lächelte sie an.

Sina versuchte ihre Verdutztheit zu verbergen, aber das war nicht leicht. Tausend Gedanken kreisten in ihrem Kopf. Beim Erstellen ihrer Tarnidentität, mit der sie im Fitnesscenter eingeschleust worden war, hatte man ihr natürlich einen neuen Lebenslauf gegeben: Sie war dort für alle Dana Hiller und hatte auch ein neues Geburtsdatum bekommen, es aber nicht verinnerlicht. War das wirklich der 30. September gewesen?

Sina sah Nico mit einem schuldigen Blick an. Sie sollte ihm die Wahrheit sagen, dachte sie. Diese Täuschung konnte traumatisch wirken, wenn er zu spät erfuhr, dass sie für die Polizei arbeitete und als verdeckte Ermittlerin eingesetzt war. Sina stand auf.

»Nico«, begann sie, »ich muss dir etwas Wichtiges sagen.«

»Jetzt nicht«, unterbrach er sie. Er nahm ihr das Glas aus der Hand, stellte es auf den Tisch und küsste sie.

Sina fühlte sich überrumpelt. Sie konnte nicht reagieren, aber dann, vielleicht auch, weil sie zusammen mit Adermann zwei Flaschen Sekt und eine halbe Flasche Wein getrunken hatte, geschah alles wie in einem Rausch.

Hektisch befreiten sie sich gegenseitig von ihrer Kleidung. Während hier und da ein Kleidungsstück zu Boden fiel, schob er sie mit wilden, leidenschaftlichen Küssen rückwärts ins Schlafzimmer. Sie stießen hier und da an Möbel, was keiner von beiden wahrnahm. Lediglich, als sie das Terrarium mit der Boa constrictor rammten und der Schrank darunter wackelte, gönnte Adermann Sina einen kurzen Moment der Besinnung.

»Erschreck Astaroth nicht«, sagte er mit einem Lächeln. Das Schlafzimmer war nur vom LED-Licht aus dem Terrarium beleuchtet. Sina wollte eben etwas sagen, als er den nächsten Vorstoß startete. Ihre Unterschenkel stießen an die Bettkante, und während seine linke Hand ungeschickt erst Sinas eine und dann die andere Brust zu kneten begann, fielen beide Körper auf das Bett. Er hatte ihren Schutzpanzer aus Kleidung durchdrungen, er hatte ihre Standhaftigkeit untergraben, indem er sie umgeworfen hatte, und nun fiel zwischen den Kissen, Decken und Laken die letzte Bastion.

Sina erwachte gegen acht Uhr mit einem Drehschwindel, wie sie ihn nicht kannte. Sie verspürte den Wunsch, liegen zu bleiben, aber da sie dringend auf die Toilette musste, kämpfte sie gegen das Karussell in ihrem Kopf an.

Sie versuchte, sich die letzte Nacht zurück ins Gedächtnis zu rufen, aber da war nicht viel, woran sie sich erinnern konnte. Sina schaute auf die Seite des Bettes neben sich, auf der sie Adermann vermutete. Sie stieß einen Schrei aus, als sie sah, dass die Boa constrictor lang ausgestreckt neben ihr in der hellblauen Bettwäsche lag.

Sina rollte sich instinktiv aus dem Bett und stürzte auf den rauen Teppichboden. Alles passierte in Bruchteilen von Sekunden. Sie war schneller wieder auf den Beinen, als es ihrem Schädel guttat. Schwankend ging sie drei Schritte zurück und stützte sich an der Heizung ab, die Augen nicht vom Reptil nehmend, das, so ungewöhnlich ausgestreckt, wie eine Kunstschlange aussah.

»Nico! Nico! Bist du da?«, rief sie und ging langsam um das Bett herum. Sie beugte ihren Oberkörper in dem kleinen Zimmer nach vorn, um möglichst nahe an der Wand entlanggehen zu können, wobei es die Dachschräge unmöglich machte, an dieser Seite des Raumes aufrecht zu stehen.

»Nico! Komm bitte mal her!« Ihre Stimme klang fast hysterisch.

Jetzt bewegte sich die Schlange plötzlich. Sie verließ ihre gestreckte Position auf dem Laken, und ein Kopfkissen fiel vom Bettrand zu Boden. Sina wusste, dass sie nicht massiv in Gefahr schwebte, denn sie stand nahe an der Tür und hätte das Zimmer mit einem Schritt verlassen können, aber sie starrte wie gebannt auf dieses Tier, neben dem sie aufgewacht war. Wie lange hatte die Schlange schon neben ihr gelegen? Ein Schauer lief Sina über den Rücken, und erst jetzt merkte sie, dass sie nackt war. Sie beugte sich schnell nach vorn und griff ein vor dem Bett liegendes T-Shirt, das Adermann gestern unter seinem Hemd getragen hatte.

Die Boa hob den Kopf, der sich deutlich vom Hals absetzte, und züngelte. Mit ihrer hellen Grundfärbung von gelblich-beige bis in ein rötliches Hellbraun hob sich das glänzende Tier deutlich von der Farbe der Bettwäsche ab. Die dunklen Sattelflecken gaben der Schlange ein

Muster, wie es nur die Natur hervorbringen konnte. Links und rechts von der Kloake sah Sina die Aftersporne der Schlange, die sie an Katzenkrallen erinnerten. Jetzt glitt Adermanns absonderliches Haustier quer über das Bett und ließ sich auf der Seite auf den Teppich herunter, auf der auch Sina das Bett verlassen hatte.

Wo war Nico? Sina rief noch einmal seinen Namen, aber niemand antwortete. Warum hatte er sie in seiner Wohnung allein gelassen, und wie war die Schlange aus dem Terrarium gekommen?

Sina hatte genug gesehen, klaubte ihre Jeans auf, schnappte sich ihr Oberteil im Wohnzimmer, verzichtete auf die Unterwäsche, die irgendwo im Schlafzimmer im Bett oder auf dem Fußboden liegen musste, und zog sich hastig an. Der Drang, auf die Toilette zu gehen, war verschwunden. Sina blieb vor dem Verlassen der Wohnung noch einmal im Flur stehen: Nicos Jacke war weg. Auf dem kleinen Schuhschrank lagen blaue Handschuhe und sein Autoschlüssel. Er konnte also nicht weit sein.

Aus dem Nichts fiel Sina ein Zitat ein, das sie einmal in der Schule besprochen hatte. Es war von Dostojewski: »Ich weiß aus bitterer Erfahrung, wie trügerisch mitunter das Äußere sein kann, dass sich unter Blumen manchmal eine Schlange verbirgt.« Sina verließ zügig Nico Adermanns Wohnung.

Oliver Borg fluchte. Ihm war es egal, dass Tom Spieß' Kollegin auch im Büro war und alles mit anhören musste.

»Ich turne in der Höhle des Löwen herum, und Sie verschwinden spurlos. Ich habe tausendmal auf Ihrem Handy angerufen! Wo haben Sie gesteckt?«

Borg war gegen neun Uhr in Spieß' Büro geplatzt und hatte diesen in aller Seelenruhe am PC sitzend vorgefunden.

Spieß äußerte sich zunächst nicht, dann stand er auf, und es verschlug Borg fast die Sprache. Spieß trug seinen linken Arm in Gips.

»Gute Güte! Wie ist das denn passiert?«, wollte Borg wissen.

Spieß ging auf Borg zu. »Ich erkläre Ihnen alles. Lassen Sie uns einen Kaffee holen«, sagte er und führte Borg aus dem Zimmer.

»Nicht da drinnen!« flüsterte er, nachdem er die Tür zum Büro von außen mit seiner rechten Hand geschlossen hatte. »Frau Winter bekommt sonst alles mit!«

»Was zum Teufel …? Ihr Arm! Und wo in Gottes Namen haben Sie gesteckt?« Auch Borg hatte seine Stimme jetzt gesenkt. Spieß hatte ja recht. Das, was sie jetzt besprachen, war nicht für fremde Ohren bestimmt.

»Ich habe die beiden Schüsse abgegeben, wie wir es besprochen hatten. Dann bin ich zum Wagen gelaufen. Dummerweise habe ich mich festgefahren und bin dann bis zur nächsten Hauptstraße gelaufen. Beim Laufen ist mir mein Handy wohl aus der Tasche gefallen. Jedenfalls ist es jetzt weg. Dann sah ich einen Wagen auf der Landstraße, ich bin losgelaufen, auf dem nassen Weg ausgerutscht und auf den Arm gefallen. Glatter Bruch. Acht Wochen Gips. Zum Glück konnte ich an der Landstraße einen Wagen anhalten, und der nette Mann hat mich mit in die Stadt genommen und gleich im Krankenhaus an der Salzdahlumer Straße rausgelassen.«

Borg war sprachlos. Jetzt hatten sie beide einen gebrochenen Arm.

»Und das Gewehr?«, fragte Borg.

»Das liegt wieder bei Ihnen im Kofferraum. Wir sollten es schleunigst verschwinden lassen. Hat denn bei Ihnen alles geklappt?«

»Weitestgehend ja«, sagte Borg. Er hatte sich einigermaßen beruhigt. »Ich fahre gegen Mittag zu von Rotfelder, quartiere mich bei ihm ein und versuche, auf diesem riesigen Anwesen Spuren zu finden.«

»Und was soll ich tun?«, fragte Spieß.

»Das kommt darauf an, was ich finde, aber ich werde Sie auf dem Laufenden halten … Übrigens: Können Sie mir mal erklären, warum ich keine Scheibe mehr auf der Beifahrerseite habe?«, fragte Borg.

»Ja. Das tut mir sehr leid. Als ich abhauen wollte, habe ich mit Schwung das Gewehr auf den Beifahrersitz geworfen und dabei ist der Lauf in die Scheibe geraten!« Spieß machte ein schuldbewusstes Gesicht.

Borg holte Luft, um seinen nächsten Satz förmlich ausstoßen zu können, aber da sah er hinter Spieß eine ihm bekannte Silhouette den Flur entlangkommen.

»Pssst! Da kommt Koller«, sagte er.

»Guten Morgen, meine Herren«, begrüßte Koller die Männer und wandte sich gleich an Borg, so als ob Spieß nichts mit der ganzen Sache zu tun hätte. »Gut, dass Sie hier sind, Borg. Ich wurde eben von einem Kollegen gerufen, weil sich ein Tierarzt bei ihm gemeldet hat, den Sie bitte auch einmal aufsuchen. Er hat seine Praxis im Kanzlerfeld, das liegt förmlich auf dem Weg zu ›Dem Himmel so nah‹.«

»Ein Tierarzt? Was soll ich denn dort?«, fragte Borg verwundert.

»Er hat gestern einem Hund den Magen ausgepumpt und sich dann heute Morgen bei der Mordkommission gemeldet.«

»Ist es nicht besser, wenn ich mich ausschließlich dem Fall mit den Autobahnleichen widme und Herrn von Rotfelder im Auge behalte? Kann jemand anders diese Hundesache übernehmen?«, fragte Borg.

»Es sieht so aus, als wäre es Ihr Fall«, sagte Koller gleichmütig. »Im Magen eines Kampfhundes von Herrn von Rotfelder wurde ein Herzschrittmacher gefunden.«

Borg und Spieß saßen wie Figuren aus einem Puppentheater in Borgs VW, als sie vom Präsidium auf den Ring fuhren.

»Vierter Gang!«, sagte Borg sauer, und Spieß griff vom Beifahrersitz mit der rechten Hand über seinen Schoß, um die Gangschaltung zu betätigen.

»Wäre es ist nicht besser, wenn ich fahre?«, fragte Spieß, weil genau der Arm, den er jetzt zum Schalten gebraucht hätte, im Gips steckte.

»Das könnte Ihnen so passen. Dann kann ich den Wagen gleich in die Schrottpresse bringen lassen!«

Der Wind und feiner Regen kamen durch das kaputte Fenster herein, und Spieß' rechte Gesichtshälfte und die Haare auf dieser Seite waren bereits nass und kalt, aber er wagte es nicht, sich zu beschweren.

»Wenn Ihnen zu kalt wird, kurbeln Sie doch das Fenster zu – ach nee! Geht ja nicht!«, sagte Borg voller Sarkasmus.

Der Verkehr floss zäh, und es dauerte fast zwanzig Minuten, bis sie im Kanzlerfeld beim Tierarzt Dr. Travis Bickel angekommen waren.

Schon im weißgekachelten Eingangsbereich war unverkennbar zu riechen, dass es sich um eine Tierarztpraxis handelte. Im Wartezimmer saß eine Frau mit einem Katzenkorb auf dem Schoß, daneben ein Mann mit einem Wellensittich im Käfig, und auf der Stirnseite fiepte ein großer Boxer.

Lasst alle Tiere im Wartezimmer frei, und der Doktor muss am Schluss nur noch eins behandeln, dachte Borg.

Die Assistentin am Empfangstresen meldete dem Tierarzt sofort das Eintreffen der beiden Beamten und bat sie, direkt ins Behandlungszimmer durchzugehen.

Im selben Augenblick verließ ein Mann mit einem Goldfischglas den Behandlungsraum. Er hielt das Glas vorsichtig mit beiden Händen vor seinem Körper, und Borg stieg der fischige Geruch in die Nase, als er den Mann mit dem Fisch passierte. Unweigerlich musste er an den letzten Besuch in einem Sushi-Restaurant denken.

»Sie sind von der Polizei? Das ist gut. Danke, dass Sie gekommen sind. Ich bin Dr. Bickel. Travis Bickel«, sagte der Mann, der ein kleines rundes Gesicht hatte und auf dessen Nase jede Brille, ganz gleich welcher Form und Größe, zu groß gewirkt hätte. Bickel trug dennoch eine übergroße Hornbrille, und Borg hatte Angst, dass das schwere Modell jeden Augenblick zu Boden fallen könnte.

»Ich bin Kommissar Borg, und das ist mein Kollege Herr Spieß.«

Jetzt schien dem Tierarzt aufzufallen, dass beide Männer einen Gipsarm hatten. »Ist ein gefährlicher Job, was?«, fragte der Arzt.

»Nein, im Gegenteil. Wir haben es gestern Abend im Armdrücken übertrieben«, sagte Borg emotionslos. »Also, was haben Sie für uns?«

Dr. Bickel schloss die Tür. In der Mitte des Behandlungszimmers stand ein silberner Untersuchungstisch. Bickel ging um ihn herum zu seinem Schreibtisch, öffnete eine Schublade und holte einen von innen verschmierten Plastikbeutel heraus. Darin befand sich ein kleines, plattes nierenförmiges Etwas, von dem ein Band oder Kabel wegführte.

»Das habe ich gestern aus dem Magen eines Hundes geholt. Es ist ein Herzschrittmacher. Deshalb habe ich die Polizei informiert«, sagte der Arzt.

Borg erinnerte sich, dass es einem von von Rotfelders Kampfhunden nicht gut gegangen war und ein Angestellter, wie hieß er noch gleich … Vladimir, den Auftrag bekommen hatte, mit dem Tier zum Arzt zu fahren.

»Das war im Magen eines der Hunde von Johann von Rotfelder?«, fragte der Kommissar und nahm Dr. Bickel die kleine Tüte aus der Hand.

»Halten Sie es für möglich, dass der Hund den Herzschrittmacher heruntergeschluckt hat, weil vielleicht noch Blut daran klebte?«, fragte Borg.

»Das glaube ich kaum. Außerdem würde das eher zu einem Golden Retriever passen, das sind die wahren Müllschlucker und nicht die Dobermänner wie Safel«, sagte Bickel.

Safel und Teutan, Borg erinnerte sich jetzt wieder an die Namen der Hunde.

»Tiermediziner kennen sich oft auch mit dem menschlichen Körper aus. Das, was Sie hier in der Tüte sehen, ist die Hauptkomponente, also das Aggregat eines permanenten, normalerweise fest eingepflanzten Herzschrittmachers, und enthält auch die Batterie, den Impulsgeber und die Steuerelektronik. Zunächst habe ich es gar nicht für einen Herzschrittmacher gehalten, weil es so stark zerkaut ist, aber dann …« Bickel ging auf die andere Seite des Tisches an einen Schrank, der einem Kühlschrank ähnelte, und holte einen weiteren, etwas größeren durchsichtigen Beutel heraus, in dem sich Fleischreste befanden. »Dann sah ich das hier und bin stutzig geworden.«

»Was ist das?«, fragte Borg.

»Eingeweide«, sagte Bickel.

»Eines Menschen?«

»Ich denke schon. Es sieht nach einem Herzen aus, etwas Darm, und das hier«, er deutete auf den unteren Teil des Beutels, »sieht mir nach Überresten einer Leber aus. Zum Glück sind diese Dobermännern beim Fressen so gierig, dass sie vieles unzerkaut herunterschlucken, daher kann man die Organe noch einigermaßen erkennen … wobei – sie scheinen leicht verwest zu sein.«

Borg sah Spieß verwundert an und wandte sich dann wieder an den Tierarzt. »Haben Sie Herrn von Rotfelder von Ihrem Fund erzählt?«

»Natürlich nicht!«, sagte Bickel, als wäre es das Ungewöhnlichste, was er hätte tun können. »Ich habe auch dem Mann, der den Hund brachte, nicht gesagt, was ich dem Tier aus dem Magen gepumpt habe. Als ich aber erkannt habe, um was es sich handelt, habe ich es eingetütet«, berichtete der Arzt.

»Gut gemacht«, sagte Borg. Er bat darum, die Organteile für die Pathologie mitnehmen zu können, und gab Spieß den Beutel in die rechte Hand. Der nahm die dunkelbraune Masse angewidert entgegen. Borg selbst nahm sich die kleine Tüte mit dem Herzschrittmacher.

Der Tierarzt gab weitere Informationen: »Herr von Rotfelder hat beruflich mit Leichen zu tun.«

»Was Sie nicht sagen«, kommentierte Borg.

»Ich habe daher dem Angestellten von Herrn von Rotfelder geraten, die Tiere ein paar Tage nicht ins Gelände zu lassen. Ich will nicht riskieren, dass sie sich noch einmal an einer Leiche bedienen.«

Das hörte Borg gerne. Er wandte sich an Spieß: »Bringen Sie die Organe in die Pathologie. Ich fahre ins Krankenhaus. Ich kenne da jemanden, der mir mit dem Herzschrittmacher helfen kann.«

»Wie soll ich denn zum Präsidium zurückkommen?«, fragte Spieß, als Borg ihn vor der Praxis des Tierarztes stehen ließ und schnell zu seinem Auto ging, um nicht nass zu werden.

»Rufen Sie sich ein Taxi!«, rief Borg durch das kaputte Fenster, als er eingestiegen war. Er wandte alle Tricks an, um mit einem Arm zu lenken und zu schalten, während er mit dem rechten Oberschenkel das Lenkrad leicht drehte und mit den Füßen zwischen Gas, Bremse und Kupplung eine bühnenreife Tanzeinlage darbot.

Spieß schaute dem davonfahrenden VW hinterher, und die kalten Regentropfen fielen auf sein ratloses Gesicht.

»Tja, die Helix ist zerschmettert«, sagte Dr. Arne Brattström. Der Kardiologe hatte Borg im letzten Jahr erfolgreich behandelt. Der Kommissar hielt ihn nicht nur für einen der wenigen Spezialisten, die echte Fachkompetenz an den Tag legten, sondern auch für jemanden, der eine so oft im Gesundheitswesen fehlende Komponente an Menschlichkeit und Vertrauenswürdigkeit ausstrahlte.

»Was ist denn die Helix?«, fragte Borg.

»Die Helix-Elektrode, eine der modernsten Herzschrittmacher-Elektroden, ist ein kleines Bauteil dieses Schrittmachers. Ein Tochterunternehmen eines weltweit tätigen Technologiekonzerns stellt sie jetzt selbst in Serie her«, sagte Brattström, ohne zu Borg aufzublicken, und betrachtete das Gerät mit einer Lupe. »Wo haben Sie das her?«

»Ein Tierarzt hat es im Magen eines Hundes gefunden«, sagte Borg.

Brattström sah ihn erstaunt an. »Was es nicht alles gibt!«

»Kann man irgendwie zurückverfolgen, bei wem der Herzschrittmacher eingepflanzt gewesen ist?«, wollte Borg wissen.

»Alle implantierbaren Aggregate sind registriert und können über den betreuenden Arzt oder die Einrichtung, die es implantiert hat, einem

Patienten zugeordnet werden. Viele Aggregate werden sogar im Internet überwacht, und so kann man dann auch feststellen, wann das Gerät aus dem Patienten entfernt wurde. Verrückt, nicht?«

»Ja. Verrückt. In der Tat. Wie lange dauert das, so etwas herauszufinden?«

»Ich hab's noch nie gemacht«, erwiderte Brattström.

»Es wäre nett, wenn Sie herausfinden könnten, wer das Ding im Körper hatte, und es uns mitteilen. Das Tier, das den Herzschrittmacher verschluckt hat, lebt auf dem Gelände eines Bestattungsunternehmens. Meinen Sie, es hat den Herzschrittmacher gefunden und verschluckt?«, fragte Borg. Er hatte sich keine Antwort erhofft, die ihm hätte weiterhelfen können, doch Brattström erklärte: »Heute ist die Entfernung eines Herzschrittmachers ohne Zustimmung des Verstorbenen oder seiner Angehörigen nach § 168 des Strafgesetzbuches wegen Störung der Totenruhe strafbar. Die Explantation aus Toten, die verbrannt werden sollen – früher war das rechtlich wegen des Batteriegesetzes vorgeschrieben – ist bei den meisten modernen Krematorien heute nicht mehr erforderlich. Ich bezweifle also, dass man das Gerät in einem Bestattungsunternehmen herausgenommen hätte«, sagte der Arzt.

Das war alles hochinteressant. Es war an der Zeit, von Rotfelder unter Kontrolle zu behalten, dachte Borg.

Er ließ seine Karte da und verabschiedete sich von Dr. Brattström. Der begleitete ihn bis zur Tür und fragte noch einmal, ob es ihm gut gehe.

»Ja. Mir geht es sehr gut, bis auf den hier«, sagte Borg und hob den gebrochenen Arm. Erst draußen auf der Straße wurde er sich dessen bewusst: Es ging ihm sehr gut. Vor über einem Jahr hatte er mehrfach in Lebensgefahr geschwebt, und jetzt ging es ihm SEHR gut. Borg schüttelte den Kopf. Wieviel Widerstandskraft ein menschlicher Körper doch besaß, wie schnell er sich regenerieren konnte – und noch viel verwunderlicher: wie schnell ein Mensch vergaß.

KAPITEL 15

Double Jeopardy

Es war bereits kurz vor drei Uhr, als Oliver Borg mit einem mulmigen Gefühl in der Magengegend seinen Golf neben einem goldenen Leichenwagen parkte und den Schriftzug ›Dem Himmel so nah‹ über einer provisorisch mit Folie und Latten verschlossenen Schaufensterscheibe sah.

Er ließ den Schlüssel stecken, als er den Wagen verließ; eine innere Stimme riet ihm dazu. Es gab ihm ein Gefühl von Sicherheit, dass er sein Auto in einer Notsituation schnell starten könnte, um davonzurasen, ohne lange in seiner Hosentasche suchen zu müssen.

Borg nahm den Koffer, den er zu Hause gepackt hatte, von der hinteren Sitzbank und ging mit festem Schritt auf das Eingangsportal zu, dem einzigen Zugang zu den fünf Hektar Totenland des Johann von Rotfelder.

Der dürre Wachmann, den er von seinem ersten Besuch hier kannte, öffnete die Tür.

»Guten Tag«, sagte Borg. »Ich bin Herrn von Rotfelders Gast.«

Der Dürre ließ ihn ein, geleitete ihn stumm am Schauraum vorbei, den Gang hinunter bis zur anderen Seite des Gebäudes und dort zur Hintertür hinaus. Sie gingen über den nassen Rasen an den Grabsteinen vorüber, und Borg sah sich unentwegt um, um sich das Gelände besser einzuprägen, denn er war fest entschlossen, heute Nacht in der Dunkelheit eine Exkursion auf dem Gelände zu unternehmen.

Borg erblickte wieder die kleine Kapelle zu seiner Rechten, und die Erinnerung an die Beerdigung, die er miterlebt hatte, kehrte zurück. Weit hinten, vor der Mauer des Ehrenfriedhofs, ragte noch immer der Gittermastkran auf, und direkt vor ihm, hinter einem Hügel, erhob sich mit jedem weiteren Schritt, den er machte, das gezackte Dach eines Gebäudes. Hier also wohnte von Rotfelder.

Borg war überrascht. Je näher er dem Anwesen kam, desto heruntergekommener wirkte es. Hatte von Rotfelder nicht erwähnt, er habe das Haus neu bauen lassen? Und er hatte auch nur von einem Haus gesprochen. Dieses hier wirkte wie ein verkommenes kleines Schloss. Es stand einsam und auf den ersten Blick verlassen und verwahrlost mitten in der Landschaft, und nur die graue Mauer rund hundert Meter hinter dem Haus, wo das riesige Anwesen von Rotfelders zu enden schien, verhinderte, dass das Haus mit der düsteren Landschaft hinter der Abgrenzung eins wurde. Von der Straße aus war dieses Gebäude unmöglich zu sehen. Abgesehen davon, dass es ganz am Ende des Geländes lag, versperrten Bäume die Sicht auf das Gebäude, an dem alles an ein Geisterschloss in einem Horrorfilm erinnerte: die düstere Fassade, das grüne Kupferdach, an dem bereits die Farbe abplatzte, und die großen, dunklen Fenster.

Borg fragte sich, ob der Hausherr nicht da war, denn trotz des trüben Wetters brannte nirgendwo Licht.

An einem der Bäume, an denen sie vorbeigingen, hing ein dunkelgelbes Schild mit der Aufschrift »Unbefugten ist der Zutritt verboten«. Was für ein Quatsch, dachte er. Niemand hätte hier ohne Weiteres auf das Gelände kommen können, und nicht nur die Lebenden, sondern auch die Toten würden alles tun, um sich von von Rotfelder fernzuhalten. Dieser Mann, dem man bisher nichts anlasten konnte, war in Borgs Augen das personifizierte Böse, und sein riesiges Haus, das so viel Negatives ausstrahlte, verstärkte den Eindruck umso mehr.

Ihn schauderte, und er vergewisserte sich durch leichtes Bewegen der rechten Finger des Vorhandenseins seiner Waffe, die er im Gips trug.

Als sie direkt vor dem Eingangsportal angekommen waren, blieb Borg stehen. Der Mann, der ihn begleitet hatte, ging zur Tür und läutete. Der Ton der Klingel war hier draußen nicht zu hören.

Unter normalen Umständen hätte Borg jetzt den Koffer von einer Hand in die andere gewechselt, um sie zu entlasten, doch das war unmöglich.

Er schaute sich das beeindruckende Gebäude genau an, während er darauf wartete, dass ihnen geöffnet wurde. Der Grundriss war kaum zu erahnen. Das Haus war einfach zu groß, und an den Fenstern konnte man nicht erkennen, ob sich dahinter ein Wohnzimmer, eine Küche, ein Bad oder ein Schlafzimmer befand.

Borg erblickte über dem Eingang das Mosaik einer Frau, das von griechischen Vorbildern inspiriert worden war. Er blickte der Mosaikfrau in die Augen, und etwas Warnendes ging von ihnen aus. Schnell wandte Borg den Blick wieder ab und starrte auf die Tür. Er würde doch jetzt nicht etwa Nerven zeigen?

Die Tür wurde geöffnet, und erleichtert nahm Borg zur Kenntnis, dass sie nicht das Knarren großer Türen von Spukschlössern von sich gab und im Türrahmen auch keine monströse Gestalt auftauchte.

»Guten Tag, mein Herr! Ich bin Gustav, der Hausdiener von Herrn von Rotfelder. Kommen Sie herein. Herr von Rotfelder erwartet Sie im Anbau, in dem sich auch Ihr Zimmer befindet.«

So, so, dachte Borg. Sein Gastgeber hatte also auch einen Diener. Wie hatte sich von Rotfelder dieses Anwesen nur leisten können? Verdiente er mit dem Tod tatsächlich so viel Geld?

Der Mann vom Wachschutz, der Borg bis hierhin geleitet hatte, machte wortlos kehrt und ging zurück in Richtung der Bäume, aus der sie gekommen waren. Borg trat in das Haus ein und erwartete, dass Gustav ihm seinen Koffer abnehmen würde, doch nichts dergleichen geschah.

Sie befanden sich in einer kleinen Vorhalle, und hier drinnen erschien das Gebäude wesentlich weniger alt als von draußen. Das ganze Anwesen war wohl vor Kurzem renoviert worden. Schwere tiefrote Vorhänge hingen an den Fenstern, und im ersten Raum, den sie passierten, als sie einen langen dunklen Gang entlanggingen, standen nur wenige Stühle, die im Saal recht verloren wirkten.

Im Geist hörte Borg Tanzschritte und Gespräche von noblen Gesellschaften, die hier einst ein und aus gegangen waren. Die Aura des Hauses hatte diese Bilder in Borgs Kopf hervorgerufen, und er versuchte, die Gedanken abzuschütteln. All diese Menschen, die hier einst gedacht, geatmet und diniert hatten, waren längst tot und zu Staub zerfallen, oder ihre Skelette lagen noch immer auf dem historischen Friedhof, den von Rotfelder ihm von Weitem gezeigt hatte. Es war, als befände man sich mitten in einem Gruselfilm.

Automatisch ging Borg im Gleichschritt mit Gustav über das Parkett, als plötzlich ein Kindergesicht in einer offen stehenden Tür auftauchte. Borg erschrak und blieb stehen.

»Verzeihen Sie, Herr Borg. Kinder«, sagte Gustav entschuldigend.

Das Mädchen sah ihn mit weit aufgerissenen Augen an, und Borg kam das Gesicht bekannt vor.

»He! Du bist doch Jeopardy?«, fragte er.

Das Mädchen antwortete nicht.

»Sei höflich, mein Schatz, und sage Herrn Borg, wer du bist!« Die fremdbekannte Stimme kam aus dem Raum, aus dem das Mädchen den Kopf hervorgestreckt hatte. Das war von Rotfelder, der da sprach.

Das Kind zog seinen den Kopf wieder ins Zimmer zurück.

Gustav öffnete die Tür weiter und blieb stehen. Er bedeutete Borg, hineinzugehen, und als der mit seinem Koffer in der Hand um die Ecke bog und durch die Tür ging, sah er von Rotfelder an einem großen Schreibtisch sitzen.

Das Mädchen hatte sich mit einer altmodischen Puppe im Arm auf ein rotes Zweiersofa gesetzt, das in der Nähe eines Bücherregals in diesem hohen Zimmer stand.

»Sie sind also wirklich gekommen? Mein Beschützer, mein Retter!« Von Rotfelder sagte das mit einem leicht abwertenden Tonfall. Er stand auf und ging auf Borg zu.

»Ich habe mich noch gar nicht bei Ihnen bedankt, Herr Borg.« Er streckte seine rechte Hand mit den langen weißen Fingern aus. »Sie haben mir das Leben gerettet.«

Borg fühlte sich dämlich. Er konnte die Hand von von Rotfelder nicht schütteln: Der rechte Arm war eingegipst, in der linken Hand trug er den Koffer. Borg stellte den Koffer ab, und genau in dem Moment, in dem er unüblicherweise die linke Hand vorstreckte und sie von Rotfelder zur Begrüßung oder zur Entgegennahme des Dankes reichte, ließ der, als hätte er es nicht bemerkt, seine Hand sinken und wandte sich dem Mädchen auf dem Sofa zu.

»Das ist Luzi, meine Tochter«, sagte von Rotfelder. »Ich bitte Sie, ihr unhöfliches Verhalten zu entschuldigen. Die Kleine ist etwas schüchtern.«

Luzi?, dachte Borg. Er hatte das Kind doch schon einmal auf dem Friedhof gesehen, und von Rotfelder hatte es Jeopardy gerufen.

»Und das ist Jeopardy«, sagte von Rotfelder genau in diesem Moment und wies mit der Hand zur Tür.

Im Türrahmen stand ein identisch gekleidetes Kind. Es glich Luzi bis aufs i-Tüpfelchen.

So war das also: Zwillinge.

Jeopardy lächelte Borg an. »Oh! Ihr zwei seid Zwillinge«, sagte er unnötigerweise.

»Ihre Beobachtungsgabe spricht dafür, dass Sie gut aufgehoben sind in einem Beruf, in dem es darauf ankommt, alles sofort zu erfassen«, sagte von Rotfelder, und Borg erkannte die bewusste Herabwürdigung seiner Fähigkeiten. Jeder Mensch hätte sofort erkannt, dass die beiden Mädchen Zwillinge waren.

»Nun sind Sie also für kurze Zeit mein Gast, Herr Borg …« Von Rotfelder hatte das Wort ›kurze‹ übertrieben betont, »… und ich kann kaum glauben, dass es sich nicht um Zeitverschwendung Ihrerseits handelt, denn ich habe meinen eigenen Wachschutz, wie Sie wissen, und ich glaube auch nicht, dass jemand versuchen würde, mich umzubringen. Ich habe keine Feinde.« Von Rotfelder schloss sein Jackett bis zum letzten Knopf. Als er auf die Tür zuging, bedeutete er Borg mit einer Geste, ihm zu folgen.

Borg nahm den Koffer wieder auf, Jeopardy machte den beiden Männern Platz, und sie gingen wieder auf den Flur hinaus.

»Ein beeindruckendes Haus haben Sie«, sagte Borg.

»Der Platz, auf dem mein Haus gebaut worden ist, war nicht immer bebaut. Er hat damals auch als Friedhof gedient und ist erst viel später in ein Baugrundstück umgewandelt worden: Die Lebenden bauen ihre Häuser und machen den Toten ihr Gebiet streitig«, sagte von Rotfelder amüsiert und lachte.

»Irgendwann zieht jeder um«, sagte Borg und bezog das darauf, dass auch von Rotfelders Zeit kommen würde.

Von Rotfelder schien das gar nicht gehört zu haben, konnte sich eine Reaktion dann aber doch nicht verkneifen: »Niemand wäre so dumm, mich umbringen zu wollen«, sagte er gleichmütig.

Borg freute sich innerlich. Zum einen war es ihm gelungen, durch das gespielte Attentat im Schauraum nun die Möglichkeit zu haben, an von Rotfelders Seite zu bleiben, zum anderen hatten die Schüsse aus Spieß Scharfschützengewehr den von sich so überzeugten von Rotfelder in seinen Grundfesten erschüttert. Bestimmt dachte er jede Sekunde an den auf ihn verübten Anschlag.

»Unsere Ermittlungen gehen in alle Richtungen. Wir werden den oder die Täter ganz sicher finden, aber es ist umso wichtiger, Sie zu schützen. Man weiß nie, wer der wirkliche Bösewicht ist. Manchmal gibt es am Ende eine böse Überraschung.« Borgs Worte klangen unschuldig und beschwichtigend, aber bei aller Ekelhaftigkeit, die von Rotfelder an den Tag gelegt hatte, konnte sich Borg nicht zurückhalten, auch einmal Paroli zu bieten: »Oft ist der Schurke ein völliger Idiot, der glaubt, nie gefasst zu werden. Ein Dummkopf ersten Ranges, der bescheuerte Fehler macht und sich damit verrät. Und bisher haben wir alle erwischt.«

Von Rotfelder blieb stehen, und Borgs Herz schlug schneller. Von Rotfelder drehte sich langsam um. Sein Mund formte ein kleines Mauseloch. Er sah Borg in die Augen, holte tief Luft und begann eindrücklich zu sprechen: »Um es mit Erasmus von Rotterdams ›Lob der Talente‹ zu sagen: Ohne gewisse Dummheit käme der Mensch bisweilen nicht einmal auf die Welt.« Kaum ausgesprochen, ging von Rotfelder wieder langsam weiter.

»Ich zeige Ihnen jetzt, wo Sie unterkommen. Ich erwarte von Ihnen, dass Sie sich so unauffällig wie möglich verhalten.«

Von Rotfelder machte vor einer großen Tür halt, drehte einen Schlüssel mit klobigem Griff um und öffnete den Durchgang.

Borg hatte erwartet, er würde jetzt das Zimmer zu sehen bekommen, in dem er wohnen sollte, doch da hatte er sich geirrt. Die Tür führte in einen weiteren Gang, und der mündete in einen Anbau.

»Da hinten sind die Unterkünfte meiner Mitarbeiter. Hier wohnen die Sargträger, mein Gärtner und die Sicherheitsleute. Lediglich meine Familie und ich und mein Diener wohnen im Haupthaus.«

Von Rotfelder schritt majestätisch durch die Tür, die er offen stehen ließ, und Borg folgte ihm wieder. Es war völlig unmöglich, sich den Grundriss dieser unteren Etage und des Nebengebäudes einzuprägen, das sie jetzt durch diesen Gang betraten.

Borg bekam Zweifel, ob er hier überhaupt den Überblick behalten, geschweige denn Nachforschungen anstellen konnte.

Im Gang rechts und links an den Wänden hingen Bilder, die man hier kaum erwartet hätte. Hatten im Haupthaus noch alte Gemälde und verstaubte Stiche an den Wänden ihren Platz gehabt, so waren in dem schlecht beleuchteten Gang, in dem bis zu vier Personen nebeneinander hätten gehen können, Bilder von mehr oder weniger bekannten, meist zeitgenössischen Künstlern in ungewöhnlich exotischen Rahmen aufgehängt worden. Borg erkannte einige und wunderte sich über die seltsame Zusammenstellung der Prominentenbilder, denn es waren Musiker, Schauspieler und Politiker. Rechts an der Wand erkannte Borg John Lennon, Abraham Lincoln, John F. Kennedy und dessen Bruder Robert sowie auf der linken Seite Che Guevara, Martin Luther King, Mahatma Gandhi und die wunderschöne

Sharon Tate. Diese ihm bekannten Personen hingen nach einem nicht durchschaubaren System neben Bildern des amerikanischen Rappers Nipsey Hussle sowie von James A. Garfield, William McKinley, Ex-Playmate Dorothy Stratten, Gianni Versace, Model Reeva Steenkamp, Schauspielerin Adrienne Shelly und Rapper Pop Smoke, die Borg allesamt nicht erkannte oder nicht namentlich hätte zuordnen können. Damit endete diese seltsame Galerie noch lange nicht: Gesichter wie das des Rappers Tupac Amaru Shakur, der Sängerin Christina Victoria Grimmie sowie der Schauspieler Bob Crane und Brandon Lee hatte er noch niemals gesehen. Ein Bild, das schon wegen der doppelten Größe im Vergleich zu den anderen aus Borgs Sicht so gar nicht in die Reihe passte, dominierte diesen Durchgang. Es zeigte den Modemacher Rudolph Moshammer, den er immerhin erkannte.

Der Gang endete an einer weiteren Tür, die auch aufgeschlossen wurde, und der Hausherr führte Borg in einen kalt eingerichteten Anbau, der wie ein kleines Hotel aussah. Die Wände waren weiß gestrichen, es gab keine gemütlich wirkenden Möbel, und von der kleinen Vorhalle führten zwei Gänge zu Zimmern, die rechts und links lagen.

Von Rotfelder bog in den Gang nach links ab und gab Borg einen Schlüssel, den er aus seiner Hosentasche gezaubert hatte.

»Sie haben Zimmer 4. Ich erwarte Sie heute Abend zum Abendessen. Gustav wird Sie um 20:00 Uhr abholen. Sicher sind Sie gespannt darauf, meine Familie und meine engsten Mitarbeiter kennenzulernen. Bis dahin würde ich Sie zunächst bitten, im Zimmer zu bleiben.«

»Es ist mir doch sicher gestattet, mich auf dem Gelände frei zu bewegen?«, fragte Borg.

»Aber Herr Borg, schauen Sie doch mal raus. Es gießt in Strömen. Draußen ist es matschig, und es wird auch bald dunkel. Ich will nicht riskieren, dass Sie in ein ausgehobenes Grab fallen oder sich anderweitig verletzen. Wenn meine Mitarbeiter alles abgesichert haben, dann steht es Ihnen natürlich frei, sich auf dem Friedhofsgelände umzusehen und sich Gedanken über ihr Ende zu machen.«

Was? Hatte von Rotfelder das wirklich gesagt?

»Wie bitte?«, fragte Borg.

»Ich meine das Ende Ihrer Ermittlungen«, sagte Rotfelder und lächelte schmierig.

»Ich dachte, Sie meinten das Ende meines Lebens«, sagte Borg streng.

»Wenn es so gewesen wäre, dann sollten Sie es mir nicht verübeln. Der Tod gehört zum Leben dazu«, erklärte von Rotfelder, und seine kleinen, spitzen Zähne wurden von den schmalen Lippen freigegeben. »Vielen Menschen wird erst auf einem Friedhof klar, dass sie vergänglich sind. Natürlich hoffe ich für Sie genau wie für mich auf ein langes Leben.

Und jetzt bitte ich Sie, mich zu entschuldigen. Ich habe noch zwei Kundengespräche. Wir wollen die Hinterbliebenen in ihrer schweren Zeit doch nicht warten lassen.« Von Rotfelder drehte sich um und ließ Borg vor der Tür seines Zimmers stehen.

Der Mann schwebte förmlich durch den Gang. Keiner seiner Schritte bewegte seinen Körper wahrnehmbar von einem Bein auf das andere. Der Körper wurde gespenstisch wie von Rollen getragen. Die Gestalt verlor im schwächer werdenden Licht alle Farben und war dann nur noch eine schwarze Silhouette, die kleiner und kleiner wurde.

Borg schaute dem weggehenden Mann lange hinterher und dachte nichts. Eine Fähigkeit, die nur Männer zu haben schienen: nichts zu denken. Seine Psychologin Dagmar Tickel hatte das in einer der letzten Sitzungen erwähnt, und als er den ersten Gedanken nach dem Nichts fasste, war ihm klar, dass sie recht gehabt haben musste. Vielleicht hatte sie mit so manchem recht.

Borg öffnete die Tür, trat in einen kleinen Raum, der wie ein Hotelzimmer eingerichtet war, und schloss hinter sich ab. Es gab einen Fernseher, ein Telefon, eine Kaffeemaschine und einen kleinen Kühlschrank. An einer Zimmerseite befand sich ein kleiner runder Tisch, auf dem verschiedene Spirituosen standen.

Er warf einen flüchtigen Blick in das winzige Badezimmer und erkannte im Dunkeln eine Badewanne. Er stellte den Koffer vor sein Bett, pellte sich umständlich aus der Jacke, die er an einen der drei Garderobenhaken hängte, und ging auf die Minibar zu. Die Flaschen, die kreisrund angeordnet waren und in deren Mitte ein kleiner Teller mit Keksen stand, waren alle unangetastet. Es handelte sich ausschließlich um Liköre aus der Schlitzer Destillerie. Borg hob eine Flasche nach der anderen an, und nachdem er Sorten wie Williams Christbirne, Rhönwurz Kräuterlikör und Burgen Nussler wieder zurückgestellt hatte, entschied er sich für den Schlitzer Whisky Liqueur. Doch wo gab es Gläser? Borg öffnete einen Unterschrank, den er zuerst gar nicht gesehen hatte.

Er nahm sich ein Likörglas, öffnete die Flasche und ließ die goldene Flüssigkeit in das Glas laufen.

Der Alkohol duftete hervorragend, und Borg nahm einen großen Schluck. Das wohlig warme Gefühl in seiner Speiseröhre brachte ihn zur Besinnung. Das war kein Urlaub! Das war kein Hotel! Er musste sich konzentrieren und durfte sich hier nicht auf die faule Haut legen. Es gab zu tun. Borg leerte das Glas mit einem großen Schluck.

Nun holte er alles aus seinen Taschen und warf auch seinen Polizeiausweis auf den Tisch. Er schaute auf das Foto. Zuerst dachte er, er hätte ein charmantes Lächeln, dann dachte er, das Lächeln in den Augenwinkeln sei eher spöttisch, etwas hochmütig und abweisend, aus Eigenliebe und einem Gefühl der Überlegenheit herrührend. Doch dann stellte er eine Art Kummer fest, begleitet von dem Ausdruck tiefer Einsamkeit und einem vagen Entsetzen. Es war ganz bestimmt nicht das Gesicht eines Gewinners. Eine gewisse Bitterkeit zeichnete sich darin ab, das übliche flüchtige Lächeln, das auf unbewusstem Glück beruhte, war nicht zu erkennen, eher der Zweifel am Glück. Er fand das Bild plötzlich erschreckend, und ihn erfasste das Gefühl der Leere, des Fallens, ohne jemals auf dem Boden aufzukommen. Er drehte den Ausweis um, denn er wollte dieses Foto nicht mehr anschauen.

Als er gerade beschlossen hatte, seinen Koffer zu öffnen, hörte er, dass sich jemand von draußen an seiner Tür zu schaffen machte.

Borg verhielt sich mucksmäuschenstill, um alle Geräusche genau zuordnen zu können. Da hatte jemand die Klinke heruntergedrückt. Niemand wäre so unhöflich gewesen, einzutreten, ohne vorher anzuklopfen, dachte Borg und ging leise auf die Tür zu. Da wieder: Die Klinke wurde draußen niedergedrückt. Borg stellte sich seitwärts zur Tür, sodass seine Waffe mit der Mündung im Gips direkt auf sie zeigte. Langsam drehte er mit der linken Hand den Schlüssel herum und entriegelte das Schloss. Es war ein weiterer Beweis dafür, dass dieser Anbau nicht nur neu, sondern das hier auch an den Materialien nicht gespart worden war: Das Schloss entriegelte sich lautlos.

Jetzt senkte sich die Klinke ein drittes Mal. Borg wurde aktiv, er drückte die noch in Bewegung befindliche Klinke mit einem Ruck nieder und riss die Tür auf.

Das kleine Mädchen sprang voller Überraschung einen Schritt zurück.

»Meine Güte, hast du mir einen Schrecken eingejagt!«, stieß Borg hervor und entspannte seinen Zeigefinger am Abzug seiner P99. »Was machst du denn hier … Luzi? Jeopardy?«

»Ich bin Jeopardy«, sagte das Kind und ging an ihm vorbei in sein Zimmer.

»Darfst du denn hier sein?«, fragte Borg.

Es schüttelte den Kopf. »Mama hat mich hergeschickt. Ich soll Ihnen das hier geben.« Sie zog einen leicht geknüllten Brief aus der Tasche ihrer Strickjacke. »Aber«, betonte sie, »ich soll mich nicht erwischen lassen!« Sie lächelte. »Hab' ich nicht. Keiner hat mich gesehen.«

Borg nahm den Brief verwundert entgegen. Es ist gut, Verbündete zu haben, dachte er, schloss die Tür, öffnete den Brief und begann zu lesen.

»Sehr geehrter Herr Borg,

wie ich erfuhr, sind Sie hier, um meinen Mann zu beschützen. Er benötigt keinen Schutz. Finden Sie den Menschen, der die Schüsse abgefeuert hat, aber verlassen Sie dieses Anwesen umgehend. Hochachtungsvoll.«

Borg stutzte. Das konnte man so oder so interpretieren. War die Frau von Johann von Rotfelder um ihren Mann oder um ihn besorgt?

Borg bedankte sich bei dem kleinen Mädchen, das jetzt auf seiner Bettkante saß und mit den Beinen baumelte.

»Mama hat gesagt, ich soll gleich zurückkommen.«

»Na, dann los!« Er öffnete die Tür.

»Hast du Schokolade?«, fragte sie.

»Leider nicht.«

Sie hüpfte vom Bettrand, rannte an ihm vorbei und verschwand im Flur Richtung Vorhalle.

Borg schloss die Zimmertür wieder, legte seinen Koffer aufs Bett und wollte ihn öffnen, als ihm einfiel, dass auf der kleinen Minibar ein Teller mit Keksen stand – die hätte er ja Jeopardy anbieten können.

Es klopfte.

Er öffnete, und wieder blickte er in Kinderaugen. »Ich hab' wirklich keine Schokolade, aber ich hab' Kekse gefunden«, sagte er.

»Ist meine Schwester hier?«, fragte das Mädchen, das vor ihm stand.

»Ach, du bist das!«, sagte Borg. »Luzi? Stimmt's?«

Das Mädchen spähte in das Zimmer.

»Sie war hier und ist jetzt wieder zu deiner Mutter gelaufen«, sagte Borg.

Sie schaute misstrauisch in den Raum.

»Jeopardy ist weg. Aber willst du einen Keks? Du kannst ihr ja einen mitnehmen.« Borg wartete nicht auf eine Antwort. Er ging zur Bar, hob den kleinen Teller aus der Mitte des Flaschenkreises, kam zur Tür zurück und hielt ihn Luzi vor die Nase. Was er jetzt sah, überraschte und schockierte ihn zugleich: Die kleine Luzi hob beide Hände, aber von Händen konnte man kaum sprechen. Lediglich einen Finger hatte sie an jeder Hand: jeweils den Zeigefinger; alle anderen waren nicht vorhanden. Sie führte die beiden Finger geschickt zusammen und klemmte damit wie mit einer Pinzette einen der Kekse zwischen den Fingerkuppen ein. Borg wusste in diesem Moment nicht, ob er etwas sagen oder fragen sollte. Er schaute wie gebannt auf die missgebildeten Hände des Kindes.

Als Luzi den Keks sicher eingeklemmt hatte, führte sie ihn zum Mund und schob ihn direkt hinein. Ohne einen weiteren zu nehmen oder etwas zu sagen, drehte sie sich um und verschwand, wie auch ihre Schwester vor wenigen Minuten, mit schnellen Schritten im Gang.

KAPITEL 16

Liebling der Götter

Sina Bachmann hatte den Tag völlig anders verbracht als Borg. Sie war, nachdem sie die Wohnung von Nico Adermann verlassen hatte, zu sich nach Hause gefahren, hatte geduscht und war dann ins Präsidium geeilt.

In einem kurzen Treffen hatte Polizeichef Koller sie darüber informiert, dass Borg zum Personenschutz von Johann von Rotfelder eingeteilt sei und sie weiter in der Missbrauchsgeschichte ermitteln sollte.

Da Sina keine weiteren Beweise auf den Rechnern im Fitnesscenter gefunden hatte, wollte sie nun ihr Glück in einer anderen Filiale der Kette versuchen.

Frederick Koller war damit einverstanden. Mit Zustimmung des Inhabers der GoSports-Kette, Benji Lind, sollte Sina Bachmann in einer anderen Filiale der Kette in Braunschweig recherchieren.

»Lind ist sehr daran interessiert, dass diese Sache aufgeklärt wird. Er möchte nicht, dass irgendwas an die Öffentlichkeit gerät, und er will, dass wir die Schuldigen in seinem Unternehmen finden und ihnen das Handwerk legen. Ich denke, es wird keine Schwierigkeiten geben, Sie in einer anderen Filiale ermitteln versetzen zu lassen«, hatte Koller gesagt. Er wollte sich zügig bei ihr zurückmelden. »Brauchen Sie noch etwas?«

Sina hatte kurz überlegt und dann gefragt: »Können Sie mir bitte noch einmal meinen Lebenslauf als Dana Hiller rüberschicken? Ich hatte den ersten nur als Ausdruck und vernichtet, nachdem ich ihn mir eingeprägt hatte.«

»Das sollten Sie ja auch. Es wäre etwas unpraktisch, wenn man ihn bei Ihnen gefunden hätte«, hatte Koller geantwortet und zugesagt, ihr das Dokument ihrer Scheinidentität zukommen zu lassen.

Als Sina nun in ihrem Büro saß und frustriert wieder und wieder die Videos sichtete, auf denen kleine Kinder durch die Hölle gingen, wurde ihr kalt.

Die Nacht bei Nico Adermann war zwar schön und aufregend gewesen, der Morgen danach hatte sich aber als grauenhaft ernüchternd entpuppt. Wer wollte schon neben einer Riesenschlange aufwachen?

Sie rief sich die Bilder gerade ins Gedächtnis zurück und erschrak sehr, als es an ihrer Bürotür klopfte. Wider Erwarten war es jedoch nicht Koller mit dem Lebenslauf, sondern Spieß, der nach seinem Besuch beim Tierarzt mit Borg zurück ins Präsidium gefahren war.

»Hallo, Sina. Na, wie laufen die Ermittlungen? Gibt es etwas Neues?« Spieß fühlte sich bei Sina wohler als in Borgs Nähe.

Sie staunte kurz über seinen Gipsarm, sprach ihn aber nicht darauf an.

»Nichts. Ich sehe mir diese scheußlichen Videos an und suche nach Hinweisen. Wie können Menschen nur so etwas tun?« Ihr Gesichtsausdruck zeigte Verzweiflung, und sie versuchte, sich davor zu bewahren, sich in die Lage der betroffenen Eltern hineinzuversetzen.

»Abscheulich. Ich weiß.«

»Weswegen bis du hier?«

»Borg hat mich gebeten, dir einen kleinen Auftrag zu übermitteln.«

Sina wusste nicht, ob sie sich gut oder schlecht fühlen sollte, als sie Borgs Namen hörte. Es hätte etwas werden können mit ihm, als sie damals gemeinsam ermittelt hatten. Hätte. Jetzt war sie an Adermann geraten.

»Was will er denn?«

»Er möchte, dass du mit Tom Logan Kontakt aufnimmst und von ihm Informationen über Ratten und ihre Lebensgewohnheiten besorgst. Außerdem will er wissen, ob diese Tiere an Leichen fressen.«

»Warum googelt er nicht?«, fragte Sina.

»Du kennst ihn doch. Er glaubt nie, was im Internet steht.«

Tom Logan war Professor an der Braunschweiger Universität und arbeitete auch als Gerichtsmediziner. Er war drauf und dran, die erste Body Farm in Niedersachsen zu eröffnen, aber die Behörden hatten es ihm bisher verweigert. Logan wurde oft zu Tatorten gerufen, wenn man nicht weiter wusste oder die Leichen bereits von Insekten oder anderen Tieren besiedelt oder angefressen waren.

»Na gut. Ich komme hier ohnehin nicht weiter. Ich nehme mal zu Logan Kontakt auf. Was machst du denn jetzt?«

»Borg hat gesagt, ich soll abrufbereit sein. Er würde sich bei mir melden.«

Als Spieß das Büro wieder verlassen hatte, schloss Sina alle Dateien am PC und ließ sich telefonisch mit Tom Logan verbinden. Sie hatten beim letzten Fall, am Hafen in Braunschweig, nur kurz miteinander zu tun gehabt, und Logan erinnerte sich nicht an sie.

Sina befragte Logan zu Ratten und war selbst überrascht, als sie von ihm erfuhr, was Borg wissen wollte. Logan hatte alle Fakten aus dem Stegreif parat: »Die Ratten fressen mit Vorliebe zuerst an vorspringenden Körperteilen, Ohren, Nase, Finger, Zehen, aber auch anderswo, und können die Leichen Erwachsener erheblich beschädigen und ganze Körperteile skelettieren. Das scheint ja wieder ein interessanter Fall zu sein, an dem Sie arbeiten«, sagte der gelernte Gerichtsmediziner.

»Erschütternd«, antwortete Sina.

Logan fuhr fort: »Aber aufpassen: Die Fressstellen der Ratten können auf den ersten Blick mit vitalen Verletzungen verwechselt werden. So zum Beispiel die Kratzeffekte ihrer Krallen mit Würgespuren. Wo haben Sie die Leiche denn gefunden?«

»Genau genommen haben wir noch keine Leiche gefunden. Mein Kollege Oliver Borg ermittelt in einem Fall und meint, eine Ratte habe eine Kinderhand in der Schnauze gehabt. Wir haben das aber nur auf Filmaufnahmen, daher stellt sich die Frage, ob Ratten überhaupt an Leichen gehen.«

»Das tun sie«, bestätigte Logan. »Wenn Sie die Körperteile zur Sichtung vorliegen haben, dann melden Sie sich gern wieder bei mir.« Er überlegte kurz, bevor er weitersprach: »Bis zu einem gewissen Grad typisch für den Rattenfraß sind die infolge der Nagezähne bogenförmig eingekerbten und angenagten Hautränder der Verletzungen. Man sieht da in der Umgebung des Lochs manchmal die Abdrücke der Nagezähne.« Logan war voll in seinem Element. Er redete über diese abscheulichen Vorfälle wie ein Verkäufer, der die Vorteile eines Produktes hervorheben will, um es an den Mann zu bringen.

»Ich glaube, das ist schon viel zu detailliert. Herr Borg wollte nur wissen, ob Ratten tatsächlich Leichen anfressen«, sagte Sina. Sie konnte sich lebhaft vorstellen, wie diese Nagetiere auf einem toten Kind herumliefen.

»Wasserratten sind besonders gefräßig«, fügte Logan hinzu. »Aber Sie sagten, die Ratte habe eine Hand mit sich geschleppt …« Logan schien wieder zu überlegen.

»Halten Sie das für möglich?«, wollte Sina wissen.

»Na ja, üblicherweise haben eher Füchse die unangenehme Eigenschaft, Teile einer Leiche, auch wenn sie eingegraben ist, besonders Knochen oder Stücke der Gliedmaßen, oft mehrere hundert Meter weit zu schleppen. Diese Tatsache machte uns in den letzten Jahren bei der Aufklärung von Fällen besondere Schwierigkeiten. Ich erinnere mich an einen Fall, bei dem im Elm die Armbanduhr eines Opfers abgerissen und ebenfalls weggeschleppt worden war. Ich vermutete zuerst, dass es sich um einen Mord handelte und sie im Kampf vom Arm gerissen worden war, doch der zerrissene Lederriemen zeigte deutliche Zahnabdrücke der Ratte. Also sagen Sie Herrn Borg, dass er nicht gleich an Mord denken soll. Und grüßen Sie ihn schön von mir.«

Sina dankte Tom Logan und wollte gerade auflegen, als Koller ihr Büro betrat. Was bildete sich dieser Pastillen lutschende Mensch ein? Er kam herein, ohne anzuklopfen, und stellte sich unangenehm dicht neben Sina, die mit ihrem Bürostuhl ein Stück zurückrollte, um die persönliche Distanzzone zu erreichen.

»Einen Augenblick bitte«, vertröstete sie Professor Logan am Telefon und wandte sich Koller zu.

Koller war es völlig egal, dass Sina Bachmann ein Telefon am Ohr hatte. In ignoranter Chefmanier begann er einfach zu sprechen: »Ich habe Borg gerade verpasst, aber Sie stehen ja vermutlich mit ihm und Spieß direkt in Telefonkontakt. Wir haben die Ergebnisse der Leichenteile und des Herzschrittmachers, die der Tierarzt aus dem Magen des Kampfhundes von Johann von Rotfelder herausgeholt hat.«

Koller warf eine sehr dünne Akte und einen Zettel auf Sinas Schreibtisch. Er wirkte verärgert. »Ich bin doch nicht blöd! Wer auf von Rotfelder geschossen hat, weiß ich nicht, aber ich bin sicher, dass Borg nicht deshalb in seiner Nähe sein will. Personenschutz hat er noch nie gemocht. Er glaubt, von Rotfelder sei in die Morde verwickelt. Völliger Quatsch!« Koller fummelte an den Kugelschreibern herum, die Sina in einem kleinen Kaffeebecher auf dem Schreibtisch stehen hatte. »Es sieht so aus, als wäre von Rotfelder nicht so böse, wie Borg sich das wünscht. Die Organteile, die der Hund im Magen hatte, gehörten zu einer Leiche, und wir wissen auch, um wen es sich handelt: Manfred Leinen.« Er tippte auf den Autopsiebericht, den er auf den Schreibtisch geworfen hatte.

Sina verstand nicht und sah das völlig anders. »Ist das nicht ein direkter Hinweis, dass Borg mit von Rotfelder genau den Richtigen verdächtigt?«

»Eine völlige Sackgasse«, stieß Koller hervor. »Borg jagt einem Hirngespinst hinterher. Dieser Manfred Leinen war 83 Jahre alt. Er ist eines natürlichen Todes gestorben, und zwar schon letzte Woche. Die Beisetzung fand zwar bei ›Dem Himmel so nah‹ statt, war aber auch bereits letzte Woche. Ich vermute, der Hund ist irgendwie an die Leiche herangekommen oder hat sie vielleicht sogar ausgegraben – würde mich bei diesem großen Friedhof nicht wundern, wenn es keinem auffällt. Außer der Tatsache, dass von Rotfelder seine Tiere nicht unter Kontrolle hat, können wir dem Mann nichts nachweisen. Da wird ein Richter noch nicht mal Leichenschändung in Betracht ziehen. Spieß soll hinfahren, mit von Rotfelder sprechen und sich Leinens Grab anschauen.« Koller sprach schnell, und vor allem: Er hatte sich neuerdings angewöhnt zu nuscheln. Sina musste ihn ganz genau anschauen, um alles verstehen zu können. Teilweise schaute sie auf seinen Mund, um die Worte, wenn sie sich in Kauderwelsch verwandelt hatten, durch die Formung seiner Lippen abzulesen. »Er nuschelt so stark, dass er sich teils nicht mal versteht, wenn er Selbstgespräche führt«, hatte Borg vor einiger Zeit gesagt, und jetzt konnte Sina ihm wieder völlig recht geben.

Koller ging zur Tür, ohne sich zu verabschieden. »Übrigens: Sie arbeiten morgen bei GoSports in der Luisenstraße. Die Chefetage der Kette hat zugestimmt, dass Sie jetzt dort ermitteln dürfen. Ihr Ansprechpartner ist ein gewisser Kai Maue. Die Kopie ihrer Tarnidentität lassen ich Ihnen morgen zukommen. Ich hab noch genug zu tun.« Koller brabbelte noch etwas Unverständliches, das wohl nur für ihn wichtig war, und verschwand. Als er die Tür hinter sich geschlossen hatte, fiel Sina ein, dass sie noch Tom Logan in der Leitung hatte.

»Sind Sie noch da?«

»Ja«, sagte Logan.

»Entschuldigen Sie, dass Sie warten mussten. Ich wollte mich noch bedanken und mich von Ihnen verabschieden.«

»Auch wenn das nicht die feine englische Art ist«, stammelte Logan, »aber ich habe Ihr Gespräch eben mithören können …«

»Nicht schlimm«, sagte Sina. »Es ist derselbe Fall.«

»Deshalb spreche ich Sie darauf an. Was der Mann eben gesagt hat, ist nicht ganz plausibel. Dass Hunde an menschlichen Leichen fressen, kommt sehr selten vor, es sei denn, dass die betreffenden Personen von ihnen vorher getötet worden sind. Bekannt ist lediglich, dass außerhalb Europas, besonders in der Mongolei und in Tibet, wildlebende Hunde, die eine stärkere wolfsartige Entwicklung zeigen, als rituell und religiös anerkannte Leichenfresser in Betracht kommen.«

Sina hatte, während Logan sprach, die kleine Mappe aufgeschlagen und sporadisch darin gelesen.

»Aber der Autopsiebericht besagt eindeutig, dass der Mann, von dem die gefressenen Organe stammen, eines natürlichen Todes gestorben ist. Per Herzschrittmacher wurde er identifiziert.«

»Das mag ja sein«, sagte Logan, »aber dann gibt es nur zwei Möglichkeiten: Der Hund war völlig ausgehungert, oder er wurde bewusst mit den Leichenteilen gefüttert.«

Nach dem aufschlussreichen Gespräch schrieb Sina Borg eine Nachricht, in der sie die Fakten kurz zusammenstellte:

»Organe und Herzschrittmacher aus dem Hundemagen stammen von Manfred Leinen, normal verstorben. Ratten fressen Leichen. Beste Grüße von Professor Logan. An mich konnte er sich nicht mehr erinnern. Wie sieht es bei dir aus? PS: Spieß taucht demnächst auf und soll sich Leinens Grab ansehen. Koller vermutet, der Hund hat es aufgebuddelt und sich satt gefressen. Logan sagt, Hunde fressen keine Leichen, nur wenn man sie damit füttert.«

Schon als sie das tippte, kam es ihr unsinnig vor. Selbst wenn der Hund das Grab aufgebuddelt hatte, so hätte er doch niemals den Sarg öffnen können.

Oliver Borg las die Nachricht, nachdem er seinen Koffer in dem Zimmer im Neubau auf von Rotfelders Anwesen ausgepackt hatte, zweimal. Skeptisch blickte er ins Leere. Dieser Fall lief immer wieder in Richtungen, die vom eigentlichen Ziel wegführten. Das nervte ihn. Und was ihn noch viel mehr nervte, war, dass die Zeit bis zum Abendessen nicht verging und er hier im Zimmer tatenlos festsaß. Zwar hatte er kurz den Fernseher eingeschaltet, aber der konnte durch einen Defekt nur den hr empfangen, egal auf welchem Kanal. Die dort überall laufende Folge von ›Erlebnis Hessen‹ konnte und wollte er nicht ertragen. Der Protagonist war ein von sich selbst viel zu überzeugter, aufgedrehter Angeber, der versuchte, mit seinen schlechten Sprüchen zu punkten und sich immer wieder in den Mittelpunkt zu stellen. So ein Typ konnte vielleicht alte Frauen beeindrucken, hatte Borg gedacht und den Fernseher wieder ausgeschaltet.

Sina verließ das Präsidium gegen 18:00 Uhr und ging mit schnellen Schritten zu ihrem Wagen, der zwei Straßen entfernt stand, weil sie wieder vor dem Präsidium keinen Parkplatz bekommen hatte. Da vibrierte ihr Handy in der Hosentasche – nicht ihr normales Handy, sondern ein zweites, das sie nur in ihrer Rolle als Dana Hiller benutzte.

Eine WhatsApp von Nico Adermann war eingegangen: »Können wir telefonieren?«

Sina hatte das Telefon auf Mailbox gestellt, und jetzt sah sie, dass bereits vierzehn Anrufe in Abwesenheit erfolgt waren. Da bisher nur drei Kolleginnen und Kollegen vom GoSports ihre Nummer hatten, ging Sina davon aus, dass jeder einzelne Anruf von Adermann gewesen war.

Die Regentropfen sahen im Licht der Laterne wie ein kleiner Kometenschauer aus. Sina überlegte: Sollte sie Adermann zurückrufen?

Da ging auch schon eine weitere Nachricht ein: »Können wir uns treffen? Ich vermisse dich.«

Sina dachte nach, was sie ihm antworten sollte, aber ein Gespräch mit dieser Technik lief niemals nach den Gepflogenheiten normaler menschlicher Kommunikation. Seine dritte Nachricht in Folge ging ein und machte jegliche weitere Antwort unnötig: »Ich warte bei mir auf dich. Bitte komm!«

Sina atmete einmal tief ein und aus, dann lief sie durch den Regen zu ihrem Auto und fuhr zu ihm. Alles daran konnte falsch sein, aber er war ihr eine Erklärung schuldig.

Sie parkte ihre Ente in einer Nebenstraße und lief in Richtung Inselwall. Von unten erkannte sie, dass weder in seiner Küche noch in seinem Wohnzimmer Licht eingeschaltet war.

Die Haustür stand offen. Schon allein das irritierte Sina, denn bei diesem Mistwetter war es nicht klug, die Tür offenstehen zu lassen. Als der Bewegungsmelder das Treppenhauslicht einschaltete, sah Sina, dass bereits Laub in den Hauseingang geweht worden war. Mit Mühe trat sie den Holzkeil unter der Tür heraus, den jemand dort zu fest daruntergeschoben hatte. Sie ging langsam die Treppen hinauf bis in die oberste Etage und hörte nach einigen Stufen das Zufallen der Eingangstür.

Als sie vor Nico Adermanns Wohnungstür angekommen war, wurde sie von Selbstzweifeln geplagt. Er war heute Morgen aus seiner Wohnung verschwunden, ohne ihr eine Nachricht zu hinterlassen, und dann das mit der Boa …

Sina wollte grade klingeln, als sie feststellte, dass auch Nicos Wohnungstür nicht verschlossen war. Ein schmaler Spalt ließ die angelehnte Tür durch einen Luftzug klappern. Gefühlvoll und geräuschlos drückte sie mit gespreizten Fingern gegen die Wohnungstür und öffnete sie langsam. Im Flur der Wohnung brannte kein Licht.

»Nico?«

Keine Antwort.

Sina ging in die Wohnung hinein, und der ihr bekannte Geruch weckte Erinnerungen an die letzte Nacht und den Morgen danach.

»Nico? Bist du da?« Jahrelange Polizeiarbeit hatte Sina vorsichtig werden lassen. Die offene Tür und die Tatsache, dass niemand antwortete, ließen ihr Herz schneller schlagen.

Sina ging an der Küche vorbei und warf einen Blick in das dunkle Wohnzimmer. Der Regen prasselte gegen die Scheiben. Mehr war nicht zu hören. Immer wieder sah Sina nach unten – alles in der Angst, die Schlange könnte sich irgendwo auf dem Boden befinden und dann, dann stand sie vor der verschlossenen Schlafzimmertür.

Sinas Handy vibrierte. Es konnte nur Nico sein. Sie holte das Telefon wieder aus ihrer Hosentasche und las auf dem beleuchteten Display im dunklen Flur die Nachricht.

»Komm ruhig rein. Ich warte hier drinnen auf dich.«

Sina stockte der Atem. Sie hatte natürlich keine Waffe dabei. Das hätte schlecht zu ihrer Tarnung als Fitnesstrainerin gepasst. Sie nahm sich einen schweren Kerzenständer von einem kleinen Schrank im Flur und legte die weiße Kerze, die darin steckte, leise auf das Holz zurück. Mit einem Ruck stieß sie die Tür zum Schlafzimmer auf. Sina wusste nicht, ob ihr im Moment dieser Aktion ein Geräusch aus dem Mund gekommen war, ein kleiner Schrei vielleicht, der durch das Ausstoßen der Luft nicht zurückgehalten werden konnte, aber das war jetzt egal. Die Tür schwang auf und schlug an den Kleiderschrank dahinter. Sina blickte in ein mit Teelichtern vollgestelltes Zimmer, und der Duft von ätherischen Ölen stieg ihr in die Nase.

Auf dem Bett lag Nico völlig nackt und hatte ein Weinglas in der Hand.

»Ich habe auf dich gewartet«, hauchte er.

Sina schaute nach rechts in das Terrarium, in dem die Schlange wieder ihren ursprünglichen Platz eingenommen hatte.

»So? Du hast auf mich gewartet?«, fragte sie wütend. »Und wie war das heute Morgen? Als ich mit dieser Schlange im Bett aufgewacht bin?«

Nico Adermann spielte den Unschuldigen. »Was? Lag die Schlange im Bett? Das tut mir so leid, Süße. Ich war Brötchen holen, und als ich wiedergekommen bin, warst du nicht mehr da.«

Sie sagte nichts.

»Du musst mir glauben. Und du kannst unbesorgt sein. Astaroth wird immer gut gefüttert und ist völlig ungefährlich.«

»Mag sein. Aber ich mag es nicht, neben einer Schlange aufzuwachen!« Sie sprach lauter als sonst.

»Ich verstehe das. Kannst du mir noch einmal verzeihen?« Adermann griff zum Nachttisch hinüber, auf dem ein zweites Weinglas stand. »Komm zu mir ins Bett. Lass uns die ganze Sache vergessen. Astaroth würde dir niemals etwas tun. Dafür verbürge ich mich. Du weißt doch: Schlangen sind die Lieblinge der Götter. Sie tun nichts Schlechtes.«

Adermann rekelte sich auf dem Bett, und sie kam nicht umhin, immer wieder auf sein Geschlechtsteil zu blicken, ohne dass sie es wollte. Sie hätte sich dafür ohrfeigen können, besonders, da er es merkte und zu genießen schien.

»Im Vorderen Orient und vielen anderen Kulturräumen Westasiens haben Schlangenkulte große Bedeutung gehabt. Jede Gottheit stand in Verbindung mit Schlangen. Das zeigen auch alle Darstellungen, besonders auf Reliefs und Keramiken. Also komm, lass es uns genießen, dass Astaroth hier ist. Wir sind die Götter, und Astaroth ist an unserer Seite.«

Sina sah, dass Adermann erregt war.

Sie ging auf das Bett zu. »Was soll das werden?« Eine völlig überflüssige Frage, aber auch hier hatte Nico Adermann eine Antwort parat: »Gestern haben wir gebührend in deinen Geburtstag hineingefeiert und jetzt feiern wir hinaus.«

Sie war in Reichweite seiner Hand, und als sie das Weinglas, das er ihr reichte, übernommen hatte, zog er an ihrer Jacke, und sie glitt zu ihm aufs Bett.

Alles, was in den kommenden Stunden geschehen sollte, war nur beleuchtet von den Neonröhren des Terrariums.

KAPITEL 17

Die Banalität des Bösen

Ungefähr zur selben Uhrzeit, als Sina Bachmann in Adermanns Kissen sank, versuchte Borg fluchend, sich über seinen Gipsarm ein anderes Hemd anzuziehen.

Johann von Rotfelder hatte zum Abendessen geladen, und Borg brannte darauf, die Frau des Hausherrn kennenzulernen. Was ist sie wohl für eine Person?, dachte er. Wer konnte freiwillig sein Leben mit einem hässlichen, unsympathischen Kerl wie Johann von Rotfelder verbringen, einem Mann, der seinen Lebensunterhalt mit dem Tod verdiente?

Er schüttelte den Kopf. Die Frau, die ihm einen geheimen Brief über ihre Tochter Jeopardy hatte zukommen lassen, war sicher eine übergewichtige Furie oder eine hässliche Kröte mit langen, dünnen, fettigen Haaren.

Er hatte Sinas WhatsApp-Nachricht gelesen und darüber nachgedacht, wie man jetzt vorgehen könnte. Er musste etwas herausfinden, bevor Koller ihn von von Rotfelders Seite abzog oder dieser selbst sich durchsetzte und Borg vom Anwesen schickte.

Er setzte sich auf die Bettkante und las Sinas Nachricht noch einmal sorgfältig, auch, damit die Zeit verstrich und seine Stirn trocknete, auf der sich von der Zirkusnummer des Hemdanziehens Schweißperlen gebildet hatten. Was sie geschrieben hatte, half ihm wenig weiter: Die Organe und der Herzschrittmacher gehörten demnach zu einem normal verstorbenen alten Mann namens Manfred Leinen. Ratten fraßen also Leichen, aber dass sie Leichenteile umhertrugen, war nicht geklärt, und dass Koller zum Problem werden könnte, hatte Borg ohnehin schon befürchtet.

Er schaute aus dem Fenster in die Dunkelheit und fühlte sich unwohl, als ihm bewusst wurde, dass er genau genommen nur von Gräbern umgeben war. Und wer weiß, vielleicht lagen auch noch einige bisher nicht bestattete Leichen in von Rotfelders Lagern und warteten dort auf ihre Einäscherung oder Beerdigung.

Borg nahm entschlossen sein Handy – nicht das mit der besonderen Nachtsichtfunktion, das er von Bauer bekommen hatte, sondern das mit dem ›Y.M.C.A.‹-Klingelton, das er auch privat benutzte – und schrieb an Tom Spieß:

»Seien Sie heute Nacht erst gegen null Uhr bei mir!!! Warten Sie vorm Haupteingang. Parken Sie in sicherer Entfernung. Und: Bringen Sie Herrn Krumen, den Pathologen, mit. Und drei Schaufeln. Und er soll Material für einen neuen Gips mitbringen. Ich lasse euch um Mitternacht aufs Gelände. Koller darf NIX wissen!!!«

Es klopfte.

»Ich komme!«, rief Borg und öffnete. Er hatte beim Öffnen der Tür keine bestimmte Person erwartet. Vielleicht stand wieder eines der

Zwillingsmädchen davor, vielleicht war es von Rotfelder selbst oder sogar dessen Frau.

Er öffnete ohne Hintergedanken. Als Borg nun in die strengen Augen des Butlers Gustav blickte, erinnerte er sich daran, dass dieser vorhin den Auftrag bekommen hatte, ihn abzuholen.

»Ich soll Sie abholen, Herr Borg. Sie werden zum Essen erwartet.« Es fehlte nur noch, dass Gustav einen Kerzenständer getragen hätte – dann wäre wirklich jedes ›Tanz der Vampire‹-Klischee erfüllt worden.

Der Weg der beiden Männer führte wieder durch die Vorhalle des Neubaus, in den langen Gang mit den Bildern, die nicht zusammenzupassen schienen, bis ins Haupthaus.

Spannung überfiel Borg. Nicht nur, weil er jetzt die Gelegenheit haben würde, von Rotfelder über einen längeren Zeitraum zu beobachten, nein, auch weil er dessen Frau kennenlernen würde. Er würde das Personal sehen, das heute ebenfalls zum Essen kommen sollte. Wie ungewöhnlich, dachte Borg.

Als sie das Haupthaus erreicht hatten, führte Gustav Borg in einen der großen Räume, die rechts und links von Korridor abgingen.

Von Rotfelders Wohnhaus war, abgesehen von der Kapelle, offenbar das einzige mehrgeschossige Gebäude hier auf dem Friedhof. Im Haus war es still, und aus den Tiefen des Treppenhauses, das in den Keller führte, stieg ein kaum spürbarer feuchter Hauch auf. Borg spürte, wie es in seinen Ohren pochte. Er hatte den Wunsch, sich nicht zu rühren, aber Gustav ging stur weiter. Jetzt war da ein dumpfes Geräusch. Es kam von oben. In einem der Zimmer winselte ein Hund.

Er ging weiter und schloss wieder zu Gustav auf. Borg hatte auf dem Weg zum Speisesaal eine Holztreppe gesehen, die in die oberen Stockwerke führte. Wahrscheinlich waren oben Schlafzimmer und Wohnräume der Familie von Rotfelder, während sich hier unten der große Speisesaal, die Empfangshalle und die Bibliothek befanden, in der Borg von Rotfelder heute zum ersten Mal gesehen hatte.

Gustav blieb vor einer offenen Flügeltür stehen, und Borg sah an ihm vorbei in den Raum.

»Ah. Da sind Sie ja, mein lieber Herr Borg. Kommen Sie herein, nehmen Sie Platz. Die anderen kommen sicher auch gleich.« Von Rotfelder war von seinem Stuhl am oberen Ende der langen Tafel aufgesprungen, als Borg von Gustav in den Speisesaal geführt wurde.

Diese widerlich übertriebene Gastfreundlichkeit stieß Borg gleich übel auf. Und wie von Rotfelder wieder aussah: pomadisiertes Haar und roter Schlips, eng tailliertes Sakko mit einem bestickten Ziertüchlein, Schuhe mit eckigen Kappen. Das ist das untere Ende einer jeden Skala des guten Geschmacks, dachte Borg.

»Und? Sind Sie mit Ihrer Unterkunft zufrieden?«, fragte von Rotfelder.

»Ganz ausgezeichnet«, sagte Borg knapp.

Gustav ging an der langen Seite des Tisches entlang und zog Borg einen Stuhl mit hoher Lehne heraus. Er sollte also direkt zur Linken von Rotfelders Platz nehmen, der sich bereits wieder gesetzt hatte.

»Wie sieht es aus? Haben Sie schon einen potenziellen Attentäter im Auge?« Von Rotfelder lachte blechern.

»Bisher nicht, aber Sie haben mir ja in Aussicht gestellt, dass ich Ihre Mitarbeiter kennenlerne«, sagte Borg.

Von Rotfelders Stimme klang empört: »Sie glauben doch nicht, dass jemand aus meinem engsten Kreis auf mich geschossen hat?«

»Jeder ist erstmal verdächtig, bis das Gegenteil bewiesen ist.« Borg sah den großen Mann starr an, und der nickte ganz langsam und mechanisch.

»Na, dann hoffe ich in unser beider Interesse, dass Sie bald von diesem Gegenteil überzeugt sind und Ihre Arbeit hier abgeschlossen ist.«

Borg überlegte, was er erwidern konnte, doch Schritte von mehreren Personen waren zu hören, und das Gespräch wurde vorerst unterbrochen.

Mit kindlicher Eile stürmten Jeopardy und Luzi in den gut beleuchteten Raum und setzten sich, ohne zu überlegen, auf zwei der acht freien Stühle, die an der Tafel standen. Es waren ganz sicher Stammplätze, denn es gab weder Streit, wer wo sitzen würde, noch hatte eines der Kinder auch nur einen Augenblick gezögert, als es um die Wahl des Platzes ging.

Borg lächelte die Kinder an, und Jeopardy winkte ihm, während Luzi ihn nur ansah. Er wollte etwas sagen, doch dann kam eine Frau durch die Tür herein, mit der er nicht gerechnet hatte.

Es handelte sich eindeutig um eine Südländerin. Sie trug ein eng anliegendes rotes Kleid mit einem weiten Ausschnitt, machte aber kaum den Eindruck, als hätte sie sich für das Essen herausgeputzt, sondern trug das Kleid mit einer Selbstverständlichkeit und lässiger Gewohnheit, als wäre sie darin geboren worden. Sie ging, ohne gekünstelt zu wirken, mit fast eingleisigen großen Schritten auf den Tisch zu, an den Kindern vorbei, und wählte den Platz zu von Rotfelders Rechten, genau gegenüber von Borg.

Das ist unmöglich von Rotfelders Frau!, dachte Borg. Dann muss sie blind oder geisteskrank sein.

»Guten Abend. Sie sind also unser Gast«, stellte sie fest.

»Ja, mein Schatz. Das ist der Herr Kommissar Borg, der glaubt, es gäbe hier ein Problem.«

Ganz richtig!, dachte Borg. Du bist das Problem!

»Guten Abend«, erwiderte Borg. »Nennen Sie mich gerne Oliver.« Als er das ausgesprochen hatte, stellte er fest, wie unangemessen es wirkte, ihr sofort den Vornamen anzubieten, denn bei von Rotfelder wären niemals auf diese Idee gekommen.

»Ich heiße Donantienne da Ricci«, sagte sie, und Borg versuchte aus ihrem Gesicht herauszulesen, wie sie zu ihm stand. Trotz aller Erfahrungen als Profiler und seiner jahrelangen Kontakte zu Menschen aus allen Gesellschaftsschichten konnte er nicht in ihrem makellosen Gesicht lesen.

»Lassen Sie sich nicht vom anderen Nachnamen irreleiten«, stieß von Rotfelder hervor. »Wir werden im nächsten Frühjahr heiraten, und dann ist sie endlich eine von Rotfelder.«

Da! Hatte da Ricci nicht für den Bruchteil einer Sekunde ihre Nase gerümpft? Die Mikroexpression für Ekel. Schon möglich.

Jetzt wusste Borg, dass es ein spannender Abend werden würde. Die Kinder am Tisch verhielten sich auffällig still, als würden sie harte Strafen erwarten, wenn sie nicht spurten. Durch die Ruhe war es Borg möglich, das Herannahen weiterer Personen zu hören, und wenige Momente später kam einer der Männer zur Tür herein, den er als einen der Sargträger erkannte.

»Ah, Norbert. Wo sind denn die anderen?«, fragte von Rotfelder.

»Die … die haben noch das Grundstück und die offenen Gräber abzusichern. Sie wissen schon.« Norbert Stimme klang seltsam keuchend, und während er sprach, lag sein rechter Zeigefinger auf seinem Hals in Höhe seines Kehlkopfs. Er blickte zwischen von Rotfelder und dessen Gast hin und her.

»Verstehe«, sagte der Hausherr.

Bastard!, dachte Borg. Die anderen sind also weiterhin damit beschäftigt, alle Spuren zu beseitigen. Hoffentlich waren sie nach null Uhr nicht mehr auf dem Gelände unterwegs.

Norbert und von Rotfelder wechselten noch ein paar Worte, und Borg staunte über Norberts hässliche Koteletten. Die Stimme dieses Mannes klang so absonderlich, und als der Kommissar sich den Mann genauer ansah, erkannte er den Grund: Norbert hatte eine Art Trachealkanüle im Hals stecken. Immer, wenn er sprechen wollte, holte er tief Luft, verschloss eine kleine Öffnung am Kehlkopf mit seinem Zeigefinger und keuchte die Worte heraus.

Borg wusste, dass Menschen, die lange Zeit beatmet worden waren, häufig an schwersten Schluckstörungen oder anderen schweren Erkrankungen litten und in vielen Fällen einen Luftröhrenschnitt bekamen. Im schlimmsten Fall war nach dieser sogenannten Tracheotomie das Einsetzen einer Trachealkanüle notwendig, die dauerhaft im Hals verblieb.

Tatsächlich atmete dieser Norbert über die Kanüle. Seine Luftröhre war am Hals an der Haut angenäht, sodass sich die Öffnung nicht schloss. Durch die eingesetzte Kanüle konnte sich das Loch nicht zusammenziehen oder verkleinern. Die Kanülen öffneten sich beim Einatmen, und der Luftstrom wurde über sie in die Lunge geleitet. Beim Ausatmen verschloss sich das Sprechventil und leitete die Luft durch Norberts Kehlkopf. Hielt er das

Loch zu, so bestand schneller die Möglichkeit, zu sprechen, zu husten und sich zu räuspern.

Borg beobachtete den Mann mit Erstaunen und Faszination. Trachealkanülen mussten mindestens einmal im Monat ausgetauscht werden, in den meisten Fällen war jedoch schon deutlich früher ein Wechsel nötig. Dieser Norbert hatte sein Päckchen zu tragen.

Nun kam eine weitere Person herein, und wieder erkannte Borg einen alten Bekannten: Koukol, der Mann mit den schlecht geschnittenen schwarzen Haaren (und diesmal passten sie auch zu seinem Anzug), polterte herein. Sein ungeschicktes Auftreten war Borg schon im Schauraum der Särge aufgefallen, wo Koukol die Glassplitter zusammengefegt hatte. Noch immer glaubte der Kommissar, den Mann schon einmal gesehen zu haben, doch wollte ihm nicht einfallen, wo das gewesen sein konnte.

Zu guter Letzt kam Vladimir ins Zimmer. Wenn er da war, dann waren die Hunde auch nicht weit, dachte Borg.

Nun waren sie zu acht. Neben von Rotfelders Frau war ein Platz frei, daneben saß die kleine Jeopardy, und neben dieser hatte Vladimir Platz genommen.

Neben Borg saß Koukol, gefolgt von Luzi, die Jeopardy genau gegenüber saß, und dann kam dieser nervöse Norbert. Borg war froh, den Totengräber nicht direkt neben sich zu haben, auch wenn ›der Affe‹ Koukol ein ebenso unangenehmer Sitznachbar war.

Der Platz an der kurzen Seite des Tisches, gegenüber von von Rotfelder, und auch die beiden angrenzenden an den langen Seiten der Tafel waren unbesetzt, aber eingedeckt – wie auch der zwischen da Ricci und der kleinen Jeopardy. Vier leere Plätze für Personen, die nun auf dem Anwesen umherschleichen, dachte Borg.

»Der O-Saft schmeckt bitter«, sagte Jeopardy, und Luzi lachte, weil Jeopardy das Gesicht verzogen hatte.

»Du hast eine Leichenbittermiene«, sagte Luzi, und Borg musste schmunzeln, als er das hörte, weil das Wort so gut zu diesem Ort passte.

Von Rotfelder ignorierte die Kinder. Er stellte Borg die anwesenden Männer kurz vor, und dann wurde das Essen serviert.

Eine gutaussehende junge Frau stellte Borg einen Teller hin und sagte leise zu ihm: »Apfel-Sellerie-Feuilleté und Dörrfrüchte.«

Borg selbst war kein besonders guter Koch, aber er vermutete, dass allein die Zubereitung dieser Vorspeise gute zwei Stunden gedauert haben musste.

Das Essen war hervorragend. Zumindest hierbei schien von Rotfelder Geschmack zu haben.

In der ersten halben Stunde wurden völlig unbedeutende Gespräche geführt, und Borg langweilte sich. Seine Versuche, mit da Ricci zu sprechen, wurden von von Rotfelder immer sofort unterbunden, indem er Borg unterbrach oder direkt für sie antwortete.

Der Hauptgang stand der Vorspeise in nichts nach: Helgoländer Knieper auf Erbsenpüree mit Minze.

Es konnte nicht jeden Abend so weitergehen, dachte Borg. Diese übertrieben ausgefeilte Küche war unmöglich Standard.

Als die Hauptspeise abgeräumt wurde, wagte Borg einen Vorstoß. Ihm war klar, dass dieser Abend nicht weiterhin so wenig aufregend verlaufen konnte. Das Böse tarnte sich oft als Banalität, und die Tarnung galt es jetzt zu durchschauen. Borg war fest entschlossen, von Rotfelder aus der Reserve zu locken.

»Wenn ich mir Ihr Haus so ansehe und Ihren Lebensstil, dann machen Sie auf mich den Eindruck eines vermögenden Mannes. Kann man denn mit dem Tod so viel Geld verdienen?«, fragte Borg.

Von Rotfelder nippte an seinem Weinglas, und seine Zungenspitze schnellte wie die eines Chamäleons heraus, um seine Lippen zu lecken. »Wenn Menschen jung sind, glauben sie, Geld ist das Wichtigste auf der Welt. Wenn sie alt sind, wissen sie es«, sagte von Rotfelder und lächelte falsch.

»Gut möglich. Aber, wenn Sie mir die Frage gestatten: Wo kommt es her? Haben Sie geerbt?«, wollte Borg wissen.

»Wie kommen Sie darauf, dass ich Geld habe? Geld braucht nur, wer seine Rechnungen bezahlt. Ich habe alles ausgegeben. Es steckt hier in diesem Haus und im ganzen Anwesen. Wissen Sie, was die Sanierung dieses Gebäudes und das neue Krematorium gekostet haben? Auf meinem Konto ist so gut wie nichts mehr.«

Im linken Mundwinkel von von Rotfelder hatte sich im Verlauf des Gesprächs etwas weißer Schaum gebildet. Kaum zu erkennen, aber doch genug, dass Borg immer wieder hinstarren musste.

Plötzlich kippte bei einem der Kinder ein Glas auf dem Tisch um.

»Jeopardy!« Die Stimme knallte wie ein Peitschenschlag, und von Rotfelder schlug mit der Hand auf den Tisch, sodass alle erschraken.

»Tut mir leid«, sagte das kleine Mädchen eingeschüchtert.

»Sofort in eure Zimmer! Kein Nachtisch!«, schrie von Rotfelder.

»Johann«, schaltete sich Donantienne da Ricci ein.

»Nichts ›Johann‹! Die beiden sollen lernen, wie man sich benimmt!« Noch immer raste er vor Zorn. Um diesem zu entgehen, schoben die beiden Mädchen wie einstudiert synchron ihre Stühle zurück und verließen rasch den Speisesaal.

Borg war, ob der Tragik dieser Situation, sichtlich beeindruckt, aber er hasste diese zum Himmel schreiende Ungerechtigkeit. Es war nicht zu ändern. Wenn er jetzt einen Schuss aus der P99 abfeuern würde, dachte er, dann würde er zwar seiner Wut Luft machen, die Kugel träfe dann aber nur den links neben ihm sitzenden Koukol.

»Das mit dem Glas war doch sicher keine Absicht«, wagte er zu sagen.

Von Rotfelder sah ihn wie vom Donner gerührt an. »Die Mädchen müssen klare Regeln kennenlernen. Und Sie können nicht abstreiten, dass ich vernünftig mit ihnen kommuniziere.«

Na ja, dachte Borg, wenn Schreien und Schimpfen vernünftig ist. »Was lernt ein Kind, wenn man mit ihm schimpft? Es lernt Schimpfen. Das war das Gebrüll eines Mannes, der dabei ist, die Kontrolle zu verlieren«, sagte er mutig, und da Riccis Augen sahen ihn staunend an.

»Wie drücken Sie sich denn aus?«, sagte von Rotfelder empört. »Das ist unhöflich. Darf ich Ihnen einen Tipp geben: Vernünftig reden, um Vernunft zu wecken. So sollten Sie das machen. ›Kontrolle verlieren‹. Ha!« Von Rotfelder gab einen bellenden Laut von sich.

»Ich hätte sie für das versehentliche Umwerfen eines Glases nicht des Tisches verwiesen«, sagte Borg.

»Sie müssen jetzt nicht meine Erziehungsmethoden in Frage stellen. Es ist immer das Gleiche: Kinder beschmieren, beschmutzen und bemalen dein Haus, und wenn sie damit fertig sind, ziehen sie aus und bauen sich ein eigenes«, begann von Rotfelder einen langen Monolog, der durch übertriebene Handbewegungen unterstrichen wurde, unnatürliche, bizarr anmutende, verschnörkelte, aber auch stereotype Bewegungsabläufe, die Borg vorkamen, als wäre er in ein Bauerntheaterstück geraten. Von Rotfelder wurde lauter und lauter, und seine Metallstimme voller übertriebener Artikulation schwoll, verbunden mit der merkwürdig versponnenen Wortwahl und der gestelzten Ausdrucksweise, zu einem Albtraum an. Den Höhepunkt erreichte diese ausschweifende Darbietung, als ein kleines Stück Essen aus von Rotfelders Mund geflogen kam und in Borgs halbvollem Rotweinglas landete.

Mahlzeit!, dachte Borg. Er hatte aber nicht vor, viel mehr zu trinken.

Allmählich beruhigte sich von Rotfelder wieder und aß die letzten Bissen von seinem Teller. Niemand sprach, und die Stille quälte unangenehm alle Anwesenden. Lediglich das rasselnde Atmen aus Norberts Kehlkopf und das Klappern des Bestecks waren zu hören.

Die süße Nachspeise wurde serviert, ein Petit Gâteau, das von Riccardo Bellaera höchstpersönlich hätte stammen können. Borg war kein Schokoladenliebhaber, doch er zwang sich, von dem Stück Essen, das von Rotfelder versehentlich in seinen Wein gespuckt hatte, nicht den Appetit verderben zu lassen und aß diesen Nachtisch mit großem Genuss.

Zwischendurch riskierte er einen Blick auf seine Armbanduhr: 22:16 Uhr. In knapp zwei Stunden würden, wenn alles klappte, Spieß und Krumen vor dem Haupteingang warten.

Borg sah von der Uhr auf und traf da Riccis Blick, die an ihrem Weinglas nippte. Er spürte deutlich, dass sie ihn länger als angemessen ansah, und fragte sich, was in ihr vorginge.

Ohne dass von Rotfelder es sehen konnte, hob da Ricci die rechte Hand, als wolle sie Borg das Signal geben, nicht weiter auf sie zuzukommen, dann führte sie den rechten Daumen zur Handfläche, und ohne den Blick von Borg zu nehmen, schloss sie die verbleibenden vier Finger um den Daumen und hielt die Faust kurz unbewegt neben sich.

Borg zog die Augenbrauen zusammen. Was sollte dieses Zeichen bedeuten?

Da Ricci richtete noch einmal ihre Augen verstärkend auf ihre Faust und dann wieder auf ihn, als ob sie sagen wollte ›Verstehst du nicht?‹, doch als Borg einen verständnislosen Gesichtsausdruck machte, ließ sie ihre Hand sinken, damit keiner der anderen am Tisch sitzenden Gäste dieses Zeichen sehen würde.

Von Rotfelder hatte von alledem nichts mitbekommen. Er monologisierte über arabische Legionen und den britischen Lieutenant Colonel Frederick Gerard Peake im britischen Mandatsgebiet Transjordanien – niemand schenkte ihm Gehör.

Borg überlegte. Er hatte einmal das Fingeralphabet in Gebärdensprache gekonnt, weil er es mit seinem Sohn Paul für eine AG in der Schule hatte einüben müssen.

Mal sehen, dachte er. Der Daumen in der flachen Hand stand für den Buchstaben »B«, aber der umschlossene Daumen ergab keinen Sinn. Bei einem »A« lag der Daumen ganz normal an der Seite der geschlossenen Faust, bei einem »S« lag er gebeugt vor Zeige- und Mittelfinger. Was wollte da Ricci ihm mitteilen? Kaum hatte Borg das gedacht, als sie auf eine andere Art begann, ihm ein Signal zu geben. Zuerst zuckte Borg zusammen, weil er unweigerlich einen Hund unter dem Tisch vermutet hatte, dann aber spürte er, dass da Riccis schuhloser Fuß seinen Knöchel berührte. Wieder sah er sie an und hörte nicht auf die Inhalte, die aus von Rotfelders Mund sprudelten und in seinen Mundwinkeln Schaumbläschen hinterließen.

Ganz eindeutig hatte die schöne Italienerin einen Plan. Sie hatte ihren rechten Schuh abgestreift und fuhr nun mit ihrem Fuß in Borgs Hosenbein.

Borg schluckte. Er flirtete gern, ergriff dabei aber lieber selbst die Initiative. Jetzt war er in der passiven Position, und er gab nicht gern die Kontrolle ab. Wie sollte er reagieren? Der Fuß wanderte an seiner Wade hinauf, bis das Hosenbein sich dem Hochschieben widersetzte. Da Riccis Blick lag verführerisch auf seinem Gesicht, und sie lächelte unmerklich für die anderen.

Borg blinzelte nervös und hoffte, sie würde ihm das nicht als Schwäche auslegen. Da sie mit dem Fuß auf diesem Wege nicht weiterkam, zog sie ihn aus Borgs Hosenbein heraus und versuchte dasselbe außerhalb der Hose.

Diese Aktion der Frau zeigte bei Borg Wirkung, und er bewegte sich nicht, obgleich er mit geöffneten Oberschenkeln auf seinem Stuhl saß.

Der Fuß passierte seine linke Kniescheibe, und schon spürte er da Riccis schlanke Zehen deutlich an seinem inneren Oberschenkel.

»Wie lange kennen Sie sich denn schon?«, fragte Borg von Rotfelder, weil er sie daran erinnern wollte, dass ihr zukünftiger Ehemann hier direkt neben ihnen saß, aber das schien sie überhaupt nicht zu stören.

»Fast ein Jahr«, sagte von Rotfelder und blickte mit glasigen Augen in den Raum. »Tja, wie die Zeit vergeht.« Dann wandte er sich an sie, und Borg merkte, wie ihr Fuß kurz in der Bewegung an seinem Oberschenkel verharrte. »Es wird höchste Zeit, dem Kätzchen die Schelle anzulegen«, sagte er.

Sie zeigte keine Emotionen, und von Rotfelder drehte sich ruckartig zu Borg.

»Wie sieht es bei Ihnen aus? Sind Sie schon den Bund der Ehe eingegangen? Gibt es eine Frau Borg?«

Borg blickte verstohlen auf das kleine Stück Essen, das Rotfelder versehentlich in sein Rotweinglas gespuckt hatte – er konnte nicht identifizieren, ob es von der Vor- oder Hauptspeise stammte. Es war einfach nur ekelhaft.

»Wie bitte?«, fragte Borg.

»Ich frage, ob es eine Frau Borg gibt«, wiederholte von Rotfelder.

»Es gab eine. Sie hat meinen Namen mitgenommen und führt wieder ihr eigenes Leben.«

»Tja.« Von Rotfelder schenkte Rotwein nach und leerte damit die Flasche. Borg sah mit Erschrecken, wie das im Glas schwimmende Stück Wasauchimmer durch den nachgeschenkten Wein versenkt wurde. »Liebe ist das Spiel der Enttäuschung. Aber«, fügte von Rotfelder nach einer kurzen Pause hinzu, »ich bin ein leidenschaftlicher Spieler.«

Der Wein hatte von Rotfelders Stimmung verbessert, und er war weniger giftig. Borg selbst hatte vermieden, zu viel zu trinken. Als der kleine weißgelbliche Essensrest wieder an der Oberfläche auftauchte, rümpfte Borg die Nase. Schluss mit dem Weingenuss, dachte er. Es war erst sein viertes Glas (es würde unangetastet bleiben), und sie saßen hier schon fast zwei Stunden. Übermäßig viel Alkohol im Blut wäre für seine Pläne heute Nacht wenig hilfreich.

Da Ricci hatte noch nicht von ihm abgelassen. Borg war einerseits überrumpelt, andererseits interessierte es ihn schon, wie weit sie gehen würde. Der Fuß fuhr an seinem rechten inneren Oberschenkel entlang, und die Zehen berührten vorsichtig seinen Penis.

Der Adler ist gelandet, dachte Borg. Sie lächelte ihn süffisant an und begann, ihre Zehen in seinem Schritt leichte Kreisbahnen ziehen zu lassen, was seine Wirkung nicht verfehlte.

Die Bedienung kam noch einmal an den Tisch und wollte Wein nachschenken.

Borg lehnte verständlicherweise ab, denn er wollte den weißen Essensrest, der in seinem Glas schwamm, nicht unnötig ein zweites Mal ertränken lassen.

Da Ricci verzichtete auch auf das Nachfüllen ihres Glases. Sie war ohnehin mit ihren Gedanken woanders.

Die Heimlichkeit des Geschehens bedeutete für sie ganz eindeutig einen besonderen Nervenkitzel.

Für Borg war die Situation jetzt völlig klar: Es war kein kleiner Flirt. Es war ein ganz klares Signal. Die Frau konnte ihm jederzeit gehören. Von Rotfelder hatte sein Statussymbol verloren.

Mit einer Serviette wischte sich von Rotfelder die klebrigen weißen Teilchen aus den Mundwinkeln.

»Tja. Es ist schon spät. Lieber Herr Borg, ich hätte nicht gedacht, dass Sie so ein sympathischer Gesprächspartner sind. Aber es wird langsam Zeit für mich, ins Bett zu gehen. Morgen wartet wieder sehr früh der Tod auf mich.«

Von Rotfelder hob sein Weinglas. »Lassen Sie uns noch einmal nach altem Brauch anstoßen und damit zeigen, dass wir auf einer Wellenlänge sind. Wie sagt man? Freunde.«

Borg stellten sich die Nackenhaare auf. Im selben Moment zog da Ricci ihren Fuß aus Borgs Schoß zurück. Sie hatte deutlich gespürt, dass der Abend sich dem Ende zuneigte.

»Wir stoßen an und trinken den Rest des Weines auf ex.« Von Rotfelder hatte rote Wangen bekommen.

Er hielt sein Weinglas über den Tisch und wartete darauf, dass Borg mit ihm anstieß und dann den Wein auf ex trank.

Borg zog sich der Magen zusammen. In seinem Wein schwamm dieses Flöckchen Unappetitlichkeit. Er *zögerte.*

Er nahm das Rotweinglas übertrieben langsam vom Tisch und überlegte fieberhaft, wie er diesen weißen Plocken beim Trinken umgehen konnte.

»Auf ex!«, sagte von Rotfelder, stieß an Borgs Glas an und setzte zum Trinken an. Borg verkrampfte seinen Körper. Der weiße schwimmende Punkt im Glas starrte ihn an. Eine Szene aus ›Alice im Wunderland‹ schoss Borg durch den Kopf. Er sah Alice im Haus des weißen Kaninchens, wo sie einen Zettel vorfand: ›Iss mich!‹

Borg schwitzte.

»Was ist denn, Herr Borg? Auf die Freundschaft!« Von Rotfelder hatte sein Glas geleert und starrte ihn an.

Borg hob langsam das Glas und führte es in Richtung seines Mundes. Kurz bevor der Rand des Glases seine Lippen berührte, war eine fremde Stimme zu hören.

»Herr von Rotfelder, entschuldigen Sie, wenn ich Sie störe. Es ist alles vorbereitet für die Waschung und das Make-up.«

Alles starrte zur Tür, wo ein Mann mit schwarzer Brille und einem schwarzen Nadelstreifenanzug stand.

Borg reagierte schnell: Er führte das Glas nach unten und kippte den Inhalt in einem Schwall unter den Tisch. Alles dauerte nicht viel länger als zwei Sekunden. Dann hatte er das Glas wieder am Mund und tat so, als würde er trinken.

Genau in diesem Moment sah von Rotfelder wieder zu ihm: »Sehen Sie. Jetzt hat der Abend einen würdigen Abschluss gefunden.« Er lachte.

Auch Borg quälte sich ein kleines Lachen ab, mehr aber eines der Erleichterung.

»Lachen ist kein schlechter Anfang und das beste Ende für eine Freundschaft«, sagte von Rotfelder, stand auf, verabschiedete sich und verließ als Erster den Speisesaal.

KAPITEL 18

Polarstern

Sina lag in Nico Adermanns Arm, und beide schauten auf das beleuchtete Terrarium, das am Fußende des Bettes fast die ganze Wand einnahm.

Sie hatte sich wieder herumkriegen lassen. Und wieder bereute sie, was in der letzten halben Stunde geschehen war.

Adermann war nicht der Beste im Bett, aber er hatte seine Zuneigung und sein Interesse gezeigt.

Jetzt lag er neben ihr und streichelte mit der linken Hand seinen eigenen Bauch und Oberkörper.

Sina hatte die Bettdecke über ihre Brüste gezogen. Zum einen, weil ihr kalt war, zum anderen, weil sie trotz dem, was zwischen ihnen gewesen war, eine ungewöhnliche Scham verspürte.

»Eine Polizistin ist immer im Dienst, ob sie ihre Uniform trägt oder nicht«, hatte ihr damals ihr Ausbilder eingebläut. Er hatte damit allerdings gemeint, ob sie uniformiert war oder Zivilkleidung trug – so, wie die Situation jetzt aussah, ließ sich die Aussage des Ausbilders jedoch auch auf das Tragen einer Uniform im Gegensatz zur Nacktheit anwenden. Was für eine Ironie!

»Wie soll das mit uns weitergehen?«, fragte sie.

»Was genau?«, wollte er wissen.

»Na ja, es ist doch zwischen uns etwas. Wird daraus mehr?«

»Das wird die Zeit zeigen. Ich genieße die Momente mit dir.« Er machte eine kurze Pause. »Wie alt bist du gestern eigentlich geworden. Ich hatte nicht gefragt.«

Sina überlegte kurz. »Spielt das Alter für dich eine Rolle?«

»Nein.«

»Dann verrate ich es dir auch nicht.« Sie lachte. Da sie noch immer nicht die Vita ihrer Tarnidentität hatte einsehen können, war es besser, sich jetzt nicht in eine fatale Situation zu bringen. Warum hatte sie sich diese Daten damals nicht besser eingeprägt? Als Polizeichef Koller ihr die neue Identität überreicht hatte, war ihr nur der Name wichtig gewesen, und als sie festgestellt hatte, dass ihr der Name Dana Hiller gefiel, war ihr alles andere fast unwichtig geworden. Unprofessionell, dachte sie.

Adermann starrte auf die Schlange, die sich im Terrarium bewegte.

»Ist sie nicht schön? So glatt und elegant. Sie bewegt sich so geschmeidig und strahlt so eine Sexyness aus«, sagte er.

Sina fand es etwas abwertend, hier nackt neben ihm zu liegen und gesagt zu bekommen, dass er eine Schlange im Zimmer sexy fand.

Adermann war wie hypnotisiert. »Unter indigenen Bevölkerungsgruppen am oberen Amazonas herrscht der Glaube, dass Riesenschlangen Frauen im Maniokfeld schwängern, um eine Schlangenbrut zu zeugen. Stirbt eine Wöchnerin, wird das auf eine solche Vergewaltigung zurückgeführt«, sagte er mit monotoner Stimme.

»Das ist ekelhaft.« Sina begann sich unwohl zu fühlen. »Ich muss mal auf die Toilette.« Sie stand auf, zog schnell ihre Unterhose an, nahm sich ein T-Shirt, streifte es über und ging am Terrarium vorbei.

Als sie von der Toilette zurückkam, verspürte sie großen Durst und bog in die Küche ab. Sie öffnete den Kühlschrank, nahm eine Wasserflasche, füllte sich ein Glas und trank.

Auf der Ablage neben dem Kühlschrank sah sie einen Kassenbon von einem Schlachter am Hagenmarkt. Nichts Ungewöhnliches auf den ersten Blick, aber dann fiel ihr Blick auf die Summe: 971,10 Euro.

Sina stellte das Glas ab und nahm den Bon verwundert in die Hand. Tatsächlich: Adermann hatte hier einen Kassenbeleg über 90 kg Hackfleisch liegen, das ihn fast 1.000   gekostet hatte.

Sie legte die Quittung wieder zurück und ging ins Schlafzimmer. Das Bett war leer.

»Nico?« Ein mulmiges Gefühl stieg in ihr auf. Plötzlich umfassten sie zwei Hände, und sie stieß einen erstickten Laut des Erschreckens aus.

»Was ist denn mit dir los? Ich war auch auf der Toilette«, sagte Adermann und umfasste ihre Brüste.

»Du hast mich erschreckt«, sagte sie.

Er schob sie vor sich her in Richtung Bett.

»Ich glaube, es ist besser, wenn ich jetzt gehe.«

»Jetzt? Der Abend hat doch erst begonnen. Es ist doch erst 23:00 Uhr. Bleib bitte heute Nacht bei mir«, bettelte er.

Sie drehte sich um, und er küsste sie druckvoll auf den Mund.

Beide fielen zurück ins Bett, und wieder gab sie nach.

Als eine weitere halbe Stunde vergangen war, die Sina am liebsten ungeschehen gemacht hätte, lagen sie fast in derselben Position aneinander gekuschelt wie nach dem ersten Mal, nur dass sie diesmal mit ihrem Kopf auf seiner Brust lag und sein Herz pochen hörte.

»Die Inka setzten Riesenschlangen mit Amaro gleich, einer mythischen doppelköpfigen Schlange, die wegen ihrer zerstörerischen Kraft gefürchtet wurde«, begann er.

Jetzt geht das wieder los, dachte sie und bemerkte, wie sein Herz schneller zu schlagen begann.

Sie lauschte wie gebannt auf das monotone Pochen in Adermanns Brust. Er atmete tief ein und aus, sein Brustkorb hob und senkte sich, als wäre darin eine Maschine angelaufen.

»Diese Schlangen sind das Symbol der Gerechtigkeit«, fuhr er fort. »Man sagt, in einem Gefängnis in Cusco hielt man die Boas in einer Grube. Kriminelle und Kriegsgefangene wurden ihnen zum Fraß vorgeworfen; diejenigen, die nach drei Tagen in der Grube noch lebten, sollen freigelassen worden sein. Die Schlangen waren die Richter und Vollstrecker zugleich.«

Sina hob ihren Kopf. »Keine Schlangengeschichten mehr heute«, sagte sie. »Lass uns ein Bild machen.«

Sie streckte sich, griff vors Bett und nahm ihr Handy aus der Hosentasche ihrer Jeans, die dort lag. Dann legte sie sich wieder in Adermanns Arm und schaltete die Kamera ein.

»Bitte recht freundlich.«

»Nicht mit Blitz!«, schrie Adermann, doch es war zu spät. Sina hatte das Bild bereits geschossen, und der automatische Blitz hatte das Zimmer für den Bruchteil einer Sekunde bläulich-weiß aufleuchten lassen.

Adermann machte ein gequältes Geräusch, und im selben Augenblick wurde sie durch einen heftigen Stoß aus seinem Arm geworfen. Adermann zuckte, und sein Körper bog sich nach oben.

»Oh, Scheiße!« Jetzt war Sina klar, dass der Blitz einen erneuten Krampfanfall ausgelöst hatte. Sie kniete sich hin und redete beruhigend auf Adermann ein. Speichel lief ihm aus einem Mundwinkel, und er hatte die Augen verdreht, sodass selbst in diesem Dämmerlicht des Schlafzimmers das Weiße der Augen zu sehen war.

Er verzog sein Gesicht zu einer Fratze und bewegte seinen Kopf, von Krämpfen geschüttelt, ruckartig auf und ab.

Sina fühlte sich hilflos und wusste nicht, was sie tun sollte. Als sie die drei Ziffern der Notrufnummer in das Handy eingegeben hatte, schien sich sein Körper zu entspannen. Sie hatte noch nicht den grünen Hörer zum Auslösen des Anrufs gedrückt, als Adermann wieder zu sich zu kommen schien.

»Alles in Ordnung?«, fragte sie. »Das war meine Schuld.«

Er benötigte einige Momente, um etwas klarer im Kopf zu werden.

»Es tut mir so leid«, sagte Sina und streichelte sein schweißnasses Haar.

»Wie lange war ich weg?«, fragte Adermann und fuhr sich mit der Hand durchs Gesicht.

»Nicht lange, nur ein paar Sekunden. Das Blitzlicht hat es ausgelöst.«

Adermann schien echte Probleme zu haben, wenn Lichter flimmerten oder aufblitzten. Zum Glück hatte der Krampfanfall nicht so lange wie der in der Diskothek gedauert.

»Diese Scheißanfälle!«, sagte er wütend. Dann drehte er seinen Kopf zu ihr: »Bleib heute Nacht bei mir. Ich will nicht alleine sein«, hauchte er.

Sina atmete einmal schwer aus. Wie konnte sie jetzt gehen? Sie legte ihren Kopf wieder auf seine Brust, lag mit offenen Augen für eine Minute ohne zu blinzeln in dieser Position und träumte. Ihr Blick fiel aus dem Fenster, dessen Vorhänge leicht geöffnet waren. Draußen am wolkenlosen Nachthimmel war das Sternbild Kleiner Bär zu sehen, aber das alles nahm sie nicht wahr, sondern sank in einen tiefen traumlosen Schlaf.

Es war fünfzehn Minuten vor Mitternacht, als Oliver Borg unruhig in seinem kleinen Zimmer auf und ab ging.

Er hatte sich bereits warme Kleidung angezogen und hoffte, dass Tom Spieß und Bernd Krumen zur verabredeten Zeit am verabredeten Ort sein würden.

Zum Glück hatte es aufgehört zu regnen. Es wirkte schon fast, als wäre man auf einem anderen Planeten, denn der Regen der letzten Tage hatte kein Ende gefunden, sondern war nur unterschiedlich stark gewesen. Jetzt fiel kein Tropfen mehr vom Himmel, und Borg blickte aus seinem Fenster in das Schwarz von von Rotfelders Anwesen. Hier und da stand ein orangefarbener kleiner Punkt in der Landschaft, den man für ein Glühwürmchen hätte halten können. Borg hatte keinen Zweifel, dass es sich um die Kerzen handelte, die auf manchen Gräbern standen.

Es erschien beinahe ironisch, dass diese Grablichter auch an Plätzen außerhalb von Friedhöfen standen, wo sie an eine Person erinnern sollten, die bei einem Unfall oder einem Gewaltverbrechen aus dem Leben gerissen worden war.

Borg fragte sich, wie viele Menschen hier auf Johann von Rotfelders Anwesen lagen, die keines natürlichen Todes gestorben waren.

Ob Borg wirklich recht hatte mit seiner Vermutung, seiner bösen Vorahnung, das würde die heutige Nacht zeigen.

Borg trank noch einen großen Schluck Wasser direkt aus einer Flasche, die er in seinem Kühlschrank im Zimmer gefunden hatte, ging leise zur Tür und öffnete sie.

Es war still. Der Gang wirkte wie ein unbeleuchteter Tunnel. Borg trat hinaus auf den hochflorigen Teppich vor seinem Zimmer, schloss die Tür leise ab und steckte den Schlüssel in seine Jackentasche. Er dachte kurz nach, um sich den genauen Weg vor Augen zu rufen, der direkt zum Haupteingang führte.

Hoffentlich befanden sich die beiden Hunde nicht auf dem Gelände. Aber Borg war zuversichtlich: Der Tierarzt hatte von Rotfelders Angestelltem Vladimir dazu geraten, die Kampfhunde für die nächsten Tage im Haus zu behalten und nicht unbeaufsichtigt in der freien Natur herumlaufen zu lassen. Sein Wort in Gottes Ohr. Borg ging schnell, aber leise den Gang hinunter und erreichte die kleine Vorhalle. Von dort gelangte er zur Tür des Durchgangs mit den Bildern der Musiker, Politiker, Models und Schauspieler.

Jetzt entgleisten Borg die Gesichtszüge. Abgeschlossen! Der Durchgang war natürlich abgeschlossen! Verrückt, wie man ihm durch das Überreichen des Zimmerschlüssels vorgegaukelt hatte, frei schalten und walten zu können, wenige Meter später aber verhinderte, dass er in das Haupthaus gelangen konnte. Er fluchte in sich hinein.

Er sah sich in der dunklen Halle um und lief hinüber zum Fenster. Der Mond war nicht zu sehen, aber die Sterne standen am Himmel, und Borg fiel auf, wie wenig vom Nachthimmel man doch in Braunschweigs Innenstadt sah. Hier, nur wenige Kilometer vom Stadtzentrum entfernt, strahlten die Sterne in ihrer vollen Pracht.

Er öffnete ein Fenster. Der kühle Herbstwind fauchte in die Halle.

Wie schön, dass er sich im Erdgeschoss befand, dachte er. Mit einem Satz war er auf der Fensterbank, und trotz seines gebrochenen und eingegipsten Arms hatte er keine Schwierigkeiten, seine Beine nach außen zu schwingen und den kleinen Satz aus dem Fenster zu machen. Als er unten im feuchten Gras landete, selbst überrascht, wie weich es war, fragte er sich, wie er mit dem Gipsarm da wieder so elegant hineinkommen sollte. Aber das würde sich später zeigen.

Borgs Schritte auf dem nassen Boden machten schmatzende Geräusche. Er rannte auf die Anhöhe zu und suchte zwischen den Bäumen Schutz. Nicht, dass man ihn hier in der Dunkelheit hätte sehen können, aber allein der Gedanke, im Alleingang etwas gegen seinen unangenehmen Gastgeber im Schilde zu führen, ließ ihn diese Taktik verfolgen.

Borg huschte an den Bäumen vorbei und fragte sich, ob ihre Wurzeln wohl durch die Skelette der hier begrabenen Toten wuchsen. Vielleicht täuschte er sich auch, und die Gräber waren zu weit entfernt. Er wusste nicht, wie weit die Wurzeln der Bäume tatsächlich reichten.

Als er über den Hügel gelaufen war, sah er das Geschäftsgebäude, vor dessen Haupteingang in wenigen Minuten seine Kollegen stehen würden, wenn sie da nicht jetzt schon auf ihn warteten.

Die Kapelle hob sich zu Borgs Linker gespenstisch gegen den dunklen Himmel ab, und erst jetzt merkte er, dass es noch etwas Schwärzeres gab als das Nachtschwarz.

Borg kam an den Hintereingang des Hauses, vor dem Spieß und Krumen auf ihn warten sollten.

Er drückte die Klinke der Tür hinunter.

»Scheiße!«, zischte er. Auch hier war abgeschlossen. Die Glasscheibe zu zerschlagen würde einen Lärm machen, dachte Borg. Was war er doch für ein Stümper! Warum hatte er sich über diese Hindernisse im Vorfeld keine Gedanken gemacht?

Die Tür mit einem Dietrich zu knacken, wäre Borg zwar möglich gewesen – er hatte das einmal gelernt –, aber nicht mit einer eingegipsten Hand.

Plötzlich bewegte sich etwas im Gang hinter der Scheibe. Borg warf sich zu Boden.

Wer war um diese Zeit hier im Gebäude? Es konnte sich nur um den Sicherheitsmann handeln. Der Plan, den er hatte, scheiterte also schon, bevor er begonnen hatte. Er verfluchte sich, er verfluchte von Rotfelder und … Da steckte jemand von innen den Schlüssel ins Schloss, schloss auf und öffnete die Tür.

Borg blieb bewegungslos an der Hauswand liegen, und seine Kleidung begann sich im regennassen Rasen vollzusaugen.

»Borg? Was machen Sie da?«, fragte eine ihm bekannte Stimme. Spieß' Stimme!

»Spieß? Sind Sie das?«, fragte Borg verwirrt.

»Ja, was denken Sie denn?«

Hinter Spieß stand eine zweite Person, die ungeschickt drei Schaufeln festhielt und an deren linkem Arm eine Tüte baumelte.

»Wie sind Sie da reingekommen? Und wo haben Sie den Schlüssel her?«, fragte Borg.

»Ich habe einfach mit einem Teppichmesser die Folie aufgeschnitten, mit der man die Schaufensterscheibe abgehängt hat. Es ist bereits acht Minuten nach null Uhr. Ich dachte, Sie stecken vielleicht in Schwierigkeiten.«

Borg stand ungelenk auf. »Wo haben Sie den Schlüssel her?«, fragte er.

»Hing am Schlüsselbrett. Es steht sogar ›Generalschlüssel‹ auf dem Anhänger«, freute sich Spieß.

Borg war beeindruckt. Das Blatt hatte sich also doch noch einmal zum Guten gewendet. Aber die eigentliche Sisyphusaufgabe stand ihnen noch bevor.

»Haben Sie Ihre Handys oder Taschenlampen dabei? Wir müssen alle Grabsteine nach dem Namen Manfred Leinen absuchen. Das ist der Mann, aus dem die Organe und der Herzschrittmacher stammen, die der Tierarzt aus dem Hundemagen geholt hat. Es muss ein recht frisches Grab sein – also eines auf dem neuen Friedhof, oder wenn wir Pech haben, auf dem Ehrenfriedhof.«

»Es ist auf dem neuen Friedhof. Das Grab mit der Nummer 194«, sagte Spieß.

»Woher wissen Sie das?«

»Als wir drinnen nach einem Schlüssel gesucht haben, haben wir den Friedhofsplan gefunden. Darauf waren die neu angelegten Gräber und die, die demnächst vergeben werden, schnell zu finden. Eine Namensliste lag auch dabei, und ich wusste ja, wem der Herzschrittmacher gehörte«, sagte Spieß stolz.

»Spieß! Wenn ich nicht so ein selbstgefälliges Arschloch wäre, dann würde ich Sie jetzt loben!« Borg freute sich. »Wo müssen wir lang?«

»Da lang«, sagte Spieß und lief voran.

»Was haben Sie denn vor?«, fragte Bernd Krumen, der von der Spannung, die diese nächtliche Mission mit sich brachte, völlig begeistert war.

Borg hatte Krumen fast vergessen, so sehr war er auf das fixiert, was er jetzt machen wollte.

»Wir graben den Sarg von Manfred Leinen aus.«

Krumen blieb wie angewurzelt stehen. »Was? Sie können doch nicht einfach eine Leiche exhumieren … ohne Genehmigung!«

»Anders geht es nicht. Koller würde das niemals erlauben. Kein Richter würde da ohne Beweise, nur weil ich eine Vermutung habe, eine Exhumierung anordnen.«

»Sie sagen es!«, platzte Krumen hervor.

Borg zog ihn am Arm, Spieß war schon fast fünf Meter voraus und im Begriff, in der Dunkelheit zu verschwinden.

»Klappern Sie nicht so mit den Schaufeln! Kommen Sie! Wir haben nicht die ganze Nacht Zeit«, ermahnte Borg Krumen.

»Was erhoffen Sie sich davon?«, fragte Krumen. »Was soll das bringen, wenn Sie eine Leiche ausbuddeln, deren Innereien bereits von einem Hund gefressen wurden?«

»Wenn ich mit meiner Vermutung recht habe«, sagte Borg, »dann liegt da nicht Manfred Leinen im Grab, sondern ein Kind.«

Krumen blieb wieder stehen.

Ringsherum flackerten die Grablichter.

»Was denn jetzt noch?«, fragte Borg genervt.

»Warum ich? Was soll ich hier?«, wollte der Pathologe wissen.

»Mein Arm ist gebrochen, der von Spieß auch. Wir müssen aber buddeln, und da sollen Sie helfen. Außerdem brauche ich hinterher einen neuen Gips! Wenn wir da bis zum Arsch im Schlamm stecken, wird der Verband ganz sicher nicht mehr so gut aussehen, dass ich mich damit morgen früh mit von Rotfelder ans Frühstücksbuffet setzen kann. Also los.«

Sie rannten zwischen den Grabsteinen hindurch. Borg hoffte inständig, dass Spieß wusste, wo er hinwollte. Und tatsächlich standen sie wenige Minuten später vor einem relativ frischen Grab, auf dessen Grabstein der Name Manfred Leinen eingemeißelt worden war.

Borg zog die Kränze und den Grabschmuck beiseite.

»Also dann, meine Herren, graben wir in den schmutzigen Geheimnissen des Herrn von Rotfelder.« Borg nahm Krumen eine Schaufel ab. Er umfasste sie mit der linken Hand, und der Stiel verlief quer über seinen Gipsarm. Er presste die Luft aus seiner Lunge, als er das Blatt mit einem kräftigen Stoß in die feuchte Erde rammte.

Jetzt gab es kein Zurück mehr. Spieß nahm sich auch eine Schaufel und begann zu graben – er war das Spiegelbild Borgs – die beiden Männer hatten wegen ihrer Verletzungen große Mühe, die Erde beiseite zu schaufeln.

Bernd Krumen wusste nun, dass das kein entspannter Ausflug der ›Drei Fragezeichen‹ war. Er legte die kleine Tasche beiseite, durch deren Henkel er seine linke Hand gesteckt hatte, und begann ebenfalls direkt am Grabstein zu graben.

Es war eine Tortur. Die nasse, schlammige Erde wog schwer auf den Blättern der Schaufeln, und Borg merkte schnell, wie er mit seinen Kräften am Ende war. Sicher ging es Spieß ebenso, und Krumen, der die meisten Muskeln wohl in seinen Augen hatte, war vermutlich auch völlig am Ende. Aber es half nichts. Zentimeter für Zentimeter arbeiteten sich die drei Männer unaufhörlich an den Sarg heran, der laut Borgs Meinung ein dunkles Geheimnis barg.

So viele Menschen waren um sie herum, doch keiner, der sah, keiner, der das Geheimnis je ausplaudern könnte, alle waren sie tot und vergessen.

Die Außentemperatur betrug nur wenige Grad, aber Borg schwitzte wie bei einem dritten Saunaaufguss. Die Erde vor ihnen wollte das Geheimnis des Sarges einfach nicht freigeben. Je tiefer die Männer gruben, umso fester bappte der schwarze Boden zusammen.

Zwischendurch hatte Borgs Gips geknackt. Er war an einer Stelle gebrochen, aber auch das hielt ihn nicht zurück, immer weiter zu graben, bis er an der linken Handinnenfläche zwei große Blasen hatte.

Plötzlich stieß Krumen auf Holz. Dumpf klang das Aufschlagen des Schaufelblattes in die Nacht, und die drei Totengräber verharrten in ihren Bewegungen.

»Der Sarg!«, sagte Borg. »Wie spät ist es?« Er hatte völlig das Zeitgefühl verloren. Es fühlte sich an, als würden sie seit Stunden graben, und damit hatte er auch gar nicht so falsch gelegen.

»Gegen zwei«, sagte Spieß mit schwacher Stimme.

»Okay. Letzte Kräfte mobilisieren. Wenn da wirklich eine Kinderleiche im Sarg liegt, dann rufen wir Verstärkung, und von Rotfelder wandert in den Knast!«

Borg stand nur etwas über einen Meter tief im Grab und versuchte mit seiner Schaufel, den Sargdeckel freizulegen.

Krumen merkte, welche Mühe Borg mit dem Graben hatte und übernahm. Es dauerte weitere fünfzehn Minuten, bis der Deckel frei lag.

»Ich hätte nicht gedacht, dass der Sarg so weit oben liegt«, sagte Spieß.

»Laut Vorschrift müssen es minimal 90 Zentimeter von der oberen Erdschicht aus sein. Wir hatten Glück. Manche Särge liegen tiefer«, sagte Krumen und keuchte.

»Legt die Ränder frei!« Borg stieg wieder mit ein und dann war es geschafft.

Borg versuchte, den Deckel zu öffnen – Fehlanzeige. Warum ging der Sarg nicht auf?

»Ich habe einen Schraubenzieher mitgebracht«, sagte Krumen, kletterte aus dem Loch und ging zu seiner Tüte hinüber.

»In früheren Zeiten wurden Särge zugenagelt. Richtig eingeschlagene Nägel verbinden das Holz auf sehr stabile Weise. Schrauben haben hingegen den Vorteil, dass sie jederzeit herausgedreht werden können, ohne das Holz zu beschädigen, und so macht man das heute«, sagte er.

»Woher wussten Sie das?«, fragte Borg.

»Google«, antwortete der Pathologe knapp, stieg wieder ins Loch hinab und begann zu schrauben, während Spieß mit seinem Handy leuchtete.

Borg hatte sich an den Rand der Grube gesetzt und ruhte sich aus. Was er jetzt zu sehen bekommen würde, wenn er recht hatte, würde sich in sein Gedächtnis brennen und über viele Jahre immer wieder in seinen Albträumen aufflammen. Seine Kehle war trocken, und er dachte an die Wasserflasche in seinem Zimmer.

»Noch zwei Schrauben.« Krumen war besser vorbereitet gewesen, als Borg es sich hätte träumen lassen. Wie wäre diese ganze Sache ohne Schraubendreher ausgegangen?

Borg legte seinen Kopf in den Nacken und schaute zum Himmel hinauf.

Die Sterne waren die Zeugen, aber sie würden das Geheimnis dieser Nacht ebenso für sich behalten wie die Toten rechts und links von ihnen.

Borg erkannte den hellen Stern im Sternbild des kleinen Bären. Er hatte seinem Sohn Paul, als dieser in die Grundschule gekommen war, es musste jetzt rund zehn Jahre her sein, einige Sternbilder gezeigt. Der helle Stern war der Polarstern.

Hatten die Eltern des Kindes, das Borg jetzt gleich in seiner Totenruhe stören würde, wie er glaubte, mit ihm über die Sterne gesprochen? Waren sie am Verschwinden des Kindes zerbrochen? Waren die Sterne für sie zu kleinen Funken der traurigen Erinnerung geworden?

Krumen schraubte und schraubte. Die Minuten dehnten sich zu einer Ewigkeit.

Borg fühlte sich seinem Ziel sehr nahe. Er wünschte sich Sina an seine Seite. Wo war sie jetzt? Er blickte in den samtschwarzen Himmel, und die gigantisch großen Sterne waren dort winzige Splitter. Obwohl er und Sina unter demselben Himmel standen, waren sie doch an völlig unterschiedlichen Orten, und obwohl sie beide den Polarstern bewundern konnten, so waren sie getrennt. Der Himmel verdeutlichte ihm, wie das echte Leben lief: Man konnte sich einem anderen Menschen sehr nah fühlen und doch meilenweit von ihm entfernt sein.

»Pssst! Seid mal leise!«, zischte Spieß.

Die Männer hielten den Atem an und lauschten in die Nacht.

»Was?«, fragte Borg leise.

»Es klopft!«, sagte Spieß.

»Was klopft?« Borg hörte nichts.

Spieß deutete auf den Sarg, der vor ihm freigelegt war.

Borg und Krumen sahen sich an, und Borg fragte sich, ob dies einer von Spieß' schlechten Witzen war. Doch dann hörte er es auch.

Es war ein gleichmäßiges Klopfen, wie das Ticken einer Uhr, aber dann doch mehr, als würde jemand mit seinem Finger von innen gegen den Sarg pochen.

»Hört ihr's?«

»Ja, ich höre es«, sagte Krumen.

Borg hörte es auch. Es war keine Taschenuhr. Es war ganz sicher ein Klopfen an das Holz.

Plötzlich atmete Krumen erleichtert auf: »Pochkäfer«, sagte er.

»Pochkäfer?« Davon hatte Borg noch nie etwas gehört.

»Heißen, glaube ich, auch Nagekäfer. Den lateinischen Namen habe ich vergessen. Das sind Schädlinge, die mit ihrem Kopf gegen Gangwandungen im Holz schlagen. Das kann man in der Stille deutlich hören – daher kommt die Vorstellung von der Totenuhr. Die Käfer sind auch in Holzwänden unterwegs. Da gibt es viele, viele irre Geschichten. So heißt es in einer, derjenige, der die Totenuhr hört, ist todgeweiht«, sagte Krumen.

»Ersparen Sie mir diese Gruselgeschichten. Schrauben Sie weiter«, verlangte Borg, aber er konnte es nicht lassen, auf das leise Pochen zu lauschen, und ein Schauer lief über seinen Körper.

»Ich hab's.« Krumens Stimme durchschnitt den Nachtwind. Die letzte Schraube war gelöst.

Borg richtete sich auf, und die drei Männer griffen, auf alles vorbereitet, mit den ihnen zur Verfügung stehenden vier Händen unter den Rand des Sargdeckels. Mit einem Ruck, als wäre er versiegelt worden, gab der Deckel aus Olivenholz der Kraft der Männer nach, und ein Geruch der Fäulnis vergiftete die frische Luft.

Spieß hustete, würgte und drehte sich weg.

Der Sargdeckel fiel auf die frische Erde, und Krumen richtete die Lampe seines Handys in den Sarg.

Borg stockte der Atem. Er konnte es nicht glauben.

»Nein! Das kann nicht sein!« Er drehte sich zum Grabstein um und las noch einmal den Namen: Manfred Leinen. Es war das richtige Grab. Aber hier lag kein Kind im Grab. Es war tatsächlich ein alter Mann. Es war Leinen.

Der Körper des Toten war aufgedunsen. Der Bauch blähte sich unter dem weißen Hemd wie ein Ballon, und allein der letzte zugeknöpfte Jackettknopf hielt dieses Kleidungsstück geschlossen. Es sah aus, als wolle er jeden Moment abspringen. Der dicke Bauch stand dem einer hochschwangeren Frau in nichts nach.

»Da war wenig Sauerstoff im Sarg. Der war wohl sehr dicht«, stellte Krumen fest.

Spieß sah in fragend an.

»Je mehr Sauerstoff in der Erde und dem Sarg, umso schneller zersetzt sich der Körper. Der ist noch recht intakt.«

»Was machen wir jetzt?«, fragte Spieß Borg.

Dieser war abwesend.

»Herr Borg? Was machen wir jetzt?«, wiederholte Spieß.

Borg war erschüttert und geschockt. Er hatte falsch gelegen. Er hatte hoch gepokert und verloren. Nun stand er hier unter den Sternen, vollgeschmiert mit Erde und durchgeschwitzt, und von Rotfelder war ihm aus den Fingern geglitten. Es gab keine Beweise, nur drei völlig verdrehte Idioten und eine ausgebuddelte Leiche.

»Machen Sie noch ein Bild mit dem Handy. Gleichen Sie ab, ob es wirklich Manfred Leinen ist, und dann lassen Sie uns hier verschwinden!« Borgs Stimme klang resigniert. Er hatte sich zum Narren gemacht.

Das Spiel war aber noch nicht vorbei. Es fing erst jetzt richtig an.

KAPITEL 19

Schicksals-schlag

Wortlos fing Borg an, das Grab von Manfred Leinen wieder zuzuschütten. Krumen erinnerte daran, dass erst noch die Schrauben in den Sargdeckel geschraubt werden müssten, aber das war Borg egal. Er schaufelte die nasse Erde zurück auf den Sarg, nachdem er ihn wieder geschlossen hatte, und war tief in Gedanken versunken.

Spieß und Krumen wussten, was an Borg nagte. Dass er mit seiner Vermutung so gnadenlos falsch gelegen hatte, musste ein harter Schlag gewesen sein.

Weil die drei sich körperlich so verausgabt hatten, dauerte das Zuschaufeln fast dreißig Minuten. Dann war es vollbracht. Mit zitternder linker Hand – sie war überanstrengt – zog Borg den Grabschmuck wieder vor den Grabstein.

»Was jetzt?«, fragte Spieß.

»›Was jetzt? Was jetzt?‹«, äffte Borg ihn genervt nach. »Jetzt brauche ich einen neuen Gips, und dann verschwindet ihr wieder. Ich bleibe hier, bis ich diesen Bastard überführt habe!«

Die drei Männer liefen über das Friedhofsgelände, und Krumen hatte Mühe, die Schaufeln zu tragen. Seine Arme fühlten sich an wie Pudding.

Sie kamen vor Borgs geöffnetem Fenster an und blieben geschafft stehen.

»Machen Sie und Krumen mir 'ne Räuberleiter!«, befahl Borg Spieß.

»Wie denn, mit dem Gipsarm?«, fragte Spieß.

Er hatte recht. Eine herkömmliche Räuberleiter würde nicht möglich sein.

»Dann gehen Sie ein Stück in die Knie. Ich steige auf Ihr Bein und dann auf Ihren Rücken.«

Spieß stellte sich an die Hauswand und befolgte die Anweisungen. Borg kletterte in sein Zimmer und reichte Krumen, der die Schaufeln an der Wand abgestellt hatte, den unverletzten Arm.

Der Pathologe zog sich daran unter Stöhnen ins Zimmer.

Als Borg sein Licht einschaltete, sah er erst, wie schmutzig die beiden Männer waren. Er wickelte den Verband vom Gips und brach die starre Hülle, die den rechten Arm und die P99 umgab, in Stücke.

»Wir packen das Zeug in Ihre Tüte. Ich will nicht, dass es hier gefunden wird.«

Krumen nahm die frischen, noch in Plastik verpackten Gipsbinden, die er mitgebracht hatte, aus seiner Tüte und warf die alten Gipsreste, von Borgs Arm in die Tüte hinein.

»Ich springe unter die Dusche, und dann machen wir den neuen Gips fest.«

Borg verschwand in seinem kleinen Badezimmer. Es war bereits nach drei Uhr, und er spürte, wie die Müdigkeit nach ihm griff, als jetzt das lauwarme Wasser über seinen strapazierten Körper lief.

Sein gebrochener Arm schmerzte, und der linke pochte. Das Wasser brannte in den beiden offenen Blasen in seiner linken Handfläche, und Borg schloss resigniert die Augen.

Wie hatte er sich so irren können! Er hätte alles darauf verwettet, dass sich im Sarg nicht der Tote befand, dessen Name auf dem Grabstein stand, sondern eines oder sogar mehrere der vermissten Kinder.

Krumen klopfte an die Badezimmertür.

»Alles gut bei Ihnen?«, fragte er.

»Ich bin gleich fertig«, sagte Borg. Er schlüpfte in eine frische Unterhose, die er nur mit Mühe einhändig über seine nassen Beine gezogen bekam, und ging zu Krumen ins Zimmer zurück.

Der Pathologe legte ihm wortlos einen neuen Gips an und sagte auch nichts, als Borg wie auch beim letzten Mal darauf bestand, mit der P99 in der Hand eingegipst zu werden.

»Ich lasse Ihnen ein paar Bandagen hier, falls Sie noch einmal einen neuen Gips brauchen«, sagte Krumen, als er fertig war. Er verabschiedete sich und glitt ungeschickt aus dem Fenster hinaus zu Spieß, der ungeduldig draußen gewartet hatte.

Borg lehnte seinen Oberkörper weit aus dem Fenster und erschrak über die kalte Luft, die seinen nackten, feuchten Oberkörper umhüllte. »Wenn Sie durch das Eingangsgebäude verschwinden, vergessen Sie nicht, den Schlüssel zurückzuhängen«, sagte er leise.

»Und, Spieß«, fügte er noch hinzu, als die beiden Kollegen schon im Begriff waren, in der Dunkelheit zu verschwinden. »Machen Sie mit ihrem Handy nochmal Bilder des Friedhofplans und der Personenliste der Toten. Schicken Sie mir alles!«

Borg schloss das Fenster von innen und warf seinen schlappen Körper auf das weiche Bett.

So erschöpft er auch war: An Schlaf war nicht zu denken. In Borgs Kopf schossen die Eindrücke der Nacht umher, und wilde Gedanken stießen aufeinander. Er rollte sich über seinen unverletzten Arm auf die Bettseite und griff zu seiner Hose, die er ausgezogen und dort hingelegt hatte. Nach etwas Fummelei hatte er sein Handy aus der Tasche gezogen. Aber wo war das zweite Handy? Das spezielle Handy, das ihm der IT-Fachmann Bauer mitgegeben hatte?

Borg setzte sich auf. Er schaute noch einmal in jeder Hosentasche nach, schaltete dann das große Licht im Zimmer ein und suchte den Fußboden ab.

Verdammt!, dachte er. Borg wusste, dass er das technisch aufgerüstete Smartphone bei seiner nächtlichen Exkursion in der Hosentasche gehabt hatte. Jetzt war es verschwunden. Es musste ihm also irgendwo auf dem Weg zum Grab, oder noch schlimmer, direkt am Grab von Manfred Leinen aus der Tasche gefallen sein.

»Nein! Nein! Nein!« Borg schüttelte den Kopf, und Adrenalin flutete seinen Körper. Wenn man das Handy am Grab von Manfred Leinen fand, war klar, dass er dort gebuddelt hatte, denn auch wenn das Grab wieder zugeschaufelt worden war. Professionelle Arbeit sah anders aus.

Borg zog sich die Hose und einen Pullover an. Die Jacke war schwer vor Nässe, aber es half nichts. Er musste noch einmal raus in die Nacht.

Vielleicht arbeitete sein Gehirn wegen des Adrenalins besser, denn er traf schlaue Vorbereitungen. Zunächst löste er mit etwas Mühe ein langes dunkelrotes Band von den Vorhängen der Fenster, dann band er es an die Lehne eines Stuhls, der vor einem winzigen Schreibtisch in einer Ecke seines Zimmers stand. Er öffnete das Fenster und ließ den Stuhl auf den Rasen hinunter.

Wieder sprang er aus seinem Zimmerfenster auf das nasse Gras, und wieder lief er auf die Bäume zu, die diesen Teil von von Rotfelders Anwesen von den anderen Teilen des Friedhofs abgrenzten.

Borgs Körper rebellierte. Es war eindeutig zu viel Anstrengung für eine Nacht, zu viel Anstrengung für diese Zeit. Er war nicht krank, zumindest wusste er von keiner Krankheit, aber er fühlte sich so, als stecke eine in ihm. Seine wahre Krankheit war das Alter, und das Alter konnte man nicht heilen, dachte er.

Schritt für Schritt quälte er sich durch die Lichtlosigkeit, ohne darüber nachzudenken, dass er ertappt werden könnte; er war zu sehr damit beschäftigt, dass der Regen ihm nicht guttat.

Die Kälte stemmte sich gegen ihn und erschwerte sein Vorankommen. Jedes Mal, wenn er den eisigen Wind und den Sprühregen auf seinem Gesicht spürte, biss er die Zähne zusammen, ballte die linke Faust, spannte sich an, um dem Wind und dem undurchdringlichen Schwindel, der sich über ihn ergoss, zu trotzen. Bei jedem Regentropfen, der ihn im Genick traf, verkrampfte sich sein Kiefer.

Und dann kam er endlich am Grab von Manfred Leinen an.

Er leuchtete mit seinem Handy den Rasen rund um das Grab ab. War das Glück auf seiner Seite? Oder war es wie immer: Das Unglück hatte mehr Phantasie als das Glück? Doch tatsächlich: Dort lag das Handy, das er von Bauer bekommen hatte.

»Ja!«, stieß Borg leise in die Nacht. Eine Welle der Erleichterung erfasste seinen Körper. Jetzt musste er zurück in sein Zimmer. Es war höchste Zeit zu schlafen. Morgen früh würde er wieder alle seine Sinne und Kräfte brauchen, um der Aura von von Rotfelder standhalten zu können.

Plötzlich nahm Borg eine Bewegung wahr. Jemand kam an den Büschen hier am Rand der Friedhofsfläche vorbei.

Borg warf sich auf den Boden zwischen zwei Grabsteine und blickte genau in die Richtung, aus der er die Bewegung bemerkt hatte.

Dort gingen zwei Menschen. In der Tat: Ein großer Mensch und ein kleiner, ein Erwachsener und ein Kind, Hand in Hand. Borg kniff die Augen zusammen, aber die Dunkelheit wollte ihr Geheimnis nicht preisgeben.

Natürlich! Warum war er nicht gleich darauf gekommen? Das Handy – der einzige Grund, warum er sich in dieser unkomfortablen Position befand. Es verfügte über eine ultrastarke Nachtsichtfunktion. Borg hoffte, er würde die technische Erweiterung problemlos zum Laufen bringen, denn seine Einweisung durch Bauer lag schon etwas zurück. Zum Glück hatte er damals aufgepasst, und es gelang ihm, die Funktion einzuschalten. Mit seinem Gips schirmte er das Display ab, damit er sich durch den Lichtschein nicht verriet. Er hatte auf die Aufnahmefunktion der Nachtsichtkamera gedrückt und richtete das Handy in die Richtung der beiden langsam über den Friedhof spazierenden Gestalten.

Borg lag auf seinem linken Arm und hielt damit auch die Handykamera. Keine bequeme Position, andererseits war so sein Gips sauber geblieben.

Er lauschte, doch die beiden Personen sprachen nicht. Jetzt änderten sie die Richtung und kamen auf die Grabsteine zu, zwischen denen er lag. In der Hoffnung, sie würden ebenso wenig von der Umgebung erkennen können wie er, blieb er regungslos zwischen den Gräbern liegen.

Würden die Toten es ihm übel nehmen, dass er auf ihren ewigen Betten lag? Borg fühlte sich unwohl, aber er wischte die Gedanken weg. Eines Tages liegst du selbst hier und kommst nicht mehr fort, dann freust du dich auch über jede Abwechslung, dachte er.

Die beiden Menschen kamen immer näher. Borg hatte das Display des Handys jetzt völlig abgedeckt und hoffte, die Kamera im richtigen Winkel ausgerichtet zu haben, um später auf den Aufnahmen erkennen zu können, wer hier mitten in der Nacht über den Friedhof schlich.

Das Tapsen der vier Füße auf dem aufgeweichten Boden war jetzt zu hören, und Borg versuchte jede Bewegung zu vermeiden, damit er kein verräterisches Geräusch machte.

Jetzt waren die beiden gleich bei ihm. Borg drückte den Gipsarm auf das Display, und alles in seinen Gliedern begann zu schmerzen. Die fremden Füße waren vielleicht zwei Meter von ihm entfernt. Lange konnte er die Luft nicht mehr anhalten! Da endlich hatten sie ihn passiert und entfernten sich wieder. Borg entspannte sich. Er hob den Gips und schaute auf das grünliche Bild, das sehr genau zeigte, wie die beiden Figuren zur einige hundert Meter entfernten Kapelle hinübergingen. Borg musste jetzt schleunigst hier verschwinden.

Er steckte das Handy in die Tasche, zog sich an einem Grabstein hoch und lief in Richtung Hügel.

Beflügelt von seinem Glück und dem Erfolg, das spezielle Handy wiedergefunden zu haben, erreichte Borg die schützenden Bäume viel schneller als beim letzten Mal, und der Weg war ihm auch kürzer vorgekommen. Fast wäre er unvorsichtigerweise aus der Deckung des Schattens einer Stieleiche auf die Lichtung getreten, als er eine Gestalt auf der Wiese vor dem Haus sah. Ein Wachmann mit einer Taschenlampe ging vom Eingang weg und leuchtete in die Wipfel der Bäume.

Hoffentlich hatte der Mann Borgs Stuhl vor dem Fenster nicht gesehen.

Der Strahl der Taschenlampe war für Borg ein gutes Indiz, in welche Richtung der Mann ging und wo er hinschaute. In einem gefahrlosen Moment verließ Borg die Baumdeckung und huschte über die Wiese auf die hintere Seite des Gebäudes, wo sein Stuhl zu seiner Erleichterung noch vor dem Fenster stand.

Das Hineinklettern in sein Zimmer erforderte zwar etwas Mühe, doch der Plan ging auf. Er stieg zuerst auf die Sitzfläche, balancierte dann auf der Rückenlehne, und mit letzter Kraft, die ihm dieser verfluchte Tag übrig gelassen hatte, ließ er sich über die Fensterkante ins Zimmer fallen.

Nie wieder!, dachte er.

Borg zog den Stuhl mit dem Band des Vorhangs, das er daran festgeknotet hatte, wieder durchs Fenster und schloss es, um sich von allem, was sich da draußen tummelte, abzuschirmen. Geschafft setzte er sich auf das Bett und aktivierte das Spezialhandy erneut. Er war zu neugierig, als dass er sich jetzt hätte schlafen legen können. Borg startete die eben in der Dunkelheit gemachten Aufnahmen und staunte über die Qualität. Bauer war ein Genie! Dieses Video stand einer in der beginnenden Dämmerung gemachten Aufnahme in nichts nach, obwohl es in vermeintlich totaler Schwärze aufgenommen worden war. Alles war klar und deutlich zu erkennen. Borg stützte seinen Ellenbogen auf sein linkes Knie, um das Handy ruhig zu halten, und sah sich den zwei Minuten dauernden Film gespannt an: Johann von Rotfelder führte eines der beiden Kinder, Luzi oder Jeopardy, an seiner linken Hand über den Friedhof …

Mein Gott!, dachte Borg. Es war nach drei Uhr nachts gewesen, das Kind hätte schlafen sollen!

Der Film lief weiter. Die beiden kamen der Kamera näher, und Borg erkannte das müde Gesicht des Kindes. Ja, es war Jeopardy – das Mädchen hatte keine missgebildeten Hände, es hielt in seiner freien linken Hand einen kleinen Stoffhasen. Ihre Rechte lag in von Rotfelders Hand, und mit schlappen, müden Schritten trottete das kleine Mädchen seinem Vater hinterher. Ab und an ging es von Rotfelder zu langsam, dann zog er genervt an der Hand, und ein Ruck fuhr durch den Kinderkörper wie bei einem Hund, der beim Gassigehen nicht die gewünschte Geschwindigkeit des Herrchens hatte und an der Leine nachgezogen wurde.

Borg schüttelte den Kopf. Es war Quälerei, das müde Mädchen um diese Uhrzeit über einen Friedhof zu führen. Was hatte von Rotfelder vor?

Jetzt sah Borg, wie sie im Bogen auf ihn zukamen. Die Konturen wurden noch klarer. Irgendetwas hatte von Rotfelder in seiner rechten Hand.

Borg kippte das Handy zwischen seinen Fingern, in der Hoffnung, er könne jetzt noch den Winkel seiner Aufnahmen ändern. Er wollte unbedingt sehen, was von Rotfelder da hielt, aber das war unmöglich. Er war an die Aufnahmerichtung gebunden, die ihm zwischen den Grabsteinen gelungen war. Jetzt schwenkte das Bild nach unten. Von Rotfelder und Jeopardy gingen in nur zwei Metern Entfernung an Borgs Versteck vorbei, und der Kameraschwenk nach unten fiel auf die nackten Füße des Mannes.

Borg war gar nicht aufgefallen, dass von Rotfelder barfuß gewesen war, so viel hatte die Nacht nicht enthüllt. Jetzt krümmten sich in der Aufnahme die Zehen mit den dicken Nägeln und griffen wie Tierpfoten in den schlammigen Boden, um sich abzudrücken und den nächsten Schritt zu tun.

Von Rotfelder ist ekelhaft, dachte Borg, und genau in diesem Augenblick fuhr die Kamera, er konnte sich gar nicht mehr dran erinnern, dass er sie bewegt hatte, nach oben und zeigte deutlich von Rotfelders rechte Hand. Borgs Herz pochte. Hatte er das richtig gesehen? Schnell legte er das Handy auf das Bett und fuhr mit dem Finger auf der Zeitleiste des Films einige Sekunden zurück. Im richtigen Moment der Aufnahme tippte er auf das Pausensymbol, und das Bild fror in dem Augenblick ein, als von Rotfelders Hand deutlich zu erkennen war. Borg nutzte die Zoomfunktion, und eine Gänsehaut lief über seinen ganzen Körper. Er konnte nicht glauben, was er sah, aber es gab keinen Zweifel: Von Rotfelder hatte eine abgetrennte kleine Hand in seiner Rechten. Die kleinen Finger standen zwischen seinem Daumen und seinem Zeigefinger heraus, das Handgelenk ragte auf der anderen Seite aus von Rotfelders Handfläche.

Borg atmete schwer und fand keine Erklärung für das, was er da erblickte. Links hatte von Rotfelder Jeopardy über den nächtlichen Friedhof geführt, rechts nur ein Körperteil.

Borg konnte förmlich Kollers Worte hören, wenn er ihm die Aufnahmen zeigen würde: »Heimlich aufgenommene Fotos oder Videos sind vor Gericht nur bedingt zugelassen und selten als Beweise verwertbar! Wo ist die Hand? War das überhaupt eine menschliche Hand? Vielleicht war es nur die Hand einer Puppe. Wo sind brauchbare Beweise?« Und, und, und.

Borg ließ sich rückwärts auf die Kissen seines Bettes fallen und stöhnte. Und dann packte ihn die Angst. Nicht ausgelöst durch das, was er eben gesehen hatte, sondern durch etwas anderes: Das Bett, in das er sich soeben hatte fallen lassen, war warm, und der Geruch eines ihm unbekannten Parfüms drang in seine Nase.

Borg richtete sich schlagartig auf, und im selben Moment öffnete sich seine Badezimmertür. Im Lichtschein des Bades stand Donantienne da Ricci und trug lediglich einen schwarzen Spitzen-BH und einen fast durchsichtigen kleinen Brazilian Slip mit Mesh und Stickereien.

»Ich habe auf Sie gewartet. Wo waren Sie?«, fragte sie und lehnte sich verführerisch an den Türrahmen.

»Wie sind Sie hier reingekommen?«, sagte Borg schnell. Ihm kam seine eigene Stimme fremd vor.

»Glauben Sie, die Frau des Hausherrn hat keinen Zugang zu allen Schlüsseln?« Sie ging mit langsamen Schritten auf das Bett zu.

Borgs Stammhirn übernahm. Alles, was er eben noch gedacht hatte, alle Ängste, alle Zweifel, alle Pläne waren ausradiert – zumindest für den Moment. Borgs Wille war schon längst gebrochen. Er hatte große Lust auf sie, weil sie einen wunderbaren Körper und diesen schwarzen BH anhatte. Er erahnte darin ihre straffen Brüste, und das Gesicht war sonnengebräunt. Wie hatte sie diesen Teint nur bis in den Herbst so kräftig braun halten können?

Borg rutschte in die Mitte des Bettes, und sie kam zu ihm. Bei allem, was jetzt passierte, bedauerte Borg die Tatsache, dass er auf einen seiner Arme verzichten musste. Er wollte sie ganz fühlen, mit jeder Pore seiner Haut, aber das war unmöglich. Donantienne war eine geschickte Liebhaberin. Sie hatte ihren Körper voll unter Kontrolle – und seinen auch. Schon lange hatte er nicht mehr mit einer so guten Frau geschlafen.

Es war fünf Uhr, als beide nebeneinander lagen und aus dem Fenster in den Nachthimmel starrten.

Donantienne hatte Borgs Hemd angezogen und die Ärmel aufgekrempelt. Sie lachte, als er Witze über seinen Arm machte, und er bekam wieder Lust auf sie. Kurz danach fragte sie ihn, ob er zurzeit verliebt wäre.

Borg fand die Frage seltsam und sagte: »Das heißt jetzt nichts, aber es scheint mir nicht so.«

Sie sah ihn traurig an.

»Was ist denn?«, fragte er.

»Hast du das Zeichen gesehen, das ich dir am Tisch gemacht habe?«

»Die Faust mit dem Daumen drin? Ja.«

»Weißt du, was dieses Zeichen bedeutet?«

»Nein.« Er schüttelte den Kopf.

»Es ist ein Hilferuf.«

Borg setzte sich auf. »Brauchst du Hilfe?«

»Johann ist grausam. Er schlägt mich«, sagte sie.

»Warum verlässt du ihn nicht?«

»Er würde mich niemals gehen lassen«, sagte sie. »Ich habe gemerkt, dass du mein Zeichen nicht erkannt hast. Da habe ich nur die eine Möglichkeit gesehen, zu dir Kontakt aufzunehmen.«

»Deshalb hast du mit mir geschlafen?«, fragte Borg überrascht.

»Nein. Aber ich weiß jetzt, dass du keine Angst vor ihm hast und auf meiner Seite bist.«

»Warum sollte ich Angst vor ihm haben?«, fragte Borg.

»Er ist der Teufel. Er hat meinen Sohn umgebracht«, sagte sie mit gedrückter Stimme.

»Was?« Borg setzte sich noch aufrechter hin als zuvor.

Donantienne begann eine Geschichte zu erzählen, die trotz ihrer Absurdität völlig glaubhaft erschien. Im März des vergangenen Jahres war Donantiennes Ehemann Marco bei einem Arbeitsunfall ums Leben gekommen.

»Es war ein Schicksalsschlag.« Sie machte eine lange Pause und zog sich die Bettdecke bis unters Kinn, als wolle sie die Erinnerungen abschirmen.

Die Trauerfeier, so erzählte sie weiter, habe auf dem damals noch nicht erweiterten Friedhof stattgefunden. Donantienne berichtete, dass ihr achtjähriger Sohn Enrico auf der Trauerfeier dauernd von von Rotfelder angesehen worden war.

»Er sah ihn nicht so an, wie man Kinder ansieht«, sagte sie und schluckte. »Er hatte etwas Böses in seinen Augen.«

Borg hörte gespannt zu.

»Eine Woche nach der Beerdigung meines Mannes war Enrico mit einem seiner Freunde am Prinzenpark auf dem Spielplatz. Er wollte nur kurz auf die öffentliche Toilette an der Kirche gehen, und als er lange wegblieb, ging sein Freund hinterher …« Donantienne machte eine Pause. Sie hatte in ihrer Vorstellung die schlimmen Momente wieder wachgerufen.

»Enrico war nicht zu finden, aber ein goldener Leichenwagen fuhr unter den Kastanien hindurch und verschwand in einer Nebenstraße.«

Borg glaubte selbst nicht daran, sagte aber: »Das kann Zufall gewesen sein.«

Sie hörte das nicht. »Ich habe schon am Nachmittag die Polizei informiert, und seit diesem Tag ist Enrico verschwunden. Johann war es!« Donantienne spuckte die letzten Worte aus.

Das war schlimm, dachte Borg. Er erinnerte sich an den letzten Sommer, als er auch das Gefühl hatte, seinen Sohn Paul für immer verloren zu haben – zum Glück war alles anders gekommen. Was Donantienne durchmachte, war eine unvorstellbare seelische Qual. Auf einen Schicksalsschlag war der nächste gefolgt.

»Aber Johann von Rotfelder ist doch mit dir verlobt. Ihr wollt heiraten«, sagte Borg.

»Er will!«, stieß sie hervor. »Die Polizei hat mir nicht geglaubt. Ich habe selbst gehandelt und meinen Körper eingesetzt, um an den Entführer meines Kindes heranzukommen.«

Borg zog die Augenbrauen hoch. Den Körper schien sie öfter einzusetzen, um an ihr Ziel zu kommen, dachte er.

»Hast du denn etwas herausgefunden?«, fragte Borg.

Sie schüttelte resigniert den Kopf. »Enrico ist verschwunden. Dieser Teufel hat ihn hier irgendwo verscharrt. Ich weiche nicht von seiner Seite, bis ich seine Schuld bewiesen habe.«

Da ziehen wir am selben Strang, dachte Borg. »Bist du sicher, dass er mit dem Verschwinden deines Kindes zu tun hat?«

»Oliver, hier spielen sich Dinge ab, die nicht normal sind. Johann ist besessen vom Tod. Er ist brutal und verrückt. Ich bin in seine Fänge geraten und komme allein nicht mehr heraus. Er macht mir Angst und quält mich. Kannst du mir helfen?«

»Natürlich«, sagte Borg, aber er wusste selbst nicht, wie. »Wer sind die beiden Kinder?«

»Jeopardy und Luzi. Es sind seine beiden Kinder aus erster Ehe. Seine Frau ist gestorben, und er zieht die Kinder alleine groß. Jeopardy ist ein Engel, aber Luzi ist ganz wie ihr Vater …« Donantienne starrte in die Luft. »Sie ist böse.«

Borg erinnerte sich daran, wie er von Rotfelder mit Jeopardy vor einigen Stunden auf dem Friedhof hatte umhergehen sehen. Frauen haben von Natur aus einen besseren Instinkt, dachte er.

»Warum geht er nachts mit Jeopardy über den Friedhof?«, fragte Borg.

»Ich weiß es nicht. Er macht das jede Nacht. Drei Stunden ist er mit dem armen Kind unterwegs. Luzi schläft zu der Zeit immer tief und fest. Ich sage ja: Er ist verrückt. Um sechs Uhr kommt er immer zurück ins Schlafzimmer. Deshalb wusste ich, dass ich nicht vermisst werde, wenn ich zu dir komme.«

Borg konnte sich auf das alles keinen Reim machen.

»Dann ist er in 25 Minuten wieder zurück«, sagte er mit einem Blick auf den Radiowecker, der neben ihm auf dem Nachttisch stand. Der Wecker zeigte die Buchstaben FRE für Freitag und die Zeit in roten Digitalziffern.

»Ja. Du hast recht. Es ist besser, wenn ich jetzt gehe.« Sie stand auf und ging ins Bad, wo sie ihre Unterwäsche anzog. Es dauerte nicht lange, und sie kam, in einen Morgenmantel aus Samt gehüllt, wieder heraus.

»Kannst du mir einen Generalschlüssel besorgen? Ich komme sonst nicht aus diesem Haus raus«, bat Borg sie.

Sie nickte: »Ich versuche, einen zu kriegen. Wenn das klappt, dann bringe ich ihn dir morgen zum Abendessen mit.«

Borg blieb regungslos in seinem Bett liegen und dachte nach.

Donantienne öffnete die Zimmertür und schaute in den dunklen Flur, dann drehte sie sich noch einmal zu Borg um. »Hilfst du mir?«, fragte sie.

»Ja«, sagte er, und seine Stimme klang so fest entschlossen, dass sie ein sicheres Gefühl bekam, und schon war sie verschwunden.

Borgs Gedanken fuhren Karussell. Er war völlig geschafft. Diese ganze Nacht war eine einzige sportliche Herausforderung gewesen, und jetzt lag er in der synthetischen Bettwäsche, schwitzte, wenn er sich zudeckte, und fror, wenn er sich abdeckte.

Donantienne war eine ungewöhnliche Frau. Sie hatte die Initiative ergriffen, weil ihr Kind verschwunden war und niemand half. Doch nun war sie selbst in der Falle. Borg überlegte, ob es ihm nicht genauso ergangen war. Er hatte von Rotfelder überführen wollen, und jetzt war er diesem undurchschaubaren Menschen gnadenlos ausgeliefert. Und was noch viel schlimmer war: Er hatte weder Beweise noch die Legitimation von Amts wegen, von Rotfelder unschädlich zu machen.

Borg schloss die Augen; für einen Moment nur, so war der Plan, doch er misslang. Borg fiel in einen unruhigen Schlaf und träumte schlimme Dinge von Gräbern und Kindern, Käfern und Blut.

Sina Bachmann öffnete halb die Augen. Sie war so schlaftrunken, dass sie sie am liebsten gleich wieder geschlossen hätte, aber ein ungutes Gefühl verdrängte das Melatonin langsam.

Im Zimmer war es dunkel. Die schweren, halb zugezogenen Vorhänge standen wie breite Wächter am Fenster, und die Sonne hatte nicht die Kraft, um diese Uhrzeit Licht auf das verregnete Braunschweig hinunterzuschicken.

Sina wusste, dass Nico Adermann rechts neben ihr liegen musste, aber ihr sechster Sinn und die Erfahrung, die sie hier gemacht hatte, ließen sie vorsichtig handeln. Langsam streckte sie ihre rechte Hand aus, um Adermanns Körper zu ertasten. Zunächst ertastete sie eine ungewöhnlich feuchte Stelle im Bettlaken. Eine richtige Pfütze. Sie zog ihre Hand zurück und roch daran. Urin! Wie ekelhaft war das denn? Sie fuhr etwas höher mit den Fingern über das kalte Laken zwischen sich und ihm, und sie wurde nervös, weil sie schon längst seinen Arm, seine Hand oder andere Teile des Körpers hätte berühren müssen. Im selben Moment, als sie ihrer eigenen Wahrnehmung misstraute, stieß sie mit ihrer Hand an seinen Oberarm.

War das sein Oberarm? Sie fuhr mit der Handfläche über seine Haut und stieß einen Schrei aus, der sie selbst erschreckte. Das kühle ledrige Etwas war kein Arm! Wieder lag die Boa neben ihr im Bett.

Mit einem kontrollierten Schwung rollte sich Sina nach links von der Matratze und kam gleich in den Stand. Sie schaltete die Nachttischlampe an und sah ihre Vermutung bestätigt.

Ausgestreckt wie ein Baumstamm lag Astaroth, die gewaltige Boa constrictor, an der Stelle, wo Nico Adermann hätte liegen sollen.

Die Angst wich der Wut, und ohne das Tier aus den Augen zu lassen, zog sich Sina hastig ihre Jeans an. Sie verzichtete auf ihre Unterhose, und auch der BH blieb auf dem Boden liegen, als sie sich ihre Bluse und den Pullover nahm und überstreifte.

Zweimal hatte sie Adermann jetzt in dieser ekelhaften Situation erwachen lassen. Mit der Ausrede, er wäre beim Bäcker gewesen, konnte er ihr diesmal nicht kommen, dachte sie und ging um das Bett herum.

Wo waren ihre Schuhe?

Die Boa änderte ihre Position langsam und sah jetzt viel mehr wie eine Schlange aus, weil nun leichte Kurven dem Reptilienkörper eine lebendige Form gaben. Astaroth drehte ihren Kopf in Sinas Richtung, und diese wich instinktiv zurück.

Was stimmte mit dem Tier nicht? Warum hatte es ausgestreckt neben ihr gelegen, und das schon zum zweiten Mal?

»Nico?« Sina rief so laut, dass man es in der ganzen Wohnung hätte hören müssen. Sie wollte sich einfach vergewissern, ob Adermann nicht vielleicht doch noch da war, aber niemand antwortete.

Sie war wütend auf ihn und auch auf sich selbst.

Die riesige Schlange schickte sich mittlerweile an, zu ihr zu kommen. Sie kroch langsam auf das Fußende des Bettes zu, an dem Sina barfuß stand. Sie war gefasst. Sie überlegte, ob es ihr allein gelingen könnte, das schwere Tier ohne Hilfe in das Terrarium hinter sich zurückzuheben. Was mochte die Schlange wiegen? 15 kg, vielleicht sogar mehr. Wie war das Biest da überhaupt herausgekommen? Sina meinte sich zu erinnern, dass der gewaltige Glaskasten gestern verschlossen gewesen war.

Sie nahm das Handy aus ihrer Hosentasche und wollte Adermann anrufen, doch als sie die letzten Kontakte öffnete, sah sie eine Telefonnummer und den Namen Tom Logan. Er hatte ihr die Informationen über die Ratten gegeben, die sie an Borg weiterleiten sollte.

Sina überlegte kurz, während sich die Schlange am Bettende heruntergleiten und dann fallen ließ und sich auf ihre Füße zubewegte.

Sina ging zwei Meter nach rechts Richtung Zimmertür und wählte Logans Nummer. Es war halb acht Uhr morgens, vielleicht war er schon in der Uni, vielleicht auch in der Pathologie. Aber selbst, wenn sie ihn jetzt wecken würde, er war der beste Ansprechpartner, wenn es um Tiere dieser Art ging.

Logan war nicht nur Pathologe, sondern wurde auch immer gerufen, wenn Tiere bei einem Fall im Spiel waren, und vielleicht wusste er mehr über dieses Verhalten der Schlange. Vielleicht war sie krank.

»Guten Morgen«, sagte Logan, der direkt nach dem ersten Klingeln in der Leitung war.

»Guten Morgen, Herr Professor«, sagte Sina. »Tut mir leid, wenn ich Sie so früh störe, aber ich habe hier ein Problem mit einer Boa constrictor«, sagte sie und ging mit kleinen, schnellen Schritten auf die andere Seite des Zimmers, weil die Schlange immer wieder auf sie zusteuerte.

»Mit einer Boa?« Logan glaubte, sich verhört zu haben. »Was ist das Problem?«

»Tja, wissen Sie, das klingt jetzt vielleicht komisch, aber die Schlange liegt morgens immer bei mir im Bett. Völlig ausgestreckt und nahezu stocksteif …«, sagte Sina und kam sich lächerlich vor, den Mann mit dieser Banalität zu belästigen.

In der Leitung herrschte für einen Moment Stille.

»Wie groß ist die Schlange?«, fragte Logan nach einem kurzen Moment.

»Vielleicht zwei Meter … etwas mehr sogar. Sie ist länger als das Bett«, sagte Sina.

»Sie lag ausgestreckt neben Ihnen?«, vergewisserte sich Logan, und Sina glaubte, Unruhe in seiner Stimme zu hören.

»Ja. Eben gerade.«

»Sie sind noch im selben Raum?« Logan sprach jetzt hektisch.

»Ja. Was ist?« Sina bekam ein mulmiges Gefühl. Die Schlange machte eine schnelle Bewegung und glitt direkt auf sie zu.

»Verlassen Sie sofort die Wohnung. Verschwinden Sie da!«, sagte Logan laut. Es war ein Befehl.

»Was ist los? Bin ich in Gefahr?« Sinas Herz raste.

»Die Schlange hat Maß genommen! Die lag ausgestreckt neben Ihnen, weil sie prüfen wollte, ob sie Sie ganz verschlingen kann! Raus da! Verschwinden Sie! Jetzt!« Logan schrie förmlich.

Die Schlange schoss nach vorn, und nur weil Sina schon einen Augenblick zuvor zum Sprung zur Tür angesetzt hatte, verfehlte das Reptil sein Ziel um wenige Zentimeter. Sina stürmte hinaus und warf die Schlafzimmertür mit einem lauten Knall zu – gleich gefolgt von einem dumpfen Stoß, den vermutlich der Schlangenkopf an der anderen Seite beim Aufprall an der Tür verursacht hatte.

Sina fiel in ihrer Panik das Handy auf den Boden. Logan sprach, aber sie konnte ihn nicht verstehen.

Mit zitternder Hand hob sie das Smartphone wieder auf.

»Alles gut, Professor Logan. Ich bin in Sicherheit. Danke für Ihre Auskunft!« Sinas Herz schlug bis zum Hals, und sie hatte das Gefühl, wenig Luft zu bekommen. Sie beendete das Gespräch und verließ Adermanns Wohnung ohne Schuhe.

KAPITEL 20

Toten gräber wind

Borg hatte noch keine zwei Stunden geschlafen, als er durch ein Geräusch an seiner Zimmertür geweckt wurde. Er kam aus einem bösen Traum augenblicklich ins Hier und Jetzt und saß binnen einer Sekunde aufrecht im Bett.

Die Zimmertür öffnete sich, das gleißende Licht wurde eingeschaltet, und eine hässliche, alte Frau starrte Borg wie eine Kröte an. Er schloss kurz die Augen, um das Gleißen abzuhalten, doch es gelang ihm nicht. Das Licht stach und schmerzte im Kopf.

Borg, völlig neben sich, konnte keinen klaren Satz bilden, sein Sprachzentrum war noch nicht aktiv. Er wischte sich hektisch den im Schlaf herausgelaufenen Speichel von der Wange und versuchte, einen klaren Gedanken zu fassen.

»Ich putzen!«, sagte die Alte im militärischem Ton.

»Ich … ich muss nicht geputzt werden …«, stotterte Borg und schaute neben das Bett, in der Hoffnung, seine Kleidung würde dort liegen.

»Zimmer putzen!«, sagte die weißhaarige Frau, die wohl schwerhörig war und deshalb so laut sprach.

Borg wickelte sich die Bettdecke um den Körper, schnappte sich seine Hose, drängte sich an der kleinen, stämmigen Putzfrau und dem Staubsauger vorbei und schloss sich im Badezimmer ein. Er streifte einen kleinen durchsichtigen Müllbeutel über seinen Gips und versuchte, sich wachzuduschen.

Eine Putzfrau! Was war das hier? Ein verdammtes Hotel?

Borg genoss das warme Wasser auf seinem Körper, und ihn schauderte davor, in Kürze wahrscheinlich wieder im kalten Regen zu stehen. Er ließ sich im Bad Zeit, in der Hoffnung, keine weitere Begegnung mit seinem ungebetenen Gast zu haben, doch das war schier unmöglich.

Als er sich frottierte, wurde laut an die Tür geklopft.

»Badezimmer putzen!« Die Stimme drang dumpf durch zu Borg.

»Moment!«, rief er zurück und versuchte ungeschickt, sich einarmig anzuziehen.

Von Rotfelder hatte zum Frühstück geladen, und kaum war Borg fertig mit dem Anziehen und wollte das Badezimmer verlassen, als auch schon Gustav in der Zimmertür stand.

»Herr von Rotfelder wartet bereits«, sagte Gustav knapp.

Borg wurde das allmählich zuviel. Wie konnte er von Rotfelder dazu bringen, sich irgendwie zu verraten, wenn der die völlige Kontrolle über jeden seiner Schritte hatte?

Schwerfällig ging Borg hinter Gustav her. Nachdem sie die Vorhalle des Anbaus durchquert hatten und durch den Gang ins Haupthaus gingen, warf Borg noch einen flüchtigen Blick auf die Portraits.

John Lennon schaute aus einem der Rahmen und schien ihm zu sagen: »Pass auf, Borg! Rechne mit allem! Ich wurde von einem Fan erschossen!«

Und plötzlich waren Borgs Sinne wieder geschärft.

Er wurde diesmal nicht in den Speisesaal geführt, in dem er gestern mit da Ricci, den Kindern und von Rotfelders Angestellten zu Abend gegessen hatte, sondern in einen kleineren Raum, eine Bibliothek.

An jeder der vier Wände standen deckenhohe Regale, die mit Hunderten von Büchern gefüllt waren.

Ein Tisch im oberen Drittel des Raums, in der Nähe der großen Fenster, war für fünf Personen gedeckt. Eine Etagere mit Obst stand in der Mitte.

»Guten Morgen!« Von Rotfelders Metallstimme kam aus einer Ecke des Raumes, in die Borg noch nicht geschaut hatte, und er zuckte zusammen.

»Guten Morgen«, erwiderte Borg.

»Ich bitte Sie, meine Familie zu entschuldigen. Wir können schon anfangen. Die Kinder sind noch sehr müde«, sagte von Rotfelder, stellte ein Buch zurück ins Regal und ging hinüber zum Tisch.

Borg folgte ihm und setzte sich vor ein Gedeck.

Kaffee, Croissants, Hörnchen und Mehrkornbrötchen wurden gebracht. In einem Eierbecher aus Porzellan wurde ein übergroßes Hühnerei vor Borg platziert, und die langen Spinnenfinger von von Rotfelder griffen in den Brotkorb.

Borg beobachtete genau, was von Rotfelder berührte, und obwohl der Mann vermutlich saubere Hände hatte, fand Borg es eklig, dass die weißen Finger des Mannes nahezu jedes Gebäckstück betasteten, bevor er sich dazu entschloss, ein Hörnchen zu nehmen.

Borg hatte großen Hunger, daher nahm er auf sein Gefühl des Ekels keine Rücksicht und wählte ein Brötchen.

»Wenn Sie heute nichts finden und feststellen, dass alle meine Mitarbeiterinnen und Mitarbeiter hundertprozentig loyal sind, dann gehe ich davon aus, dass Sie uns bald verlassen, oder? Es gibt doch sicher noch echte Fälle, die auf Ihrem Schreibtisch auf Sie warten?«, fragte von Rotfelder und bohrte seine kleinen spitzen Zähne in das weiche Hörnchen.

Borg kam es vor, als würde er einer Gottesanbeterin dabei zusehen, wie sie ihr Männchen verspeiste.

»Wir dürfen nichts außer Acht lassen. Ich würde gerne von Ihnen noch die restlichen Räume gezeigt bekommen und mit Ihren Mitarbeitern sprechen«, sagte Borg.

Von Rotfelder kaute missmutig, und als er antwortete, bevor er hinuntergeschluckt hatte, sah Borg voller Ekel das matschige Chaos im Mund des Mannes.

»Es gibt kaum noch etwas zu sehen, und meine Mitarbeiter haben sicher nichts mit diesem Angriff zu tun«, sagte er. Als er sein Gekautes herunterschluckte, machte sein Adamsapfel eine Aufwärts-Abwärts-Bewegung.

»Ich muss darauf bestehen«, entgegnete Borg fest entschlossen.

Von Rotfelder starrte ihn mit durchdringendem Blick an.

»Wenn Sie darauf bestehen, dann kann ich es Ihnen wohl kaum abschlagen, schließlich sind Sie mein Gast. Dann nutzen wir, dass es nicht regnet, und treffen uns um zwölf Uhr, um die Räume zu besichtigen. Ich werde den Mitarbeitern, die heute hier sind sagen, dass sie sich den Nachmittag freihalten sollen.«

Eines musste man von Rotfelder lassen: Er war kooperativ, aber das schloss nicht aus, dass er etwas zu verbergen hatte.

»Entschuldigt bitte die Verspätung.« Donantienne da Riccis Stimme kam von der Tür.

Borg, der mit dem Rücken zu ihr saß, drehte sich um und blickte in ein fast fremdes Gesicht. Ihr rechtes Auge war stark angeschwollen. Sie trug ein Pflaster an der Schläfe, und ihre Oberlippe war, vermutlich auch durch eine Schwellung, aus der Form geraten.

»Du liebe Güte!«, sagte Borg. »Was ist dir denn passiert?« In diesem Moment bemerkte er, dass er mit viel zu viel Vertrautheit zu ihr sprach und von Rotfelder seine Kaffeetasse auf dem Weg zu seinem Insektenmund abrupt anhielt.

»Ich muss mich für die intime Frage entschuldigen, aber wir haben uns gestern beim Abendessen das Du angeboten, ich hoffe, das hat noch Bestand«, fügte Borg hinzu.

»Aber natürlich, Oliver. Johanns Freunde sind auch meine Freunde, und schließlich hast du ihm das Leben gerettet. Ich hatte gestern Abend nach dem Essen einen kleinen Unfall. Ich bin in der Dusche ausgerutscht und mit dem Kopf aufgeschlagen. Es sieht aber schlimmer aus, als es ist.«

Ihr war klar, dass Borg wusste, wie kinderhaft gelogen das war.

»Ja. Meine kleine Donantienne ist manchmal etwas unvorsichtig«, sagte von Rotfelder und kaute weiter.

Borg verspürte den Wunsch, den Mann jetzt gleich zu erwürgen. Ganz eindeutig hatte er Donantienne heute Nacht geschlagen.

Von Rotfelder goss sich Kaffee nach und gab vier gehäufte Teelöffel Zucker in die Tasse.

Donantienne kam zum Tisch und setzte sich, ohne Borg in die Augen zu sehen. Sie nahm sich ein Croissant, bestrich es mit Johannisbeergelee und begann zu frühstücken.

»Die Sonne ist erfolgreich aufgegangen«, sagte von Rotfelder mit einem Blick aus dem Fenster, und tatsächlich drangen nach Tagen erstmals einige Sonnenstrahlen durch die Wolkendecke.

Die Sonne ist nicht aufgegangen – Borg war das in diesem Moment klarer als jemals zuvor, die Sonne stand als Fixstern im Universum – die Erde war untergegangen.

Wortlos, ganz anders, als man es von Kindern erwarten würde, kamen Luzi und Jeopardy ins Zimmer und setzten sich mit einem leisen »Guten Morgen« zu den anderen an den Frühstückstisch.

Jeopardy sah übernächtigt aus, und die dunklen Ringe unter ihren Augen schienen noch breiter geworden zu sein.

Gustav brachte eine Karaffe Orangensaft, und das Frühstück zog sich weitere dreißig Minuten hin. Borg spürte, wie ihm die Zeit durch die Finger rann, ohne dass er etwas hatte herausfinden oder ergiebige Gespräche hatte führen können.

Dann endlich erklärte von Rotfelder das Frühstück für beendet. »Kommt, meine Kinder. Mama wird uns jetzt noch etwas auf dem Klavier vorspielen.« Der Befehl war kaum zu überhören. »Und Sie, Herr Borg, werden gegen zwölf Uhr von Gustav abgeholt, und wir gehen durch die Räume, die sie sehen wollen.«

Borg erhob sich, blieb aber an seinem Platz stehen, weil er seinen Kaffee noch nicht ausgetrunken hatte. Er blickte den vier Personen hinterher, die den Frühstücksraum eilig verließen.

Borg überlegte, was für ihn wichtig sein konnte, als eines der beiden Handys in seiner Tasche vibrierte.

Er hatte das private Telefon in der linken Tasche, damit er es schnell greifen konnte, während er das modifizierte Smartphone an der Seite mit dem Gips trug.

Spieß hatte eine Nachricht per WhatsApp geschickt:

»Ich habe die Fotos von unserem gestrigen Kunden abgleichen lassen. Es ist der Mann, dessen Name auch auf den harten Papieren steht. Wir sind also keinen Schritt weiter.«

Borg wunderte sich, was Spieß da für seltsames Zeug schrieb, doch dann durchschaute er den merkwürdigen Text. Spieß hatte versucht, die Inhalte zumindest etwas zu verschlüsseln, falls jemand Borgs Handynachrichten las. Der »gestrige Kunde« war die Leiche, die sie exhumiert hatten, die »harten Papiere« standen sicher für den Grabstein. Borg schmunzelte. Spieß spielte also tatsächlich 007!

Er trank rasch seinen Kaffee aus, stand auf und ging an den Bücherregalen vorbei zur Tür. Sein Blick fiel auf die Buchrücken zu seiner Rechten, und er blieb neugierig stehen. Von den Büchern, die ein Mensch in seinem Regal hatte, so hatte ein Polizeipsychologe einmal in einem Seminar erklärt, könne man gut den Charakter der Person ableiten.

Borg schaute auf die Titel: »Eltern, Hirten der Herzen«, »Geschichte der O« von Pauline Réage, »Das Buch Nectomeron: vom Wesen des Vampirismus« von Frater Mordor, »Gebrauchsanleitung zum Selbstmord« von Claude Guillon, »Rückkehr nach Roissy« von Anne Desclos und »Naschkatze – Urlaubsvergnügen voller Lust«. Borg konnte keine Zusammenhänge in den Genres erkennen. Er zog hier und da ein Buch aus dem Regal und schlug die erste Seite auf. Bei jedem Werk handelte es sich um eine gut erhaltene Erstausgabe. Meist waren es Hardcoverausgaben. Borg ging an den Regalen entlang und fühlte sich wie in einem Antiquariat. Jetzt, als er nahe an den Büchern stand, nahm er den Geruch alten Papiers wahr.

Borg zog ein relativ neues Buch heraus, das aus der Masse hervorstach und erst 2020 gedruckt worden war. Er schlug es willkürlich auf und las: ›Ich würde es vorziehen, wenn mein Funke in einem strahlenden Feuer ausbrennt, als wenn er durch trockenes Licht erstickt würde. Ich wäre lieber ein großartiger Meteor, jedes Atom von mir in einem herrlichen Schein, als ein schlafender und dauerhafter Planet. Die eigentliche Funktion des Lebens ist zu leben, nicht zu existieren. Ich werde meine Tage nicht damit verschwenden, sie zu verlängern. Ich werde die Zeit nutzen‹. Borg legte die Stirn in Falten, schlug das Buch wieder zu, steckte es zurück in die Lücke, die es beim Herausziehen hinterlassen hatte, und holte ein anderes heraus, das daneben stand. Hier sprach ihn der Titel nicht an. Als Borg das Buch zurückstellen wollte, entdeckte er eine hinter dem Buch steckende glänzende Hülle. Mit dem linken Zeige- und Mittelfinger zog diese Hülle heraus. Es handelte sich nicht um ein Buch, sondern um eine DVD, einen Pornofilm: »Sex in Venice«. So, so, dachte Borg und ließ die DVD in ihr Versteck zurückgleiten. In Venedig war er auch lange nicht mehr gewesen …

Als er einige Schritte weiterschlenderte, ohne den Blick von den Regalen abzuwenden, kam er an ein großes Bücherregal in der Mitte der Wand. Es hob sich von den anderen ab, denn die Buchrücken waren sehr bunt und unterschiedlich groß. Es wirkte auf den ersten Blick chaotisch.

Borg trat einen Schritt näher und sah, dass es sich ausschließlich um Kinderbücher handelte.

Er wollte eben den Raum verlassen, als sein Instinkt ihm sagte, dass er beobachtet wurde.

Er wartete einige Sekunden, bevor er sich zur Tür umwandte. Wer stand da? Von Rotfelder? Unwahrscheinlich. Dieser Diener Gustav? Möglicherweise.

Borg hörte das Geräusch von Krallen auf dem hölzernen Boden.

Blitzschnell fuhr er herum, und da standen sie: Teutan und Safel. Sie hatten sich nebeneinandergestellt und sahen ihn mit ihren schwarzen Augen an. Er wich instinktiv einen Schritt zurück und presste seinen

Rücken an das Regal. Die Hunde schienen zu denken: ›Den kennen wird doch‹. Teutan knurrte leise, während Safel die Zähne fletschte.

Borg ging langsam und kontrolliert, die Hunde niemals aus den Augen lassend, dicht am Bücherregal hinter ihm entlang zum Frühstückstisch.

Die Hunde standen weiter in ihrer Position und folgten seinem Weg mit einer mechanisch wirkenden Drehung ihrer Hälse.

Teutan lief Speichel aus dem Maul.

Borg war am Tisch angekommen und nahm das lange Brotmesser an sich. Etwas Besseres, um sich im Ernstfall zu verteidigen, hatte er nicht gesehen.

Die Hunde machten, wie auf Kommando, langsame Schritte auf den Tisch zu, und Borg schaute sich verzweifelt nach einem Fluchtweg um.

Er stand jetzt seitlich zu den Tieren und beobachtete sie aus den Augenwinkeln, anstatt frontal zu ihnen zu stehen und Augenkontakt zu halten. Vielleicht signalisierte es den Bestien, dass er keine Bedrohung war. Er presste seinen nicht eingegipsten Arm mit dem Messer in der Hand nahe an seinen Körper, um so wenig Fläche von seinem Körper für einen plötzlichen Biss freizugeben, wie er konnte.

»Teutan! Safel!« Die Namen fielen wie Schüsse aus einer Pistole. Vladimir stand im Türrahmen und hatte zwei Leinen in der Hand.

Die beiden Hunde machten sofort eine Drehung auf der Stelle und liefen auf den Mann zu.

»Sie müssen entschuldigen«, sagte Vladimir mit Akzent. »Die beiden waren sehr lange nicht frei unterwegs. Da stauen sich Aggressionen an, aber ab heute dürfen Sie wieder auf dem Gelände laufen!«

Na großartig!, dachte Borg, nahm sich das letzte Brötchen vom Frühstückstisch und schnitt es mit dem Messer, das er in der Hand hielt, auf. Jetzt hatte er zwei weitere Probleme, wenn er versuchen würde, hier auf dem Gelände unbemerkt Beweise gegen von Rotfelder zu finden.

Vladimir verließ mit den beiden Tieren die Bibliothek, und Borg warf das aufgeschnittene Brötchen achtlos zurück auf den Tisch.

Nico Adermann hatte zweimal stehend in einer Kabine auf der Herrentoilette im Fitnesscenter onaniert. Er hatte dabei an Dana und die letzte Nacht gedacht. Er hatte daran gedacht, wie sie in seinem Bett gelegen und er morgens das Zimmer verlassen hatte, ohne sie zu wecken.

Jetzt spülte er ein weiteres Mal, kam aus der Kabine und wusch sich am Waschbecken die Hände.

Er schaute sich im Spiegel an und sah, dass Schweiß auf seiner Stirn stand. Kein Wunder nach den zwanzig Minuten der Selbstbefriedigung in dieser feuchtwarmen Luft.

Adermann warf sich zwei Hände Wasser ins Gesicht, griff mit geschlossenen Augen zu den Papiertüchern und trocknete sich ab. Schon besser. Er fühlte sich erleichtert. Die ganze Spannung, die er auf dem Weg hierher aufgebaut hatte, war jetzt abgefallen.

Wieder dachte er an Dana. Wäre sie noch da, wenn er wieder bei sich zu Hause war, oder wäre sie schon weg?

Adermann verließ die Toilette und wollte zu einem seiner Kunden gehen, der für 10:30 Uhr einen Termin bei ihm gebucht hatte, als Dana plötzlich vor ihm stand.

Die Ohrfeige traf ihn aus heiterem Himmel. Er hatte gerade seinen Mund geöffnet, um den Namen »Dana« zu formen, als es klatschte.

»Na, überrascht, mich hier zu sehen?«, fragte Sina wütend.

»Ja. Ich habe heute Morgen von Birgitt erfahren, dass du jetzt in einem anderen Studio arbeitest, und nicht mit dir gerechnet. Warum hast du mir nicht gesagt, dass du dich hast versetzen lassen? Gefiel es dir hier nicht?«

Sina sah ihn mit Wut in den Augen an. »Hier gefiel es mir sehr gut! Aber bei dir zu Hause war es weniger nett!«, fauchte sie. »Ich lag heute Morgen wieder neben deiner Scheißschlange!«

Adermann tat überrascht. »Ist sie wieder aus dem Terrarium herausgekommen?«

»Jetzt tu nicht so. Der Deckel stand offen!«

»Denkst du, ich hätte sie herausgelassen?«, fragte Adermann.

»Wer sonst?«

»Das ist ein altes Terrarium, und die Schlange ist schlau! Sie ist eine wahre Ausbruchskünstlerin.«

»Schwachsinn! Sie wollte mich fressen!«

»Unsinn. Die ist völlig abgefüttert.«

Sina schaute ihn wortlos an. Log er? Sagte er die Wahrheit?

»Wann hat sie gefressen?«, fragte sie.

»Vor drei Tagen ein Kaninchen. Ich füttere sie alle sieben bis acht Tage.«

Wieder sahen sich beide nur an.

»Bitte nimm mir das nicht übel. Ich verspreche dir, ich werde Maßnahmen ergreifen, dass das nie wieder passiert.« Er lächelte sie übertrieben an.

Sina drehte sich um, ließ ihn stehen und verließ das Fitnesscenter mit schnellen Schritten.

Sollte Adermann bleiben, wo der Pfeffer wächst! Sie hatte genug von den mittelmäßigen Nächten und dem Erwachen mit Schrecken am nächsten Morgen.

Adermann sah ihr mit ausdrucksloser Miene nach, und seine Gedanken kreisten um diese schöne Frau und um den Morgen, den sie mit der Schlange erlebt hatte.

Er drehte sich um und ging zurück in die Herrentoilette.

Man hatte das Gefühl, die Wolken reichten bis zum Gras. Es war nicht wirklich neblig, aber die Luft war von staubfeinem Sprühregen erfüllt, der zu leicht erschien, um nach unten zu fallen.

»Was genau wollen Sie denn sehen, Herr Borg?«, fragte Johann von Rotfelder, als die beiden Männer, wie verabredet, langsam über das Friedhofsgelände gingen.

»Alles, was ich noch nicht gesehen habe«, sagte Borg.

»Dann fangen wir mit dem Krematorium an, danach gehen wir in den Leichenraum und zum Schluss in die Kapelle. Dann haben Sie alles gesehen.« Von Rotfelder sah Borg nicht an, sondern schlenderte durch das feuchte Gras und sprach, als führe er Selbstgespräche.

»Den Ehrenfriedhof und ihre Wohnräume würde ich gerne noch sehen«, sagte Borg. Alles, was von Rotfelder ihm ohnehin zeigen würde, war zweifelsohne völlig unwichtig und brächte ihn nicht weiter.

Von Rotfelder blieb stehen und drehte sich zum ersten Mal, seit sie ins Freie getreten waren, zu Borg um. »Was wollen Sie denn auf dem Ehrenfriedhof sehen? Und meine Wohnräume sind absolut sicher. Da kommen nur meine Familie, Gustav und die Bediensteten hinein. Da finden Sie den Heckenschützen nicht.«

»Ich will Sie nicht in Ihrer Privatsphäre stören, aber ich möchte mir einmal die Fenster ansehen, ob da ein Projektil aus großer Entfernung durchdringen könnte«, log Borg.

»Das sind dreifach verglaste Sicherheitsfenster«, sagte von Rotfelder.

»Ich schaue sie mir an.« Borg ließ nicht locker.

Sie hatten das kleine Wäldchen hinter sich gelassen und gingen nun über den Friedhof.

Wegen des kräftigen Gegenwindes senkte Borg sein Kinn auf die Brust, weil ihm die Kälte in den Kragen kroch.

»Ah! Da bist du ja«, sagte von Rotfelder erfreut.

Borg sah sich um, aber niemand war da.

»Mit wem haben Sie eben gesprochen?«

»Mit dem Wind«, antwortete von Rotfelder, als sei es das Normalste der Welt. »Kennen Sie ihn?«, fragte er.

Jetzt dreht er völlig durch, dachte Borg.

»Es ist der Totengräberwind«, sagte von Rotfelder und breitete seine Arme aus, als wolle er einen guten Freund begrüßen.

»Totengräberwind?«, fragte Borg.

»Ja. Manche behaupten, es gäbe ihn nur auf Jamaika. Ich aber sage: Dem Wind gehört die ganze Welt. Er kann überall sein, wo er will.« Von Rotfelder stand mit seinem ausgebreiteten Armen wie ein schwarzes Kreuz auf dem Friedhof. Borg sah sich das seltsame Schauspiel an. Die weiten Ärmel des schwarzen Mantels wehten wie kleine Vorhänge.

»Auf Jamaika weht der ›Doktorwind‹ mit salziger Würze vom Meer heran und vertreibt den ›Totengräberwind‹, dessen nächtliche Pflicht darin besteht, ohne Unterlass aus den Bergen herabzuwehen und die abgestandene Vortagsluft aufs Meer hinauszupusten. Hier in Braunschweig gibt es keine Berge und kein Meer, und deshalb weht überall der ›Totengräberwind‹ und verteilt die abgestandene Luft. Kein ›Doktorwind‹ ist da, um uns mit frischer Luft zu versorgen, nur das merken wir nicht. Wir sind umhüllt vom Wind des Todes.«

Ja, erzähle nur deine Märchen, du Irrer, dachte Borg und sagte nichts zu dieser seltsamen Geschichte.

»Wissen Sie, worauf wir jetzt gehen?«, fragte von Rotfelder und wusste, dass Borg keine Ahnung hatte.

»Nein.«

»Es ist ein toter Fluss. Hier verlief einst ein Seitenarm der Oker, aber er ist erst versandet und dann völlig ausgetrocknet. Die Zeit hat den Arm mit Erde gefüllt, und jetzt spazieren wir auf dem toten Fluss. Beeindruckend, oder?«

Sie gingen noch ein ganzes Stück, ohne dass ein Wort fiel. Borg fühlte sich, als habe von Rotfelder ihn vergessen. Vorhanden zu sein und nicht wahrgenommen zu werden, ist genauso wie nicht vorhanden sein, dachte er.

Rechts von Borg stand ein unauffälliger Baum, der nicht hoch war. Seine vielen Äste strebten in alle Richtungen, und sie glichen dürren Fingern, die nicht die Absicht hatten, zusammenzukommen. Von Rotfelder beachtete den Kommissar nicht.

Der Herr des Friedhofs ging einfach weiter. Trotz des unebenen Geländes, auf dem sie schritten, schwebte von Rotfelder förmlich, und hätten seine Beine sich nicht bewegt, so wäre er reglos gewesen.

Ein Vogel flog auf und ließ sich in dem Netzwerk aus Weidenzweigen nieder.

»Vorsicht!«, sagte von Rotfelder unvermittelt und streckte seinen Arm aus, damit Borg stehen blieb.

»Was ist denn?«, fragte Borg.

»Vor uns ist ein Brunnenloch.« Von Rotfelder zeigte auf ein etwa einen Meter breites senkrechtes Loch im Boden.

Zwar lagen knapp daneben zwei orange-weiß gestreifte Absperrgitter, aber entweder hatte jemand versäumt, sie aufzustellen, oder der Wind hatte sie umgeworfen. Borg vermutete Ersteres.

»Da habe ich Ihnen wohl das Leben gerettet. Dann sind wir jetzt quitt!«, sagte von Rotfelder, aber in seiner Stimme schwang Ironie mit.

Borg beugte sich über das Loch, in das zweifelsohne ein Mensch hineinrutschen konnte.

»32 Meter senkrecht in die Tiefe – das ist bestimmt recht beklemmend da unten.« Von Rotfelder kicherte. »Ich werde meinen Männern Bescheid geben, dass sie die Stelle absichern sollen. Die Bohrung für den Brunnen ist erst letzte Woche erfolgt!«, erklärte von Rotfelder und ging weiter.

Borg machte einen großen Bogen um das Loch.

»Dieser Pseudogley ließ sich wie ein Stück Knete durchbohren. Wird Zeit, dass sie den Brunnen fertigstellen. Der Pseudogley ist in der deutschen und mitteleuropäischen Bodensystematik der wichtigste Typ aus der Klasse der Stauwasserböden«, erklärte von Rotfelder überlegen. Borg hörte schon längst nicht mehr zu.

Als sie einige Büsche passiert hatten, sah Borg einen sehr alten Mann mit Hut und weißem Bart auf einer grünen Bank sitzen, deren Farbe an manchen Stellen bereits abgeblättert war. Er schaute auf die Grabsteine und schien von Rotfelder und Borg gar nicht zu bemerken.

Von Rotfelder gab ein Grunzen von sich.

»Wer ist das? Ein Angestellter?«, fragte Borg.

»Ha! Der? Der ist fast hundert Jahre alt! Der sitzt hier und gewöhnt sich an sein kommendes Zuhause!«, von Rotfelder lachte angewidert auf. »Seine Frau ist hier auf dem Friedhof begraben, und dieser Landstreicher kommt jeden gottverdammten Tag her, sitzt auf meinem Privatgrundstück und starrt auf das Grab seiner Frau!«

»Aber das ist doch ein öffentlicher Friedhof …« Borg fragte das halb; genau genommen stellte er es fest.

»War!«, erwiderte von Rotfelder. »Ich habe das Gelände gekauft. Jetzt ist es privat. Aber«, fügte er missgelaunt hinzu, »die Stadt Braunschweig hat mir verboten, den Angehörigen das Besuchsrecht abzusprechen. Ich bin gezwungen, sie aufs Gelände zu lassen.« Er schüttelte den Kopf. »Das wäre im Normalfall kein Problem, denn Tote vergisst man schnell, und es kommt kaum jemand hier aufs Land heraus, um Blumen niederzulegen oder auf Gräber zu starren wie der da. Aber dieser Penner verbringt hier täglich acht Stunden. Immer wieder steht er vor dem Eingang. Wir erfassen seinen Namen, und er muss sich abmelden, wenn er geht. Das ist reine Zeitverschwendung für mein Personal.«

Der alte Mann bewegte sich nicht. Er hätte auch gut eine Puppe sein können.

Von Rotfelder und er gingen an vielen Grabsteinen vorbei.

»Heute Nachmittag, wenn Sie mit meinen Angestellten sprechen, habe ich eine Beisetzung. Gleich nach unserem Rundgang werde ich eine Leiche vorbereiten, daher ist mein Zeitfenster für die Führung leider begrenzt …«, erklärte von Rotfelder.

Borg unterbrach: »Da wäre ich gerne dabei.«

Wieder blieb von Rotfelder stehen. Der Wind schob ihm von hinten die Haare nach oben und zerzauste sie. Der Mann sah jetzt aus wie eine schlechte Kopie der Medusa.

»Sie wollen doch nicht allen Ernstes dabei sein, wenn ich die Leiche wasche, schminke, ankleide und in einen Sarg lege?«

»Warum nicht?«, fragte Borg, doch von Rotfelder antwortete nicht auf Borgs Frage und ging weiter. Borg hätte in diesem Moment zu gerne gewusst, was der Mann dachte, doch in seinen Kopf ließ er sich nicht schauen. Leider.

Borg folgte ihm wortlos und las hier und da Namen und Daten auf Grabsteinen. Gleich nebeneinander standen drei Grabsteine von Menschen, die alle nur rund dreißig Jahre alt geworden waren.

Von Rotfelder schien zu bemerken, dass Borg im Kopf gerechnet und zu dem Schluss gekommen war, dass diese Menschen viel zu jung gestorben waren.

»Wer früh stirbt, scheint ein Liebling der Götter zu sein, weil sie ihn zu sich holen wollen.«

»Schlimm«, sagte Borg nur.

»Möchten Sie denn nicht ein Liebling der Götter sein?« Von Rotfelders Stimme klang seltsam. So wie ein Lehrer, der eine Frage stellt und die Antwort kennt. Ein mit hochgezogenen Augenbrauen und einem Lächeln gesagtes »Na, liebe Kinder, wie viel ist eins plus eins?«

Diesmal antwortete Borg nicht. Er wäre im letzten Jahr fast gestorben, und dieses Fast reichte ihm völlig.

Jemand, der bereits einmal das Gefühl gehabt hatte, sterben zu müssen, der nur durch eine glückliche Fügung dann doch überlebte, wollte nicht noch einmal spüren, wie das Leben langsam aus ihm herausgesogen wurde.

Borg war bereits mehrfach an diesem Punkt angekommen, an dieser Schwelle vom Leben zum Tod, und er verdrängte den Gedanken, irgendwann wieder an der Reihe zu sein, so gut es ging. Zu leben war etwas Erstrebenswertes. Borg hatte sorgfältig über den Tod nachgedacht und war zu einem absurden Schluss gekommen: Er war damit nicht einverstanden.

»Viele fühlen sich vom Tod abgestoßen, aber ich weiß, dass er zum Leben gehört, und akzeptiere ihn. Er ist mein Freund«, sagte von Rotfelder.

Wieder breitete er seine Arme aus: »Früher bin ich gereist. Ich habe mir die ganze Welt angesehen. Aber jetzt weiß ich, es gibt keinen schöneren Ort als diesen hier.« Er wies mit seiner linke Hand einladend über die Grabsteine vor sich.

»Waren Sie auch in China? Dort gibt es ganz ausgezeichnete und ungewöhnliche Waffen«, sagte Borg. Er wollte von Rotfelder auf das chinesische Schmetterlingsschwert bringen, das die Aufnahmen von Newski gezeigt hatten und an denen sich der arme Mann verletzt hatte, bevor er unsanft aus dem Leben geschieden war.

»Nein. In China war ich leider nie. Ich war oft in der Türkei. Am Toten Meer.«

Natürlich!, dachte Borg.

»Das Meer ist ein geduldiger Zuhörer. Es hört sich alle Geschichten an.«

»Und was erzählen Sie dem Meer?«, fragte Borg

»Ich spreche mit ihm über meine Morde.« Von Rotfelder lächelte.

Borg blieb ruckartig stehen, verzog aber keine Miene. »Sie wissen schon, dass Sie hier mit einem Polizisten sprechen, oder?«

»Eben.« Von Rotfelders Gesicht verlor jeglichen Ausdruck. »Meinen Sie, ich würde Ihnen hier ein Geständnis machen? Das war natürlich nur ein Witz. Ich muss nicht morden. Wer zu mir kommt, ist schon tot.«

»Sehen Sie, wie ich lache?«, fragte Borg und versuchte erfolglos, ein ebenso ausdrucksloses Gesicht aufzusetzen. Der Ärger und die Abscheu waren nicht gänzlich aus seinen Zügen gewichen. Mehr Unbehagen konnte es in dieser Situation kaum geben, mehr Antipathie zwischen zwei Menschen auch nicht.

Wusste von Rotfelder, dass Borg ihn verdächtigte? Was sollte dieser unpassende und pietätlose Spruch mit den Morden?

Von Rotfelder tat jetzt wieder so, als sei das alles nie ausgesprochen worden, und schwelgte weiter in Erinnerungen: »Am Schwarzen Meer ging ich gern zu einer Klippe. Dort sind, so sagte man mir, oft Menschen zu Tode gekommen. Oft waren es Kinder und Frauen. Im Sommer sprangen die Kinder zum Tauchen von einem Felsen ins Wasser; diejenigen die nicht wieder auftauchten, nannte man ›Todsucher‹, und man sagt, sie seien von ihren Eltern aus einem früheren Leben in die tote Familie zurückgeholt worden.«

Zusammen mit dem entfernten Heulen des Windes bereitete Borg die Geschichte großes Unbehagen, und er sah sich unentwegt um, ob sie noch zu zweit über das Gelände flanierten oder ihnen schon Schatten folgten.

Von Rotfelder fuhr fort: »Ich hatte damals eine Flöte dabei, spielte sie aber nie. Auf dem Sand hechelte das Meer mit den schnellen erstickten Atemzügen seiner kleinen Wellen. Alles kam dort zwischen dem Meer, dem Sand und der Sonne, der Stille und der Flöte zum Stillstand. Die Sonne war so drückend, sie zerbrach auf dem Sand und auf dem Meer in Splitter. Ich bin froh, dass ich weg bin aus dieser Höllenhitze und jetzt hier im Regen stehen kann.«

Borg wünschte sich genau das Gegenteil. Er konnte den Regen nicht mehr ertragen, und es war erst der erste Schritt auf dem Weg in die ungemütliche Jahreszeit. Er wischte den Gedanken weg, aber von Rotfelder hatte offenbar seinen missmutigen Gesichtsausdruck wahrgenommen.

»Sie sind unausgeglichen. Und Sie haben keinen Humor. Nehmen Sie das Leben leicht! Der Tod ist schwer genug«, sagte er.

Sie waren an der Eingangstür des Krematoriums angekommen. Wenn ihm hier jetzt etwas zustoßen sollte, dann konnte von Rotfelder ihn einfach verschwinden lassen.

Asche zu Asche, dachte Borg und trat mit Frösteln in die kleine Halle ein, in der sich das Krematorium befand.

KAPITEL 21

Das Phoenix-Projekt

»Das Leben ist ein Ungleichgewichtsystem«, sagte von Rotfelder, und seine metallene Stimme klang im Türrahmen zum Vorraum des Krematoriums noch viel roboterhafter. »Wenn ein Mensch stirbt und wieder zu Asche und Staub wird, ist das Gleichgewicht der Natur wieder hergestellt.«

Der Wind schob sie förmlich in das flache Gebäude, und dann knallte er die Tür hinter ihnen zu. Borg erschrak, als die Tür hinter ihm mit einem Krachen ins Schloss fiel und der Schall zwischen den Krematoriumsmauern hin und her geworfen wurde.

»Die Anlage ist brandneu«, sagte von Rotfelder stolz. »Sie wurde vor einer Woche zum ersten Mal in Betrieb genommen. Damit beginnt eine völlig neue Ära von ›Dem Himmel so nah‹. Die Angehörigen bekommen eine günstige, umweltfreundliche Lösung, ihre verstorbenen Familienmitglieder von dieser Welt in die andere Welt zu senden.«

Jetzt wurde Borg einiges klar: Wenn es hier bis vor einer Woche noch kein Krematorium gegeben hatte, war es von Rotfelder nicht möglich gewesen, Leichen einfach so verschwinden zu lassen. Daher vielleicht die Spuren der Toten, die ihn hierher geführt hatten. Wenn das aber so war, dann bedeutete das auch, von Rotfelder würde ab jetzt alle Leichen, die ihn in Schwierigkeiten bringen könnten, einfach verbrennen. Und vermutlich hatte er auch schon Spuren durch diese neue Anlage verwischen können.

»Was gefällt Ihnen so gut am Beruf des Leichenbestatters?«, fragte Borg.

»Leichenbestatter?« Von Rotfelder warf die Worte hin. »Was für ein dummer Ausdruck! Was soll ein Bestatter denn sonst bestatten als Leichen? Ich bin vielmehr ein Totengräber – aber auch noch mehr: Künstler, Steinmetz, Grabredner …«

Ja, ja, dachte Borg. Ist ja gut!

Der Raum, in dem sie sich jetzt befanden, war groß und strahlte eine verstörende Sterilität aus.

»Der Mann, dessen Trauerfeier heute stattfindet, wird hier seine letzte Reise antreten. Wir streben ca. 2000 Einäscherungen pro Jahr an. Ein Riesengeschäft«, sagte von Rotfelder.

»Wie läuft das Ganze ab?«, wollte Borg wissen.

»Die Einäscherung im Sarg dauert etwa zwei Stunden. Das ist das Tolle an diesem Phoenix-Krematorium. In den herkömmlichen Anlagen dauert es fast eine Stunde länger.«

Borg las tatsächlich den Markennamen ›Phoenix‹ auf dem Schild an der Anlage. Er schmunzelte innerlich. Der Phönix war ein mythischer Vogel, der am Ende seines Lebenszyklus verbrannte und aus seiner eigenen Asche wieder erstand.

»Die Verstorbenen werden aus der benachbarten Leichenhalle in den Ofenvorraum gebracht, und dann wird auf den Sarg ein sogenannter Schamottestein gelegt«, erzählte von Rotfelder weiter.

»Was ist das?«, fragte Borg.

»Das ist ein feuerfester Stein, in den eine Nummer eingraviert ist. Er bleibt in der Asche. Und er kommt später auch in die Urne, sodass die Überreste jederzeit dem Verstorbenen zugeordnet werden können. Das, was Sie hier sehen, ist im Prinzip der hintere Teil des Einäscherungsofens. Kommen Sie mit.« Von Rotfelder öffnete eine Seitentür, die in einen Raum führte, in dem rund dreißig hölzerne Klappstühle standen.

Borgs Herz setzte einen Schlag aus: Der Raum hatte schwarze und weiße Bodenfliesen, die im Schachbrettmuster angeordnet waren, genau wie in der Filmaufnahme des Kammerjägers Newski!

»Alles in Ordnung?«, fragte von Rotfelder. »Sie sehen blass aus.«

»Nur eine alte Erinnerung, die in mir wach geworden ist«, sagte Borg mit ernster Stimme. Das war alles noch kein Beweis und noch lange keine Möglichkeit, den Mann vor einen Richter zu bringen. Diese Bodenfliesen gab es in Braunschweig sicher hundertfach.

»Nach der Trauerzeremonie wird der Sarg auf Knopfdruck langsam in die Brennkammer gefahren. Kennen Sie den Film ›Diamantenfieber‹?«, fragte Johann von Rotfelder.

Borg schüttelte den Kopf.

»Sehen Sie sich den an. Das ist ein James-Bond-Film mit Roger Moore. Da wird er fast selbst verbrannt. Höchst amüsant. Aber 007 überlebt immer – völlig unrealistisch.«

Von Rotfelder ging um eine Art Förderband herum, auf dem allerdings kein Sarg stand, und blieb vor einer Steuerkonsole stehen.

»In diesem Phoenix-Ofen gibt es drei übereinanderliegende Brennräume: In den beiden oberen herrschen 750 bis 850 Grad Celsius. Nach rund fünfundvierzig Minuten wird eine Drehplatte am Boden der oberen Kammer aktiviert. Die sterblichen Überreste fallen dann in die zweite Brennkammer.«

Borg konnte sich alles bildlich genau vorstellen.

»Theoretisch können wir oben gleich mit der nächsten Einäscherung beginnen, wenn die erste Rutsche abgekippt ist.« Von Rotfelder strahlte über das ganze Gesicht, und seine kleinen Zähne waren zu sehen. Er fuhr mit seinen knochigen, langen Fingern über die Knöpfe der Konsole, ohne einen davon zu drücken.

»Sie werden es nachher ja vielleicht sehen«, sagte er. »In der zweiten Kammer brennt die Leiche rund eine Stunde weiter. Dann gibt es wieder eine Drehplatte am Boden, und die Überreste fallen in den dritten Brennraum. Ein sehr ausgeklügeltes System.«

Borg konnte das nicht abstreiten, aber es beunruhigte ihn, dass ein solches System in den Händen dieses Mannes war.

»Wenn der ganze Prozess dann dem Ende entgegengeht, fallen die Reste in eine sogenannte Auskühlwanne. Das zeige ich Ihnen nachher.«

Während von Rotfelder gesprochen hatte, waren Borgs Augen über die Wände hier im Vorraum gewandert. Er hatte sie nach der Revisionsklappe abgesucht, die Newski gefilmt hatte, und tatsächlich: Da war sie. War noch immer das Zwillingsschwert dahinter versteckt? Befanden sich darin noch die Kinderuhren in einer Tasche, vielleicht sogar abgetrennte Kinderhände? Borg schüttelte sich unmerklich.

»Ich werde in rund einer Stunde mit dem Vorbereiten der Leiche beginnen. Wollen Sie dabei sein?« Rotfelder hatte gemerkt, dass Borg Unbehagen spürte, und glaubte wohl, dieser würde jetzt mit ›Nein‹ antworten.

»Natürlich!«, entgegnete er jedoch kraftvoll. Dich lasse ich nicht mehr aus den Augen, dachte er.

Von Rotfelder starrte ihn an. »Na gut. Wir treffen uns in einer Stunde hier. Besser, sie essen vorher nichts mehr«, sagte er und geleitete Borg zu einer anderen Tür, die wieder hinaus auf die Wiese führte und durch die später die Trauergemeinschaft in den bestuhlten Raum eintreten würde.

Borg bedankte sich bei von Rotfelder und ging allein langsam zurück in Richtung Wohnhaus, als ihm plötzlich der alte Mann einfiel. Der Kommissar blickte sich um und stellte fest, dass Johann von Rotfelder die Tür bereits geschlossen hatte und ihn nicht mehr sehen konnte. Er machte einen schnellen Schlenker und versuchte sich zu orientieren. Es war ein riesiges Gelände, und durch die Büsche, Sträucher, sich ähnelnden Wege und Grabsteine war das ein schwieriges Unterfangen, aber Borg hatte Glück. Von Weitem sah er die Bank, auf der der Alte saß. Langsam näherte er sich dem Greis und blieb vor der grünen Bank stehen.

»Guten Tag. Ich komme aus dem Krematorium und will hinüber zur Villa. Bin ich auf dem falschen Weg?«, fragte Borg, um eine zwanglose Konversation zu beginnen.

Der Alte runzelte die Stirn: »Der Weg ist überhaupt nicht falsch. Wer auf ihm läuft, hat sich geirrt.«

Borg musste schmunzeln. Schon jetzt war ihm der Mann sympathisch.

»Was dagegen, wenn ich mich zu Ihnen setze?«, fragte er.

»Mal was anderes«, sagte der Alte. »Die meisten hier liegen.«

Humor hat er also, dachte Borg.

»Haben Sie jemanden verloren?«, fragte der Alte.

Borg dachte kurz nach. Timm Berber und auch seine Mutter kamen ihm in den Sinn. »Ja, aber nicht hier«, sagte er. Berber war ein wirklich guter Freund und Arbeitskollege gewesen. Er hatte den letzten Fall nicht überlebt. Borgs Stimmung begann zu sinken. Er merkte es und versuchte die Gedanken wegzuwischen.

»Sitzen Sie immer hier?«, fragte Borg, obwohl er es von von Rotfelder bereits erfahren hatte.

»Nein. Erst seit meine Emma hier ist. Wissen Sie, dieser neue Eigentümer des Friedhofs, er will, dass Emma und ich uns nicht mehr sehen.«

»Ja, ich weiß«, sagte Borg.

»Ich habe Sie beide hier herumlaufen sehen. Sind Sie befreundet?«, fragte der Alte misstrauisch, ohne Borg auch nur einmal anzusehen.

»Nein, ganz im Gegenteil«, sagte Borg.

Er musste den alten Mann nicht kennenlernen. Sie waren bereits im Einklang. Und auch der Alte schien das bemerkt zu haben. Er nahm aus seiner speckigen Ledertasche, die neben ihm auf dem Boden stand, eine Flasche guten Schnaps und trank einen kleinen Schluck. Dann drehte er langsam den Kopf zu Borg und sagte: »Sehen Sie sich vor. Der Mann ist böse.«

»Ich weiß.« Borg fühlte, dass er einen Verbündeten gefunden hatte, auch wenn es völlig ausgeschlossen schien, dass der Fremde ihm helfen konnte.

»Was wollen Sie tun?«, fragte der Alte.

»Ich mache dem Ganzen ein Ende«, erwiderte Borg.

Der Alte sah ihn durchdringend an, dann reichte er dem Kommissar seine zittrige rechte Hand, die in einem alten Lederhandschuh steckte.

Borg ergriff die Hand des Mannes mit seiner Linken und schüttelte sie.

»Kaspar Jovovich«, stellte der sich vor. Borg spürte tiefe Verbundenheit.

»Oliver Borg.«

Das Händeschütteln vollzog sich in einer langsamen Bewegung, wie bei einer Begegnung von Gentlemen.

»Ich arbeite für die Braunschweiger Polizei. Haben Sie etwas gesehen, das mir helfen könnte?«

»Bedaure, mein Herr. Ich bin nur für Emma hier.«

»Verstehe.«

Der Kommissar erhob sich. »Dann werde ich Sie beide jetzt wieder allein lassen.«

Jovovich lächelte und nickte, blickte Borg aber so eindringlich an, dass dieser noch nicht gehen konnte.

»Ist noch etwas?«, fragte er.

Da rann eine dicke Träne aus einem Auge des Mannes, teilte sich, floss wieder zusammen und bildete ein kleines Rinnsal auf seinem faltigen Gesicht. »Emma hatte den ganzen Himmel in ihren Augen, und er war blaugolden«, sagte er.

Borg nickte verständnisvoll.

»Ich brauche nicht mehr viel Zeit. Dann treffe ich sie wieder. Können Sie mir diese Zeit verschaffen?«, fragte er.

Borg wusste nicht genau, was das bedeuten sollte, aber er nickte wieder.

»Geht es Ihnen gut?«, fragte Borg.

Der Alte schüttelte den Kopf und sah ihn kläglich an. »Es gibt Krankheiten, die muss man selbst durchmachen, um ihre Natur zu verstehen«, bekam er als Antwort. Zufrieden, aber auch müde und versonnen, lehnte der Mann sich zurück. Ihm war der Nieselregen egal. Ihm war alles egal.

Borg schaute zu dem Grabstein hinüber, auf dem der Name Emma Jovovich stand. Neben dem Namen, dem Geburts- und dem Todesdatum war ein Spruch in den Stein gemeißelt: »Was Du bist, war ich einst. Was ich bin, wirst Du sein.«

Borg wandte sich wieder dem Alten zu, der wie immer auf seinem angestammten Platz saß, um bei seiner Frau zu sein, die nicht mehr war.

»Kann ich Ihnen irgendetwas Gutes tun?«, fragte Borg höflich.

Der Alte sah ihn nicht an. »Das Schicksal ist hart, und der Mensch ist schwach. Dem Unglück gegenüber ist der Mensch nichts«, sagte er.

»Aber Sie können doch Ihr Leben selbst in die Hand nehmen?«, versuchte Borg ihn aufzumuntern.

»Das passt auf eine Fingerkuppe.«

Borg machte noch einen Versuch: »Wie stellen Sie sich Ihr Leben jetzt vor?«

»Kurz«, antwortete der Alte, dann wandte er sich langsam dem Kommissar zu und schaute ihn an. »Sie müssen mich nicht aufmuntern. Sie haben zu tun!«, sagte er.

Borg wusste, dass das stimmte. Er hatte wirklich zu tun.

»In dieser dunklen, unklaren Welt hat jeder sein eigenes Schicksal. Also los!« Es klang wie ein Befehl. Borg nickte, stand auf, verabschiedete sich von dem alten Mann, der ihm so respektvoll erschienen war, und ging an all den Toten vorbei, die, würden sie noch leben, so unendlich viele Geschichten zu erzählen hätten, dass Borg nur beim Gedanken daran ganz schwindelig wurde.

Da rief der Alte ihm mit rauer Stimme nach: »Hast du dein Ziel erreicht, kehre zurück, hast du dein Ziel nicht erreicht, kehre zurück, bleibe nicht dort, wo der kalte Wind weht!«

Borg nickte ihm von Weitem zu, auch wenn er mit dem Tipp nicht viel anfangen konnte. Hinter ihm hörte der Alte nicht auf zu husten.

Kurz bevor Borg das Ende des Friedhofs erreicht hatte und schon die Lichtung vor sich sah, die zu den Bäumen führte, hinter denen das Haus stand, nahm er einen Flötenton wahr. Er drehte sich zu einem der Grabsteine um, und da hockten Luzi und Jeopardy.

»He, ihr zwei, der Regen durchnässt euch doch vollkommen. Wollt ihr nicht lieber ins Haus gehen?«, fragte Borg.

»Nein«, sagte Luzi knapp.

»Siehst du, ich hab's gesagt. Wir werden ganz nass«, protestierte Jeopardy.

»Was habt ihr denn da?«, fragte Borg. Er hatte diese seltsamen Flöten gesehen.

»Flöten«, sagte Jeopardy. Sie blies in das seltsam geformte Instrument, aus dem tatsächlich ein flötenartiger Ton kam.

Luzi machte es Jeopardy nach, aber während Jeopardy mit einem geschickten Fingerspiel verschiedene Töne erzeugen konnte, blieb Luzi nichts anderes übrig, als sich mit einem einzigen schiefen Ton zu begnügen.

Borg trat näher an die Kinder heran. Jetzt erkannte er, warum er die Flöten für so eigenartig gehalten hatte. Sie waren selbstgemacht.

Borg schluckte. »Wo habt ihr die denn her?«

»Papa hat sie uns gegeben. Er hat sie selbst gemacht«, sagte Jeopardy. Gleich darauf setzte sie das Mundstück wieder an und blies.

Luzi fiel die Flöte fast herunter, aber sie konnte sie geschickt zwischen den Handgelenken einklemmen und schob sie wieder über die Handflächen nach oben, sodass zumindest einer ihrer beiden Finger ein Loch zuhalten konnte.

Borg schaute wie versteinert auf die beiden Kinder im Regen. Die Anzahl der Grifflöcher für die Finger variierte: Luzis Flöte hatte vier Löcher, Jeopardys sechs.

Borg traute sich kaum zu fragen, aber er tat es dennoch. »Aus was sind denn die Flöten gemacht?«

Jeopardy setzte ihre ab und schaute sie an. »Aus Holz?« Sie fragte das mehr, als dass sie es sagte.

»Quatsch!«, protestierte Luzi. »Die hat Papa aus Knochen gemacht!«

»Ihhh!«, quietschte Jeopardy, und dann setzte sie die Flöte wieder an und blies darauf einen Ton, den Borg bisher noch nicht gehört hatte.

Borg zwang sich, alle üblen Gedanken beiseitezuwischen. Knochenflöten waren die ältesten archäologisch nachgewiesenen Musikinstrumente der Menschheit. Aber diese Flöten hier waren nagelneu – sofern man einen Knochen als neu bezeichnen konnte.

»Na, haben meine beiden Engel Sie aufgehalten?«, fragte von Rotfelder, der sich unbemerkt von hinten genähert hatte.

Borg zuckte zusammen. »Ja, die Kleinen spielen hier … auf ihren Flöten.« Borg wusste nicht, was er sagen sollte.

Von Rotfelder schien Borgs Gedanken gelesen zu haben. »Am besten eignet sich ein möglichst gerader Röhrenknochen, beispielsweise Schienbeinknochen junger Schafe oder Knochen von Vögeln. Ich habe die Flöten selbst gemacht. Die von Jeopardy ist aus dem Flügelknochen eines Gänsegeiers.«

Luzi setzte die Flöte ab und beugte sich vor. Sie hatte eine einzelne kleine Blume entdeckt, die hier inmitten der Monotonie von Gras wuchs.

Luzi krümmte ihren rechten Zeigefinger um den Stiel und wollte sie pflücken, als Borg sich veranlasst sah, etwas zu sagen: »Trifft man auf eine solche Wildblume, so darf man sie nur betrachten, niemals pflücken – das ist der Respekt vor der Natur und dem Leben.«

»Erzählen Sie den Kindern nicht solchen Quatsch!«, murrte von Rotfelder.

Von Rotfelder wandte sich an die Kinder: »Los, ab mit euch ins Haus!«

Die Kinder sprangen auf und liefen in Richtung des kleinen Mischwaldes, der rund einen Hektar von von Rotfelders Anwesen einnahm.

Borg liefen Regentropfen an den Seiten der Augenbrauen hinunter und über die Wangen. Es sah aus, als würde er weinen.

»Sie sollten auch ins Haus gehen, sonst holen Sie sich hier draußen noch den Tod.« Von Rotfelder drehte sich mechanisch um, trat absichtlich mit seinem schweren Schuh auf die Wildblume, zermalmte sie und ließ Borg an den Gräbern stehen.

KAPITEL 22

Fluss des Todes

Borg ließ sich von Gustav wieder durch das Haus zu seinem Zimmer führen. Erneut kamen sie durch den Gang mit den Bildern der Prominenten. Diesmal fiel sein Blick auf John F. Kennedy – auch er war umgebracht worden.

Als sie schon die Tür zur Vorhalle des Anbaus erreicht hatten, drehte sich der Kommissar noch einmal um und nahm die Portraits erneut in Augenschein. Er sah im Halbdunkel des Flurs die undeutlichen Umrisse von Martin Luther King. Auch ermordet worden, dachte Borg.

Als er endlich in seinem Zimmer war, schloss er die Tür ab und setzte sich auf die Bettkante. Er war müde. Sein Körper brütete etwas aus. Vielleicht belastete ihn auch die Situation, völlig machtlos und abgeschnitten von der Außenwelt zu sein, und das an einem Ort, an dem die Toten bei Weitem in der Überzahl waren.

Borg ging zum Fenster und drehte die Heizung auf die höchste Stufe. Er zitterte am ganzen Körper. In dreißig Minuten würde er sich wieder mit von Rotfelder treffen, und bereits der Gedanke daran ließ ihn erschauern. Aber er hatte es selbst so gewollt.

Ein Ziehen fuhr durch seinen gebrochenen Arm, und er verkrampfte seine Hand um den Griff der P99. Dieser Bruch war so verdammt ungelegen gekommen, diese Einschränkung lästig!

Borg holte sein Handy hervor und schrieb eine Nachricht an Spieß: »Heute Abend dasselbe Spiel. Wir treffen uns um null Uhr. Keine Schaufeln.«

Es dauerte nicht lange, und Spieß antwortete: »Soll Bauer wieder mitkommen?«

»Nein«, tippte Borg und legte sich mit der nassen Kleidung auf sein Bett. Es dauerte nur wenige Minuten, und er war fest eingeschlafen. Ein Knall weckte ihn, und er fuhr hoch. Ein Vogel war an die Scheibe geflogen.

Borgs Herz raste, weniger wegen des Schrecks, sondern mehr, weil er befürchtete, seine Verabredung verschlafen zu haben. Er hatte Schüttelfrost.

Verdammt, dachte Borg. Er fühlte sich hundsmiserabel, stellte aber fest, dass er nur wenige Minuten geschlafen hatte.

Alle seine Knochen taten weh, als er vom Bett aufgestanden war. Er ging hinüber zu seinem Koffer, öffnete ihn ungeschickt mit der linken Hand und holte aus einem Seitenfach eine Packung Paracetamol heraus. Er öffnete die Schachtel und drückte zwei Tabletten auf den kleinen Schreibtisch. Alles mit nur einer Hand zu tun, war ungeheuer nervig, und Borg wurde wieder bewusst, dass man Dinge erst richtig zu schätzen wusste, wenn sie einem genommen worden waren. Hoffentlich konnte er den Gips bald abnehmen lassen.

Mit einem großen Schluck Wasser spülte er die Tabletten hinunter und hoffte auf baldige Wirkung, dann ging er kurz ins Bad und sah sich im Spiegel an. Er sah alt aus. Waren das neue Falten an seinen Augen? Er streckte die Zunge heraus und schaute in seinen Hals. Kein Postkartenmotiv, dachte er.

Vielleicht würde heute Nacht alles enden …

Borg hörte es an der Tür klopfen. Natürlich: Das war Gustav. Hier durfte man ja nichts allein tun. Man war entmündigt, wurde kontrolliert und schnell wieder ins Zimmer gesteckt, wenn die Audienz beendet war, die der ach so huldvolle von Rotfelder genehmigt hatte.

Das Spiel ging weiter: Borg wurde wieder hinaus in die Kälte geführt und ärgerte sich, nicht drei Tabletten geschluckt zu haben.

»Sie finden den Weg?«, fragte Gustav, als sie durch das Eingangsportal des Haupthauses nach draußen gingen.

»Ja«, sagte Borg. Bleib du nur hier in deiner Höhle, dachte er. Ich weiche inzwischen durch.

Borg schleppte sich den Hügel hinauf und verfluchte das große Gelände. Der Totengräberwind blies ihm scharf entgegen und nahm ihm kurz den Atem.

»Verschwinde!«, rief Borg ins Nichts.

Vielleicht hatte er Fieber. Ihm kam alles surreal vor. Dieses zermarternde Wetter, dieser Ort, diese ganze Situation. Aber er blieb hart, hielt an seinem Plan fest und kämpfte sich durch den Regen.

Nach einer gefühlten Ewigkeit kam er an der Bank des alten Mannes vorbei, der dort immer noch saß, als könnten ihm die Welt und die Zeit nichts anhaben.

Borg sagte nichts, merkte aber, wie die Augen des Alten ihm folgten, und er nickte ihm freundlich zu.

Als er endlich am Hintereingang des Krematoriums angekommen war, durch den er auch vorhin mit von Rotfelder eingetreten war, schienen die Medikamente allmählich zu wirken.

Borgs Wahrnehmung wurde klarer. Er klopfte an.

Die Tür wurde aufgerissen.

»Da sind Sie ja«, sagte von Rotfelder, als hätte er ewig gewartet. »Kommen Sie mit.«

Borg folgte dem schwarzen Schatten von Rotfelders, der vor ihm weghuschte. Offensichtlich hatte der Mann es sehr eilig.

»Hier waren Sie noch nicht. Das ist der Aufbewahrungsraum. Hier werden die Leichen durch mich vorbereitet und zwischengelagert, bis die Trauerfeier stattfindet«, sagte von Rotfelder und öffnete eine weitere Zwischentür.

Borg hatte das Gefühl, er würde einen Kühlschrank betreten.

In einem Sarg lag ein Leichnam, der schon gewaschen war und den jemand festlich angekleidet hatte.

»Ich dachte, Sie wollten mir zeigen, wie Sie die Leiche vorbereiten?«

»Das mache ich auch. Aber nicht bei ihm. Wir haben eben noch ein Unfallopfer hereinbekommen. Das ist viel interessanter.«

Borg fror. »Ist es hier immer so kalt?«, fragte er.

»Die Temperatur in diesem Raum liegt konstant bei sechs Grad, um einen fortschreitenden Schaden am Körper zu verhindern.«

Das mochte ja auf die Leichen zutreffen, aber bezogen auf seinen eigenen Körper sah der Kommissar das etwas anders.

Von Rotfelder ging zu einer Wand hinüber, die Borg in ähnlicher Form schon einmal in einem Leichenschauhaus gesehen hatte.

In drei Etagen befanden sich je vier quadratische Türen nebeneinander, die mit einer Metallklinke geöffnet werden konnten.

Von Rotfelder ging hinüber und öffnete eine der zwölf verchromten Türen.

»Das sind die Leichenkühlzellen. Zurzeit haben wir sechs Gäste, die demnächst eingeäschert oder beerdigt werden. Hier in Nummer 7 ist der Mann, der vorhin gebracht wurde.«

Borg starrte auf das Obere eines Kopfes. Der Mann lag unbedeckt in dem Fach, das von Rotfelder geöffnet hatte.

Von Rotfelder schloss die Tür wieder. »Den nehmen wir uns aber erst nach der Trauerfeier und Einäscherung dieses Herrn vor.« Von Rotfelders langer Zeigefinger deutete wie eine Pfeilspitze auf den Leichnam im Anzug, der hier im Sarg lag und der Nächste auf der Liste war.

Borg hatte das Gefühl, in einem Wartezimmer für Tote zu stehen. Obwohl Zeit für die Körper bedeutungslos war, lief alles wie zu Lebzeiten ab: Warten, warten, warten und bloß nicht in der Schlange vordrängeln, schließlich war man hier in Deutschland. Da hatte jeder eine zugeteilte Nummer und durfte auf keinen Fall außer der Reihe drankommen.

Na gut, dachte Borg, dann wird jetzt also erst einmal die Leiche im Sarg auf die Reise geschickt und dann die andere gewaschen und vorbereitet.

Jetzt fiel Borg zum ersten Mal auf, was für lange und unästhetische Fingernägel von Rotfelder hatte. Es waren Krallen.

»Gehen Sie gerne durch die Durchgangstür in die Trauerhalle. Ich fange gleich an. Die Familie ist schon da.«

Borgs Lust schwand mit jedem Schritt. Er hatte von Rotfelders Vorgehensweise sehen wollen, er hatte nach Spuren Ausschau halten wollen, aber es war ganz und gar nicht sein Bedürfnis, sich von der drückenden Stimmung einer Trauergemeinde herunterziehen zu lassen.

Als er die Zwischentür öffnete und in den Raum blickte, in dem still die Menschen saßen, die gleich von einem der ihren Abschied nehmen wollten, wurde ihm flau im Magen.

Borg fühlte sich unangemessen gekleidet. Seine Haare waren vom Wind zerzaust, seine Kleidung vom Regen feucht, und seine Stiefel waren an den Rändern voller Matsch.

Borg ging leise an der Wand entlang in eine der hinteren Reihen und setzte sich auf einen Stuhl, der einmal unangenehm knackte.

Es dauerte nur wenige Minuten, bis zwei Männer den Sarg mit dem Mann aus dem Nebenraum auf einer Rollbahre in die Krematoriumshalle schoben.

Hier und dort wurde geschluchzt. Borg starrte stur geradeaus. Da musste er jetzt durch.

Majestätisch übertrieben trat von Rotfelder durch einen anderen kleinen Seiteneingang in die Halle und stellte sich neben den Sarg.

Urplötzlich war der ganze Raum von schrecklicher Orgelmusik erfüllt, und Borg verspürte den Wunsch, sich die Ohren zuzuhalten. Nach einer schier unendlichen Minute des aufdringlichen Dröhnens dieses ihm unangenehmen Instruments wurde es totenstill, dann sprach von Rotfelder mit blecherner Stimme. Er hatte keine Emotionen in seinen Worten. Es war ein stumpf auswendig gelernter Ablauf. Von Rotfelder sagte etwas zu den Lebensdaten des Verstorbenen. Er nannte die Namen der Familienmitglieder, in welcher Verbindung sie zu dem Toten standen, und hob besondere Ereignisse aus dem Leben des Verstorbenen hervor. Borg versuchte, das alles auszublenden und sich auf sich selbst zu konzentrieren, doch dann wurde er nach zirka 20 Minuten geistiger Abwesenheit in die Zeremonie zurückgerissen.

»Und da der liebe Benjamin für seinen Vater ein Gedicht geschrieben hat, so wollen wir seinen Worten lauschen und hoffen, dass auch sein Vater, wo immer seine Seele sein mag, mit Stolz auf seinen Benjamin schaut und ihm für die Zeit dankt, die er mit ihm verbringen durfte«, sagte von Rotfelder.

Eine Nase wurde geputzt.

»Komm nach vorn, lieber Benjamin.«

In der ersten Reihe stand ein vielleicht dreizehnjähriger Junge im schwarzen Anzug auf. Dessen Ärmel waren zu kurz, und er hatte alle Knöpfe des Jacketts geschlossen, was dieses Kleidungsstück noch unvorteilhafter aussehen ließ.

Borg kniff die Augen zusammen. Irgendwie sah er alles etwas verschwommen.

Der Junge ging zum Mikrofon, das viel zu hoch in einem Ständer steckte, und entfaltete einen Zettel. Er warf einen unsicheren Blick zu von Rotfelder, der ihm aufmunternd zunickte.

Dann räusperte sich das Kind, blickte aus den Augenwinkeln auf seinen neben ihm liegenden toten Vater und begann mit belegter Stimme, ein Gedicht vorzutragen. Alle wurden von der kindlichen Ehrlichkeit des Inhalts und dem Gehalt des selbstverfassten Gedichts überrascht:

»Warum?
Du wirst geboren, du wächst heran,
du kannst nicht laufen, man zieht dich an.
Man sagt dir dies, man sagt dir das,
der eine ist fies, der andere macht Spaß.
Dann erdrückt dir das Lernen dein großes Interesse,
du willst zu den Sternen und kriegst auf die Fresse,
dein Körper wird länger, die Kleidung wird enger,
Freunde kommen und gehen, und die Zeit bleibt nicht stehen.
Es gibt viel zu verbinden und noch mehr zu tun,
und die Haare verschwinden, und der Körper will ruh'n.
Dann kommen Momente, die dein Inneres leeren,
voller Angst und voll Schmerz, und du verlierst das Begehren,
diese lange, breite Straße immer weiter zu erkunden,
denn der glühende Funke von einst ist verschwunden.
Aber dann ist da die Liebe, die zum Glück wieder füllt,
sie ist das, was entlohnt, weil sie das Geheimnis enthüllt.
Eine andere Antwort gibt es nicht. Nichts im Leben hat mehr Gewicht.
Und du kannst denken und grübeln Stund' um Stund',
doch es wird alles so bleiben, und jetzt kennst du den Grund.«

Borg versuchte den Kloß hinunterzuschlucken, der in seinem Hals dicker und dicker geworden war.

Von Rotfelder schien das Gehörte nicht gefallen zu haben.

»Sehr schön, mein Junge. Nun setz dich schnell wieder hin.« Die Lautsprecher piepten kurz, als von Rotfelder den Jungen förmlich von seinem Platz verdrängt hatte.

Selbst die Technik ist gegen dich, dachte Borg.

Der Junge war zu seinem Stuhl zurückgekehrt und kämpfte mit den Tränen. Eine Frau, vermutlich seine Mutter, schloss ihn in ihre Arme.

»Und nun, liebe Trauergemeinde, übergeben wir diesen sterblichen Körper dem Feuer. Dem Himmel so nah, beginnt hier die Reise in die Ewigkeit. Mein aufrichtiges Beileid ist Ihnen gewiss.« Von Rotfelder nickte, und die beiden Männer, die den Sarg vor rund dreißig Minuten hereingebracht hatten, schoben ihn nun auf den Förderbandbereich, der zur Luke des Krematoriums führte.

Von Rotfelder leckte seine schmalen Lippen und drückte einen der Knöpfe auf der Steuerkonsole, zu der er geräuschlos hinübergegangen war.

Mit einem leisen Knarren öffnete sich die Luke zum Feuerschacht, und das Förderband fuhr den Sarg auf die Öffnung zu.

Wieder dröhnte Orgelmusik aus den Lausprechern, und Borg konnte an den Bewegungen der Köpfe vor sich erkennen, dass nicht nur ihm diese Musik unangenehm war.

Der Sarg verschwand in der Luke, und von Rotfelder ging noch einmal zum Mikrophon.

»Liebe Trauernde. Nehmen Sie vorerst Abschied. Denken Sie an die schönen Stunden zurück, führen Sie gute Gespräche beim Leichenschmaus. Wir sehen uns in drei Stunden bei der Urnenbeisetzung wieder.« Er verbeugte sich wie ein Theaterschauspieler, der auf seinen Applaus wartete, obwohl er in seiner Rolle völlig versagt hatte.

Borg spürte förmlich, wie unangenehm und unangemessen die hier anwesenden Trauergäste diese ganze Darbietung fanden.

Die Ersten standen auf und verließen wortlos die Krematoriumshalle.

Von Rotfelder nickte Borg zu und bedeutete ihm, zu ihm herüberzukommen.

Als Borg aufstand, machte sein Stuhl wieder ein Geräusch, als würde er gleich zusammenbrechen.

Langsam ging Borg zu von Rotfelder, der ihm die Tür aufhielt und ihn in den benachbarten Leichenraum führte.

Dort lag schon der nackte Körper eines Mannes, der durch einen Unfall zu Tode gekommen war.

»Jetzt machen wir den hier frisch, und dann ist die Urne des anderen Mannes auch fertig. Wie fanden Sie die Zeremonie?«

»Genau das Richtige für einen Toten«, antwortete der Kommissar, denn er war sicher: Niemand der Lebenden hatte auch nur einen Funken Gefallen an von Rotfelders geschmacklosem Abarbeiten gefunden. Lediglich der Junge und die Inhalte seines Gedichtes gingen Borg nicht aus dem Kopf. Es war ein einschneidender Moment gewesen, und die Zeilen hatten ihn nicht nur zum Nachdenken angeregt. Er fühlte sich, auch wenn er das etwas kitschig fand, irgendwie verändert.

»Unfälle sind immer etwas Schreckliches. Sehen Sie mal hier …« Von Rotfelder lüftete das weiße Laken, das über dem Leichnam lag.

Borg presste seine Zähne aufeinander. Die linke Körperseite des Toten zeigte Schnitte.

»Ein Motorradunfall«, sagte von Rotfelder. »Ich werde das hier alles nähen müssen. Und schauen Sie sich mal die Knochen im Arm an: völlig verdreht und sicher mehrfach gebrochen. Das richte ich wieder, damit das schön aussieht.«

Ohne darauf zu achten, dass Borg neben ihm stand und ihn beobachtete, begann von Rotfelder mit seiner Arbeit.

Borg staunte, wie routiniert von Rotfelder hier und dort Hand an den Toten legte. Ab und zu gab der Bestatter ein Grunzen von sich.

Borg schaute sich die Instrumente an, die von Rotfelder auf seinem kleinen – tja, was war es? Ein Servierwagen? – silbernen Tisch mit Rollen liegen hatte, und fragte sich, wofür der Mann wohl die Knochensäge benötigen würde, die dort lag. Schließlich wurden hier keine Obduktionen oder Operationen vorgenommen.

»Wofür brauchen Sie die Säge?«, fragte Borg.

Von Rotfelder schien zu überlegen. »Die benutze ich nicht«, sagte er schnell und ging nicht weiter darauf ein.

Lügner!, dachte Borg. Die Säge zeigte deutliche Gebrauchsspuren.

»Sie sieht aber benutzt aus«, sagte Borg beiläufig. Lässt du dich jetzt aus der Reserve locken, du Teufel?

»Ich … ich habe sie gebraucht gekauft.« Von Rotfelder sah Borg während seiner ganzen Arbeit an der Leiche nicht ein einziges Mal an. Dann aber, als er das Gröbste erledigt hatte, drehte er sich gespenstisch zu Oliver Borg um und sah ihm tief in die Augen.

»Wenn Sie schon einmal da sind, wollen Sie mir assistieren?«, fragte er, und das Metallische in seiner Stimme klang plötzlich ganz sanft.

»Warum nicht? Aber was kann ich denn mit meinem einen Arm tun?« Borg hatte nicht die geringste Lust, aber er wollte keine Schwäche zeigen.

»Wir werden die Leiche jetzt schminken.«

»Ist denn heute noch eine Beisetzung?«, fragte Borg, denn er wusste, dass Leichen üblicherweise erst am Tag der Beerdigung hergerichtet wurden.

Von Rotfelder zögerte mit der Antwort, denn er war überrascht, diese Frage zu hören. »Nein. Die Beisetzung ist erst morgen gegen Mittag, aber ich habe morgen keine Zeit zum Schminken und Vorbereiten. Da sind noch weitere Körper in den Fächern, die ich aufhübschen muss.«

Von Rotfelder ging einmal quer durch den Raum und holte einen zweiten silbernen Wagen mit vielen Fächern. Er stellte ihn direkt neben Borg.

»Ich sage Ihnen, was Sie mir reichen müssen, einverstanden?«

Borg nickte.

»Die Technik des Leichenschminkens habe ich auf dem legendären L.A. Forest Lawn Memorial Park Friedhof in den Hollywood Hills gelernt. Ich war ein Jahr drüben«, erzählte von Rotfelder und fuhr fort: »Für das Einbalsamieren braucht man Fingerspitzengefühl, aber auch pure physische Kraft.«

Borg sah die langen Finger mit den viel zu langen Nägeln, und das Wort »Fingerspitzengefühl« hallte in ihm noch einmal nach.

»Ich hoffe, Herr Kommissar, Sie haben einen starken Magen.« Von Rotfelder lachte gellend auf.

»In der Regel wollen Angehörige immer, dass es zu einer Aufbahrung kommt. Ich bekomme dann ein Bild der verstorbenen Person. Dann weiß ich, wie sie aussehen muss, damit die Familie keinen Schreck bekommt.«

Wieder lachte von Rotfelder.

Er ging zu einem Waschbecken hinüber und füllte eine Schüssel mit Wasser. Dann kam er zurück und begann, den Leichnam zu waschen – von Kopf bis Fuß.

Geboren, gebadet, gestorben, gebadet – wie blöd, dachte Borg.

»Ich balsamiere ihn jetzt ein, dann wasche ich ihn noch einmal«, erklärte von Rotfelder und tat das dann auch. Bisher hatte Borg noch nichts tun müssen und war auch dankbar dafür.

Das Waschen der Haare kostete die meiste Zeit. Jetzt kam von Rotfelder auf Borg zurück.

»Können Sie mal den Kopf hochhalten?«

»Haben Sie Handschuhe für mich?«, fragte Borg, der nur ungern mit den bloßen Händen die Leiche berühren wollte.

»Stellen Sie sich nicht so an. Der ist weder giftig, noch beißt er.« Von Rotfelders Stimme klang empört.

»Na gut.« Borg schob seine linke Hand umständlich in das kalte Genick der Leiche und hob den Kopf an. Das Gewicht überraschte ihn. Er hatte noch niemals einen Kopf anheben müssen. Es fühlte sich an wie mindestens sechs Kilogramm.

Von Rotfelder schamponierte die Haare und benutzte beim zweiten Waschgang – zwischendurch hatte Borg den Kopf wieder ablegen können – sogar Conditioner.

»Verdammter Mist!«, fluchte von Rotfelder. »Der hatte eine Verletzung am Kopf, das Haar ist mit Blut verklebt. Das gibt immer so furchtbare Knoten, wenn die Leiche lange liegt.«

Borg beobachtete das Schauspiel. Der Mann, der hier vor ihnen lag, war zu einer Art Puppe geworden, und Borg konnte kaum glauben, dass es sich einmal um einen echten Menschen gehandelt hatte. Andererseits war dieses Gefühl der kalten Haut so unwirklich echt, dass Borg ein Schauer nach dem nächsten über den Rücken lief. Würde er auch eines Tages so gewaschen werden?

»Diese verfilzten Haare sind schlimmer als Dreads!«, schimpfte von Rotfelder. »Die muss ich dann mühevoll lösen!«

»Wie lange werden wir denn hier brauchen?«, fragte Borg, der den Wunsch verspürte, jetzt lieber in seinem Zimmer auf dem Bett zu liegen, um sich für seine nächtliche Aktion auszuruhen.

»Zwei Stunden werden wir wohl brauchen. Dann ist auch die Leiche im Krematorium fertig. Ich sage Ihnen: Das hier ist Arbeit. Ich kann es mir nicht leisten, einfach wie Sie herumzulaufen und Hirngespinsten hinterherzujagen.«

Borg war froh, als er den Kopf des Toten wieder ablegen durfte.

Von Rotfelder bat jetzt nacheinander um zahlreiche Pinsel, Lotionen und verschiedene Make-ups, die auf dem kleinen Rollwagen bereit lagen, und trug zunächst die Schminke und dann eine schwere, fetthaltige Feuchtigkeitscreme auf, damit die Haut nicht austrocknete.

»Hier müssen wir noch einmal ran!«, stellte von Rotfelder fest und zeigte, nachdem er einen Blick auf das Foto des Toten geworfen hatte, auf dessen unebenes Kinn.

»Hier benutze ich einen sogenannten »Feature Filler« – einen chemischen Stoff, mit dem ich die Haut unterspritze. Damit wird das eingedrückte Gewebe aufgefüllt. Oft sacken die Gesichtszüge bei den Toten zusammen. Ich habe Kollegen kennengelernt, die sich einen Spaß daraus machten, eine verstorbene 80-Jährige auf ihrem Begräbnis wie eine 50-Jährige aussehen zu lassen. Wenn man stirbt, dann sollte das in Schönheit geschehen, um Mitgefühl und Anteilnahme zu wecken. Wer will schon eine zerstückelte Leiche beerdigen?« Wieder dieses Lachen. Borg konnte es nicht mehr ertragen. Wann war dieser Albtraum endlich vorbei?

»So, noch etwas Rouge hier und dort ein Hauch von Rosé, dann sind wir fast fertig.«

Borg starrte auf den toten Mann und fragte sich, ob es ihm recht gewesen wäre, wie ein Püppchen geschminkt zu werden.

Von Rotfelder tupfte an den toten Lippen. »Die Nägel lackiere ich noch in Hautfarbe, aber das mache ich morgen, das geht schnell. Dann schimmern sie nicht so bläulich. Die Wangenknochen muss ich nicht hervorheben. Das ist ja schließlich keine Frau.«

Borg dachte während der Prozedur über von Rotfelder und die anderen Menschen in ähnlichen Berufen nach. Personal in Krankenhäusern und bei Ärzten: den ganzen Tag weiße Laken, weiße Kittel, weiße Mundschutze, nur Augen und Augenbrauen waren zu sehen.

Desinfektionsmittel, Zangen, Pinzetten, das Klirren der Scheren und Skalpelle. Vom dauernden Händewaschen wird die Haut ganz weiß. Es würde nicht mehr lange dauern, und von Rotfelders Hände hätten die rosige Farbe gänzlich verloren. Wenn er dann starb, würden diese Hände bewegungslos irgendwo liegen. Ekel überfiel Borg.

Der Schminkvorgang ging langsam zu Ende.

Überrascht war Borg, als von Rotfelder ihn bat, aus einer der unteren Schubladen die Klarsichtfolie herauszuholen.

»Wofür ist denn die?«, fragte Borg.

»Ich zeige es Ihnen.«

Von Rotfelder rollte ein Stück Folie ab und legte sie straff über das Gesicht des Unfallopfers. »Damit die Schminke einziehen kann und sich kein Staub absetzt. Kurz vor der Aufbahrung wird dann noch einmal »poliert« und geschaut, dass nichts verwischt ist«, sagte er mit kindlicher Freude.

Borg konnte nicht anders, als den Kopf zu schütteln.

»Der Tod ist unser Unterstützer, wenn es um gutes Aussehen geht«, sagte von Rotfelder abschließend. »Die meisten Hautverfärbungen sind durch den Blutkreislauf bedingt. Somit heben sie sich ganz von selbst auf, wenn das Blut aufhört zu fließen. Manchmal spritze ich Formaldehyd zur Konservierung, wenn die Leiche noch länger liegt. Ich mische das dann mit Farbstoffen. Es ist so, als würde man rosa getöntes Wasser unter die Haut spritzen – das macht einen ganz natürlichen Teint, vor allem dann, wenn man etwas durchsichtig bis bläulich wirkt, und das haben wir ja alle noch vor uns.« Er sah Borg mit einem durchdringenden Blick an.

Borg wich den schwarzen Augen des Mannes aus.

»Fertig!« Von Rotfelder wischte sich über sein Gesicht und verschmierte seinen Schweiß mit den Fingern, mit denen er eben noch am Körper der Leiche hantiert hatte.

Borg merkte, wie ihm leicht übel wurde.

Von Rotfelder hatte seine Arbeit an der Leiche beendet, ja, fast das Interesse an ihr verloren, und bedeutete Borg, ihm zu folgen.

»Den Rest macht das niedere Personal«, sagte er mit abwertendem Tonfall.

Sie gingen zur Rückseite des Krematoriums hinüber.

Von Rotfelder zog die Wanne mit der Asche heraus. Der Mann, der vorhin eingeäschert worden war, war jetzt fertig.

»In der Asche sind noch größere Knochenteile zu erkennen«, sagte von Rotfelder und zeigte auf den Inhalt der Wanne, die er aus einem Schacht in der Wand gezogen hatte. »In der Asche würden wir auch metallische Rückstände und Implantate finden, wenn der Mann welche in seinem Körper gehabt hätte. Diesen ganzen Mist müsste man dann per Hand aussortieren.« Von Rotfelder rümpfte die Nase.

Er zog sich einen hitzebeständigen Handschuh über, hob die Wanne heraus und kippte den Inhalt in eine Aschemühle. »Jetzt wird der gute Herr Gardner zu Staub zermahlen«, sagte von Rotfelder lächelnd.

Unter der Mühle stand die Urne.

»Genau genommen heißt der Auffangbehälter ›Aschekapsel‹, das klingt aber nicht so schön wie ›Urne‹.«

Von Rotfelder ließ die Mühle langsam mahlen, nahm die Kapsel dann heraus und setzte einen kleinen silbernen Deckel darauf, der aussah, als sei er aus Blech. Er enthielt nicht nur die Nummer, sondern auch den Namen des Toten und das heutige Einäscherungsdatum.

»Fertig. Jetzt kommt er in den Boden, und wieder haben wir einen weniger auf diesem Planeten«, sagte von Rotfelder stolz. »Alle reden immer von einem ewigen Kreislauf, das ist Quatsch. Das Leben ist eine Einbahnstraße, die mit dem Sterben endet. Es gibt nur eine Richtung und kein Zurück – oder wie soll man sagen? Was meinen Sie: ›Der Fluss des Todes‹?« Von Rotfelder lächelte schmierig.

»Flüsse fließen ja auch nur in eine Richtung«, fügte er hinzu.

»Na ja, der Chicago River floss Anfang des 19. Jahrhunderts noch in die entgegengesetzte Richtung«, warf Borg ein, doch sein Gegenüber ignorierte diese Anmerkung.

Das war jedoch alles egal. Borg hatte genug gesehen. Heute Nacht würde er wieder hier sein. Er würde die Revisionsklappe öffnen, koste es, was es wolle, und er würde diesem Spuk ein Ende bereiten.

Sina hatte den ganzen Tag im Fitnesscenter Kurse gegeben und war jetzt völlig platt. Es ärgerte sie, dass der Hauptteil der Arbeit, nämlich nach den Drahtziehern des Kinderpornographierings zu suchen, nur in ihren Pausen möglich war, und das auch nur dann, wenn sie nicht beobachtet wurde und zu Kolleginnen oder Kollegen keinen Kontakt hatte. Und das wiederum gestaltete sich an einem Arbeitsplatz, an dem sie neu eingesetzt war, sehr schwierig. Auf Schritt und Tritt tauchten alteingesessene Mitarbeiterinnen und Mitarbeiter auf, die Smalltalk machen wollten oder ihre Hilfe anboten. Es würde noch mindestens eine Woche dauern, bevor man sie in Ruhe ließ und sie unbehelligt die Spinde kontrollieren und die Uploads der Betriebsrechner würde prüfen können. Die Zeit war das größte Problem bei diesem Fall, denn es galt vor allem zu verhindern, dass weitere Kinder entführt und missbraucht, vielleicht sogar ermordet wurden.

Gegen 18:00 Uhr verließ Sina das Fitnesscenter frustriert und machte sich auf den Weg zu ihrem Auto.

Nico Adermann stand vor dem Wagen.

»Was tust du hier?«, fragte sie und sie merkte, dass ihr Herz schneller zu schlagen begann.

»Ich warte auf dich.«

»Woher weißt du, dass das mein Auto ist?«, wollte sie wissen.

»Du hast im Fitnesscenter das Kennzeichen angegeben, damit du den Kundenparkplatz benutzen kannst und die dich nicht abschleppen lassen, wenn der Wagen länger als drei Stunden da steht.«

Er hatte recht.

»Ich wollte erst reinkommen, aber da habe ich den Wagen gesehen und wusste, dass du gleich Feierabend haben würdest«, sagte er. Er sprach monoton wie eine Telefonansage.

»Ich habe genug von dir! Verschwinde! Ich will dich nicht wiedersehen!«, sagte Sina.

»Dana. Mein Schatz. Zwischen uns ist mehr …« Er trat einen Schritt auf sie zu, und sie wich zurück.

»Mehr? Ja! Da ist mehr. Zum Beispiel eine Boa constrictor!« Die Wut in ihrer Stimme war unverkennbar.

»Dana, mein Schatz. Ich weiß, ich habe Fehler gemacht, aber ich habe die Konsequenzen daraus gezogen. Für dich!« Er legte den Kopf schief und sah ihr tief in die Augen.

Sie sah ihn fragend an. »Was für Konsequenzen?«

»Ich habe Astaroth abholen lassen. Die Schlange ist weg. Sie war 12 Jahre bei mir, und jetzt ist sie weg. Deinetwegen. Jetzt steht nichts mehr zwischen uns.« Das, was er sagte, klang ungewöhnlich, aber ehrlich.

»Dein Ernst?«, fragte sie.

»Mein voller Ernst. Komm mit zu mir. Dann siehst du es.«

Sina hatte Zweifel. Aber warum sollte er so etwas erzählen, wenn es nicht stimmte?

»Nico. Es tut mir leid. Ich brauche Zeit«, sagte sie.

»Ich verstehe das, aber ich habe Lasagne im Ofen, und es wäre schade drum, wenn ich die wegschmeißen müsste. Komm mit zu mir und überzeuge dich davon, dass die Schlange weg ist. Wir essen Lasagne, und dann kannst du wieder nach Hause gehen.« Er machte eine kurze Pause und fügte mit einem Lächeln hinzu: »Wenn du möchtest.«

Sina war wieder hin- und hergerissen. Was für eine blöde Situation! Wie war sie nur in das alles hineingeraten? Wenn die Schlange wirklich ihretwegen weg war, dann wäre es aus menschlicher Sicht eine glatte Sechs gewesen, ihn einfach stehen zu lassen.

»Na gut. Ich komme mit. Wir müssen ohnehin miteinander sprechen«, sagte sie.

Sie stiegen beide in ihre Ente und fuhren los.

Wenn die Schlange wirklich weg war, und sie glaubte es tatsächlich, dann würde sie ihm sagen, dass sie für die Polizei arbeitete. Sie würde ihm sagen, dass sie nicht Dana Hiller, sondern Sina Bachmann hieße, und sie würde ihn bitten, noch einmal neu beginnen zu dürfen. Vielleicht war er dann so verstört, dass er sie abweisen würde, aber es gab keinen anderen Weg. Vielleicht würde Nico ihr aber auch verzeihen, und nachdem sie ihm auch verziehen hatte und er eine gravierende Änderung in seinem Umfeld vorgenommen hatte, würde möglicherweise etwas zwischen ihnen beginnen, das anders war als das, was sie bisher verband. Etwas, das anders war, besser und von Dauer.

Sie fuhren durch das verregnete Braunschweig, überquerten einige Male die Oker und parkten schließlich in der Nähe von Adermanns Wohnung.

Der Regen war stärker geworden, und sie zogen sich ihre Jacken über die Köpfe, als sie schnell auf die Haustür zu rannten.

Im Treppenhaus küsste er sie stürmisch.

Die Schlange war weg. Jetzt war sie überzeugt.

Schnell liefen sie die Treppen hinauf. Als Adermann seine Wohnungstür aufschloss, drang der Geruch leckeren Essens in ihre Nase. Tatsächlich, Lasagne!, dachte sie.

Er bog rasch in die Küche ab, schaltete den Backofen aus und kam wieder zu ihr in den Flur.

Er drängte sie in Richtung Schlafzimmer und öffnete die Tür des dunklen Raums.

Sina, deren Augen sich noch nicht an die Dunkelheit gewöhnt hatten, wurde plötzlich von hinten gegriffen, und Adermann fiel mit seinem Körpergewicht auf sie. Beide taumelten aufs Bett zu und stürzten auf die Matratze. Gerade wollte sie sich von ihm befreien, als er mit seiner Hand auf den Lichtschalter neben dem Bett geschlagen hatte und das Zimmer hell erleuchtet wurde: Das Terrarium war weg.

»Jetzt gibt es hier nur noch eine Schlange!«, sagte er und riss ihr mit einem Ruck die Bluse auf.

KAPITEL 23

Krisenherd

Sie hatten Sex, danach aßen sie die von Adermann zubereitete Lasagne, gingen wieder ins Schlafzimmer und liebten sich erneut. Das war das übliche Prozedere einer frischen Affäre: Sex, Essen, Sex. Danach änderte es sich im Lauf der Zeit üblicherweise über Essen, Sex, Essen bis hin zu dem Punkt, an dem nur noch gegessen wurde.

Sina hatte vorgehabt, ihm alles zu erzählen, aber irgendwie musste sie in seinem Arm eingeschlafen sein. Nun hatte sie kurz die Augen geöffnet und mit Beruhigung festgestellt, dass ein Mensch neben ihr lag und kein Reptil.

Es waren keine herausragenden sexuellen Leistungen gewesen, die er mit ihr zwischen den Kissen vollbracht hatte, aber Sina war überzeugt, wenn sie sich noch näher kämen, dann würde er genau wissen, was sie wollte. Er war auf dem richtigen Weg: Die Schlange stand nicht mehr zwischen ihnen. Nun konnte er vielleicht damit beginnen, über sie beide nachzudenken. Und wer weiß, vielleicht wurde etwas von Dauer daraus. Liebe? So weit wollte Sina nicht denken: Liebe führte zwar unweigerlich zu Sex, aber Sex nur in den seltensten Fällen zu Liebe.

Sie schmiegte sich in seinen Arm und dachte über ihren Fall und ihre Scheinidentität nach. Es war erst 22:00 Uhr, doch sie war todmüde, und es dauerte nicht lange bis sie wieder in einen tiefen Schlaf sank.

Oliver Borg hatte am selben Tag, nachdem er in die Geheimnisse des Leichenschminkens und der Einäscherung eingeweiht worden war, ermattet in sein Zimmer zurückgefunden. Er hatte von Rotfelder wegen einer beginnenden Erkältung gebeten, die Treffen mit den Mitarbeiterinnen und Mitarbeitern des Unternehmens auf den kommenden Tag zu verschieben, was dem Besitzer von ›Dem Himmel so nah‹ zu einem fast unmerklichen Lächeln veranlasst hatte.

Von Rotfelder hatte zugestimmt, Borg aber auch unmissverständlich klargemacht, dass das Abendessen pünktlich um 19:00 Uhr eingenommen werden und Borg heute Abend weitere Angestellte kennenlernen würde.

Noch konnte sich Borg kaum vorstellen, dass er um 19:00 Uhr fit genug sein würde, um sich die quälenden Geschichten von von Rotfelder anzuhören, aber es führte wohl kein Weg daran vorbei.

Als er wieder in seinem Zimmer angekommen war und sich angezogen auf sein Bett gelegt hatte, spürte er wieder die verbliebene Körperwärme in den Kissen und Decken, die er schon einmal wahrgenommen hatte. Spielten seine Sinne ihm einen Streich, oder hatte tatsächlich jemand in seinen Laken gelegen?

Borg stand noch einmal unter größter Anstrengung auf und kontrollierte, ob die Tür abgeschlossen war. Als er sich dessen vergewissert hatte, ließ er sich zurück aufs Bett fallen und schlief ein. Er träumte seltsames Zeug.

Als es um 18:50 Uhr klopfte und er erwachte, glaubte er, höchstens zehn Minuten hier gelegen zu haben, aber in seinem Zimmer war es dunkel.

»Ich komme!«, rief Borg schlaftrunken, und wieder begann das Prozedere, das er am vergangenen Abend erlebt hatte.

Gustav führte Borg in den Speiseraum, er nahm auf von Rotfelders linker Seite Platz, dann kamen die Kinder, dann kam Donantienne da Ricci, und nach und nach setzten sich von Rotfelders Mitarbeiter an den Tisch.

Eine Ausnahme bildete Borgs linker Tischnachbar: Koukol war einen Platz aufgerutscht, und neben dem Kommissar saß nun ein gelackter Mann, den von Rotfelder als Dr. Adomaitis vorstellte, seinen Anwalt und Notar.

»Haben Sie das Gefühl, Sie bräuchten einen Anwalt?«, fragte Borg von Rotfelder.

»Nein. Natürlich nicht, aber Sie wollten alle meine Angestellten kennenlernen, und Herr Adomaitis arbeitet nun schon seit 2015 für mich. Er ist unverzichtbar.«

Der Mann mit den schwarzen zurückgegelten Haaren lächelte zufrieden und streichelte eine teure Uhr an seinem Handgelenk. Eine Planet Ocean von Omega, wie Borg erkannte. Möglicherweise das Modell von 2012.

»Sie glauben kaum, wie nützlich ein Notar sein kann«, sagte er zu Borg.

»Das glaube ich«, antwortete Borg, auch wenn er keinen Schimmer hatte, was ein Notar in einem Bestattungsunternehmen hätte Sinnvolles tun können.

Borg war es ohnehin egal, dass Adomaitis anwesend war, auch hatte er heute schon genug mit von Rotfelder erlebt. Zwei Dinge motivierten Borg, den Abend mitzumachen: Zum einen saß ihm Donantienne gegenüber, zum anderen würde er sich um null Uhr mit Spieß treffen, und vielleicht würde der Fall heute zum Abschluss kommen.

»Der liebe Dr. Adomaitis ist einer der besten Anwälte, die man sich wünschen kann. Und er hat eine Vorliebe für moderne Schusswaffen«, sagte von Rotfelder.

Wie bei einer schlechten Zaubershow zog Adomaitis plötzlich eine Waffe unter dem Tisch hervor, vermutlich aus einem Holster, das er unter dem Jackett trug. Er bewegte die Mündung auf Borg zu.

»Richten Sie bitte keine Waffe auf mich!«, sagte Borg ernst.

»Haben Sie Angst? Ich dachte, Sie sind Polizist. Ist das da nicht eine Aufnahmevoraussetzung, dass man mutig ist?«

»Mutig zu sein heißt nicht, keine Angst zu haben. Mutig zu sein bedeutet, etwas zu tun, obwohl man Angst davor hat.« Das hatte Borg vor Kurzem in einem guten Buch gelesen.

»Entschuldigen Sie«, sagte Dr. Adomaitis. »Wenn ich stolz bin, vergesse ich manchmal meine Manieren.«

Borg versuchte, den Typ der Waffe zu identifizieren. Dieses Modell war ihm allerdings völlig unbekannt.

»Das ist ein sogenannter ›Doppeladler‹«, sagte Dr. Adomaitis, als hätte er Borgs Gedanken gelesen. »Nur ein einziger Schuss passt in die Kammer.«

»Nicht sehr weitsichtig, oder?«, fragte Borg. Er hatte noch nie etwas von einer Waffe mit dem Namen ›Doppeladler‹ gehört.

»Der eine Schuss reicht meistens. Es handelt sich um ein Sprenggeschoss, das nicht viel größer ist als eine herkömmliche Patrone. Wenn das Projektil auf einen Körper auftrifft, dann wird durch die pyrotechnischen

Bestandteile eine kleine Explosion ausgelöst, und die umherfliegenden Splitter reißen riesige Wunden in den Körper.«

Na großartig, dachte Borg.

»Der Adler ist oft das Symbol für hochstehende Götter, und die Zweiköpfigkeit des Doppeladlers, nach dem die Waffe benannt ist, versinnbildlicht ein duales Prinzip der Herrschaft. Es gibt immer jemanden, der einen Plan ersinnt, und jemanden, der einen Plan ausführt.« Adomaitis schaute wissend zu von Rotfelder hinüber. »Tja, und dieser ›Doppeladler‹ bringt einen Menschen schneller zu Gott, als man denkt.«

Der Mann erzählte weiter. In seiner Position als Anwalt habe er alle möglichen Akten und Aussagen mit Notizen gelesen, er habe sogar direkten Kontakt zu Kriminellen gehabt, und er beschrieb sie sehr anschaulich, besonders einige Fälle von Sexualverbrechen. Einer der Angeklagten habe ihm, nachdem er freigesprochen worden war, die Pistole geschenkt.

Adomaitis steckte die Waffe wieder weg und lächelte hinterlistig, fast, als steige in ihm ein sexuelles Verlangen auf. Borg fühlte sich unbehaglich, als Adomaitis ihn so angrinste.

»Wofür brauchen Sie denn eine Waffe?«, fragte Borg.

»Alle Menschen haben neben einer gutherzigen auch eine grausame Seite. Wären sie sonst Menschen?«, sagte der Anwalt, und Borg bemerkte, wie von Rotfelder ihn scharf ansah.

»Und Sie sind grausam?«, wollte Borg wissen.

»Ich nicht«, intervenierte der Anwalt. »Aber die anderen. Und da habe ich die Waffe zu meinem Schutz.«

»Haben Sie denn einen Waffenschein?«

»Ich begehe ja keine Verbrechen mit der Waffe«, sagte Adomaitis.

»Das habe ich nicht gefragt. Ich wollte wissen, ob Sie einen Waffenschein haben.« Borgs Stimme klang bohrend.

»Natürlich. Aber selbst, wenn ich keinen hätte. Es gibt Dinge, in die sich das Gesetz nicht einmischen sollte.«

»Zum Beispiel?«, fragte Borg.

Nach kurzem Überlegen antwortete der Anwalt: »Wenn das Gesetz zum Beispiel das sexuelle Verlangen als Verbrechen betrachtete, was manchmal der Fall ist, wären dann nicht automatisch alle Menschen schuldig?«

Borg fragte sich, wann es der Fall war, dass sexuelles Verlangen so eingestuft worden wäre, aber ihm fiel kein Beispiel ein.

»Wann ist denn sexuelles Verlangen eine Straftat?«, wollte Borg wissen.

»Na, wenn ein Ehemann mit seiner Ehefrau schläft und sie das nicht will, dann ist das doch kein Verbrechen, und doch sieht das der Gesetzgeber so. Unser System hinkt«, sagte Adomaitis.

Am Tisch wurde es still.

»Es *war* kein Verbrechen, aber mittlerweile ist es das«, korrigierte Borg. »Seit, ich glaube, 2004 wird die sexuelle Nötigung auch in der Ehe und in einer eheähnlichen Partnerschaft von Amts wegen verfolgt. Man kann dafür bis zu einem Jahr Gefängnisstrafe bekommen – und das ist meiner Meinung nach viel zu wenig.«

»Das ist Quatsch. Wenn man verheiratet oder in einer Beziehung ist, dann sollte der Partner selbst entscheiden können, was er tut«, protestierte der Anwalt.

Wie konnte dieser Mensch nur in diesem Beruf arbeiten?, dachte Borg. Ihm hätte längst die Lizenz entzogen werden müssen!

»Das Gesetz muss immer Grenzen abstecken«, sagte Borg und hatte ehrlicherweise kein Interesse mehr daran, mit diesem Mann weiter Konversation zu betreiben.

»Das Gesetz geht mich nichts an«, sagte Adomaitis.

»Aber Sie gehen das Gesetz etwas an«, erwiderte Borg scharf.

Plötzlich spürte Borg wieder Donantiennes Fuß zwischen seinen Beinen. Er schaute ihr tief in die Augen. Es war aber nicht der Blick der Begierde, der ihn traf, sondern ein deutliches Zeichen mit den Augen, dass er in seinen Schritt fassen sollte, wo jetzt ihr Fuß lag.

Borg legte die Gabel beiseite, hob die große Stoffserviette von seinem Schoß, wischte sich den Mund ab und erfühlte beim Zurücklegen der Serviette Donantiennes Fuß.

Das Erste, was Borg wahrnahm, war, dass sie keine Strümpfe trug. Danach merkte er auch sofort, warum: Zwischen dem großen Zeh und dem zweiten Zeh des rechten Fußes hielt sie den Generalschlüssel, den sie mitzubringen versprochen hatte.

Borg nahm den Schlüssel vorsichtig zwischen ihren Zehen hervor und verbarg ihn in seiner Hand. Donantienne zog ihren Fuß zu Borgs Bedauern wieder zurück.

Er steckte den Schlüssel unauffällig in seine linke Hosentasche.

Donantienne beugte sich leicht nach vorn, ohne daran zu denken, dass sie keinen BH trug, stützte die Ellenbogen auf und sah ihn herausfordernd an. Der Ausschnitt ihres Kleides war verheißungsvoll tief.

Von Rotfelder nahm nichts davon wahr, er goss Wein nach.

»Trinken Sie, mein lieber, spülen Sie die in Ihnen aufsteigende Erkältung in die Hölle«, sagte er lachend.

»Danke, das reicht«, sagte Borg und stellte das Glas ein Stück weiter zu Adomaitis hinüber, weil er keine Lust darauf hatte, dass von Rotfelder wieder etwas hineinspucken würde.

»Sie sind ein Mann, der gute Gesellschaft nicht zu schätzen weiß«, begann von Rotfelder. »Ich habe das gestern schon gemerkt. Sie trinken wenig, essen kaum, und gute tiefsinnige Gespräche wollen Sie offenbar auch nicht führen. Also frage ich mich: Was wollen Sie dann? Denn wie Sie vielleicht festgestellt haben: Es gibt hier keine Attentäter, und ich bin absolut in Sicherheit.« Von Rotfelder hatte schon mehr getrunken, als ihm guttat. »Nehmen Sie sich ein Beispiel an mir: Ich genieße das Leben. Jeden Augenblick«, sagte er.

»Wie soll man jeden Augenblick im Leben genießen, wenn das Leben selbst nur ein Augenblick ist?«, fragte Borg.

»Nun mal nicht so pessimistisch! Noch leben Sie!«, sagte von Rotfelder.

Hatte Borg es falsch gedeutet, oder von Rotfelder das ›noch‹ seltsam betont?

Das kann ich auch, dachte Borg und sagte: »So wie Sie den Tod lieben, ist es für Sie doch sicher etwas Besonderes, in die Zukunft zu schauen und seinen eigenen Tod kommen zu sehen?«

Von Rotfelder hatte gerade sein Weinglas am Mund und verschluckte sich fast. Er stellte das Glas bedächtig auf den Tisch und sah Borg an: »Eine Leiche ist eine Leiche ist eine Leiche.«

Wie einfallslos, dachte Borg. Von Rotfelder hatte sich einfach nur bei Gertrude Stein bedient, die in ihrem Gedicht ›Sacred Emily‹ von 1913 ›eine Rose ist eine Rose ist eine Rose‹ geschrieben hatte.

»Nur leider verliert man als Leiche alle Vorzüge des Lebens. Zum Beispiel die Möglichkeit zu lieben«, sagte Borg. Er fand zwar, dass das kitschig klang, aber er war sich gewiss, dass Wahrheit darin steckte.

»Liebe ist das Privileg von Menschen, die nichts zu tun haben«, sagte von Rotfelder, und als er die Worte ausgesprochen hatte, blickte er zu Donantienne hinüber. »Entschuldige, meine Liebe, das war dumm gesagt.«

Sehr dumm, dachte Borg. Eins zu null für ihn. Er konnte sich kaum vorstellen, dass es von Rotfelder mit Donantienne ernst meinte. Sicher wollte er sich nur mit der attraktiven Italienerin schmücken.

»Junge Männer wollen treu sein und sind es nicht, alte Männer wollen untreu sein und können es nicht«, sagte Donantienne und erntete einen bösen Blick von Rotfelders.

»Also ich bin der Ansicht, der Tod ist etwas Hervorragendes«, meldete sich der Anwalt links neben Borg unpassend zu Wort, der das ganze Gespräch bisher fast stumm verfolgt hatte. »Wenn wir aufhören zu existieren, dann brauchen wir uns über so etwas Nerviges wie das Altern und die Falten keine Sorgen mehr zu machen.«

»Was haben Sie denn gegen Falten einzuwenden?«, fragte Borg. »Ich weiß jede meiner Falten zu schätzen.«

»Wirklich?«, stieß von Rotfelder hervor. »Die Falten zeigen Ihnen doch, wie vergänglich Sie sind. Das sollte Ihnen Angst machen«, sagte er.

»Meine Falten kommen nicht durch die Vergänglichkeit, sondern vom Lachen. Sie zeigen mir, wie viel Spaß das Leben macht«, konterte Borg.

»Ich sehe die Falten aber auch, wenn Sie nicht lachen. Und wenn Lachfältchen auch zu sehen sind, wenn man nicht lacht, dann kann man sie auch gleich zum Weinen benutzen.« Von Rotfelder versuchte, einen schlauen Gesichtsausdruck zu machen.

»Oh! Das ist gut, das muss ich mir aufschreiben«, schleimte Adomaitis.

»Sie als Anwalt sollten sich so etwas Unkompliziertes doch wohl merken können, ohne es sich notieren zu müssen, oder?« warf Donantienne ein.

»Wissen Sie, warum ich mir gern Dinge notiere?«, fragte *Adomaitis* und beantwortete es gleich: »Wenn man etwas aufschreibt, dann kommuniziert man mit der Zukunft, nur dass die einem nicht antwortet.« Er lächelte bitter.

Borg ging dieser Philosophiequatsch auf der Nerven, und er sehnte sich Donantiennes Fuß in seinem Schoß herbei, doch sie tat ihm den Gefallen nicht.

Das Essen zog sich wieder über fast zwei Stunden hin, in denen Borg auf der Stelle trat und Unfreundlichkeiten mit von Rotfelder austauschte. Auch dieser Anwalt ging ihm gewaltig auf die Nerven! Borg musste sich zurückhalten, um mit seinem rechten Zeigefinger nicht zu gewagt am Abzug seiner P99 herumzuspielen.

In seinem leichten Mantel von ausgezeichneter Qualität und mit glänzend schwarzen, fein gesäumten Lederschuhen sah Adomaitis aus wie ein Politiker auf Staatsbesuch im Ausland. Unter dem Mantel – warum zum Teufel hatte er den nicht abgelegt? – trug er einen elegant geschnittenen einreihigen Anzug, und um den steifen Kragen hatte er eine rot geblümte, aus der Zeit gefallene Krawatte gebunden. Er wirkte wie der Repräsentant einer chinesischen Firma. Borg konnte ihn nicht leiden und musste ihn deshalb so oft ansehen, um sich das immer wieder vor Augen zu führen.

»Bevor wir zu Bett gehen«, sagte von Rotfelder, und Borg spürte Erleichterung, »würde ich Sie gerne noch einmal in der Bibliothek sprechen, Herr Adomaitis.«

Borg überlegte. Es musste etwas sein, was er nicht hören sollte. Damit war es sofort zu etwas geworden, was er hören wollte.

»Sie werden sicher Verständnis dafür haben, wenn ich mich jetzt schon von Ihnen verabschiede?«, fragte Borg rhetorisch. Er hatte einen Plan. »Sie haben ja gemerkt, wie sehr die Erkältung mich schwächt. Ich muss ins Bett.«

Von Rotfelder war überrascht. »Natürlich. Gustav wird Sie in Ihr Zimmer bringen.« Von Rotfelder rief nach dem Diener.

Borg war schon aufgestanden und hatte Donantienne und den anderen zur Verabschiedung zugenickt.

»Nicht nötig, ich finde den Weg.«

Da stand Gustav schon in der Tür. Borg verfluchte den Arbeitseifer dieses Mannes und überlegte, wie er seinen Plan trotz der Anwesenheit Gustavs doch noch in die Tat umsetzen konnte.

Er hoffte darauf, dass Gustav wie immer vorangehen und sich kaum um ihn scheren würde. Und so geschah es tatsächlich.

Gustav bat Borg, ihm zu folgen, und ging mit gleichförmigen Schritten den dunklen Gang entlang.

Borg hantierte mit seiner linken Hand in seiner Gesäßtasche und holte sein Handy heraus. Er schaltete den ›Y.M.C.A.‹-Klingelton aus. Dann zog er schnell das zweite Handy aus der Tasche, das über die Nachtsichtfunktion verfügte, und rief sich selbst an. Er nahm auf seinem Handy ab, hielt die Verbindung und ließ das technisch erweiterte Telefon wieder in seine

Hosentasche gleiten. Alle Vorbereitungen, die Borg jetzt getroffen hatte, waren punktgenau abgeschlossen worden, denn schon passierte Gustav die Bibliothek.

Borg hoffte, der Diener würde sich jetzt nicht umsehen. Mit einer schnellen Bewegung huschte Borg in die Bibliothek und legte sein Telefon mit dem Display nach unten auf einen Bücherstapel, der oben im Regal lag.

Es dauerte alles nur wenige Sekunden, und Borg war wieder auf dem Flur. Genau im richtigen Moment, denn Gustav, der nun schon mehrere Meter voraus war, drehte sich soeben um.

»Kommen Sie?«, fragte er gelangweilt.

»Keine Angst, ich bin noch dran«, sagte Borg und triumphierte innerlich. Jetzt hatte er das Telefon in der Bibliothek platziert, und da er darauf angerufen und das Gespräch angenommen hatte, war es, als hätte er eine Wanze deponiert.

Gustav schloss die Tür zum Durchgang auf und schaltete das Licht ein. Sie gingen wieder an den Bildern vorbei.

»Sagen Sie, wissen Sie, wer das hier ist?«, fragte Borg und deutete auf ein Bild, das einen ihm unbekannten Mann zeigte.

Gustav überlegte kurz. »Ja, das ist der ukrainische Rapper Andy Cartwright.«

»Muss man den kennen?«, fragte Borg

»Er hat es zu trauriger Berühmtheit gebracht«, sagte Gustav. »Er wurde im August 2020 Opfer eines Mordes. Seine Ehefrau soll den 30-Jährigen zerstückelt und die Stücke über mehrere Tage im Kühlschrank gelagert haben.«

»Hängt sein Bild deshalb hier an der Wand?«, wollte Borg wissen.

»Da müssen Sie Herrn von Rotfelder fragen.« Gustav hielt Borg die Tür auf, und kurz darauf war Borg wieder in seinem Zimmer.

Er holte rasch das Smartphone hervor und lauschte. Bis auf das leise Ticken der großen Wanduhr in der Bibliothek wurde nichts über das im Bücherregal liegende Telefon übertragen – aber das Ticken reichte aus, um ihm zu versichern, dass sein Plan funktionieren würde. Jetzt musste nur noch von Rotfelder mit dem Anwalt in der Bibliothek auftauchen, und Borg konnte ihr Gespräch belauschen.

Es war bereits 23:10 Uhr, als Borg, der auf seinem Bett saß und still und geduldig gewartet hatte, erste Geräusche vernahm, die vom Telefon übertragen wurden.

Schritte waren zu hören und dann das Klirren von Gläsern. Offensichtlich bediente sich jemand an der kleinen Bar in der Bibliothek.

»Und, was sagen Sie? Ein Quälgeist, nicht wahr?« Das war von Rotfelders Stimme.

»Ein kleiner Fisch. Der ist bald wieder weg. Wir dürfen ihm jetzt nur keine Leckerbissen hinwerfen«, sagte Dr. Adomaitis.

Borg unterdrückte seinen Atem, um die beiden Männer besser verstehen zu können. Von Rotfelder sprach wieder: »Wir haben noch eine Verpackung zu füllen, und dann kann sie meinetwegen direkt vor seiner Nase ins Krematorium geschoben werden. Sind die Überweisungen schon eingegangen?«

Borg versuchte, sich einen Reim auf diese kryptischen Worte zu machen. ›Verpackung‹?

Adomaitis antwortete: »Die Russen haben den Upload bekommen. Wir haben die vereinbarte Summe schon auf dem Konto. Es steht aber noch eine Bestellung aus. Die rumänische Plattform will noch einen blonden Jungen. So maximal 8 Jahre alt. Vielleicht können wir noch etwas produzieren. Ist unser Darsteller noch verfügbar, dieser penetrante Typ mit dem großen Verschleiß?«

Borg hörte das voller Spannung. Das konnte ein Hinweis sein. Hatten Unbekannte aus Russland den Auftrag zum Kidnapping gegeben? Wenn ja, dann war das der Beweis, dass wirklich alle drei Fälle, die Entführungen, die Kinderpornografie und die Morde zusammenhingen. Polizeichef Koller hatte also möglicherweise den richtigen Riecher gehabt, auch wenn er keine Hilfe dabei gewesen war, nahe an die Verdächtigen heranzukommen. Es entwickelt sich, dachte Borg.

In von Rotfelders Stimme klang Stress mit: »Wir müssen vorsichtig sein! Die Kinder wachsen hier nicht auf Bäumen! Wenn wir diesen letzten Auftrag ausgeführt haben, dann will ich erstmal eine Pause machen. Das wird langsam zu einem echten Krisenherd hier! Ich darf unsere Tarnung nicht in Gefahr bringen. Sie sehen ja: Es wird auf mich geschossen, dieser Bulle schnüffelt hier rum, und dieser ach so tolle Darsteller, den sie da aufgetrieben haben, der hat selbst so seine Probleme. Heute hat er mir noch einen Gast vorbeigebracht, mit dem ich gar nichts zu tun haben will!«

»Was für ein Gast?«, fragte Adomaitis. Genau das hätte Borg auch gefragt, wenn er gedurft hätte, aber er verhielt sich mucksmäuschenstill und drückte das Handy fest an sein Ohr.

»Kommen Sie mit in den Keller. Ich mache Sie miteinander bekannt.« Von Rotfelder lachte.

Nein, nicht weggehen! flehte Borg innerlich. Doch dann hörte er das Knarren einer sich öffnenden Tür. Borg wunderte sich. Die Bibliothek hatte keine Tür – es war ein offener Raum, in den man einfach eintreten konnte. Das Knarren war wieder zu hören und dann ein Geräusch, als würde etwas verriegelt werden. Es musste also eine Tür im Gang gewesen sein, die zu einem der anderen Räume führte. Dann war der Lauschangriff auch schon vorbei.

Borg hätte am liebsten geflucht, aber er gab keinen Ton von sich, denn er wusste, dass seine provisorische Abhöranlage in beide Richtungen funktionierte, und er wollte nicht riskieren, dass man ihn hörte.

In zwanzig Minuten würde Spieß wie verabredet erscheinen. Zwei weitere Paracetamol später machte sich Borg bereit. Er hoffte, dass der Generalschlüssel, den Donantienne ihm besorgt hatte, für alle Bereiche funktionieren würde, und öffnete die Tür von seinem Zimmer zum Korridor, nachdem er zunächst daran gelauscht hatte und alles ruhig war.

Hastig lief er den pechschwarzen Gang hinunter und tastete sich voran.

Borgs Herzschlag gab der Stille einen Countdown. Er flitzte auf leisen Sohlen den Flur hinunter und kam an einem Zimmer vorbei, in dem er ein Schnarchen hörte. Gut, sollten sie nur schlafen, die Polizei würde sie morgen früh alle wecken, dachte Borg zuversichtlich.

Er gelangte geräuschlos an die Tür zur Vorhalle, und der Schlüssel passte. In Gedanken schickte er Küsse an Donantienne, die ihm diesen nächtlichen Einsatz so einfach gemacht hatte.

Er durchquerte schnell den Bildergang, und auch die nächste Tür ließ sich problemlos mit dem Schlüssel öffnen.

Jetzt war er durch den Gang in von Rotfelders Wohnhaus gelangt.

Waren der Hausherr und der Anwalt noch immer im Keller? Borg sah zwar die Treppe, die nach unten führte, und verspürte ein Kribbeln auf der Kopfhaut – auch er wollte wissen, wer der Gast war, den Adomaitis kennenlernen sollte – doch er zwang sich, nicht von seinem Plan abzuweichen. Borg lief im Mittelgang über den weinroten Teppich und stoppte an der Bibliothek. Als er sich vergewissert hatte, dass sich niemand darin befand, nahm er das Handy vom Bücherregal und legte auf.

15% verbleibende Akkuladung – das war nicht wirklich viel. Borg schaute auch auf sein eigenes Smartphone – immerhin 35% Ladung. Er musste die Telefone heute Nacht auf jeden Fall an die Steckdose anschließen.

Stimmen von Männern waren zu hören. Gleich neben dem Essensraum gab es ein kleines Zimmer, in dem ein Billardtisch gestanden hatte. Von dort kamen die Geräusche.

Wenn sie hier waren, dann liefen sie zumindest nicht auf dem Gelände herum, dachte Borg. Er ging zum Haupteingang. Er legte einen schweren Riegel um und glitt ins Freie, wo die Nacht ihn augenblicklich in eine schwarze Gestalt verwandelte. Es gab nur unbestimmbare Bilder aus unbestimmbaren Schatten, sie teilten nichts mit, hatten keine Bedeutung. Der Wind blies ihn an, und er rang nach Luft.

Der Regen ohrfeigte ihn, aber er gab ihm auch Frische und das Gefühl zurück, völlig lebendig zu sein. Die P99 in der Hand zog die Kälte an wie ein Magnet, und Borg biss die Zähne zusammen, als seine mit der Waffe eingegipste Hand zu stechen begann.

Borg hatte bei seinem letzten Auftrag im Sommer eine ungeheure Kondition erlangt, davon war jetzt kaum etwas übrig. Es war wie eine Sisyphusarbeit: Hatte man die Kondition in mühevollem Training erarbeitet, reichte ein kurzer Moment der Faulheit oder eine kleine Erkältung, und die Kondition war wieder weg.

Borg passierte das Wäldchen. Er fror und ging gegen den Wind an, wie ein Kriechtier, das gleich vor Kälte erstarrte. Ringsum herrschte Stille.

Die Bäume kamen ihm viel größer vor als gestern. Oder war er kleiner geworden? Braungraue Schimmel-Fichten überragten andere Bäume mit ihren spitz zulaufenden Wipfeln.

Seine Existenz erschien Borg so vergänglich, dass er sich bedeutungslos fühlte.

Noch immer nach Luft ringend, kämpfte er sich Schritt für Schritt mit langen Pausen, die er machen musste, weiter dem Regen entgegen. Die Kälte stach in seine schon tauben Wangen, vor seinen Augen glitzerten kaum sichtbare Regentropfen in allen Farben, wenn sie vor einem weit entfernten Licht einer Grabkerze oder Ähnlichem fielen.

Er lief weiter und nahm diesmal einen anderen Weg durch den Wald, ging an morschen Bäumen vorbei, die bereits umgefallen waren.

Japsend lief Borg über die Anhöhe und genoss es, als er wieder bergab laufen konnte. Völlig entkräftet kam er am Hintereingang des Haupthauses an.

Fantastisch: Dieser Schlüssel war Gold wert. Spieß würde Augen machen. Borg schloss die Tür geräuschlos auf, lief über den PVC-Fußboden zum Haupteingang und öffnete die Tür, vor der Spieß stand.

»Na, zum Glück haben Sie einen Schlüssel! Die müssen heute im Lauf des Tages eine neue Scheibe eingesetzt haben!«, sagte Spieß.

Borg sah hinüber zum Schaufenster und war verblüfft. Tatsächlich! Von Rotfelder hatte nichts erzählt, aber das Fenster war wieder völlig intakt, und Spieß hätte ohne seine Hilfe gar nicht hereinkommen können. Es war Schicksal, dass Donantienne ihm einen Schlüssel gegeben hatte.

»Wie ist der Plan?«, fragte Spieß.

»Wir haben nicht viel Zeit. Gegen drei Uhr geht von Rotfelder immer mit seinen Töchtern auf dem Friedhof spazieren«, sagte Borg.

Spieß schaute ihn ungläubig an.

»Wir müssen schauen, dass wir im Krematorium Beweise sichern. Ich habe den Schachbrettfußboden aus dem Video wiedererkannt und auch die Revisionsklappe gesehen, aus der Newski die Hände und das Schmetterlingsschwert herausgeholt hat!«

»Echt?«

»Ja. Echt. Jetzt stehen Sie nicht herum. Wir haben zu tun.«

Borg führte Spieß durch die Gänge und dann hinüber zum Hintereingang des Krematoriums.

»Sehen Sie?« Borg leuchtete mit einer Taschenlampe, die Spieß mitgebracht hatte, auf den Fußboden und führte seinen Kollegen dann schnell zu der Revisionsklappe, die Newski einst geöffnet hatte.

»Halten Sie die Lampe!«, befahl Borg seinem Kollegen.

Es erforderte etwas Geschick, die Luke mit gebrochenem Arm zu öffnen, aber als das gelungen war, konzentrierte sich Borg, als hinge sein Leben von den nächsten Schritten ab.

»Egal, was ich hier jetzt heraushole«, warnte er, »behalten Sie die Nerven!«

Borg griff um die enge Biegung in den Schacht hinein und griff etwas, das sich nach einem Stoffbeutel anfühlte. Er zog eine Tasche heraus, wie sie auch schon bei der Leiche auf der Autobahn gefunden worden war, und stellte sie vor sich auf den Boden.

Langsam öffnete er den Reißverschluss. Borg wusste, wenn diese Tasche weitere Kinderarmbanduhren enthielt, wovon er ausging, dann konnte er Spieß die Uhren als Beweisstücke mitgeben, und zusammen mit den Aufnahmen aus Newskis Handy war von Rotfelder geliefert.

Borgs Vermutung bestätigte sich.

»Nehmen Sie die Uhren mit! Als Beweisstücke! Und dann rücken Sie mit der Kavallerie an! Jetzt haben wir ihn!« Borg hätte am liebsten vor Freude geschrien, als plötzlich Licht in einem Nebengang eingeschaltet wurde.

»Raus hier!«, flüsterte Borg.

Die beiden Männer liefen, so leise sie konnten, zu einer Verbindungstür hinüber und verschwanden in einem Nachbarraum.

»Was ist das für ein Raum?«, fragte Spieß.

»Keine Ahnung. Hier war ich noch nicht drin«, sagte Borg.

Es handelte sich um ein kleines Zimmer, das aussah wie das Behandlungszimmer eines Arztes, nur dass kein Untersuchungsstuhl in der Mitte stand, sondern ein kleiner Metalltisch.

Borg ging zu einem der Schränke hinüber, der aussah wie ein Aktenschrank, und öffnete ihn. Im Schrank standen große Gläser, die eine Flüssigkeit enthielten, in der etwas schwamm.

»Leuchten Sie mal«, sagte Borg und hob eines der Gläser an.

»Was ist das?« fragte Spieß, obwohl er erkennen konnte, was es war. Er wollte es aber nicht wahrhaben.

»Sieht wie Hände aus. Kinderhände!«

Die Flüssigkeit war trüb, und man konnte die Hände nicht genau sehen. Der große Glasbehälter fasste rund fünf Liter der Flüssigkeit, durch deren Bewegung die Hände nun zu neuem Leben erwacht waren.

Plötzlich huschte der Strahl einer Taschenlampe von außen über das Fenster.

»Licht aus!« zischte Borg und stellte das Glas wieder an seinem Platz zurück. »Mehr Beweise brauchen wir wohl kaum. Übermitteln Sie alles, lassen Sie die Uhren checken. Ich wette, die gehören auch den verschwundenen Kindern.«

»Da, ein Notausgang!«, sagte Spieß, und tatsächlich führte von hier aus eine Tür ins Freie. Kaum waren die Männer in der Kälte der Nacht, als sie die Hunde bellen hörten.

»Scheiße!«, fluchte Borg. »Los, verschwinden Sie. Liefern Sie die Uhren ab und holen Sie Verstärkung!«

Borg rannte zum Hintereingang des Haupthauses hinüber und schloss auf. Die beiden Männer hasteten durch den dunklen Flur bis zum Haupteingang, durch den Spieß vorhin hereingekommen war. Hektisch schloss Borg auf, und Spieß huschte nach draußen. Er nickte Borg noch einmal zu und verließ den Lichtschein der Leuchtreklame, während Borg die Tür zuzog und zurück zum Hintereingang rannte.

Wenn die Hunde unterwegs waren, dann musste er sich etwas Schlaues einfallen lassen.

Käme es hart auf hart, so wusste er, konnte er einem angreifenden Hund nur mit einem Finger ins Auge stechen oder so fest wie möglich in die Schnauze kneifen oder in die Weichteile treten – alles leichter gesagt als getan. Auf jeden Fall aber musste er seinen Hals, seinen Bauch und Gesicht mit den Armen schützen, und falls das Tier nicht gleich angriff, sich langsam und rückwärts vom Hund wegbewegen … aber das waren Bestien, und er ahnte Schlimmes.

Borg drückte die Tür des Hinterausgangs mit Wucht auf. Wo auch immer die Tiere waren, wenn sie erst seine Fährte aufgenommen hatten, dann würde ihn auch schnelles Laufen nicht retten.

Borgs Füße rutschten auf dem nassen Rasen aus, als er beschleunigte, und um ein Haar wäre er gestürzt. Erstaunlich, welche Kräfte selbst erschöpfte Menschen doch aufbringen konnten, wenn sie in Gefahr sind.

Nein! Vor Borg war das Licht einer Taschenlampe in den Sträuchern zu sehen. Völlig unmöglich, dass er unerkannt und unverletzt aus dieser Situation herauskommen konnte. Es gab nur eine Chance: Er musste das Gelände verlassen, und zwar auf demselben Weg wie Spieß. Borg machte kehrt und rannte zum Hintereingang des Haupthauses zurück. Jetzt hörte er die Hunde, die vor Aufregung wohl in die Luft schnappten und bellten. Er riss die Tür auf. Da tauchten sie plötzlich aus dem Unterholz auf. Sie liefen nebeneinander, und das aus dem Flur hereinfallende Licht ließ ihre Augen aufblitzen. Die Bestien schienen nur aus Reißzähnen zu bestehen. Borg nahm sich nicht die Zeit, die Tür hinter sich zuzudrücken – ein Fehler, wie sich gleich herausstellte. Als er weiterlief, gelang es einem der Hunde, durch den Spalt der sich schließenden Tür zu huschen. Der andere Dobermann blieb wütend bellend vor der Tür zurück. Borg geriet ins Straucheln, und fast wäre ihm der Schlüssel aus der Hand gefallen, als er im Schauraum an der Tür ankam, doch er war zu langsam. Er drehte sich um, als er das Geräusch der Krallen auf dem Boden hörte.

In dem Moment, als Borg herumwirbelte, war der Dobermann schon im Sprung. Borg riss seinen Gipsarm nach oben, und die Zähne des Hundes gruben sich in den Gips. Borg spürte das ungeheure Gewicht des Tieres, das seine kräftigen Kiefer in den Gips drückte.

Borg drehte sich wie ein Tänzer, der Körper des Hundes wurde durch die Zentrifugalkraft nach außen gerissen, doch das Tier öffnete seine Schnauze nicht und ließ nicht los.

Mehr aus Reflex als gewollt krümmte Borg seinen rechten Zeigefinger, und mit einem Knall löste sich ein Schuss der P99. Dann noch einer. Die herausschießenden Projektile richteten am Gipsarm kaum Schaden an, sondern das zweite flog aus dem vom ersten Schuss geschaffenen kleinen Loch heraus, um am anderen Ende des Raumes eine Urne zu zerschmettern und sich in die Wand zu bohren. Auch das schüttelte das Tier nicht ab. Borg spürte, wie der Druck auf seinen Arm zunahm, es fühlte sich an, als würde er zerquetscht werden. Der Anti-Stress-Abzug der P99 war ausgeschaltet gewesen.

Borg verkrampfte seinen Zeigefinger, während er wie ein Betrunkener von rechts nach links taumelte und der Hund knurrend an seinem Arm hing. Alles geschah in Sekunden. Die Firma Walther hatte die P99 für den ersten Schuss so gebaut, dass ein hohes Abzugsgewicht zu überwinden war. Für die nachfolgenden Schüsse hatte man das Abzugsgewicht aber deutlich reduziert, sodass Borg völlig überrascht war, als es drei weitere Male knallte. In dieser Stresssituation hatte er kaum Kontrolle über seinen Parasympathikus.

Der Dobermann war rasend vor Wut. Und Borg rann der Schweiß über das Gesicht, als er versuchte, das Tier abzuschütteln. Noch vier weitere Patronen schossen aus dem Gips. Wirkungslos.

Während dieses kurzen Tanzes lösten sich insgesamt also neun Schuss der .40 S&W-Patronen und richteten im Schauraum erheblichen Schaden an, ohne den Hund zu beeindrucken. Das Abfeuern der Schüsse hatte nicht einmal zehn Sekunden gedauert – was für ein Rausch! Borgs Gips bröckelte unter dem Druck der Kiefer, und jetzt drangen Zähne bis zur Haut des Unterarmes durch.

Völlig unter Adrenalin mobilisierte Borg die letzten Kräfte und wuchtete seinen Arm mit Schwung und unter großen Schmerzen nach oben. Er schlug den ganzen Körper des Hundes mit voller Wucht auf einen Eichensarg, der hier im Schauraum stand, aber der Dobermann zeigte sich nicht beeindruckt. Der Biss lockerte sich überhaupt nicht, im Gegenteil:

Borg merkte, wie die Zähne sich durch die Schutzhülle in das Fleisch seines Armes zu bohren begannen. Eine letzte gewaltige Kraftanstrengung: Borg drehte sich auf der Stelle um, und der Hund wurde durch den Schwung mitgerissen. Die neue Schaufensterscheibe zersprang, wie von einem Ziegelstein getroffen, als Borg den Körper des Hundes mit Gewalt dagegen schleuderte. Alles, was jetzt geschah, war die Welt zwischen zwei Wimpernschlägen. Der Körper des Hhundes schwang halb durch das Loch in der Scheibe nach draußen, während die Beine des Tieres Bewegungen wie beim Rennen machten. Borg zog seinen Gipsarm mit ganzer Kraft zurück, aber selbst die Tatsache, dass der Hund sich an den Scherben der zersplitterten Scheibe, in der er steckte, geschnitten hatte, minderte seine Beißkraft nicht. In diesem Augenblick liefen Risse rechts und links von der kaputten Stelle im Glas, und unter einem gewaltigen Krachen sauste der gesamte obere Teil des durchbrochenen Schaufensters nach unten. Die Schwerkraft riss Borg von den Füßen, als der Hund in der Mitte durchgeschnitten wurde. Gleichzeitig mit dem Kommissar klatschten die Eingeweide des Hundes auf die Fliesen hier im Schauraum, das Hinterteil mit den Läufen des zweigeteilten Dobermanns fiel draußen auf den Boden.

Borg brauchte einen Moment, um zu begreifen, was geschehen war, und er spürte das letzte Nervenzucken des toten Tieres, dessen vordere Hälfte sich noch immer im Gips verbissen hatte.

Ein ohrenbetäubender Alarm ertönte, und der war es auch, der Borg dazu veranlasste, schnell wieder auf die Beine zu kommen. Er schüttelte seinen Arm, konnte den festgebissenen Kiefer des halben Hundes aber nicht lösen, und so blieb ihm nichts weiter übrig, als ihn mit in den Nachbarraum zu schleppen, wo er angeekelt mit seiner linken Hand über die nassgesabberte blutige Nase des Hundes in den Oberkiefer griff und ihn nach hinten aufriss. Der Gips war zwar zerdrückt und voller Bissspuren, er hielt aber noch am Arm. Borg löste auch den Unterkiefer, und der halbe Hund fiel mit zu Boden.

Es würde nur noch wenige Sekunden dauern, bis hier die Hölle los war.

Borg rannte hinüber zum Notausgang und drückte die Tür auf. Er durchquerte einen kleinen Flur und flitzte an mehreren Aktenschränken vorbei, bevor er an eine weitere Tür kam, die sich auf der Rückseite des Gebäudes befand. Borg spähte durch die Glasscheibe. Der zweite Hund war nicht in zu sehen, doch in geringer Entfernung erkannte Borg die Schergen von Rotfelders, die zum Haupthaus gelaufen kamen.

Borg betete, dass sein Schlüssel passen würde. Er wurde erhört.

Er rannte in die frische Luft und hinüber zur kleinen Kapelle, als die Taschenlampen der Handlanger in seine Richtung leuchteten.

»Da drüben habe ich jemanden gesehen!«, schrie einer der Männer, dessen Stimme Borg nicht zuordnen konnte.

Borg stieß die Kapellentür auf und lief in die steinerne düstere Halle. Hier gab es keinen Ausweg. Jetzt saß er in der Falle.

»Sucht das Gelände ab! Iwan, Boris! Ab in die Kapelle! Schaut nach, ob er da drin ist.«

Als sich die Tür der Kapelle öffnete, durchschnitten die zwei Taschenlampen mit ihren Lichtstrahlen die Dunkelheit.

»Ist er hier reingelaufen?«, fragte einer der beiden Männer.

»Ich weiß es nicht! Wenn er hier ist, dann haben wir ihn!« sagte der andere.

Die Männer gingen systematisch durch die Bankreihen und leuchteten in die entlegensten Winkel. Heiligenstatuen flammten auf, auf Steintafeln verewigte Gesichter längst verstorbener Menschen leuchteten plötzlich, als die Lichtstrahlen sie trafen, die wandernden Schatten gaben ihnen Lebendigkeit. Die bunten Glaselemente der Kapellenfenster schimmerten.

»Hier ist er nicht«, sagte der erste Mann. »Schau am Altar nach. Ich gehe nach oben.«

Die Suche dauerte fast zehn Minuten, dann hatten die beiden Wachleute jeden Zentimeter der Kapelle abgesucht und konnten mit Fug und Recht sagen, gründlich vorgegangen zu sein. Sie hätten unter Eid geschworen, dass sich hier niemand versteckte.

Zufrieden, diesen Ort als Versteck von Borg völlig ausgeschlossen zu haben, verließen sie die Kapelle.

Hinter dem großen Kreuz, an dessen Vorderseite das Abbild Jesu mit Dornenkrone und gesenktem Haupt hing, nahm Borg seine Arme aus der Position des Querbalkens, die das Kreuz vorgegeben hatte. Da sein Gips gebrochen war, hatte er den rechten Arm ausstrecken können, wenn auch unter starken Schmerzen. Wie ein menschliches Kreuz hatte er hinter dem Holzkreuz gestanden, und die zehn Minuten waren ihm wie eine Ewigkeit vorgekommen. Jetzt, als er seine zitternden Arme sinken ließ, merkte er, wie ermattet er war. Vorsichtig, um keine Geräusche zu machen, trat er aus seinem Versteck heraus und blickte in der Dunkelheit zu dem neben ihm aufragenden Kreuz hinauf. Borg war nicht religiös, aber die Tatsache, dass er in der Position des gekreuzigten Jesus Christus auf der Rückseite des Kreuzes gestanden und sich vor seinen Verfolgern versteckt hatte, wirkte in ihm nach.

Andererseits war es jetzt nicht der richtige Zeitpunkt, um über Gott und die Welt nachzudenken. Er musste, möglichst ohne dem zweiten Hund oder den Sicherheitsleuten zu begegnen, schnell wieder in sein Zimmer gelangen.

Ringsherum war es stockdunkel, erst allmählich erkannte er einige Kirchenfenster. Die kleinen Vierecke eines Fenstergitters schienen darüber zu laufen, aber er war sich nicht sicher.

Borg hoffte, Spieß würde die Beweise möglichst schnell auswerten und vielleicht noch heute Nacht mit einer Spezialeinheit anrücken. Bis dahin galt es, die Tarnung aufrecht zu erhalten und vor allem zu überleben.

Er ging leise durch die Kapelle und hörte plötzlich ein Geräusch aus einer hinteren Ecke. Er sah sich um. Da stand ein Sarg. Wieder war das Geräusch zu hören. Es klang, als ob Fingernägel an Holz kratzten. Borg ging langsam zu dem Sarg hinüber und hielt den Atem an. Da war es wieder! Das Kratzen kam aus dem Sarg. Panik ergriff Borg, doch er musste sich dieser Situation stellen. Er klopfte auf den Sargdeckel und war auf alles gefasst. Er rechnete damit, dass der Deckel aufspringen und ihn ein Vampir angreifen würde, er hielt es für möglich, dass in der Kiste ein verblutendes Kind lag, er schloss auch nicht aus, dass seine überlasteten Sinne ihm einen Streich spielten …

Borg hob den Deckel an und schaute hinein: Der Sarg war leer! Genau in diesem Moment rannte eine fette Ratte einmal von hinten nach vorn durch das Sarginnere, und vor Schreck ließ Borg den Deckel wieder zufallen. Er hatte genug für eine Nacht!

Borg öffnete die Tür der Kapelle, und Regentropfen prasselten auf sein verschwitztes Gesicht. Der Regen gehörte ihm von neuem. Borg lächelte erleichtert in die Nacht, als er die Stille vernahm, und machte sich auf den Weg zur Roten Villa. Unterwegs, als er an den Grabsteinen vorbeilief, drängte sich ihm ein kurioser Gedanke auf: Der Mensch kommt unter Schreien auf die Welt und verlässt sie mit viel Lärm. So ist die menschliche Natur.

KAPITEL 24

Mit dem Verstand zum Töten

Es war noch nicht hell, und noch immer lag der Duft von Lasagne in der Luft.

Als Sina die Augen öffnete, schaute sie instinktiv nach rechts, wo sie schon zweimal die unliebsame Erfahrung gemacht hatte, dass eine Schlange statt eines Liebhabers neben ihr gelegen hatte.

Erleichtert stellte sie fest, dass das Bett neben ihr leer war. Vermutlich musste Nico auf die Toilette, dachte sie und schaltete die Nachttischlampe ein. Wie groß das Zimmer ohne Terrarium wirkte!

Sina blieb mit offenen Augen liegen und schaute an die Decke, an der das projizierte weiße Licht häufig wechselte. Der Grund dafür war ein kleiner Defekt in der Lampe, die flackerte.

Fünf Minuten lag Sina so mit offenen Augen in den weißen Laken. Sie dachte an Oliver Borg, ihren Auftrag und an die Zukunft, als ihr Handy vibrierte. Sina rollte sich weiter auf die linke Bettseite, vor der ihre Jeans lag, und holte das Telefon aus ihrer Tasche.

Eine Nachricht von Frederick Koller war eingegangen. »Hänge Ihren Lebenslauf als PDF an.«

Der Chef schläft wohl nie, dachte Sina und schaute auf die Uhr. Es war kurz vor sechs. Draußen wurde es langsam hell.

Sina überlegte, dann öffnete sie die Datei. Da Nico nicht im Zimmer war, bestand keine Gefahr, dass er ihre Tarnidentität Dana Hiller erfahren würde. Sie würde ihm alles in Ruhe beim Frühstück erklären.

Als Sina das Dokument öffnete und die wichtigen Daten überflog, wurden ihre Augen größer. Da stand ihr Geburtsdatum als Dana Hiller. Sie schluckte und las das Datum noch einmal. Tatsächlich: Angegeben war der 8. August! Ein ungutes Gefühl stieg in ihr auf, und sie setzte sich auf.

Nico Adermann hatte mit ihr erst vor Kurzem auf ihren Geburtstag angestoßen. Er hatte sie dazu gebracht, die Glückwünsche anzunehmen. Aber da war es längst Herbst gewesen, nicht wie das Datum, das Koller übermittelt hatte, das im Sommer lag. Laut ihrer Tarnidentität war der Geburtstag (ebenso wie ihr echter Geburtstag) in weiter Ferne! Wie war Nico Adermann darauf gekommen, ihr zu gratulieren? Oder wollte er sie testen? Was führte er im Schilde? Sina schwang die Beine aus dem Bett, ergriff einen massiven Kerzenständer und ging leise zur geschlossenen Schlafzimmertür.

Sie war auf alles gefasst, als sie die Tür mit einem Ruck öffnete. Im Flur der Wohnung brannte Licht, es war allerdings gedimmt. Die Toilettentür stand offen, ebenso die Küchentür, aber die Wohnzimmertür war geschlossen. Sina verwarf die Idee, Nicos Vornamen zu rufen. Das tat man in Horrorfilmen und nicht im wirklichen Leben.

Irgendetwas in ihrem Unterbewusstsein riet der jungen Polizistin dazu, äußerst vorsichtig zu sein. Sie schlich leise an die Wohnzimmertür heran.

Ein Lichtschein fiel durch das Schlüsselloch und warf einen hellen Fleck auf ihre weiße Unterhose. Geräusche erklangen im Zimmer. Es hörte sich an, als würde jemand den Tisch decken.

Sina ging in die Hocke, stellte den Kerzenständer neben sich auf den Boden und spähte durch das Schlüsselloch. Da stand Nico Adermann mit dem Rücken zur Tür und ordnete offenbar etwas auf dem Wohnzimmertisch. Sina hob ihre rechte Hand vor ihren offenstehenden Mund. Sie konnte nicht fassen, was sie durch das Schlüsselloch sah: Adermann hatte das ganze Zimmer mit Baufolie ausgelegt – selbst das Sofa war fachmännisch von ihm abgedeckt worden. Als er zur Seite gegangen war, hatte er den Blick auf den Tisch freigegeben. Darauf standen zwei Schüsseln und zahlreiche große und kleine Messer. Sinas Puls beschleunigte, als sie sah, wie Adermann mit Gafferband OP-Schuhüberzieher umwickelte, die er über seine nackten Füße gestülpt hatte. Er versiegelte den Übergang der weißen Überzieher mit seinen Hosenbeinen.

Das Letzte, was Sina sah, bevor sie sich geschockt aufrichtete, war, wie Adermann das Gafferband auf den Tisch gelegt, sich Latexhandschuhe angezogen und ein großes Fleischerbeil genommen hatte.

Sina lief, nur mit ihrem Slip bekleidet, zur Wohnungstür und drückte leise die Klinke. Abgeschlossen!

Sie atmete schnell und spürte den Drang, um Hilfe zu rufen, aber das hätte ihren sicheren Tod bedeutet. Sie behielt die Kontrolle über sich.

Wie kleine feuchte Lappen, die jemand auf das Laminat klatscht, klangen ihre Füße bei jedem Schritt, als sie am geschlossenen Wohnzimmer vorbei zurück ins Schlafzimmer lief.

Sie öffnete mit zwei schnellen Handgriffen das Fenster, und der Durchzug ließ die Schlafzimmertür mit lautem Krachen ins Schloss fallen. Jetzt musste sie schnell handeln. Ohne über die Gefahr der Höhe nachzudenken, sprang sie aus dem Fenster auf die Metallgitter der Feuertreppe und rannte, so schnell sie konnte, nach unten. Das Wetter war garstig. Die eisigen Stufen drückten Muster in ihre Füße, und trotz der Kälte und des Windes, der ihr Laub und Regen ins Gesicht wehte, ließ sie sich nicht bremsen. Unten sprang sie die letzten vier Stufen in den kleinen Vorgarten und rannte hinüber zu den Büschen vor einem kleinen Jägerzaun. Auf Kratzer und kleine Schnitte nahm Sina Bachmann keine Rücksicht. Sie zwängte sich durch das Buschwerk, überwand geschickt den Zaun und lief auf den Inselwall.

Das Licht von Schweinwerfern spiegelte sich auf der regennassen Straße. Sina war alles egal. Sie sprang auf die Fahrbahn, und das bremsende Fahrzeug kam auf dem kalten Asphalt zum Stillstand.

Hinter dem Steuer saß eine Frau mit erschrockenem Gesichtsausdruck. Sina war gerettet.

Keine halbe Stunde nach diesem Vorfall, Sina hatte Koller per Handy informiert und sich von der fremden Frau nach Hause fahren lassen, stürmte eine Spezialeinheit Adermanns Wohnung.

Sie war leer. Von der Baufolie und den vielen Messern fehlte jede Spur.

Sina traf kurz nach ihren Kollegen ein und wagte sich, als man Entwarnung gegeben hatte, in die Höhle des Löwen.

Ihr war zum Weinen zumute. Er hatte ihr alles genommen: ihren Glauben an die Menschheit, ihr Selbstbewusstsein, sogar ihre Fähigkeit zu lieben – zumindest fühlte sich diese Leere in ihr so an.

Jan-Frederik Koller sah seiner Ermittlerin an, dass sie an diesem Morgen zu einem Schatten ihrer selbst geworden war.

»Das ist ja nochmal gut ausgegangen. Wir haben ihn zur Fahndung ausgeschrieben, auch wenn wir keine Beweise gefunden haben. Aber auf jeden Fall zählt ihre Aussage.«

Sina nickte.

»Waren Sie im Badezimmer?«, fragte Koller.

Sie verneinte.

»Ich weiß nicht, was Sie über seine Vorlieben so alles wissen, aber das sollten Sie sich mal ansehen.«

Koller ging vor und öffnete die Tür zum Badezimmer. Sina ging an ihm vorbei und hatte tausend Gedanken, aber sie hätte nicht ansatzweise erahnen können, was sie jetzt sah.

Was Sina in der Badewanne vorfand, erschreckte sie, und als sie begriff, worum es sich handelte, stieg ein unfassbarer Ekel in ihr auf.

Nico Adermann hatte die Badewanne mit Hackfleisch gefüllt und aus den rund 90 Kilogramm Fleisch einen menschlichen Körper geformt. Als wäre das alles nicht abscheulich genug, hatte er dem aus Mett geformten Kopf eine blonde Perücke aufgesetzt. Ganz offensichtlich war Adermann zu dem Hackfleisch in die Wanne gestiegen und hatte den Teil der Masse zerdrückt, der das Becken eines Frauenkörpers darstellen sollte.

»Ich glaube, dieser Nico Adermann hat erhebliche psychische Probleme«, sagte Koller. Im Badezimmer lag ein Fleischgeruch, der Übelkeit verursachte. Zusammen mit dem Anblick, der sich einem eröffnete, war das alles sehr verstörend.

Sina blickte stumm auf das Hackfleisch. Sie war erschüttert. Sie erkannte sich in dem Gehackten, sie fühlte, dass er sie hatte nachbilden wollen. Sie stellte sich vor, wie Adermann mit seinen widerlichen Stößen die weiche Masse im unteren Bereich des gekneteten Körpers auseinandergestoßen hatte, bis er schwitzend und stöhnend seinen Höhepunkt erreicht hatte.

»Alles in Ordnung?«, fragte Koller, dem nicht entgangen war, dass Sina Bachmann mit dem Anblick zu kämpfen hatte. Tränen der Fassungslosigkeit standen in ihren Augen.

Adermann war abstoßend. Warum hatte sie das die ganze Zeit verdrängt? War es ihr nicht schon klar gewesen, als sie sich beim ersten Mal mit ihm die Frage gestellt hatte, ob sie einen weiteren Orgasmus vortäuschen sollte, um ihn dazu zu bewegen, zu einem Ende zu kommen? Sie hatte darauf verzichtet, denn es hatte bereits bei ihrem ersten Versuch, den Akt zu verkürzen, keinerlei Reaktion bei ihm hervorgerufen. Er war völlig abwesend gewesen, hatte nur stumm und stöhnend auf sie eingestoßen. Beim zweiten Date war es auch nicht viel besser gewesen. Warum hatte sie sich immer und immer wieder mit ihm getroffen? Wie hatte er sie so drastisch manipulieren können?

Eine Fliege summte durch das Badezimmer und setzte sich auf die Stelle der gewaltigen Hackfleischmasse, die den Bauch darstellte.

»Sind Sie mit den Messern und der Folie im Wohnzimmer sicher? Wir konnten nichts dergleichen finden«, sagte Koller.

»Ja«, antwortete Sina knapp. Sie hatte sich eben an den Einkaufszettel aus der Schlachterei erinnert: 90 Kilogramm Gehacktes für fast 1000 Euro. Koller riss sie aus ihren Gedanken.

»Glauben Sie, er wäre zu einem Verbrechen fähig?«, fragte er.

»Ich glaube, er hatte es darauf angelegt, dass ich von seiner Schlange gefressen werde, und als das nicht klappte, hat er mich in seine Wohnung gelockt, um mich in kleine Würfel zu zerschneiden.«

»Auch von einer Schlange haben wir hier keine Spur gefunden. Wo stand noch gleich das von ihnen beschriebene Terrarium? Im Schlafzimmer? Gab die es Schlange wirklich? Haben Sie sie gesehen?«

Das war wieder typisch für Koller. Noch drei weitere Fragen, und er würde sie als Verrückte hinstellen. Sina antwortete nicht.

Koller verließ das Badezimmer. Kurz darauf kam Dagmar Tickel ins Bad.

Was wollte denn jetzt diese Psychologin hier?, fragte sich Sina.

»Herr Koller bat mich, kurz mit Ihnen zu sprechen.«

»Denkt er, ich bin verrückt?«

»Nein, es geht nur darum, dass wir abstecken können, wie gefährlich Herr Adermann tatsächlich ist. So, wie Sie ihn beschrieben haben, ist er kein Amokläufer. Und selbst, wenn die Sache mit der Schlange stimmt«, als Tickel das sagte, sah Sina sie böse an, »hat er niemals mehrere Taten kurz hintereinander begangen. Sein hervorstechendes Merkmal war diese Phase des emotionalen Abkühlens, bevor er wieder einen Versuch startete, Sie in Gefahr zu bringen.«

Das war Sina auch klar, aber, und das wurde ihr auch erst jetzt bewusst: Er hatte etwas Böses an sich. Er war egozentrisch und behandelte Menschen schlecht, von denen er glaubte, sie würden unter ihm stehen.

»Wie würden Sie ihn einordnen? Was würde er eher im Fernsehen sehen: Liebesfilme oder Action?«

»Wahrscheinlich Actionfilme«, sagte Sina, wobei der gemeinsame Kinobesuch auf etwas anderes hindeutete. ›Die geheimen Briefe des Pasqual Bouraque‹ war vielmehr ein Psychothriller.

»Welche Computerspiele bevorzugt er? Strategie- oder Ballerspiele?«, fragte Tickel weiter und notierte sich währenddessen Sinas erste Antwort.

»Weiß ich nicht.«

»Und wie hat er Sie behandelt? Liebevoll oder grob?«

Sina musste wirklich überlegen, und sie erkannte, dass er seine anschmiegsame Art als Maske für seine Dominanz genutzt hatte. Tatsächlich war er grob gewesen, er hatte immer nur an sich gedacht. Kurz vor seinem Orgasmus war er zu einem Tier geworden. Jedes Mal.

»Ich denke, er war eher grob. Was schlussfolgern Sie denn daraus?«, fragte Sina.

»Na ja, es sind natürlich keine hundertprozentigen charakteristischen Zuordnungspunkte, denn so etwas gibt es nicht, aber eher Action, die Vorliebe für brutale Videospiele und eher grob zu sein, passt zu einem bestimmten Profil, wobei man niemals sagen kann, dass ein brutales Computerspiel dazu führt, dass jemand seine Frau schlägt. Aber er hat ganz sicher ein Problem.« Tickel deutete mit ihrem Stift auf die Badewanne, aus der soeben die dicke Fliege herausflog und auf die beiden Frauen zusteuerte, die daraufhin das Bad verließen und die Tür hinter sich schlossen.

»Nicht alle Psychopathen sind Serienmörder, aber fast alle Serienmörder sind Psychopathen. Man kann mit dem Verhalten Nico Adermanns auf keine Verbrechen schließen«, sagte Tickel.

Die beiden Frauen gingen ins Wohnzimmer, wo Koller am Fenster stand und leise telefonierte.

Tickel fuhr mit leicht gedämpfter Stimme fort: »Wenn Sie ihn charakterlich einordnen würden: Hat er ein flaches Gefühlsleben, oder ist er empathisch und verfügt über Verantwortungsbewusstsein?«, fragte sie.

»Er hat auf jeden Fall ein sehr manipulatives Verhalten und ein hohes Stimulationsbedürfnis«, erwiderte Sina.

»Das dachte ich mir. Psychopathen haben auch häufig wechselnde Sexualpartner. Wissen Sie davon etwas?«

Sina schnürte es die Kehle zu. »Bei seinen Vorlieben? Ich glaube, er braucht keine wechselnden Sexualpartner, wenn er eine Schlachterei gleich hier auf der Straße hat.«

Diesmal nickte Tickel. »Wenn wir ihn ausfindig gemacht haben, dann werde ich mit ihm sprechen und herauszufinden versuchen, ob er ein abweichendes Sozialverhalten zeigt oder schon in seiner Jugend durch kriminelle Handlung aufgefallen ist.«

»Er muss den Verstand verloren haben«, sagte Sina.

»Ganz so weit würde ich nicht gehen«, sagte Tickel. »Mit etwas Verstand ist jeder Mensch ausgestattet, und wenn es nur der Verstand zum Töten ist.« Tickel verabschiedete sich von Sina, weil sie in das Präsidium zurück musste, und ging zur Tür. Bevor sie hinaus ging, wandte sie sich noch einmal um: »Ach, und wenn Sie Herrn Borg sehen: Er hat übermorgen noch eine Sitzung bei mir. Erinnern Sie ihn bitte daran«, bat Tickel und verschwand.

Koller hatte sein Telefonat beendet.

»Das gibt es doch gar nicht!«, sagte er kopfschüttelnd.

»Was ist denn?«, fragte Sina.

»Ich habe eben einen Anruf vom Präsidium erhalten: »Spieß hat gekündigt!«

»Tom Spieß?« Sina war überrascht.

»Ja. Seine Kündigung war im Briefkasten. Seine Kollegin ist ebenso verblüfft. Vor allem: Er ist doch mit Borg gerade voll in den Ermittlungen.« Die Fassungslosigkeit stand Koller ins Gesicht geschrieben. Er wirkte alt.

KAPITEL 25

Wo ist Spiess?

Oliver Borg war, nachdem er die Kapelle verlassen hatte, ohne entdeckt zu werden, bis zur Roten Villa gelaufen. Er hatte die Haupttür aufgeschlossen und war in dem stillen Gebäude – vermutlich waren alle Angestellten durch den Alarm geweckt worden und auf dem Gelände unterwegs – zum Verbindungsgang gerannt und wieder zu seinem Zimmer gelaufen.

Als er die Tür aufgeschlossen, einen Schritt ins Zimmer gemacht und sie wieder zugeschlagen hatte, stemmte er sich mit dem Rücken von innen dagegen, als habe man ihn verfolgt, und überlegte fieberhaft, was er nun tun könne.

Nachdem er sich kurz gesammelt hatte, ging er ins Bad. Seine Kleidung war besudelt mit dem Blut des durchgeschnittenen Dobermanns, sein Gips war an mehreren Stellen gebrochen und musste erneuert werden. Zum Glück hatte Krumen ja Bandagen hiergelassen.

Borg riss den alten Gips herunter und zog sich dann aus. Seine rechte Hand war völlig steif und verkrampft, als er sie öffnen wollte, um die Walther P99 auf den Spiegelschrank zu legen.

Er ärgerte sich, weil er völlig unnötigerweise fast das gesamte Magazin leergeschossen hatte. Zwei Patronen waren noch in der Waffe, die einst elf Schuss gefasst hatte, und er verfügte über keine weiteren Reservemagazine. Neun der elf Schuss waren vergeudet worden. Wie hatte er nur so unkontrolliert herumballern können?

»Scheiße!« zischte Borg.

Schnell wusch er sich, wobei er seinen rechten Arm fast nicht bewegte, weil ihm der Bruch ungeheure Schmerzen verursachte – Schmerzen, die er unter dem Adrenalin nicht gespürt hatte, als er hinter dem Kreuz in der Kapelle in der Pose des Gekreuzigten verharren musste.

Der ganze Prozess dauerte rund fünf Minuten, dann trocknete er sich flüchtig ab und schlüpfte in frische Kleidung.

Er stopfte den zerbrochenen Gips und seine blutbefleckte Wäsche in eine Mülltüte und überlegte, wo er sie verstecken könnte. Da sah er eine kleine Schraube in der Mitte von vier Badezimmerwandfliesen an der Umrandung der erhöhten Dusche. Eine Revisionsklappe! Die Idee war nicht neu, dachte Borg, aber er hatte keine andere Wahl. Er holte sein Schlüsselbund aus seiner Hosentasche und löste mit dem kleinen ausklappbaren Schlitzschraubenzieher die Schraube. Vorsichtig nahm er die breite Unterlegscheibe mit der Schraube heraus, entfernte die oberen beiden Kacheln, schob seine Tüte mit dem Inhalt vorsichtig in die Öffnung hinein und schraubte die Kacheln wieder fest. Weitere fünf Minuten waren vergangen.

Das T-Shirt über den verletzten Arm zu ziehen, war eine Quälerei, und als er ein Hemd überzog, knöpfte er es nicht zu und trug es nur über der linken Körperseite. Er würde heute Nacht in Kleidung schlafen.

Borg holte die Gipsbandagen heraus – für einen Gipsarm würde das Material knapp reichen. Die Schiene, die mit eingegipst worden war, hatte er aus dem alten Gips gelöst und konnte sie zum Glück wiederverwenden.

Die Prozedur des Eingipsens dauerte weitere zehn Minuten. Als er fertig war, lief ihm der Schweiß den Rücken hinunter. Er war gerade dabei, den Gips trockenzuföhnen, als er Gepolter auf dem Flur hörte.

Schnell rannte Borg zum Bett und warf sich hinein. Er zog die kalte Bettdecke bis zu seinem Kinn, als ohne ein Anklopfen die Zimmertür geöffnet und das gleißend helle Licht eingeschaltet wurde. Gut dachte Borg, das würde kaschieren, dass seine Nachttischlampe brannte. Er rollte sich auf den noch feuchten Gips, sodass die Mündung der Waffe in Richtung Eingang zeigte.

Zwei Schuss! Das hielt er sich immer wieder vor Augen.

Schon war von Rotfelder im Zimmer. Hinter ihm stand der verschlafen wirkende Koukol mit seiner grotesken Frisur, und im Gang waren sicher noch weitere Männer, die Borg zwar hören, nicht aber sehen konnte.

Von Rotfelder hatte offenbar nicht erwartet, Borg im Bett anzutreffen.

»Was ist denn jetzt los?« Borg spielte seine Überraschung mit einer solchen Übertreibung, dass sie schon fast wieder echt wirkte. Er schaute auf die Hände der beiden Männer. Niemand trug eine Waffe, und Borg rollte sich schwerfällig auf den Rücken und setzte sich auf.

»Im Haupthaus waren Eindringlinge! Auch auf dem Gelände! Es wurde geschossen!« Von Rotfelder war außer sich.

»Ich habe nichts gehört«, sagte Borg.

»Durchsucht das Zimmer!«, befahl von Rotfelder. Zwei weitere Männer – waren das zwei von den Totengräbern, die Borg bereits gesehen hatte? – kamen herein.

»Moment mal!«, protestierte Borg. »Warum das Zimmer durchsuchen? Was ist mit meiner Privatsphäre?«

»Sie haben selbst gesagt, dass jeder verdächtig ist. Ich will wissen, ob Sie eine Waffe hier haben! Sollte das der Fall sein …« In von Rotfelders schwarzen Augen blitzte ein roter Funke auf.

Während von Rotfelder sprach, fingen die beiden Männer an, in jeden Schrank zu schauen, und es waren Geräusche der Durchsuchung aus dem Badezimmer zu hören. »Stehen Sie auf!«, befahl von Rotfelder, und Borg tat das, ohne zu wiedersprechen. Wie würde das ausgehen? Es war jetzt gegen vier Uhr morgens! Wann würde Spieß die Beweise ausgewertet haben und mit den Kollegen hier auf der Matte stehen?

Von Rotfelder schien verwundert zu sein, dass Borg Kleidung trug.

»Schlafen Sie immer angezogen?«, fragte er.

»Ich bin durch den Gips sehr eingeschränkt, und da mir sehr kalt war … Sie wissen ja: Die Erkältung …«

Von Rotfelder riss die Bettdecke weg, in der Hoffnung, Hinweise zu finden.

»Waren Sie heute Nacht draußen?«, fragte von Rotfelder.

»Wie denn? Ihr lieber Herr Gustav schließt ja immer alle Türen ab. Außerdem: Was soll ich mitten in der Nacht bei diesem Mistwetter draußen?« Borg log, was das Zeug hielt.

»Hier ist nichts«, sagte eine Stimme aus dem Bad.

Der zweite Mann kam ins Zimmer, legte sich auf den Boden, schaute unters Bett, öffnete den Kühlschrank, die Schränke und wandte sich dann an von Rotfelder: »Nichts, Herr von Rotfelder.«

Jetzt waren alle still, und niemand bewegte sich. Man hätte die Luft schneiden können. Das Fenster knackte, als der Wind gegen das Glas drückte.

Johann von Rotfelder sah Oliver Borg skeptisch an. Er hatte keine Spuren entdecken können. Borgs Kleidung war absolut sauber und trocken. Der Gips strahlte weiß; dass er noch feucht war, konnte von Rotfelder nicht sehen. Auch eine Waffe lag nirgends.

»Entschuldigen Sie die Unannehmlichkeiten, Herr Borg, aber ich bin besorgt. Wollen Sie mit zum Haupthaus kommen und sich das Chaos ansehen? Einer der Hunde ist tot, den anderen suchen wir noch!« Bei von Rotfelder hatte sich offenbar ein Schalter umgelegt.

»Wir sollten meine Kollegen rufen«, sagte Borg.

Von Rotfelder ruderte zurück: »Ich glaube, das wird nicht nötig sein! Ich habe doch ausgezeichnete Männer hier. Es wird reichen, wenn die sich mit der Sache befassen. Und wenn ich es mir recht überlege: Kurieren Sie lieber Ihre Erkältung aus und bleiben Sie im Bett. Gute Nacht.«

»Sagten Sie nicht, man habe geschossen?«, fragte Borg.

»Wir hatten es vermutet. Aber vielleicht war es ein Irrtum. Durch diese Sache mit der Fensterscheibe vor einigen Tagen sind alle etwas nervös. Nochmals Entschuldigung für die späte Störung. Frühstück um acht Uhr.«

Von Rotfelder drehte sich auf den Absätzen seiner schwarzen Slipper um, und die Männer verließen auf ein Zeichen von ihm das Zimmer. Die Tür wurde verschlossen. Borg ließ sich geschafft auf dem Stuhl nieder, der vor dem kleinen Wandschreibtisch stand.

Das war knapp, dachte er, und während er zusammengesunken wie ein kleines zerbrechliches Männchen auf diesem Stuhl saß, fielen ihm die Augen zu, und mit einem letzten Flimmern, das er durch seine geschlossenen Lider vernahm, sank er schnell in einen nicht erquickenden Schlaf.

Es war noch nicht sieben Uhr, als es an der Tür klopfte. Borgs Körper knackte an den ungewöhnlichsten Stellen, als er versuchte, sich auf dem Stuhl aufzurichten.

»Ja, bitte?«

Die Tür wurde geöffnet. Die hässliche Putzfrau vom letzten Mal stand im Halbdunkel des Flurs.

»Saubermachen!« Sie gab sich den Befehl offenbar selbst.

»Hier ist nichts schmutzig. Sie brauchen nicht zu putzen«, sagte Borg mit schwacher Stimme.

»Doch! Chef sagt Putzen!«

Das war Folter. Schlafentzug war eine schlimmere Folter, als man sie sich vorstellen konnte.

Borg blieb im Stuhl sitzen und kämpfte mit dem schlechten Geschmack in seinem Mund.

Die Putzfrau hantierte rund fünfzehn Minuten im Badezimmer. Als sie herauskam, ging Borg ins Bad, während sie im großen Raum Staub saugte und das Bett machte.

Es war eine bizarre Comedyshow. Mehr nicht.

Borg putzte seine Zähne und freute sich schon jetzt darauf, sich wieder schlafen zu legen, bis er in einer Stunde bei seinem Gastgeber die Qualen des Frühstücks über sich ergehen lassen würde. Er schaute auf sein Handy: keine Nachricht.

Wo war Spieß?

Als die Putzfrau ging, sah Borg durch die Tür, die sich schloss, wie Koukol im Flur grußlos an ihr vorbeiging. Er hatte das Zimmer schräg links gegenüber. Seine Tür fiel gerade zu. Der Mann nahm mit seiner Körpermasse fast die ganze Gangbreite ein. Koukol ging in Richtung Foyer, wahrscheinlich wollte er zum Gang des Haupthauses. Da kam Borg eine Idee.

Als die Putzfrau und dieser Handlanger verschwunden waren, öffnete Borg seine Tür wieder und ging hinüber zu dem Zimmer, aus dem Koukol gekommen war.

Borg benutzte den Generalschlüssel und dachte kurz an Donantienne. Er musste sie schützen und retten. Sie war es wert, wenn hier alles wie ein Kartenhaus zusammenfallen würde.

Borg öffnete die fremde Zimmertür und schob sich leise in einen dunklen Raum, in dem die schlechte Luft ein Zuhause gefunden hatte: Koukols spartanisches Reich.

Borg zog die Vorhänge nur ein wenig zur Seite, um etwas Licht hereinzulassen, und erschrak, als er einen Kopf auf dem Schreibtisch sah. In der Sekunde des Schrecks erkannte Borg bereits, dass seine Phantasie ihm einen Streich gespielt hatte: Es war zwar ein Kopf, aber es war der einer Schaufensterpuppe – warum auch immer der hier stand. Das Bett war nicht gemacht, und Borg nahm sich vor, diese abscheuliche Putzfrau direkt zu Koukol hinüberschicken, falls sie noch einmal bei ihm auftauchen sollte.

Koukols Zimmer war spiegelverkehrt zu dem Zimmer von Borg aufgebaut, hatte aber dieselbe Einrichtung und dieselben Maße.

Auf dem Schreibtisch links an der Wand sah Borg zahlreiche Tablettenpackungen. Diese Kombination von Medikamenten konnte ein Arzt auf keinen Fall einem einzigen Menschen verschreiben. Es waren rund zwanzig verschiedene Präparate. Borg wühlte sich durch die Blister und Gläschen. Er fand Ebetrexat, ein hoch toxisches Medikament, das hoch dosiert und mit Gegenmitteln vor allem in der Chemotherapie eingesetzt wurde, aber auch bei Rheumaerkrankungen. Dann lagen dort auch Packungen mit Diamicron, Simvastatin, T-ASS … Borg hörte auf, die Namen der Medikamente zu lesen. Sie sagten ihm ohnehin nichts, aber er hob jede Verpackung und jedes Gläschen einmal kurz an, weil er es kaum glauben konnte: Acemin, Amlodipin, Furospirobene forte, Doxazosin, Metformin, Diclobene, Tenormin… Plötzlich sprang ihm ein Name ins Auge: Sertralin. Borg hörte förmlich Spieß' Worte: »Sertralin ist eines der stärksten Antidepressiva, die es gibt.«

Jetzt wurde ihm einiges klar! Koukol war der Fahrer der Maishäckselladung gewesen, die zusammen mit den Leichen auf der Autobahn nach dem Unfall verstreut worden war.

Borg hatte ihn einfach nicht wiedererkannt, weil er die ganze Zeit nach einem glatzköpfigen Mann Ausschau gehalten hatte. Der Puppenkopf auf dem Schreibtisch erklärte alles: Koukol trug eine Perücke, noch dazu eine sehr schlechte! Warum war ihm das vorher nicht aufgefallen? Borg hätte sich ohrfeigen können. Und dann die vielen Medikamente! Natürlich würde diese Mischung zu totaler Fahruntüchtigkeit führen. Wahrscheinlich war Koukol tablettensüchtig, hatte aber die Anweisung seines Vorgesetzten befolgen wollen, die Leichen zur Biogasanlage zu bringen, um sie dort zu entsorgen – ein Krematorium war hier zu diesem Zeitpunkt ja noch nicht in Betrieb gewesen.

Borg jubelte innerlich. Jetzt passte langsam alles zusammen. Zusammen mit den Armbanduhren und den Kinderhänden in den Gläsern würde man von Rotfelder aus dem Verkehr ziehen können. Diese erdrückenden Beweise würden selbst einen Mann wie ihn zu Fall bringen.

Borg dachte kurz nach. Es war Frühstückszeit. Er durfte jetzt nichts überstürzen. Er musste Donantienne und die Kinder informieren, damit sie sich in Sicherheit bringen konnten, denn von Rotfelder war unberechenbar.

Wenn die Kollegen hier auftauchen würden, dann wäre alles nur noch reine Formsache. Alle würden verhaftet werden. Davon war Borg überzeugt.

Borg sah in dem Berg von Tablettenverpackungen eine Packung mit Paracetamol. Er öffnete sie, entnahm zwei Kapseln und schluckte sie herunter.

Alles war jetzt eine Frage der Zeit. Er zog die Vorhänge wieder zu und verließ leise Koukols Zimmer.

Im Flur war er überrascht, wie reich an Sauerstoff Atemluft doch sein konnte. Er ging in sein Zimmer und wartete darauf, dass Gustav ihn zum Frühstück abholen würde, was auch pünktlich um zehn vor acht geschah.

»Herr Borg, ich muss mich noch einmal für heute Nacht entschuldigen! Ich war so unter Spannung und in einer Art Schockzustand, dass ich meinen Anstand vergessen habe«, sagte von Rotfelder, als Borg die Frühstücksbibliothek betrat.

»Ich kann diesen Schockzustand verstehen«, versicherte Borg. »Es muss schon belastend sein, wenn man sieht, wie alles nach und nach zusammenbricht«, sagte er selbstsicher und setzte sich an den gedeckten Tisch. Jetzt hatte er doch großen Hunger bekommen.

»Wie meinen Sie das?«, fragte von Rotfelder.

»Na ja, wenn Sie sagen, es wurde schon wieder eingebrochen, dann versucht doch jemand, alles, was Sie sich aufgebaut haben, in seinen Grundfesten zu erschüttern.« Borg war so selbstsicher, dass er locker vor sich hin plauderte. Vielleicht würde er von Rotfelder so reizen, dass der sich zu einer weiteren verräterischen Äußerung hinreißen ließ.

»Wo sind eigentliche Ihre Lebensgefährtin und Ihre Kinder?«, fragte Borg.

»Meine Frau lässt sich entschuldigen. Sie hat starke Kopfschmerzen!«, sagte von Rotfelder.

Wovon? Du Bastard!, dachte Borg.

»Und die Kinder«, fuhr er fort, »die essen heute oben.«

Frisch aufgebrühter Kaffee wurde gebracht, und Borg aß und trank mit gutem Appetit. Er würde seine Energie mit dem Frühstück wieder auffüllen. Wer wusste schon, wofür er sie noch brauchen würde.

»Ich möchte Sie heute Abend gerne einem weiteren Gast vorstellen, der heute angereist ist«, sagte von Rotfelder und köpfte geschickt mit seinem Messer ein Frühstücksei.

Heute Abend bist du selbst schon Gast! In der Justizvollzugsanstalt Rennelberg, dachte Borg. »Na, da freue ich mich aber drauf!«, sagte er übertrieben.

»Das können Sie auch.« Von Rotfelder grinste. »Seit ich Sie kennengelernt habe, wird hier alles auf den Kopf gestellt, wir werden sicher großartige Gespräche führen!«

»Alles wird auf den Kopf gestellt, seit Sie *mich* kennengelernt haben?«, fragte Borg verwundert. »Ich glaube, Sie verdrehen da was! Es ist ein gewaltiger Unterschied, ob man sich morgens Eier in die Pfanne haut, oder sich die Pfanne in die Eier haut. *Sie* stellen alles auf den Kopf!«, sagte Borg.

Von Rotfelder sah in missbilligend an. »Ich?«, fragte er und war von Borgs Initiative in diesem Gespräch verblüfft.

»Ja. Sie schirmen sich hier ab. Ihr Leben ist der Tod, und Sie behandeln alle mit einer geringen Wertschätzung und tun so, als wäre es Ihr Recht?«

Von Rotfelder war empört. »Was? Ich glaube, ich höre nicht richtig!«

»Doch!« Borg war von seiner eigenen Selbstsicherheit mehr als überrascht. »Sie behandeln Donantienne wie den letzten Dreck, sperren Ihre Kinder hier auf dem Friedhof ein, und was mich angeht: Als Sie heute Nacht in mein Zimmer kamen, um alles durchsuchen zu lassen, da war mir klar, dass Sie es sind, der etwas zu verbergen hat«, sagte Borg, und er hätte vermutlich noch mehr zur Sprache gebracht, doch das Vibrieren seines Handys in der Hosentasche lenkte ihn ab.

»Sie sollten vorsichtig sein, was Sie sagen«, sagte von Rotfelder mit leiser metallischer Stimme. »Sie sind mein Gast, und solange Sie hier sind, erwarte ich, dass Sie sich wie ein Gast verhalten. Nicht ich habe Sie darum gebeten, hier zu sein mit dem, Sie wollten hier sein. Also sind Sie hier. Aber nach meinen Regeln!« Jetzt wurde von Rotfelder langsam zornig.

Borg holte sein Telefon aus der Tasche. »Entschuldigen Sie!«, sagte er übertrieben und schaute auf die Nachricht. Stand Spieß mit dem Team vor der Tür? Kam es jetzt zum großen Finale? Nein. Die Nachricht war von Sina Bachmann.

Borg las, und seine Kehle wurde trocken.

»Was ist denn?«, fragte von Rotfelder. »Ist Ihnen nicht gut?«

Borg las die Nachricht noch einmal.

»Na, wenn es Ihnen die Sprache verschlagen hat, dann werde ich Sie mal allein lassen. Sicher sehen wir uns heute irgendwo auf dem Gelände. Ich habe alles abriegeln lassen, damit wir sicher sind.« Er lächelte diabolisch. »Und«, fügte er hinzu, »ich freue mich schon sehr auf das Abendessen.« Damit stand von Rotfelder auf, warf seine Serviette auf den Teller und ging mit schnellen Schritten aus der Bibliothek.

Borg blieb wie versteinert sitzen und las die Nachricht von Sina ein drittes Mal:

»Wie sieht es bei dir aus? Weißt du etwas von Spieß? Warum hat er gekündigt? Melde dich! Ich glaube, wir haben den Täter ausfindig gemacht: Es ist ein Mitarbeiter des Fitnesscenters, und wir suchen ihn. Brauchst du Hilfe? LG Sina«

Borg ließ das Smartphone langsam sinken und starrte auf die Karaffe Orangensaft. Jetzt steckte er wirklich in der Klemme. Und nicht nur er! Wo ist Spieß?, dachte er, als eine der Hausangestellten hereinkam.

»Guten Morgen. Sind Sie fertig, oder soll ich Ihnen noch ein paar Eier in die Pfanne hauen?«, fragte sie dümmlich.

KAPITEL 26

Das Paradies-grundstück

Wie in Trance verließ Borg die Bibliothek und überlegte, was er jetzt tun könnte. Spieß hatte vielleicht die Nerven verloren, aber Sina hatte eine Spur. Immerhin.

Borg tippte die Nachricht, während er hinter Gustav hertrottete, der ihn abgeholt hatte, kurz nachdem von Rotfelder den Frühstücksraum verlassen hatte.

Er schrieb Sina, sie solle auf jeden Fall versuchen herauszufinden, wo Spieß sich herumtrieb, da er gestern Abend Beweise mitgenommen habe.

Auch schrieb Borg Spieß an, hielt die Nachricht aber leicht verschlüsselt, weil er nicht wusste, ob Spieß nicht vielleicht doch in der Klemme steckte. Vielleicht hatte man ihn geschnappt.

Borg tippte:

»Wo stecken Sie? War schon Zeit, die kleinen Schmuckstücke schätzen zu lassen? Melden Sie sich, ob Sie den Verkäufer vielleicht noch heute besuchen kommen«, womit er ausdrücken wollte: »Sind die Uhren identifiziert? Kommt ein Spezialteam und nimmt von Rotfelder in Gewahrsam?«

Hoffentlich war Spieß schlau genug und verstand, was Borg für eine Botschaft übermitteln wollte.

Als er in seinem Zimmer angekommen war, klingelte bereits sein Handy. Sina rief zurück.

Es war eine Wohltat, ihre Stimme zu hören, und er fragte sich, warum er bisher nicht viel mehr mit ihr unternommen hatte. Sie passten so gut zusammen, und sie mochte ihn, das konnte er spüren.

»Na, wie geht es voran?«, fragte sie. »Hast du eine Spur?«

»Mehr als das. Wo zum Teufel ist Spieß? Was ist in ihn gefahren?«

»Deshalb rufe ich an. Er war bisher nicht in seiner Wohnung. Und bei seinem Handy geht nur die Mailbox ran.«

Borg hörte das nicht gern.

Er tippte eine Nachricht: »Ich kann hier nicht frei sprechen.«

Sina las sie augenblicklich. »Verstehe«, sagte sie.

Borg schrieb: »Spieß hatte Beweise mitgenommen. Ist davon irgendetwas auf dem Revier aufgetaucht?«

»Nein. Nichts«, antwortete sie.

Er schrieb: »Ich werde heute Abend noch einmal Beweise beschaffen! Kannst du sie hier abholen?«

»Natürlich. Wann?«, fragte Sina.

»Gegen ein Uhr am Haupteingang! Lass dich nicht erwischen!!!« Er schloss diesen Satz mit den drei Ausrufezeichen ab, denn es war ihm ernst. Er würde sich noch einmal in die Nacht hinauswagen. Zweifel stiegen in ihm auf. Konnte er Sina überhaupt in diesen Schlamassel hineinziehen? Sie hatte ihren eigenen Fall, und der schien kurz vor der Aufklärung zu stehen.

»Sina!«, sagte er ernst.

»Ja?«

»Ich …«, begann er. »Lies!«

Er tippte wieder: »Ich werde ein paar Kinderhände in einem großen Glas mit Flüssigkeit sicherstellen und dir geben!«

Sina dachte, sie läse nicht richtig.

Fast hätte sie gesagt »Kinderhände?«, doch sie konnte sich gerade noch zurückhalten.

»Sobald diese Beweise hier raus und in Sicherheit sind, soll Koller den ganzen Laden hochnehmen. Am besten noch in der Nacht. Sag ihm, er soll mit dem Team auf Abruf stehen! Hier laufen rund zehn Personen rum. Die sollen sie alle einkassieren!«, lautete Borgs Nachricht.

»Sei vorsichtig!«, schrieb sie und schickte ihm ein Herz-Emoji.

Borg lächelte, als er es sah.

»Sina, wenn wir hier durch sind, wollen wir uns dann mal wieder verabreden? Vielleicht wissen wir jetzt besser, was wir wollen«, sagte er.

»Sehr gerne.« Ihre Stimme klang glücklich.

»Vielleicht können wir uns ja morgen schon treffen, wenn es nicht mehr notwendig ist, Herrn von Rotfelder im Auge zu behalten. Er ist der Ansicht, sein Team hätte die Lage völlig unter Kontrolle«, sagte Borg laut. Er war fast sicher, dass sein Zimmer abgehört wurde.

»Sehr gerne. Wenn du magst, dann können wir uns morgen um 19:00 Uhr im Sushi-Restaurant *Shikoku* treffen«, schlug sie vor.

»Lieber um 19:30 Uhr. Ich würde vorher gerne noch etwas essen«, sagte Borg, und sie lachte herzerfrischend.

Borg erzählte von seinem letzten Besuch in einem japanischen Restaurant. Auf seinem Teller hatten auf eine Schnur gezogene kleine Fische gelegen.

»Scharfe Fische in Sesam mariniert, das passte gut zum Schnaps. Und ehrlicherweise bekam man das Zeug auch nur mit Schnaps runter.«

Das Gespräch war voller Freude und Harmonie. Sie tauschten noch ein paar Nettigkeiten aus, dann beendeten sie das Gespräch, und schon war Borg wieder vom trüben Licht des Zimmers umfangen und in einer Stimmung, in der er sie am liebsten wieder angerufen hätte.

Er verbrachte eine weitere Stunde in seinem Zimmer und nahm dann den Telefonhörer des altmodischen Schnurtelefons ab, das in diesem Raum stand.

Gustav meldete sich am anderen Ende der Leitung, nachdem Borg eine Null gewählt hatte.

»Können Sie mich bitte herauslassen? Ich würde gern auf das Gelände!«, sagte Borg.

»Herr von Rotfelder sagt, sie sollen lieber drinnen bleiben, wegen Ihrer Erkältung«, erklärte Gustav.

»Mir geht es gut, aber ich brauche frische Luft!«

»Öffnen Sie das Fenster«, sagte Gustav.

»Ich brauche auch Bewegung!« Borg wurde es jetzt langsam zuviel.

Gustav bat um einen Moment. Offenbar holte er sich bei seinem Meister eine Rückversicherung. Als er wieder dran war, sagte er, er würde gleich kommen und Borg nach draußen begleiten.

Na, wenigstens etwas, dachte Borg und wartete ungeduldig auf seinen Gefängniswärter in Livree.

Borg sprach kein Wort, als er wieder durch die Gänge und Vorhallen geführt wurde und schließlich auf der obersten Stufe der kleinen Treppe stand, die von der Tür des Haupthauses auf den nassen Rasen führte.

Der Himmel hatte sich mit einem drückenden Grau gefüllt, das am Horizont in einen dunkleren Farbton überging.

Borg hatte es nicht eilig. Er wusste, dass er, wenn Spieß jetzt nicht doch noch etwas in die Wege leiten würde, die Zeit bis heute Nacht füllen musste, um dann seinen finalen Plan umzusetzen: die Beweise an Sina übergeben, Donantienne und die Kinder finden und von Rotfelder mit seiner ganzen Bande verhaften lassen.

Borg hoffte, Donantienne zu treffen, und ging durch das Wäldchen bis auf den Friedhof. Wieder kam er zu der Bank, auf der der alte Mann saß, als wäre er zwischendurch nicht zu Hause gewesen.

»Guten Tag. Darf ich mich zu Ihnen setzen?«, fragte Borg.

»Natürlich. Ist ja nicht meine Bank«, erwiderte der Alte. Der Kommissar nahm Platz.

Wie erholsam war es, ohne jede Verpflichtung zu sprechen, neben einem Menschen zu sitzen, den man als Verbündeten bezeichnen konnte, dachte er.

Es war hier auf dem riesigen Anwesen von von Rotfelder die einzige Insel der Ruhe und der einzige Platz, der etwas Friedliches ausstrahlte.

»Wollen Sie ein bisschen gehen?«, fragte der Alte nach einer Weile.

Borg war überrascht, aber er hatte nichts dagegen und nickte.

Der Alte stand auf, und es kam fast einem Entfalten gleich.

»Ich muss mich etwas bewegen. Meine Knochen wollen bereits in der ewigen Stille verharren, und dagegen muss ich etwas tun.«

Auch Borg stand auf, und die beiden gingen auf die vielen Grabsteine zu.

Die Hosenbeine hochgekrempelt, watete der Alte durch das Regenwasser, das sich in Pfützen gesammelt hatte. Er erzählte allerhand Geschichten, die Borg in ihren Bann zogen. Er erzählte, dass er als junger Mann Opium geraucht und sich mit Prostituierten vergnügt hatte. Dann wollte er für seine listig vorgetragenen Geheimnisse auch eine verdiente Gegenleistung.

»Wie laufen Ihre Ermittlungen? Sieht nicht gut aus, was?«, fragte er.

»Sie können anscheinend Gedanken lesen. Aber vielleicht endet alles heute Nacht.«

Borg sprach weiter, ohne sich zuzuhören, gab wenig Gehaltvolles von sich und las hier und da einen Namen auf einem Grabstein oder schaute in die Landschaft. Genau genommen war dies ein Paradiesgrundstück, wenn es nur nicht mit dem Tod verbunden gewesen wäre. Borg stellte sich diesen Platz zu einer anderen Jahreszeit vor: die Natur, ganz ohne Straßenlärm, das satte Grün der Wiesen und die Sträucher, Bäume und Blüten der Pflanzen auf den Gräbern. Er war zu falschen Zeit hier. Aber vielleicht, wenn alles vorbei war, würde er eines Tages wiederkommen und die bösen Erinnerungen vertreiben können.

Die beiden Männer gingen langsam, der Alte gab das Tempo vor. Ab und zu blieb er stehen, schnappte nach Luft oder putzte sich die Nase.

An einem Busch sah Borg eine von Rotfelders Töchtern stehen. Er hatte sofort das Gefühl, dass es sich um Luzi handeln müsse, auch wenn er ihre Hände noch nicht gesehen hatte.

Luzi machte sich einen Spaß daraus, die Blüten der Astern durch heftige Schläge mit ihrer Wachstuchtasche abzuschlagen. Sie hatte Mühe, den Riemen der Tasche mit ihren zwei Zeigefingern fest umschlossen zu halten. Dann nahm sie Borg hinter sich wahr und schaute ihn an. Sie betrachtete ihn schweigend, aber auf ihre Weise, nicht anders, als wäre er ein Stein oder ein abgestorbener Baum.

»Hallo, Luzi. Na, was machst du da?«, fragte Borg.

Das Mädchen antwortete nicht.

»Weißt du, wo deine Mama ist?« Borg war verwirrt. Sollte er ›Mama‹ sagen? Nahmen die Kinder sie wirklich so wahr? Zumindest nannten sie sie selbst so.

Sie schüttelte den Kopf. Borg begann, sich Sorgen zu machen. Hoffentlich hatte von Rotfelder ihr nichts Schlimmes angetan.

Die beiden Männer gingen weiter.

»Das ist die Böse«, sagte der Alte.

»Warum böse?«, fragte Borg.

»Die hat mich schon mit Steinen beworfen. Ihre Schwester ist die Gute. Die hat mir neulich ein belegtes Brot mit Salami zur Bank gebracht.«

Sie gingen weiter, und die Kälte kroch in Borg hinauf. Nachdem sie fast dreißig Minuten auf dem Anwesen unterwegs gewesen waren und ihre Runde kurz vor der Rückkehr zur Bank am Ehrenfriedhof vorbeiführte, blieb der Mann noch ein letztes Mal stehen und schnäuzte sich.

Borg stand vor der hohen Mauer, die den Ehrenfriedhof umgab. Welches Geheimnis verbarg sich dahinter?

Er schaute zu der schweren Rundbogentür, die in die Mauer eingelassen und durch ein modernes Sicherheitsschloss verriegelt war. Borg sah auf den ersten Blick, dass sein Generalschlüssel dort niemals passen würde.

Oben am Rundbogen waren aus Stein gehauene Dämonenköpfe angebracht, die wütend auf Borg und den Alten herunterstarrten.

»Kennen Sie die drei?«, fragte der Alte.

Borg verneinte.

»Von Rotfelder hat sie vor einiger Zeit selbst aus Stein gehauen und da oben anbringen lassen. Ich habe es beobachtet. Er ist auch Steinmetz, wissen Sie?«

»Ja. Ich weiß. Wen stellen diese hässlichen Köpfe dar?«, wollte Borg wissen.

»Im Daoismus sind die drei beschrieben worden«, sagte der Alte.

»Woher wissen Sie das?«

»Ich bin hinter dem Krematorium auf dem Gelände gewesen, auf dem von Rotfelder die Namen in die Grabsteine meißelt und fräst. Da habe ich gesehen, dass er an den Köpfen arbeitete. Er hatte ein Buch neben sich liegen, in dem sie abgebildet waren.«

»Und was hat es mit den Köpfen auf sich?«, fragte Borg.

»Es sind die ›drei Leichname‹, sie sind nackt, hausen oft in den Körpern von Menschen, verstecken sich in den Rachen und ernähren sich von ihrem Speichel; sie warten, bis die Menschen eingeschlafen sind, dann schleichen sie heimlich hinauf zum himmlischen Hof, um dem Himmelskaiser von den Missetaten der Menschen zu berichten.«

»Jetzt ist es amtlich. Ich werde nie wieder schlafen können!«, sagte Borg.

Plötzlich nahm Borg eine Bewegung am Himmel wahr und stellte fest, dass sich der große dunkelrote Kran, der hier auf dem Grundstück stand, in Bewegung gesetzt hatte. Der Ausleger kreiste langsam, und der an einer langen Kette hängende Grabstein schwang leicht, als der Ausleger zum Stehen kam.

Dann wurden zwei Winden angeworfen, und der Grabstein senkte sich langsam in den Kessel des Ehrenfriedhofs und verschwand aus Borgs Sichtsfeld.

Borg wünschte sich, dass dieser Grabstein der sein würde, der irgendwann auf von Rotfelders Grab stünde.

»Sehen Sie sich vor, was Sie sich wünschen. Dieser von Rotfelder ist sehr gefährlich. Das spüre ich«, sagte der Alte.

Borg war überrascht. Hatte der Mann seine Gedanken gelesen? »Wie können Sie so sicher sein?«, fragte Borg, obwohl er genau wusste, dass der Mann mit dem, was er gesagt hatte, richtig lag.

»Sie wollen ihn von dem abhalten, was er plant. Gut so. Aber Vorsicht! Er hasst es ganz sicher, wenn seine Pläne scheitern. So ist er. Sie bringen ihn um seinen Erfolg. Er ist zwar noch nicht alt, und er hat sich etabliert, aber er ist auch in einem sehr anfälligem Alter. Ist man nicht erfolgreich, kann man geisteskrank werden. Vielleicht ist er das schon. Deshalb umgibt ihn diese Aura von Gefahr.«

Borg lächelte. »Keine Angst. Ich passe auf. Ich werde Sie nicht enttäuschen.«

Sie hatten ihren Spaziergang beendet und waren wieder dort angekommen, wo sie losgegangen waren.

Der Wind blies plötzlich heftig, und Borg drehte sein Gesicht aus dem eisigen Luftstrom.

Der Mann ließ sich auf die Bank nieder und saß wieder da, dünn wie ein Stöckchen, ein undeutliches Gemurmel kam von seinen durch den Wind ausgetrockneten, aber vom Regen wieder aufgeweichten Lippen.

Borg wischte sich mit der flachen Hand die kalten Regentropfen aus dem Gesicht.

»Junger Mann, die Natur müssen Sie nicht fürchten, es sind die Menschen, die zum Fürchten sind! Bist du mit der Natur vertraut, ist sie dir nah. Diese Kreatur, Mensch genannt, ist natürlich hochintelligent, kann so gut wie alles ersinnen, von Verleumdungen bis zu Retortenbabys, und doch zerstört sie zugleich täglich zwei bis drei Arten. Das ist das Absurde am Menschen.« Er überlegte einen kurzen Moment und sprach dann weiter: »Wissen Sie, ich bin einer der Letzten, die den Krieg überlebt haben, einer der Letzten, die einen Krieg überhaupt überlebt haben, denn den nächsten überlebt keiner. Ich hatte Glück: Auf das Haus, in dem ich wohnte, fiel eine Bombe. Sie stürzte durchs Dach und schleuderte die Dachziegel überall herum, explodierte aber nicht. Da frage ich Sie: ›Wovor sollte ich jetzt Angst haben? Was kann mir denn noch Schlimmes passieren?‹« Die Geschichte war ihm schweißtreibende Arznei. »Diese Welt ist wohl nicht für Menschen gemacht, doch müssen die Menschen in ihr leben«, schloss er.

Der Glockenschlag der Kapelle setzte einen Punkt hinter die Rede des Mannes. Es war zwölf Uhr. Borg sah den Alten nachdenklich an. Tja, jeder hatte so seine Geschichte, und Borg war dabei, seine eigene weiterzuschreiben. Hoffentlich gab es auch ein Happy End, dachte er.

Zwölf Uhr. Das Mittagessen würde ihm, wie in den vergangenen Tagen auch, aufs Zimmer gebracht werden, und Borg wollte die Möglichkeit, sich zu stärken, nicht verpassen.

Er verabschiedete sich von seinem neuen Freund, der sich für die nette Unterhaltung und den Spaziergang bedankte.

»Ich wünsche Ihnen viel Glück für heute Nacht!«, sagte der Alte.

Borg bedankte sich ebenfalls und ging wieder zurück in Richtung Rote Villa, als der Mann auf der Bank noch einen abschließenden Satz sagte, über den Borg auf dem gesamten Rückweg nachdachte: »Die Toten machen sich bestimmt oft Sorgen um die Lebenden.«

Als Borg auf den Wald zuging, machte er noch einen Schlenker in einen zugänglichen Bereich, den er sich bisher nicht genauer angesehen hatte. Die Büsche waren hochgewachsen, und dieses Gebiet war das am wenigsten gepflegte auf dem gesamten Anwesen.

Er wagte sich weiter ins Dickicht und drückte mit seinem freien Arm die Äste und Blätter beiseite, um weitergehen zu können. Als es immer undurchdringlicher wurde, fasste er den Entschluss zurückzugehen.

Der Verband um seinen Gips war an manchen Stellen schon aufgeribbelt, weil er an Ästen und Dornen hängen geblieben war. Borg versuchte, sich zu orientieren. War er von links gekommen? Er ging einen weiteren Schritt, stellte aber fest, dass das nicht die Richtung gewesen sein konnte. Hier gab es kein Durchkommen.

Plötzlich knackte es im Gebüsch.

Borg wirbelte herum und richtete seinen Gipsarm auf eine Schneise im Geäst. Da würde man durchpassen, aber dort war schon jemand! Langsam ging Borg auf die Öffnung zwischen den Büschen zu und atmete flach. Wenn das der zweite Hund war, dann würde er alt aussehen. Borg richtete die Mündung seiner eingegipsten Waffe weiter nach unten. Zwei Schuss hatte er noch übrig! Das würde nicht gut ausgehen, dachte er, als unerwartet eine Gestalt hinter einem Baum hervortrat.

»Donantienne!« Borg stieß den Namen hervor und machte seinem Schreck damit Luft.

»Angst?«, fragte sie.

»Du liebe Güte! Was schleichst du hier durch den Wald und erschreckst Einarmige!« Borg fuhr sich mit der freien Hand durchs Gesicht.

»Das ist der einzige Fleck auf dem ganzen Totengrundstück, wo ich für mich sein kann«, sagte sie.

Sie trug einen Rollkragenpullover und eine Winterjacke mit gefütterter Kapuze, die sie aber nicht aufgesetzt hatte. Ihre Haare wirkten jetzt, da sie regenfeucht waren, noch dunkler als üblich.

Sie ging langsam auf Borg zu. Obwohl der Boden völlig aufgeweicht war, waren ihre kniehohen Stiefel sauber und hätten bei Sonne sicher geglänzt.

»Hast du etwas herausfinden können?«, fragte sie Borg.

»Ja und nein. Donantienne, heute Abend wird es hier brenzlig. Hast du die Möglichkeit, dich und die Kinder bereitzuhalten, damit ihr hier abhauen könnt?«

»Niemals vor dem Abendessen. Jeopardy hat eben Privatunterricht, und Luzi ist hier irgendwo auf dem Gelände unterwegs. Johann möchte nicht, dass ich mich zu den Kindern geselle. Ich sehe sie erst beim Zubettgehen.«

»Du musst dich heute Nacht bereithalten. Der Laden wird hochgenommen. Ich muss nur noch einen Beweis sichern!«

»Wir haben einen neuen Gast. Ich habe ihn vorhin kennengelernt. Er war oben in unseren Privaträumen. Johann hat ihn mir vorgestellt«, erzählte sie.

»Ich weiß. Ich soll ihn heute beim Abendessen kennenlernen. Wer ist es?«

»Ich weiß es nicht«, antwortete sie. »Aber wie er mich angesehen hat, das hat mir Angst gemacht …« Sie ging ganz nahe an Borg heran. »Kannst du uns wirklich hier herausbringen?«, fragte sie.

»Auf jeden Fall«, sagte er fest.

»Kannst du Johann töten?«

Die Frage überraschte Borg.

»Ich stehe nicht über dem Gesetz. Auf jeden Fall wird er seine Strafe bekommen«, sagte Borg.

»Tötest du ihn nicht?« Sie sah ihn flehend an.

»Donantienne, ich bin kein Mörder, ich bin Polizist. Er wird seine Strafe bekommen.«

»Wenn du ihn nicht tötest, dann tötet er dich!«, sagte sie ernst.

»Das wäre schlecht«, sagte Borg.

»Tu es für mich.« Sie ging noch näher an ihn heran.

»Willst du mich haben?«, fragte Donantienne und sah an sich hinunter.

»Jetzt?«, fragte Borg verblüfft.

»Man kann es doch überall machen, unter einem Baum, in einer Mauerecke, mit einem Mann, den man überhaupt nicht richtig kennt …« Sie legte eine Pause ein und sah ihn an.

Stimmt. Sie kannten sich kaum, dachte Borg.

»Das ist sogar noch besser. Dann ist man nicht so verlegen, wenn man sich wiedersieht.«

»Tust du das oft?«, fragte Borg

»Früher ja. Da tat ich es immer, wenn ich Lust hatte. Nachdem ich geheiratet hatte, hörte ich damit auf. Jetzt würde ich es jederzeit tun, aber ich bin praktisch eine Gefangene. Wenn du mich befreist, dann tue ich es wieder.«

»Und wenn du keinen Mann findest?«, fragte Borg.

»Die sind nicht schwer zu finden, sie folgen mir nach dem ersten Blick.«

Da konnte Borg nur zustimmen. Männer waren wirklich das dümmere Geschlecht.

»Wenn du mich anschaust, dann würde ich nicht einfach zu dir kommen«, sagte Borg, »Ich lasse nicht gerne mit mir spielen.«

»Warum sollten nur die Männer mit den Frauen spielen können? Andersherum geht das auch; und zwar sehr gut.«

Sie machte einen Schritt auf Borg zu und griff mit der rechten Hand zwischen seine Beine.

Er war überrumpelt: »In diesem Schlamm?«

Borg fand den Ort ganz und gar nicht geeignet für das, was sie mit ihm vorhatte.

»Ich will dich. Aber das ist keine Liebe. Sei also vorsichtig, dass du dich nicht in mich verliebst. Das wäre eine Katastrophe.«

»Für dich oder für mich?«, fragte Borg, aber sie antwortete nicht.

»Für uns beide, stimmt's?«, fügte er hinzu.

»Ich mag deinen schlauen Kopf leiden.« Sie küsste ihn. »Schade, dass er nicht dir gehört …«

Borg zog seinen Mund zurück und sah sie fragend an.

»Na ja, wir sind hier nur Gast auf diesem Planeten, und der Körper ist geliehen. Wenn du stirbst, dann gibst du ihn zurück – und auch deinen Kopf.«

Borg fand diese Bemerkung merkwürdig, aber er war zu weit, um darüber nachzudenken.

Sie öffnete den Reißverschluss seiner Hose.

»Heute müssen wir alle unsere Tricks anwenden«, sagte sie und lächelte süffisant.

»Warum? Was für Tricks?«, wollte er wissen.

Sie hatte alles, was sie wollte, bereits aus seiner Hose geholt und hielt es in der Hand.

»Ich habe meine Tage, aber dadurch lassen wir uns nicht bremsen. Eine Frau hat viele Eingänge …«

Borg war erstaunt. Er erinnerte sich an eine Studie des ›Center of Sexual Health Promotion‹, die er vor Kurzem gelesen hatte und die besagte, dass Frauen beim Analverkehr eher einen Orgasmus erlangten als bei anderen Formen sexueller Stimulation. Jetzt würde er das überprüfen können.

In der nächsten Viertelstunde verausgabten sie sich körperlich im Stehen, so wie sie es wollte, um sich nicht mit dem Schlamm zu beschmieren. Borg vergaß die Zeit und auch, wo er sich befand, und genoss jeden Augenblick. Donantienne hatte ganz sicher nicht zum ersten Mal mit einem Mann auf diese Art und Weise Sex, das war klar.

Sie war es auf jeden Fall wert, gerettet zu werden, dachte er, nicht nur ihrer ungezügelten, schmutzigen Art wegen.

KAPITEL 27

Die "Black Ruby"-Kapern

Nach diesem ungewöhnlichen Rundgang auf von Rotfelders Anwesen war Borg wieder in sein Zimmer zurückgekehrt. Er hatte zu Mittag gegessen und fieberte dem Abend entgegen.

Hin und wieder döste er weg, schaute N24 – der Defekt im TV schien behoben worden zu sein, es war also wieder jemand in seinem Raum gewesen – und verbrachte die Zeit mit ständigen Blicken auf sein Handy, ob Spieß von sich hören lassen würde.

Es war Dienstag, und unter den Leuchtziffern der Uhr, die auf seinem Nachttisch stand, prangten die drei großgeschriebenen Buchstaben als Abkürzung des Wochentages wie eine englische Prophezeiung: ›DIE‹.

Es musste gegen 16:00 Uhr gewesen sein, als Borg wieder ein Geräusch an seiner Tür vernahm. Er rechnete mit allem: der krötenartigen Putzfrau, von Rotfelder, der wieder das Zimmer auf den Kopf stellen wollte, oder Gustav, der unter dem Vorwand, nach dem Rechten zu sehen, Borgs Anwesenheit überprüfen wollte. Nichts davon traf zu.

Da Borg überzeugt war, dass jemand an seiner Tür gestanden hatte, erhob er sich vom Bett und ging in den winzigen Gang des Zimmers, von dem aus rechts das Badezimmer abging und links die kleine Garderobe angeschraubt war.

Borg wollte gerade die Tür aufschließen, als er sah, dass jemand einen Zettel unter der Tür hindurchgeschoben hatte.

Borg hob das einmal gefaltete Papierstück auf und klappte es auseinander.

Er erkannte die Handschrift von Donantienne, weil sie ihm schon einmal eine Nachricht hatte zukommen lassen. Diese hier war noch ungewöhnlicher. Auf dem Zettel stand nur ein Satz, der mit »XXX« unterschrieben war:

»Iss nicht vom Fleisch!«

Borg wunderte sich. Was sollte die Botschaft bedeuten? Er überlegte, ob es sich um eine verschlüsselte Nachricht handelte, eine, wie er sie auch Spieß hatte zukommen lassen. Aber was meine Donantienne mit: »Iss nicht vom Fleisch!«? Vielleicht meinte sie, er solle nicht zum Abendessen kommen, oder er hätte sie beim Sex vor einigen Stunden in den Büschen nicht am Hals beißen sollen. Oder die Nachricht war so gemeint, wie sie da stand: Vielleicht war das Fleisch, das es zum Abendessen geben würde, vergiftet … oder, oder, oder. Borg konnte nichts ausschließen. Aber was auch immer Donantienne ihm hatte mitteilen wollen, es war so wichtig, dass sie das Risiko eingegangen war, hier in den Angestelltenanbau zu kommen, um ihm die Nachricht unter der Tür hindurchzuschieben.

Borg ging zum Fenster. Es hatte zu regnen aufgehört, und er wollte es öffnen, um frische Luft hereinzulassen, als er in nicht allzu großer

Entfernung eine Gruppe von Menschen sah. Es waren sicher acht Personen. Borg holte das spezielle Smartphone von Nachttisch, wo er es zum Aufladen hingelegt hatte, schaltete die Kamera ein und aktivierte den verstärkten Zoom. Die Männer waren über das Display nun deutlich zu erkennen. Es sah so aus, als würden neben von Rotfelder auch dieser schmierige Anwalt, Koukol, Gustav, Norbert, den Borg bei einem Abendessen gesehen hatte, und Vladimir dabei sein. Die anderen beiden Männer konnte Borg nicht identifizieren.

Von Rotfelder schien etwas zu erklären, und dann schwärmten die Männer in alle Richtungen aus. Borg blieb mit dem Bild auf von Rotfelder, als dieser plötzlich zu Borgs Zimmerfenster hinüber sah, als würde er ihm in die Augen schauen.

Borg zuckte und überlegte, ob er einen Schritt beiseitetreten und die Kamera herunternehmen solle, doch das wäre Quatsch, dachte er. Von Rotfelder hätte ihn aus dieser Entfernung niemals deutlich sehen können, und das Handy schon gar nicht. Und wenn schon! Warum sollte Borg nicht mit dem Handy die Landschaft fotografieren? Borg hielt seine Stellung, doch von Rotfelders mysteriöser Blick in seine Richtung flößte ihm Angst ein.

Nach einer gefühlten Ewigkeit schaute von Rotfelder weg, und Borg stieß erleichtert die Luft aus.

Die Männer liefen ohne erkennbare Ordnung über das Gelände. Dann ging von Rotfelder in eine Richtung davon, in die noch niemand anders gegangen war. Sie suchten tatsächlich etwas.

Plötzlich hatte Borg wieder eine Idee. Wenn tatsächlich alle Männer, oder fast alle, auf dem Gelände unterwegs waren, dann konnte er sich unbemerkt in der Roten Villa umsehen. Sein Universalschlüssel würde ihm alle Türen öffnen. Vielleicht träfe er Donantienne oder die Kinder, aber das wäre unproblematisch.

Borg entschloss sich dazu, seine gefütterten Stiefel anzuziehen, die er bisher noch nicht getragen hatte und die noch im Koffer lagen, da seine Schuhe durch den heutigen Marsch über das Gelände und die Schritte durch den Schlamm noch feucht waren.

Schnell verließ er sein Zimmer und rannte den dunklen Flur hinunter bis in die Halle, von der die Gänge mit den Zimmern der Angestellten abgingen. Er schloss den Durchgang zum Bildergang auf und flitzte an den Fotografien vorbei, wobei sein Blick diesmal nur kurz am dem Portrait eines ihm unbekannten Mannes hängen blieb. Es war James A. Garfield, und Borg erkannte, dass es gar keine Fotografie, sondern ein Gemälde war, das wie eine Fotografie wirkte. Borg kannte Garfield nicht. Hätte er etwas über ihn gewusst, wäre ihm klar gewesen, dass das Bild zu den anderen hier passte. Garfield, der 20. Präsident der Vereinigten Staaten, war an der Pennsylvania Station in Washington D.C. am 2. Juli 1881 von

Charles J. Guiteau angeschossen worden. Der Attentäter hatte sich zuvor als Konsul in Paris beworben, war aber wegen psychischer Störungen abgelehnt worden. Eines der Geschosse in Garfields Rücken konnte trotz eines Metalldetektors von Alexander Graham Bell nicht gefunden werden – Garfield war schließlich im September 1881 an der Infektion gestorben. Später hatte sich herausgestellt, dass der Präsident auf einem Bett mit Metallrahmen gelegen hatte und die Kugel deshalb nicht hatte entdeckt werden können.

Erst als Borg die Tür zur Roten Villa aufgeschlossen hatte, ging er langsamer. Er lauschte auf Geräusche, doch es war totenstill. Borgs Interesse galt zunächst dem Keller, denn er erinnerte sich an das Gespräch zwischen von Rotfelder und dem Anwalt, bei dem es um einen Gast ging, der sich im Keller befände.

Borg fand die Treppe, die nach unten führte, schnell, da er sie schon mehrfach gesehen hatte, als Gustav ihn die letzten Male zu den Treffen mit von Rotfelder geleitet hatte.

Borg trat auf die knarrenden Stufen und versuchte, sich bei seinen Schritten, leichter zu machen, um weniger Geräusche zu verursachen, bis ihm klar wurde, dass er gegen die Physik im Alltag keine Chance hatte – man konnte sich nicht leichter machen. Er trat vorsichtiger auf, doch das Knarren ließ sich dadurch kaum verhindern. Verräterisches Holz.

Mit jeder Stufe, die er nahm, wurde es dunkler. Borg schaltete das Handylicht an. Auf die Holzstufen folgten Steinstufen, und Borg fragte sich, wie tief das Haus wohl unterkellert war. Als er das zweite Mal um eine Kurve gebogen war, stand er plötzlich vor einer gemauerten Wand. Es roch nach Öl. Borg leuchtete alle Seiten der Sackgasse ab, konnte aber nur feststellen, dass diese Treppe nicht, oder besser nicht mehr, in den Keller führte. Der Durchgang war schon vor langer Zeit zugemauert worden.

Hinter dieser Mauer befanden sich aber Räume, da war Borg sicher. Nur: Wie kam man hinein?

Frustriert lief Borg die Treppe wieder hinauf und setzte seine Schritte erst wieder vorsichtiger auf, als er auf die Holzstufen trat.

Borg kam zurück ins Erdgeschoss, und da es noch immer still im Haus war und sein spontaner Ausflug keine Neuigkeiten zutage gefördert hatte, beschloss er, sich auch einmal im Obergeschoss umzusehen. Auf dem Weg nach oben änderte sich das Interieur des Hauses völlig. Die dunkelgrünen gemusterten Tapeten erinnerten an einen der Räume in der National Gallery oder die eines Ausstellungsraums des Requisitensammlers Chris Distin, den Borg vor einiger Zeit einmal kennengelernt und besucht hatte, um sich Waffennachbauten anzusehen, die jener besaß.

Borg erreichte das erste Stockwerk und atmete den Geruch von altem Holz, muffigen Vorhängen und historischen Teppichen ein. An den Wänden hingen angsteinflößende Gemälde und einige gerahmte Kunstdrucke. So Johann Heinrich Füsslis ›Nachtmahr‹ von 1781. Borg betrachtete das Gemälde mit gerümpfter Nase: Auf der Brust einer schlafenden Frau hockte die Verkörperung eines Albtraums, während aus dem Dunkeln der Kopf eines Pferdes mit blinden Augen auftauchte. Daneben hing in Originalgröße Francisco de Goyas ›Saturn verschlingt seinen Sohn‹ und neben diesem wiederum eine sehr echt aussehende Reproduktion von Théodore Géricaults Bild ›Abgetrennte Köpfe‹. Borg hörte auf, sich die Bilder bewusst anzusehen, weil sie ihm Unbehagen bereiteten.

Die vom Flur abgehenden Türen waren alle abgeschlossen. Es half alles nichts, er kam hier nicht weiter.

Auf dem Rückweg streifte Borgs Blick flüchtig weitere schreckliche Gemälde: ›Der große rote Drache mit der von der Sonne bekleideten Frau‹ von William Blake und daneben vom selben Künstler ›Der Geist eines Flohs‹. Beim Bild ›Study After Velazquez's Portrait of Innocent X‹ von Francis Bacon bog Borg wieder zum Treppenhaus ab und lief die Stufen hinunter.

Er hatte genug gesehen und doch nichts gesehen.

Die Unergiebigkeit dieses riskanten Ausflugs frustrierte Borg, und er erreichte sein Zimmer missgelaunt rund vierzig Minuten, bevor er zum Abendessen abgeholt werden würde.

Borg ließ sich, ohne aus den halbhohen Stiefeln zu schlüpfen, wieder auf sein Bett fallen.

Sein sechster Sinn sprang an, und Borg bekam es mit der Angst zu tun, als er feststellte, dass sein Bettzeug wieder die Wärme eines Menschen ausstrahlte, obwohl er seit geraumer Zeit nicht darin gelegen hatte. Spielten seine Sinne ihm einen Streich? Er betastete das Kopfkissen, die Laken und Decken, aber es war wahr. In seiner Abwesenheit hatte hier jemand gelegen. Borg schluckte und ermahnte sich, nicht die Nerven zu verlieren. Das war kein normaler Fall. Das war ein Albtraum, dachte Borg.

Es wurde dunkel, und pünktlich um 18:50 Uhr klopfte Gustav an Borgs Zimmertür.

Borg war schon fertig angezogen, und Gustav ging ihm kaum schnell genug, als die beiden wieder den Weg zum Esszimmer antraten, in dem der Herr und Meister dieser Horrorvilla mit seinen lähmenden Geschichten und seinen Angestellten auf ihn warten würde.

Die Aussicht, Donantienne wiederzusehen, hellte Borgs Stimmung auf, und er dachte zwischendurch noch immer ihr gemeinsames Erlebnis in den Büschen. Auch war er gespannt, welchen seltsamen Gast von Rotfelder heute präsentieren würde.

Als Borg in den Speiseraum geführt wurde, saßen dort schon alle am Tisch und warteten. Er fühlte sich beim Eintreten unwohl. Borg blickte scheu in die Gesichter vor sich, und alle sahen ihn an: Am Kopfende der mit seiner Überheblichkeit alles dominierende von Rotfelder, rechts von ihm Donantienne, daneben ein Borg fremder Mann (vermutlich der Gast, der ihm vorgestellt werden sollte) und von dort aus gegen den Uhrzeigersinn Jeopardy, Norbert mit der Trachealkanüle, am anderen Ende des Tisches Vladimir, der Anwalt Dr. Adomaitis (Borg hatte den Namen vergessen), einer der Totengräber, Luzi, Koukol. Der Platz zur Linken von Rotfelders war wie immer für Borg reserviert. Er setzte sich.

Es waren nicht immer alle und nicht immer dieselben Angestellten beim Abendessen anwesend. Von Rotfelder legte vermutlich Wert darauf, dass sein Grund und Boden auch noch abgesichert werden konnte, wenn ein Großteil der Belegschaft zusammenkam.

Borg begrüßte die Anwesenden, und von Rotfelder stellte Borg den Gast vor: »Das ist Herr Nico Adermann, unser Gast für einige Tage!«, sagte er.

Borg kannte das Gesicht. Er konnte es aber nicht zuordnen. Er nickte dem Mann zu. Wo hatte er ihn schon einmal gesehen?

»Herr Adermann, das ist Kommissar Oliver Borg. Er ist heute noch zu meiner Sicherheit hier«, sagte von Rotfelder.

»Heute noch?«, fragte Borg, weil es so klang, als müsse er morgen gehen. Abgesehen davon, dass Borg der Ansicht war, es würde heute Nacht sowieso alles enden, fragte er sich doch, wie von Rotfelder darauf gekommen war, Borg würde nur noch heute zu seiner Sicherheit hier sein.

»Morgen früh werden Sie uns verlassen müssen. Sie und Ihre Kollegen hatten genug Zeit, einen Schuldigen zu finden, jetzt sehne ich mich nach meiner Privatsphäre«, sagte von Rotfelder.

»Morgen sitzt du schon im Knast und wirst von deinem Zellengenossen gefickt!« Borg glaubte, er hätte das laut gesagt, und erschrak, aber er hatte es nur gedacht. Vielleicht hatte er doch ein paar Paracetamol zuviel genommen!

Kaum hatte sich Borg gesetzt, als die Angestellten im Raum in Bewegung gerieten. Die Vorspeise wurde serviert. Jakobsmuscheln mit jungem Zwiebellauch, grünem Apfel und Cidre standen plötzlich vor Borg und dufteten köstlich. Er erinnerte sich an die Nachricht von Donantienne, er solle kein Fleisch essen und sah sie an. Donantienne hatte etwas Trauriges in ihrem Blick, aber da sie von der Suppe aß, tat er das auch.

Luzi und Jeopardy bekamen ein anderes Gericht als Vorspeise. Verständlich, dachte Borg. Welches Kind aß schon Jakobsmuscheln?

Als Borg aß und zwischen den anderen Menschen am Tisch hin und her sah, traf sein Blick den Koukols, der mit massiv geweiteten Pupillen links neben ihm saß. Borg konnte kaum fassen, dass ihm die Perücke nicht schon vorher aufgefallen war. So schlecht konnten echte Haare nicht liegen. Koukol – wenn man ihn sich mit Glatze vorstellte – war eindeutig der Fahrer des Maishäckseltransporters gewesen, und es erschien auch verständlich, dass er einen Unfall gebaut hatte. Mit der Dosis an verschiedenen Tabletten, die er sich täglich reinpfiff, dachte Borg, hätte selbst ein Elefant nicht mehr stehen, geschweige denn ein Mensch ein Fahrzeug lenken können.

Koukol schnitt eine Grimasse, nahm aber offenbar wenig von seiner Umgebung wahr.

Borg fiel wieder ein, was Spieß über die Nebenwirkungen des einen Medikaments herausgefunden hatte, das Koukol am Unfallort verloren hatte: verminderte Erektionsfähigkeit.

Während Koukol so schlaff neben ihm saß, konnte sich Borg auch sehr gut die Schlaffheit der Körperteile vorstellen, die er nicht sehen konnte.

»Ich habe Sie und einige andere Männer vorhin von meinem Zimmerfenster aus gesehen. Haben Sie etwas Bestimmtes gesucht?«, fragte Borg von Rotfelder beiläufig.

»Einer meiner Hunde ist, wie sie wissen, gestorben. Der zweite Hund ist bisher nicht aufgetaucht, und wir haben das Gelände nach ihm abgesucht«, erklärte von Rotfelder.

Borg trank einen Schluck von dem ihm eingeschenkten Les Preuses Chablis Grand Cru von 2019. Er war über den Geschmack erstaunt und darüber, wie er mit der Vorspeise korrespondierte.

Immer wieder blickte er zu Donantienne hinüber, wartete auf ihren Fuß, der nicht kam, versuchte ihren Blick einzufangen, was ihm nicht gelang, und gab schließlich auf.

Fühlte er sich nur zu ihr hingezogen, oder war es Liebe?

Wenn dieser Albtraum in der Roten Villa heute Nacht sein Ende finden würde, dann würde er Donantienne treffen, er würde sie kennenlernen und sie vielleicht sogar lieben.

Die Vorspeise wurde ausgehoben.

»Ich habe noch etwas für Sie. Ein kleines Dankeschön für Ihre Mühe«, sagte von Rotfelder, riss Borg damit aus seinen Gedanken und rief einen Bediensteten, er solle das Geschenk für den Kommissar bringen.

Schon kam ein Angestellter mit einem in Geschenkpapier verpackten, rechteckigen, großen Gegenstand um die Ecke.

»Für mich?«, fragte Borg überrascht.

»Ja. Machen Sie es gleich mal auf.«

Borg wischte sich die linke Hand an der Serviette ab und öffnete sorgsam das violette Geschenkpapier. Wie es sich angefühlt hatte, handelte es sich bei dem Geschenk um ein großes Bild, etwas größer als DIN A3, und Borg hielt es hochkant vor sich. Es zeigte einen Kopf, war ausschließlich in Rot gemalt und traf überhaupt nicht seinen Geschmack.

»Vielen Dank. Das wäre nicht nötig gewesen«, sagte Borg verlegen.

»Das habe ich selbst gemalt«, strahlte von Rotfelder. »Mit Blut.«

Borg starrte von Rotfelder an.

»Keine Angst. Es ist nur Tierblut. Sie schauen mich ja an, als hätten Sie ein Gespenst gesehen!«

Das Bild war tatsächlich mit Blut gemalt worden. Die Rot- und Brauntöne ergaben sich einfach aus der Dicke der verschiedenen Pinselstriche. Der rotbraune Kopf füllte fast die gesamte Leinwand aus. Das Gesicht sah verformt aus, und der Mund der gemalten Person öffnete sich zu einem Schrei.

»Wen soll das darstellen?«, fragte Borg.

»Sie natürlich«, sagte von Rotfelder, als hätte man das sofort erkennen müssen, was völlig unmöglich war. Das Bild sah scheußlich aus.

»Es gibt in Wien eine Künstlerin, Sarah Levy, die hat Donald Trump mit Menstruationsblut gemalt«, sagte von Rotfelder. »Dagegen bin ich nur ein Stümper, aber Tierblut war das einzige, was ich zur Verfügung hatte.« Er lächelte schelmisch.

Borg glaubte ihm kein Wort. Sicher war das Bild mit Blut gemalt worden. Aber Tierblut? Das wäre für von Rotfelder einfach zu normal gewesen.

»Es bekommt bei mir zu Hause einen Ehrenplatz!«, sagte Borg und dachte: Auf dem Sperrmüll.

Von Rotfelder wandte sich an Donantienne: »Was ist denn los mit dir, mein Schatz?«, fragte er. »Du wirkst so verstimmt.«

»Ich finde das Bild und deine Geschichten hier beim Essen geschmacklos«, sagte sie.

Von Rotfelder ließ sich gar nicht auf ein Gespräch mit ihr ein und sprach wieder zu Borg: »Wissen Sie, warum Donantienne die perfekte Frau für mich ist?« Die Antwort wollte er selbst geben.

Borg hasste von Rotfelder, ganz besonders, wenn er von ihr sprach.

»Sie kennt keine Eifersucht, kennt nicht die Bosheit anderer Frauen, versteht nicht, warum Frauen, die verhexen wollen, Giftschlangen, Tausendfüßler, Ameisen, Wespen und eigene abgeschnittene Haare mit Menstruationsblut und Spucke in eine Urne füllen, ein Hemd und eine in Streifen geschnittene Hose ihres untreu gewordenen Mannes hinzugeben, alles versiegeln und in einem ein Meter tiefen Loch vergraben.«

Wieder an Donantienne gewandt: »Stimmt doch, mein Herzblatt, oder? Das würdest du nie tun und verstehst auch nicht, warum jemand es tun würde? Oder?«

Diesmal ging sie nicht auf seine Rede ein.

Just in diesem Moment wurde die Hauptspeise serviert. Donantienne sah Borg mit großen Augen an, was er sofort merkte.

Drei Platten mit Fleisch und Beilagen wurden auf den Tisch gestellt.

Das erste Seltsame, was Borg auffiel, war, dass keiner der Angestellten, die das Essen servierten, diesmal das Gericht beschrieben.

Die Männer am Tisch griffen sofort zu, und das Klirren der Gabeln und Messer, das Klingen der Gläser füllte den Raum.

Borg sah die Platte mit dem Fleisch vor sich.

»Was ist das?«, fragte Borg.

Von Rotfelder nahm sich ein großes Stück Fleisch von der ovalen Servierplatte. »Gegartes Fleisch mit Kapern in Rotweinsahne.«

Borg beobachtete, wie von Rotfelder sich die Sauciere nahm und die Sauce über sein Fleisch verteilte. »Greifen Sie zu!«, sagte er.

Wieder der Blick von Donantienne.

Borg hielt sich zurück, er dachte an ihre Warnung, kein Fleisch zu essen. Rings um ihn herum begannen sich die Münder zu bewegen und zu kauen. Die Gespräche verebbten.

»Papa! Das Fleisch schmeckt mir nicht!«, meldete sich Jeopardy zu Wort.

»Nimm viel Sauce, dann schmeckt es«, sagte von Rotfelder ungehalten.

»Die schmeckt auch nicht!«, sagte Jeopardy schüchtern, ohne ihn anzusehen, und auch Luzi aß nicht.

Von Rotfelders bohrender Blick reichte aus: Jeopardy steckte sich ein kleines Stück Fleisch in den Mund und kaute angewidert darauf herum.

»Das schmeckt nach Eisen!«, mäkelte sie.

Luzi mit ihren missgebildeten Händen hatte eine gute Entschuldigung, sich nicht gleich etwas in den Mund zu stecken, denn sie hantierte ungeschickt mit dem Besteck.

Ein Hustenanfall lenkte die Aufmerksamkeit der Anwesenden auf Koukol. Der fleischige Mann hüpfte auf seinem Stuhl, und ein Sprühregen aus Ausgehustetem flog über seinen eigenen Teller. Man konnte deutlich hören, wie Wellen aus Schleim in seinen Atemwegen nach oben kamen. Das Husten nahm kein Ende.

Borg überlegte, ob er Koukol mit seinen letzten beiden im Gips verbliebenen Kugeln erschießen sollte oder ob es das Beste wäre, sich selbst zu erschießen. Es war der bisher ekelhafteste Moment des Abends.

Als der Mann sich einigermaßen gefangen hatte, saß ihm die Perücke schief auf dem Kopf, und Borg trank sein Weinglas auf ex, weil er hoffte, der Alkohol würde ihn vergessen lassen!

»Nehmen Sie sich ein Stück Fleisch!«, drängte von Rotfelder wieder.

Wie konnte Borg das Fleisch ablehnen, ohne dass es zu auffällig wäre?

»Ich bin gegen Kapern allergisch«, sagte Borg, »Ich warte auf die Nachspeise.«

Von Rotfelder sah ihn misstrauisch an.

Auch Donantienne hatte sich kein Fleisch genommen, und von Rotfelder, der das beim Blick auf ihren Teller gesehen hatte, reagierte sofort.

Er nahm seine Gabel, mit der er sich einen Moment zuvor einen Klumpen Fleisch in den Mund gesteckt hatte, spießte damit eine große Scheibe, die in der Mitte der Servierplatte lag, auf und klatschte sie Donantienne auf ihren Teller.

»Nein, Johann. Bitte nicht!«, flehte sie.

Von Rotfelder nahm die Sauce und goss einen Schwall über das Fleisch, das vor der verängstigten Frau auf dem Teller lag.

Borg fühlte sich unwohl. Als Sauce aus dem Gefäß floss, fühlte er sich an Blut erinnert und schaute auf die in der Mitte des Tisches verbliebenen zwei Stücke Fleisch.

Sein Blut gefror ihm in den Adern. Das obenauf liegende Fleischstück zeigte etwas wie eine Zeichnung. Die Farbe war leicht ausgeblichen, aber Borg konnte das Bild erkennen, und er erkannte es nur zu gut! Sein Herz begann schnell zu schlagen, seine Kehle schnürte sich zu, und er hatte das Gefühl, keine Luft mehr zu bekommen. Das war eine Zeichnung, ein Bild, das er schon einmal gesehen hatte; eine unverwechselbare, einmalige, nicht nachzuahmende Tätowierung! Es war das Tattoo, das ›Black Ruby‹ zeigte und das Borg zuletzt auf dem Arm von Tom Spieß gesehen hatte. Genau in diesem Moment, als Borg mit Schaudern klar wurde, dass hier sein Kollege serviert worden war, stach die Gabel von Koukol in das Tattoo des Fleisches. Die Scheibe wurde an Borg vorbeigeführt und landete mitten auf Koukols Teller. Der übergewichtige Mann war kein Beilagenesser, er goss sich reichlich Sauce über das Fleisch, und das Tattoo wurde überschwemmt, bis es nicht mehr zu sehen war. Der Mann begann hastig, sein Mahl in Stücke zu schneiden, sich in den Mund zu stopfen und hinunterzuwürgen.

Borg glaubte, sein Stuhl schwanke. Er spürte seine Knie nicht mehr.

»Was ist denn nun los? Geht es Ihnen wieder nicht gut? Die Erkältung?«, fragte von Rotfelder.

»Der Raum dreht sich!«, sagte Borg und hörte sich selbst lallen. Was war mit ihm los?

Das Lachen um ihn herum wurde lauter. Er wollte mitlachen, obwohl er augenscheinlich ausgelacht wurde. Er wollte sich selbst auslachen.

Von Rotfelder hielt Borg einen Füllfederhalter hin, und der Anwalt Dr. Adomaitis war aufgestanden und neben ihn getreten. Da lag plötzlich ein Zettel vor Borg.

»Unterschreiben«, hörte er jemanden sagen. Dann noch einmal: »Unterschreiben!«

Borg fand das nicht bedenklich. Er fand das witzig und unterschrieb. Seine Unterschrift mit der Linken wirkte krakelig. Witzig.

Auf dem billigen Füller war ein Werbespruch aufgedruckt: ›Mit dem Tod Hand in Hand‹. Auch witzig.

»Den Stift dürfen Sie behalten!«, freute sich von Rotfelder, und Borg steckte ihn sich in die Tasche, als wäre das eine Selbstverständlichkeit.

Beziehungsweise versuchte er das, denn er verfehlte den Eingang der linken Hosentasche dreimal, als hätte sie jemand zugenäht.

Jemand ergriff seine Hand, drückte den Daumen in ein Stempelkissen und dann auf das Dokument.

»Nur für den Fall«, sagte Dr. Adomaitis, »falls Ihre Unterschrift mit der linken Hand nicht anerkannt wird.« Eine Handyfotografie mit einem Blitzlicht wurde von Borg gemacht, als er den Daumen vom Blatt hob. Das Licht stach in seinen Augen.

Dr. Adomaitis ging zurück zu seinem Platz und faltete den Zettel zusammen, den Borg soeben unterschrieben und personifiziert hatte. Er wirkte zufrieden.

Von Rotfelder setzte sich aufrechter hin. Sein Mund wurde immer größer. Borg versuchte seinen Worten zu folgen, aber es wollte ihm nicht gelingen, es war ein Gefasel: »Jüngere Schwester von siebzehn … Tante von achtzehn … dem Schwager gefolgt, ein bitteres Schicksal … wanderst hierhin … wanderst dorthin … nicht mehr wie früher … sein Mädchen … herrlicher Anblick …«

Borg hatte völlig den Faden verloren, dann folgte das Gleichgewicht: Er fiel nach vorn und klatschte mit dem Gesicht auf seinen Teller.

Jetzt phantasierte er, dass er sich unter dem Tisch befände – oder war er tatsächlich vom Stuhl gerutscht? Er kroch unter dem Tisch herum. Alles, was er sah, waren Beine, der Huf eines Pferdes, auch ein langer, dicker, haariger Schweif. Er wusste plötzlich, dass es ein Fuchs war, und dann beugte sich doch von Rotfelder unter die Tischplatte und schaute ihn mit einem diabolischen Blick an. Borg zuckte zusammen.

Das Letzte, was er hörte, war ein kleiner Schrei, den Donantienne ausstieß, dann wurde es Nacht um ihn, und er träumte von Spieß, dessen Tattoo und den Black Ruby-Kapern.

KAPITEL 28

Vom selben Stern

Als Borg wieder zu sich kam, dröhnte ihm der Schädel. Unmöglich zu sagen, ob es Tag oder Nacht war, denn in Dunkelheit war manchmal auch Helligkeit.

»Ah, da sind Sie ja wieder. Konnte ja niemand ahnen, dass Sie den Wein auf ex herunterkippen. Ihr frühes Umkippen hat mich direkt um die Nachspeise gebracht«, sagte von Rotfelder, der vor Borg auf und ab ging.

Wo war er überhaupt? Borg versuchte sich zu orientieren, dann merkte er, dass sein gebrochener Arm sehr schmerzte und sich genau mit dem anderen auf seinem Rücken befand, wo beide aneinandergebunden waren. Borg lag darauf. Er lag? Borg gelangte es auch mit großer Anstrengung nicht, sich zu erheben. Er hatte zwar ein Kissen unter seinem Kopf, konnte aber nur über den Rand der ihn umgebenden Kiste blicken, in der er lag.

»Mein Arm tut weh. Machen Sie mich los, Rotfelder!«, keuchte Borg.

»Von Rotfelder!«, bellte der Schurke zurück.

Borg wurde jetzt einiges klar! Er lag in einem Sarg.

»Wollen Sie mich lebendig begraben?«

Von Rotfelder lachte laut auf. »Ja, das war auch eine meiner Ideen, aber nachher buddelt man Sie wieder aus, und dann hat man Beweise. Ich gehe lieber auf Nummer sicher und nutze die Technik. Sie wissen doch, dass wir seit einer Woche hier das Phoenix-Krematorium in Betrieb haben. Heute werden Sie die Maschine von innen sehen!«

So schnell hatte sich auf Borgs Stirn noch niemals Schweiß gebildet, solange er denken konnte.

Er hob den Kopf und blickte in Richtung Fußende des Sargs. Da war die Eingangsluke des Krematoriums, in die der Sarg fahren würde, wenn jemand auf den Knopf am Armaturenbrett drückte.

»Tja, lieber Herr Borg, da es unmöglich ist, sich aus diesem Leid zu befreien, bleibt nur, sich durch den Tod zu befreien, man muss das Übel an der Wurzel packen, gründlich.«

»Sie sind krank? Stimmt's?« Eine sinnvolle Frage fiel Borg nicht ein.

»Müsste ich das Wesentliche meines Selbst darlegen, so wäre ich schrecklich entsetzt.«

Das kannst du laut sagen, dachte Borg.

Von Rotfelder legte eine Broschüre über das Krematorium zu Borg in den Sarg.

»Lesen Sie das!«, sagte er.

»Dann machen Sie meine Arme los«, sagte Borg.

»Ich bin doch nicht blöd!«

Es war einen Versuch wert, dachte Borg.

»Ob Sie das lesen oder nicht, Sie wird auf jeden Fall die Einäscherung erwarten – wie in Zukunft alle Menschen. Wir gehen also mit der Zeit. Die Erde ist so schrecklich überbevölkert, dass wir in naher Zukunft gar keinen Platz mehr haben werden, um die Verstorbenen zu beerdigen. Wenn sie verbrannt sind, dann nehmen sie weniger Platz weg, und es ist auch umweltfreundlicher.«

»Das kann nicht Ihr Ernst sein!«, sagte Borg mit zittriger Stimme, und ihm wurde bewusst, dass er gleich verbrennen würde.

»Es ist mein voller Ernst, und es wird eine Riesenshow!«, sagte von Rotfelder und kam näher an den Sarg heran. Zuerst dachte Borg, von Rotfelder habe eine Waffe in der Hand und wolle ihn erschießen, dann aber sah er, dass es sich um etwas anderes handeln musste.

»Wissen Sie, was das ist?«, fragte von Rotfelder.

»Ihr Analdehner?«

Von Rotfelder überhörte das.

»Das ist eine sogenannte ›Fire Cam‹, eine High-Definition-Kamera, für die Feuerwehr zum Filmen bei Löscheinsätzen konzipiert. Diese Kamera ist resistent gegen Temperaturen bis zu 482 °C«, erklärte der Mann.

Wäre es eine doch Waffe, flehte Borg gedanklich, würde von Rotfelder ihn doch einfach erschießen.

»Unsere Freunde und Mitarbeiter sitzen eben noch beim Nachtisch, werden aber Zeugen sein, wie Ihre Haare sich zuerst unter der Hitze zu kräuseln beginnen, Ihre Haut Blasen wirft und Sie den Gestank Ihres eigenen verbrannten Fleisches riechen!« Von Rotfelder sabberte vor Aufregung und schnellem Sprechen und wischte sich mit einer Hand über den Mund.

»Mit dieser Kamera werde ich das Bild aus dem Sarg live in meinen Projektionsraum übertragen und damit zu einem krönenden Abschluss des Abends beitragen! Jetzt können Sie endlich mal im Mittelpunkt stehen!«

Borg merkte, dass er so schnell atmete, als würde er joggen. Sein letzter Blutlauf lag lange zurück. Nun war er wieder der Gejagte, ohne davonrennen zu können.

»Ich stehe nicht gerne im Mittelpunkt«, sagte Borg. Er fühlte sich hilflos, und Erinnerungsfetzen an die Nacht mit Dr. Leibnitz auf dessen Schiff schossen ihm durch den Kopf. Diesmal würde niemand seine Fesseln lösen, außer vielleicht das Feuer, aber dann wäre es zu spät.

Von Rotfelder ging an das Ende des Sargs und montierte die Kamera.

»Ich lasse Sie im Sarg extra mit den Füßen zuerst einfahren, und das Band wird in langsamster Stufe laufen, damit Sie es genießen können. Sie bekommen sogar die Möglichkeit, mich um Gnade anzuflehen, wenn Sie bereits brennen. Den kleinen Monitor gebe ich Ihnen mit auf die letzte Reise, dann können Sie mir in die Augen sehen, wenn Sie Ihrem Schöpfer gegenübertreten!« Von Rotfelder sprach mit einer abwertenden Art von Genugtuung und stellte ein kleines Gerät, das nicht größer als eine Handfläche war, neben Borgs Kopf in den Sarg.

»Sie müssen das nicht tun!«, sagte Borg. Sein Hirn brannte von der Anstrengung, sich einen Ausweg einfallen zu lassen.

»Die ganze Welt ist schlecht. Warum soll ich da eine Ausnahme bilden? Ich will Ihnen mal eine Geschichte erzählen: Ich kannte mal ein Mädchen von 19 Jahren, das hatte eine Ausbildung bei der Polizei gemacht und besonders als Schützin sehr gut abgeschnitten. Sie war die Jüngste bei einer Spezialeinheit und hatte nacheinander fünf Terroristen, die sie eingekreist hatten, erschossen. Der Anführer der Terroristen wurde wütend und befahl, sie lebend zu fangen. Als das Mädchen schließlich alle Kugeln verschossen hatte, wurde sie geschnappt. Sie zogen sie nackt aus, und einer der Terroristen hat sein ganzes Magazin in ihrer Vagina leer geschossen, sie war nur noch Brei.«

»Warum erzählen Sie mir das?«, fragte Borg.

»Weil Sie dann vielleicht anerkennen, wie viel Gutes doch in meiner angeblichen Bösartigkeit steckt.«

Borg verstand nicht, was von Rotfelder da für ein Zeug erzählte. Aber war es überhaupt möglich, dass ein normaler Mensch den Aussagen eines Psychopathen folgen konnte? Oder war Borg selbst der Psychopath, und von Rotfelder war der normale Mensch? Vielleicht waren sie beide Psychopathen. Borg verlor sich in Gedanken, um sich von der Krematoriumstür hinter seinen Füßen abzulenken. Es war wie bei einer Zahnbehandlung, bei der man an Blumen und schöne Erlebnisse zu denken versuchte.

Von Rotfelder durchsuchte Borgs Taschen und fand beide Handys.

»Zwei Handys? Was sind Sie denn für ein Snob?«

Er legte die beiden Smartphones in die untere Ablage des kleinen Rollwagens, den er neben sich abgestellt hatte.

»Die Mauern Ihres Grundstücks werden meine Kollegen kaum davon abhalten, mich hier zu suchen. Und sie werden mich finden, was auch immer Sie von mir übrig lassen, und dann sind Sie geliefert, von Rotfelder!«, stieß Borg durch seine fast geschlossenen Zähne hervor.

»Ach, Gott! Herr Kommissar! Ich bin doch kein Stümper! Erinnern Sie sich daran, wie Sie vorhin beim Abendessen das Blatt Papier unterzeichnet haben?«

Borg erinnerte sich dunkel – er hatte den Füllfederhalter danach eingesteckt. Was kam jetzt?

»Sie haben ein Testament unterschrieben. Mein Rechtsanwalt und Notar hat es beglaubigt. Sie stimmen in dem Testament zu, dass wir Sie einäschern und hier in einer Urne beisetzten dürfen. Auch steht dort drin, dass wir Ihre Familie über Ihre schwere Krankheit informieren sollen, dass Sie keinen Ausweg mehr sahen und den Wunsch hegten, nach dem Versterben gleich hier unter die Erde zu kommen.«

Borg fror und zitterte am ganzen Körper. War er jemals dem Tod so nah gewesen? Waren das seine letzten Minuten?

»Sie frieren ja!«, sagte von Rotfelder voller gespielter Fürsorge. »Keine Angst, gleich wird es schön warm!« Er ging um das Förderband herum und spielte an den Knöpfen der Steuerungsanlage.

Borgs Atmen klang wie das eines gehetzten Hundes. Mit einem lauten Klacken öffnete sich die Luke zum Krematorium.

»Nein!«, schrie Borg. »Nein!«, und sein zweiter Schrei erstarb durch die Angst, die ihm die Kehle zuschnürte. Der Sarg machte einen Ruck, als sich das Förderband unter ihm in Bewegung setzte.

Borg riss die Augen auf und warf seinen Körper von rechts nach links. Die Fesseln wollten sich nicht lösen, es war hoffnungslos. Die Öffnung hatte jetzt schon das erste Viertel des Sargs geschluckt, und seine Füße waren bereits im Ofen.

Wo war eine Ohnmacht, wenn man sie brauchte? Warum schaltete der Körper nicht einfach ab? Es war wie bei Kindern, deren Eltern sie zu früh ins Bett schickten und befahlen, sie sollten jetzt schlafen. Genau das Gegenteil war dann der Fall. Es passierte alles, außer dass die Kinder einschliefen. Nun war Borg in einer etwas anderen Situation, aber er hatte den Fehler gemacht, zu hoffen, ohnmächtig zu werden. Das Gegenteil geschah. Er nahm alles wahr: Das Surren des Förderbandes, das Ruckeln des offenen Sargs, als er über die kleine Erhebung in den Ofen fuhr und die Decke über sich. Durch eine Sinnestäuschung glaubte er, sie würde sich bewegen und nicht er. Der halbe Sarg war jetzt im Ofen, und Borg fragte sich, wann die Flammen ihn erreichen würden. Noch war vom Feuer keine Spur. Natürlich! Der Ofen schaltete sich erst an, wenn sich die Klappe hinter ihm schloss. Borg warf sich gegen die Seiten des Sargs und schrie von Rotfelder die vulgärsten Flüche entgegen.

Der stand unbeeindruckt vor seiner Konsole und nahm weitere Einstellungen vor.

Als die Kante des Krematoriumschlundes über Borgs Stirn hinwegfuhr, ließ er den Kopf nach hinten aufs Kissen fallen, und Tränen sammelten sich in seinen Augen. Er dachte an seinen Sohn Paul, auch an seine Ex-Frau und an das Leben. War es nicht das Ziel eines jeden Wesens auf der Erde, zu leben? Würde nicht jedes Wesen in dem Moment des eintretenden Todes jede Kraftanstrengung unternehmen, um umzukehren? Borgs Kopf drohte unter der Qual zu platzen, und es war dunkel, als der Sarg vollständig in den Ofen eingefahren war. Jetzt war alles aus. Die Tür senkte sich langsam. Was würden seine Angehörigen sagen? »Der Arme!« und »Wenn er es sich so gewünscht hat.« Sie würden sich fragen, warum er niemals etwas von der Krankheit erzählt hatte, die in seinem Testament erwähnt wurde.

Borg stieß einen letzten erbitterten Schrei aus, der in der Röhre des geschlossenen Ofens widerhallte. Es war der Schrei eines gequälten Tieres. Und dann, in dem Moment, als das Feuer alles hätte fressen sollen, öffnete sich die Luke hinter Borg wieder, das Förderband ruckelte kurz, sprang an und der Sarg bewegte sich in die entgegengesetzte Richtung. Er fuhr wieder ins Licht.

»Frieren Sie noch?«, fragte von Rotfelder.

Borg sagte nichts. Er konnte nicht. Er zitterte.

»Mein Gott. Sie schwitzen ja! Dabei habe ich das Feuer noch gar nicht eingestellt! Warten Sie, ich trockne Ihnen das Gesicht ab!« Von Rotfelder verschwand kurz aus Borgs Blickfeld und holte ein rosa Tuch, mit dem er ihn liebevoll abzutupfen begann.

Borg lag in seiner eigenen Suppe. Er hatte vor Angst so stark geschwitzt, dass sein hellblaues Hemd nun fast komplett dunkelblau geworden war.

»Beruhigen Sie sich doch, Herr Borg. Es war nur ein Test. Ich musste einstellen, wie langsam das Förderband sich bewegen soll.«

Borg wünschte sich, einfach aufzuwachen, aufzuwachen aus diesem Albtraum.

»Noch sind wir nicht live. Das merken Sie dann, wenn Ihr kleiner Monitor hier anspringt! Ab dann filmt auch die Kamera, und ich kann Sie sehen, und wir können noch ein bisschen plaudern, wenn Sie gegrillt werden!« Von Rotfelder lachte, und es klang, als würde er in eine Blechdose husten.

»Ich schalte das Gerät später ein, wenn die Show beginnt!« Er ging wieder an das Fußende des Sargs und hantierte an der Befestigung der ›Fire Cam‹ herum.

»Dafür werden Sie bezahlen!«, sagte Borg wütend.

Von Rotfelder antwortete nicht, sondern ging zu einem kleinen Schrank, nahm etwas herunter und kam zurück. Er stellte sich nahe an den Sarg und hob zwei Spritzen hoch, so dass Borg sie sehen konnte.

»Sie bekommen jetzt von mir zwei kleine Injektionen!«, sagte von Rotfelder gönnerhaft.

»Scheiße! Hören Sie auf!«, schrie Borg.

»Das wird Ihnen guttun. In der einen Spritze ist eine Lösung aus Amphetamin, Ephedrin und Methamphetamin. Das wirkt so aufputschend, dass Sie jede Sekunde unserer Show genießen werden.«

Borg blieb still liegen und ließ es einfach über sich ergehen. Er spürte den Einstich der ersten Spritze in seine Halsvene.

»Tut es weh?«, fragte von Rotfelder, als er das Mittel injizierte.

»Nein, Herr Doktor«, sagte Borg. Im selben Moment erfasste ein angenehmes Glühen seinen Körper, als würde Strom durch ihn schießen. Er spürte einen süßen Geschmack im Mund und war hellwach. Borg merkte, wie das Leben und die Kraft wieder in seine Gliedmaßen zurückkehrte. Amphetamin wurde in der Drogenszene oft als ›Speed‹ bezeichnet, und jetzt war Borg klar, warum. Speed enthielt in der Regel die drei Stoffe, die von Rotfelder genannt hatte.

»Und jetzt noch die hier!«, sagte von Rotfelder und hielt die zweite Spritze hoch.

»Und danach einen Kaffee, bitte«, sagte Borg euphorisch.

Den Einstich der zweiten Spritze merkte Borg überhaupt nicht.

»Das ist eine Mischung aus Morphin und Codein. Hochdosiert«, sagte von Rotfelder und konzentrierte sich auf die Injektion.

»Wofür?«, fragte Borg.

»Das ist das stärkste Schmerzmittel, das man sich vorstellen kann.«

»Warum spritzen Sie mir das?«, wollte Borg wissen.

»Also, mein lieber Herr Kommissar«, sagte er, als würde er zu einem kleinen Kind sprechen. »Damit es netter wird. Ich bin doch kein Unmensch.«

»Stimmt. Sie sind kein Unmensch. Sie sind ja nicht mal ein Mensch.«

»Ich verrate Ihnen, warum ich das injiziere: Ich will, dass Ihre Nervenenden Sie so lange wie möglich vor einer Ohnmacht bewahren. Sie sollen erst sterben, wenn Sie schon brennen!«

»Gegen meine Erkältung haben Sie nicht zufällig auch ein Mittel?«, fragte Borg und war von der Euphorie, die er spürte, selbst überrascht. Es war in der Tat ein Rausch. Er fand es sogar bequem, auf seinen Armen zu liegen, und spürte, wie seine Finger- und Zehenspitzen zu kribbeln begannen. Er war von Rotfelder für die erste Spritze so dankbar, er hätte ihn am liebsten geküsst.

Borg schaute zu seinen Füßen hinunter, und ihm kamen seine halbhohen Winterstiefel mit Warmfutter plötzlich so lächerlich vor, dass er anfing zu lachen und nicht mehr aufhören konnte.

»Was ist denn so lustig?«, fragte von Rotfelder genervt.

»Meine Stiefel! So lustig …«, Borg konnte kaum sprechen vor Lachen. Die Drogen zeigten ihre Wirkung.

Jetzt fiel die Kamera ab, die von Rotfelder mit Mühe am Sargende zu befestigen versucht hatte.

Borg schrie vor Lachen, Tränen liefen über seine Wangen. Zornesröte stieg in von Rotfelders Gesicht.

»Ihnen wird das Lachen schon noch vergehen! Der Letzte, der lacht, werde ich sein.« Von Rotfelder verschwand wieder, und Borg hörte, wie er an einer Schublade herumhantierte.

Er kam mit einer Zange zurück. »Mund auf!«, schrie er.

Borg konnte nicht mehr. Sein Mund stand ohnehin weit offen. Es war ihm unmöglich, das Lachen zu unterdrücken

Er spürte, wie die Zange in seinen Mund geschoben wurde, und er berührte mit seiner Zunge das kalte Metall. Plötzlich schoss ein Schmerz durch Borgs Schädel, und sein Kopf wurde zur Seite geworfen.

Diese höllische Explosion holte Borg zurück in die Realität, sein Lachen verstummte augenblicklich, und er sah einen seiner Backenzähne im festen Griff von von Rotfelders Zange, die emporgehoben wurde.

»Na, warum lachen Sie denn nicht mehr? Tut Ihnen der Zahn weh?«, stieß von Rotfelder triumphierend hervor.

»Nee!«, keuchte Borg. »Jetzt nicht mehr. Der musste eh raus. Hatte ein Loch!«

Von Rotfelder schleuderte die Zange samt Zahn zu Boden und wischte sich mit dem Ärmel den Schweiß vom Gesicht. Ganz zufrieden war er nicht. Zwar hatte Borg mit dem Lachen aufgehört, aber sein letzter Kommentar zeigte noch immer eine Spur von Überheblichkeit.

Von Rotfelder dachte einen Augenblick nach, dann fuhr er in seinem Tun fort.

»Es ist schon verrückt. Zähne sind ein Paradoxon des Lebens«, sagte von Rotfelder, als er um den Sarg herumscharwenzelte. »Sie sind im Lauf des Lebens ständigem Zerfall unterworfen, und dennoch sind sie das, was den Tod am längsten überdauert. Man findet Kiefer mit Zähnen von Neandertalern oder vom Australopithecus, und selbst nach Katastrophen mit Brandopfern wie bei Flugzeugabstürzen ist alles verbrannt, außer den Zähnen. Selbst Ihre werde ich nach der Einäscherung noch zermahlen müssen.« Wieder ging der Mann vom Sarg weg. Borg war zwar noch voller Energie, und die Drogen in seinem Körper hielten ihn lebendig, aber er ahnte nichts Gutes, als von Rotfelder wieder aus seinem Sichtfeld trat. Was für eine brutale Foltermethode würde sich diese Bestie jetzt ausgedacht haben? Borg schluckte und hatte den Geschmack von Blut in seinem Mund.

Von Rotfelder kam mit einer ›Alexa‹, dem Cloud-basierten Sprachservice-Gerät von Amazon zurück, und legte es zu Borg in den Sarg.

»Alexa, spiele ›Vom selben Stern‹!«, wies er das Gerät an.

Alexa antwortete prompt: »›Vom selben Stern‹, Radio Edit von ›Ich und Ich‹ von Johann-Spotify«. Der Song begann.[1]

Was Borg jetzt miterlebte, fühlte sich wie ein Ausflug in eine absurde Version der ›Muppet Show‹ an.

Von Rotfelder ging langsam im Takt der Musik zum Sargende. Er wippte mit dem Kopf und drehte den Schraubenzieher langsam in seiner linken Hand.

---

1 *Lassen Sie das Lied im Hintergrund laufen. Anm. des Autors.*

Könnte ich ihn nur erschießen, dachte Borg und versuchte, seinen hinter dem Rücken festgebundenen Gipsarm freizubekommen. Unmöglich. Wenn er die letzten beiden Patrone jetzt abfeuern würde, würde er sich vermutlich selbst in den Rücken schießen.

Von Rotfelder schraubte an der Halterung für die Kamera und versuchte, sie in einem Winkel zu befestigen, mit dem er zufrieden war.

»Wir alle sind aus Sternenstaub, in unseren Augen war mal Glanz, wir sind noch immer nicht zerbrochen, wir sind ganz …« schallte es neben Borgs Ohr.

Immer, wenn der Sänger »Wie ich …« sang, stieg von Rotfelder mit ein und äffte das Echo nach.

Das, dachte Borg, war die bisher schlimmste Folter des Tages.

Er schaute sich das Bauerntheater noch weitere zwanzig Sekunden an, dann sagte er: »Alexa, töte Johann von Rotfelder!«

Das Sprachservice-Gerät reagierte prompt. Der Song brach ab. »Darauf habe ich leider keine Antwort«, antwortete Alexa und sprang dann wieder in den Song.

»Sehr witzig!«, sagte von Rotfelder. »Alexa – Stopp!«, brüllte er, und das Lied verstummte.

»Die Kamera sitzt. Jetzt wird gestorben. Ich hoffe, Sie lernen etwas aus dem Tod!«

Von Rotfelder legte den Schraubenzieher beiseite und nahm Alexa wieder aus dem Sarg.

»Teure Freundin von Ihnen, was? Sie möchten wohl nicht, dass die Einzige auf diesem Planeten, die ihnen zuhört, verbrennt?«, fragte Borg rhetorisch.

»Ihnen werden die Sprüche schon noch vergehen! Wenn Sie bei 750°C aufplatzen wie eine reife Tomate, dann wünschen Sie sich, mir niemals begegnet zu sein.«

Jetzt wurde sich Borg seiner Situation wieder richtig bewusst. Hatten die Drogen seinen Verstand vernebelt und ihn in eine Hochstimmung gebracht, so war es jetzt der Schreck, der ihn erkennen ließ, dass seine Uhr ablief.

»Meine Kollegen werden sich nicht von Ihrem kleinen Zaun aufhalten lassen. Vielleicht bin ich dann tot, aber Sie werden bis zum Ende Ihres Lebens in einer Zelle schmoren!«, entgegnete Borg.

»Was will man mir denn vorwerfen? Das Testament regelt doch alles. Und die Kinderuhren, die Sie Ihrem Kollegen mitgegeben haben, die haben wir ihm wieder abgenommen. Und dann haben wir ihm auch die Arme, die Beine und den Kopf abgenommen und ihn gegessen!«

Es war traurige Gewissheit! Spieß war umgebracht und gegessen worden! Borgs Hass auf von Rotfelder stieg ins Unermessliche.

»Vielleicht wird man uns eines Tages barbarisch nennen, weil wir Schweinshaxen essen, so wie wir heute die Azteken als barbarisch empfinden, weil sie Menschenopfer darbrachten. Für die Azteken war das aber richtig so. Und ich glaube auch, einen Menschen zu essen, ist nichts Verwerfliches. Es gibt so viele davon«, dozierte von Rotfelder.

»Dieser Zaun, rund um ihr Horroranwesen, wird meine Freunde nicht zurückhalten können!«, sagte Borg. »Sie werden kommen und Sie schnappen. Sie werden Tom Spieß suchen und mich!«

»Ihr Kollege ist gegessen, die Reste verbrannt, und mit dem Rest seines Blutes habe ich ihnen das schöne Bild gemalt. Außerdem sind diese Absperrungen rund um mein Revier völlig zweckmäßig. Vor einiger Zeit ist auf den Feldern rund um Harxbüttel, Eickhorst und Thune mal ein Wolf aufgekreuzt und hat Kühe gerissen. Meine Männer haben das Tier erschossen.«

Erschossen?, dachte Borg. Sie haben also Waffen. »Und? Haben Sie das tote Tier auch wieder aufgefressen?«, fragte er.

»Ich wollte ihn behalten, aber dann ist irgendeine Behörde hier aufgetaucht und hat den toten Wolf beschlagnahmt – ich hatte das Skelett bereits mit Arsenik behandeln lassen, um es später auszustopfen, und es lag in meinem Präparatenschrank. Sie haben es einfach gestohlen.«

»Vielleicht, weil Sie keine Genehmigung hatten, das Tier zu töten«, sagte Borg.

»Was? Die haben es mir abgenommen, um selbst Geld damit zu verdienen. Ich hätte die Knochen, eingelegt in Schnaps, als Tigerknochen im Internet verkaufen können. Sie kennen doch den Aberglauben: Wer das trinkt, wird ein langes Leben genießen.«

Borg schüttelte den Kopf. Was faselte dieser Irre da?

»Bevor ich verbrenne«, begann Borg, »sagen Sie mir noch, warum diese Kinder sterben mussten, denen Sie die Hände abgeschnitten haben. Warum mussten die Kinder sterben? War es nicht schlimm genug, was Sie Ihnen angetan haben?« Borg fragte mit einer Mischung aus Wut und Verzweiflung.

Von Rotfelder schaute ihn an. »Wer tot ist, der verwest, und wer verwest, der verändert sein Aussehen. Es ist wichtig, das Aussehen zu verändern, damit die Geister der zu Unrecht Verurteilten die Kinder nicht mehr erkennen können, wenn sie ihre Seele suchen kommen«, antwortete von Rotfelder.

»Das ist gequirlte Scheiße! Sie reden Scheiße!«, fluchte Borg.

Wieder überlegte von Rotfelder. Dann besann er sich und sagte: »Was die Hände angeht, da habe ich meinen eigenen Spleen. Sie wissen doch, die liebe Luzi: Sie hat missgebildete Hände. Ein Jammer. Armes Kind.

Und ich finde es immer eklig, wenn ich mit ihr und Jeopardy über den Friedhof spazieren gehe und sie an den Händen führe. Daher habe ich mir gelegentlich ein paar frische Hände besorgt und immer eine gehalten, während ich Jeopardy an der anderen Hand hatte. Das gab mir das Gefühl, meine beiden Kinder wären bei mir und ganz perfekt, obwohl ich Luzi mit ihren ekligen Händen im Zimmer gelassen habe.«

Borg erinnerte sich an die Filmaufnahmen, die er nachts von von Rotfelder mit dem einen Kind gemacht hatte.

»So!«, sagte von Rotfelder, und das klang bedrückend final. »Jetzt machen wir den Deckel drauf, und dann geht es auf die Reise. Nicht vergessen: Wenn das Licht der Kamera angeht, dann sind wir live, und ich kann Sie aus dem Sarg hören. Sie sehen mich auf dem kleinen Monitor neben sich. Viel Spaß!«

Von Rotfelder ging zu einer Ablageplatte, auf der der Sargdeckel lag, hievte den schweren Deckel unter Stöhnen herüber, und mit einem Knall wurde es plötzlich dunkel um Borg. Stockfinster.

»Was kann ich tun, damit Sie hier aufhören?«, schrie Borg verzweifelt.

Von Rotfelders Stimme war noch zu hören. Sie klang jetzt nicht nur metallisch, sondern auch gedämpft.

»Stellen Sie sich mal vor, das hier wäre ein Roman. Die Leserinnen und Leser würden jetzt nicht noch weitere langweilige Gespräche ertragen wollen. Die würden jetzt gerne miterleben, wie Sie verbrennen. Und ehrlich gesagt, so geht es mir auch!«

Borg hörte, wie ein Schloss am Sarg verriegelt wurde.

Verdammt! Dieser Barbar hatte an alles gedacht.

Von Rotfelders Stimme klang dumpf: »Wer sich mit dem Teufel anlegt, der wird am Schluss brennen, das weiß doch jedes Kind …«

Dann hörte Borg noch ein paar Gegenstände klappern, und von Rotfelder verabschiedete sich. »Gute Nacht, Herr Borg, und vergessen Sie nicht: Es läuft alles automatisch. Die Zeitschaltuhr des Krematoriums ist programmiert«, drang die Stimme dumpf ins Sarginnere zu ihm. »In rund 20 Minuten geht das Schauspiel los, und in wenigen Stunden mahle ich Ihre Überreste klein und streue die Asche in eine Urne. Denn wie hieß es in dem Lied so schön: ›Wir alle sind aus Sternenstaub‹.«

KAPITEL 29

Stirb in meinen Stiefeln

Trotz der misslichen Lage, in der sich Borg befand, schwebte er in einer Art Unwirklichkeitsgefühl. Die Drogen, die von Rotfelder ihm verabreicht hatte, sollten ihm einen schönen Tod und vor allem ein langes Sterben bescheren, doch sie hatten auch eine Nebenwirkung: Sie versetzten ihn in Euphorie, und er fühlte sich übermäßig leistungsstark.

Borg zog an seinen auf dem Rücken zusammengebundenen Armen und hörte das Knacken des Gipses. Die hoch dosierte Schmerzmittelmischung tat ein Übriges. Zwar hatte Borg ein Missempfinden im rechten Arm, und seine Schläfen pochten, doch der Schmerz war nicht zu spüren.

Borg riss ruckartig immer und immer wieder die Arme unter sich auseinander. Er drehte sich nach links und rechts und mobilisierte Kräfte, die ohne diese Mittel in seinem Blutkreislauf unmöglich gewesen wären. Endlich, nach einer gefühlten Ewigkeit, der Schweiß stand ihm auf der Stirn, brach der Gips an einer Stelle, die Fesseln rutschten ein Stück, und nach einem weiteren Kraftakt waren seine Arme wieder frei.

Borg quälte sich in der Enge des Sarges nach links und versuchte, seinen Gipsarm unter dem Körper hervorzuholen. Als das gelungen war, konnte er den anderen Arm leicht herausziehen. Er stemmte beide Unterarme über sich an den Sargdeckel, doch von Rotfelder hatte den Sarg mit Schlössern gesichert, sodass Borg eingeschlossen und an ein herkömmliches Öffnen des Deckels nicht zu denken war.

Wann würde sich das Förderband in Gang setzen? Borg warf einen Blick in Richtung Kamera, aber zwischen seinen Füßen, wie auch im restlichen Sarg, war es stockdunkel. Kein kleines rotes Licht leuchtete oder blinkte auf. Die Kamera war also noch nicht eingeschaltet. Auch der Minimonitor neben seinem Kopf zeigte kein Bild.

Von Rotfelder war sicher auf dem Weg zum Vorführraum. Zwanzig Minuten hatte er als Countdown genannt. Die Kamera würde schon früher eingeschaltet werden. Die Zeit drängte.

Borg richtete den Gips auf die linke Sargseite, die von Rotfelder zuletzt geschlossen hatte. Er versuchte, sich zu konzentrieren und sich in Erinnerung zu rufen, in welcher Höhe das Schloss angebracht war. Zwei Schüsse waren noch im Magazin der P99. Borg bewegte seinen Arm an der Kante entlang, auf der der Sargdeckel aufgelegt war. Vielleicht hier?, dachte er. Zwei Schüsse! Nein, doch etwas tiefer… Borg riskierte es und krümmte seinen Finger.

Irgendwie waren seine Ohren besser als sonst. Der Knall war unbeschreiblich laut, und direkt darauf folgte ein hohes Piepen, das in seinem Trommelfell zu stecken schien.

Borg stieg der Geruch von verbranntem Stoff in die Nase. Der Gips war von der Patrone durchschlagen worden, und das Geschoss hatte sich seinen

Weg durch das Holz des Sarges freigesprengt. Ein Lichtstrahl fiel in den Sarg, und blauer Qualm stieg gut sichtbar auf.

Borg versuchte sein Glück und drückte die Unterarme erneut an den Sargdeckel. Heureka! Der Sarg öffnete sich. Borg warf den Deckel mit Wucht nach oben, und der landete krachend, aber ohne zu zerbrechen, rechts neben dem Förderband auf den Bodenfliesen.

Erneut schaute er zwischen seine Füße: Noch immer war die Kamera aus. Wenn sie sehen würden, wie er den Sarg verließ, dann wären sie in Nullkommanichts hier, und damit hätte er sich umsonst aus dieser Lage befreit. Dann wäre er anders gestorben, erschossen worden oder Schlimmeres. Erst jetzt merkte er, dass auch seine Beine gefesselt waren. Borg löste die Stricke an seinen Unterschenkeln umständlich mit der linken Hand, dann drehte er sich, kam auf die Knie, erhob sich und stieg voller Erleichterung aus dem Sarg.

Was jetzt?

Borg dachte nach. Er war hier noch lange nicht fertig. Donantienne musste aus dieser Hölle gerettet werden, Sina würde in Kürze vor der Tür stehen, und Borg wollte ihr die Kinderhände im Glas übergeben. Dann waren da noch Luzi und Jeopardy, die auf keinen Fall bei von Rotfelder bleiben durften, und diesen Mann einfach verhaften zu lassen, wäre zu milde, dachte der Kommissar. Er musste sterben! So ungewöhnlich der letzte Gedanke für einen Polizisten auch war, aber bei alledem, was Borg bisher hatte durchmachen müssen und in Anbetracht der Tatsache, dass er unter Drogen stand, ergab sein Gedankengang für ihn mehr Sinn denn je.

Borg sah sich im Raum um. Sein Blick fiel auf die Zange, die am Boden lag. Daneben lag auch sein Backenzahn. Erst jetzt fiel ihm wieder ein, dass von Rotfelder ihm den Zahn aus dem Mund gerissen hatte. Borg fuhr mit seiner Zungenspitze die obere Zahnreihe auf der rechten Seite entlang. Tatsächlich, da klaffte eine große Lücke.

Er hob den blutigen Zahn auf und steckte ihn sich in die Hosentasche. Es war schließlich seiner!

Die Kamera im Sarg filmte noch immer nicht. Jetzt hatte Borg eine Idee. Es galt, keine Zeit zu verlieren. Schnell rannte er aus dem Krematorium in den Nachbarraum, in dem die Leichen geschminkt und anderweitig für Bestattungen vorbereitet worden waren. Borg eilte zu dem großen Regal mit den verchromten Türen, hinter denen sie lagen und warteten. Er öffnete die erste Tür. Ein muffiger Geruch schlug ihm entgegen, aber der Schacht war leer. Er schloss das Fach wieder und öffnete das daneben: Ein dunkelhaariger Männerkopf war zu sehen.

Borg zog schnell die Schublade heraus und riss rücksichtslos die Plane vom Körper des toten Mannes.

Für einen kurzen Augenblick schaute er den Toten an, dessen blaue Adern sich deutlich unter der durchsichtigen Haut abzeichneten. Er sah aus wie eine Puppe. Borg fragte sich, wie lange diese Leiche hier schon lag und warum man sie noch nicht bestattet hatte. Der Tote hatte einen ungepflegten Bart und lange Fingernägel. Der typische süßliche Leichengeruch verteilte sich im Raum, und Borg versuchte, durch den Mund weiter zu atmen. Er griff um die Leiche herum, rollte den Körper zunächst auf die linke Seite, zog ihn zum Rand der flachen metallenen Lade, auf der er lag, ging etwas in die Hocke und schulterte den 80 Kilogramm schweren Leichnam auf seiner linken Seite. Das kalte Fleisch des Verstorbenen drückte sich an Borgs Gesicht, aber es führte kein Weg daran vorbei: Borg musste den Körper schnell in den anderen Raum und dort in den Sarg bekommen, um seinen Tod vorzutäuschen, wenn die Kamera ansprang und der Sarg ins Feuer fuhr. Die Zeit drängte.

Der Oberkörper des Toten bog sich über Borgs linke Schulter, und er hatte Mühe, diese weiche Fleischmasse mit dem linken Arm zu halten, während er mit dem mehrfach gebrochenen Gips rechts nur auf das Becken des Toten drückte, damit er ihm nicht entglitt.

Penis und Hodensack des Leichnams hatten eine violette Farbe, aber da Borg zwischenzeitlich sowieso Farben sah, die es in diesem Raum ganz sicher nicht gab – diese Drogen waren schon verrückt – achtete er nicht weiter auf die nur wenige Zentimeter von seinem Gesicht entfernten Geschlechtsorgane des Toten, die da baumelten, als wäre er gar nicht tot.

Auf wackligen Beinen ging er zurück in den Abschiedsraum, in dem der leere Sarg auf dem Förderband stand. Genau in dem Moment, als er durch die Tür getreten war, spürte er, wie eine kalte Substanz an seinem Rücken und seinem Gesäß entlanglief, dann gab es plötzlich plätschernde Geräusche, die lauter wurden, und ein Schwall von Flüssigkeit spritzte auf den Boden. Voller Entsetzen wurde Borg klar, dass die körpereigenen Enzyme über den Tod hinaus aktiv waren und sich dadurch die Zellstrukturen der Leiche aufgespalten und aufgelöst hatten. Das Weichgewebe, die Hohlorgane und Teile des Bindegewebes hatten sich verflüssigt und liefen nun, als die Leiche kopfüber über Borgs Schulter hing, aus dem offenen Mund und der Nase des Toten, weil Borg beim Tragen Druck auf die Innereien des Körpers ausgeübt hatte.

Bestialischer Gestank stieg auf, und Borg warf die Leiche mit einem Schreck ab.

Wie ein Dummy plumpste der nackte Körper auf den Boden und blieb mit einem Klatschen dort in einer für einen menschlichen Körper ungewöhnlichen Position liegen.

Borg fasste sich an den nassen Rücken, und als er vor Anstrengung tief Luft holen musste, konnte er sich nicht zurückhalten. In einem Schwall schoss ihm sein Mageninhalt aus dem Mund und mischte sich auf dem Boden mit dem, was zuvor aus der Leiche gelaufen war.

Borg fühlte, wie sein Magen sich immer und immer wieder verkrampfte, um das Letzte herauszupumpen, was sich noch in ihm befand.

»Herr von Rotfelder? Sind Sie hier?« Gustavs Stimme hallte im Raum.

Borg war sofort wieder im Hier und Jetzt. Er wischte rasch mit der linken Hand über sein feuchtes Kinn, sprang über die Lache aus Erbrochenem und verflüssigten Innereien in den Leichenraum zurück, als Gustav schnellen Schrittes in das Krematorium gelaufen kam.

»Herr von Rotfelder! Die Gäste sind alle bereit! Sind Sie noch da?« Gustav ging auf den Sarg zu und merkte, dass hier etwas nicht stimmte.

Als er mit großen Augen vor dem leeren Sarg stand, warf sich Borg, der sich wieder zur Tür hinein und hinter einem Vorhang an der Wand hindurchgeschlichen hatte, auf den Diener und riss ihn zu Boden.

Die beiden Männer gerieten in einen katzenhaften Zweikampf und warfen sich von einer Seite auf die andere. Borg war überrascht, wie stark Gustav war, der doch immer durch seine elegante und aufrechte Haltung den Anschein erweckt hatte, als habe er keine Arme und könne sich nur in der Hüfte beugen.

Ein böser Treffer erwischte Borg an der rechten Niere, und Gustav kam auf die Beine. Er sah Borg hasserfüllt an. Durch einen Schlag, den Borg ihm verpasst hatte, war ein Auge bereits rot eingeflutet.

Gustav sah zum silbernen Tisch hinüber, den von Rotfelder dort hingestellt hatte und auf dem sich allerhand Messer, Scheren und Skalpelle befanden. Jetzt wurde es ernst. Borg versuchte die Schmerzen in seinem Unterleib zu ignorieren und sich aufzurichten, als er sah, wie Gustav schnell hinüber zum Tisch rannte.

Seine Arme waren bereits ausgestreckt und die Finger kurz davor, die tödlichen Waffen zu greifen, als Borg wieder auf die Füße kam. Zu spät! Gustav hatte sich bereits eine 15 Zentimeter lange OP-Schere gegriffen und lächelte nun überlegen.

»Husch, zurück in den Sarg, Herr Borg!«, zischte er.

»Sie gehen doch sonst immer vor!«, erwiderte Borg.

Das Licht spritzte auf dem Stahl auf, und es war wie eine lange funkelnde Klinge, die Borg an der Stirn traf. Im selben Augenblick lief aus seinen Brauen angesammelter Schweiß mit einem Mal über seine Lider und überzog sie mit einem warmen, zähen Schleier. Seine Augen waren hinter diesem Vorhang aus Tränen und Salz blind. Borg rieb den rauen Gips über sein Gesicht. Er sah sich um, es gab aber nichts, was er sich greifen konnte, um Gustav gewachsen zu sein.

Borg hob seinen gebrochenen Arm: Die letzte Patrone befand sich noch in der Kammer der P99. Er drehte sich etwas seitwärts zu seinem

Gegner, um den Arm, den er nicht gerade ausstrecken konnte, in eine gute Schussposition zu bringen. Gustav ging zum Angriff über und rannte los. Kurz bevor Borg den Abzug betätigte, riss es Gustav schon von den Füßen. Der Mann war auf der Lache aus Borgs Erbrochenem und den Körperflüssigkeiten des Toten ausgerutscht und hing für den Bruchteil einer Sekunde waagerecht in der Luft.

Es hörte sich an, als wäre eine Bowlingkugel aus großer Höhe auf den Boden gefallen, als von Rotfelders Kammerdiener mit seinem Kopf auf den Schachbrettfliesen aufschlug. Die Wucht des Aufpralls riss dem Mann die Schere aus der Hand, und die landete scheppernd neben ihm. Gustav war ohnmächtig oder tot. Borg konnte das nicht genau sagen, aber bei dem Aufschlag war ein Schädelbruch nicht auszuschließen.

»Na, das war mal ein Angriff mit Köpfchen«, murmelte Borg und sah verblüfft auf den am Boden liegenden Mann.

Er durfte jetzt keine Zeit verlieren. Jeden Augenblick würde die Sargkamera zu filmen beginnen.

Gustav hatte ungefähr Borgs Größe, auch wenn er etwas schlanker war.

Borg zog sich schnell die Stiefel und die Hose aus.

Danach beugte er sich zu Gustav hinunter und sah, dass der Schurke noch atmete. War das, was Borg jetzt vorhatte, ethisch vertretbar? War das, was jetzt kam, noch Notwehr?

Während Borg Gustav auch die Schuhe und die Hose auszog, dachte er über dies und das nach. Mord war nicht gleich Mord. Verschiedene Tötungen wurden nicht von allen Kulturen bzw. Religionen oder anderen Gemeinschaften gleich bewertet. Manche Tötungen wurden in einigen Ländern als Mord angesehen und dementsprechend bestraft, in anderen Ländern waren sie wiederum legitim. Es gab Fälle von Notwehr, Krieg, Todesstrafe, Euthanasie, Abtreibung und Dirty Hands-Situationen, die eine Tötung immer noch irgendwo auf diesem Planeten durchgehen ließen.

Als Borg Gustav die Hose anzog und ihm seine Stiefel über die Füße stülpte, bekam er Gewissensbisse. Andererseits konnte er diesen Mann keinesfalls davonkommen lassen. Würde Gustav wieder zu sich kommen und hätte er die Möglichkeit, dann würde er nicht mit der Wimper zucken und Borg zurück in den Sarg verfrachten. Sollte Borgs Fluchtversuch allerdings auffliegen, so wäre es um Donantienne und die Kinder ganz sicher geschehen, und niemand würde erfahren, was sich hinter den Mauern von von Rotfelders Grundstück tatsächlich abspielte. Borg hatte keine Wahl. Notwehr war die Verteidigung, die erforderlich war, um einen gegenwärtigen rechtswidrigen Angriff von sich oder einem anderen abzuwenden, so stand es im Gesetz. Und indem er Gustav ausschaltete – wie grausam das auch immer war – war seine Chance größer, diesen ganzen Killerring auszuschalten oder ihm zumindest das Handwerk zu legen.

Borg hatte noch immer die Kraft seines Drogenboosters in sich und wuchtete Gustav hoch. Er legte den Mann, der jetzt seine Stiefel und seine Hosen trug, in den Sarg. Dann nahm er die Fesseln, die er selbst getragen hatte, und fixierte damit Gustavs Arme hinter dessen Rücken. Eine zirkusreife Nummer, da Borg doch nur eine Hand zur Verfügung hatte. Das Zusammenbinden der Unterschenkel war einfacher.

Borg drückte den Kopf der feuerfesten Kamera ein Stück nach unten, sodass zwar die Stiefel und Beine des Mannes gefilmt werden würden, nicht aber dessen Gesicht.

Gustav begann jetzt, sich leicht zu bewegen. Er kam offenbar zu sich.

Derweil zog Borg den Körper, den er zuvor aus dem Leichenraum geholt hatte, zurück und hob den nackten Toten auf die ausziehbare Schublade, in der er ihn vorhin vorgefunden hatte.

»Vielleicht ein andermal«, sagte er.

In einer Schublade fand Borg Gafferband und rannte damit zurück zum Sarg.

Gustav bewegte bereits seinen Kopf.

Borg riss einen zehn Zentimeter langen Streifen des silberfarbenen Bandes ab und klebte ihn Gustav über den Mund. Die Augen des Mannes waren jetzt halb geöffnet, und Borg sah ihm bewusst nicht ins Gesicht, weil er vermeiden wollte, Gewissenbisse zu bekommen.

Wo hatte von Rotfelder noch gleich Borgs Handys hingelegt? Genau! Auf die untere Ablage des kleinen Rollwagens, auf dem auch die chirurgischen Instrumente lagen.

Diese verrückte Idee konnte mit etwas Glück funktionieren, dachte Borg, und nahm die beiden Smartphones wieder an sich.

Er wählte mit dem Handy aus dem Präsidium seine eigene Nummer. Das Intro des Songs ›Y.M.C.A.‹ hallte im Raum. Borg stellte die Lautstärke auf das Maximum und nahm ab, als die Gruppe gerade zur ersten Textzeile »Young man, there's no need to feel down …« ansetzte. Dann stellte er sein privates Telefon auf Lautsprecher und legte es so in den Sarg, dass die Kamera, deren rotes Licht in wenigen Sekunden aufleuchten würde, es nicht erfassen konnte.

Er griff sich den kleinen Monitor, auf dem sich von Rotfelder gleich zeigen wollte, und steckte ihn in den Bund von Gustavs Hose, die er sich selbst angezogen hatte.

Er war auch in Gustavs Schuhe geschlüpft, die er überaschenderweise bequemer und passender fand als die Stiefel, die er bis vor Kurzem noch getragen hatte. Verrückt!

Auf einem Regal im Leichenraum hatte Borg zwei Sprühflaschen Insektenvernichtungsmittel »Summ-Summ-EX« gesehen – Newski hatte die sicher hier vergessen – und er lief hinüber, um sie zu holen. Eine

Flasche legte er zu Gustav in den Sarg – auch so, dass die Kamera sie nicht filmen konnte – und eine steckte er sich in eine Seitentasche der weiten Hose.

Die letzte Kraftanstrengung war das Schließen des Sargdeckels. Gustav war wieder zu sich gekommen und schob seinen Kopf auf dem Kissen im Sarg hin und her.

Die kalten Augen des Mannes blickten Borg wütend an, und seine Wangen blähten sich auf, als er versuchte, etwas zu sagen, aber das Gafferband, das seinen Mund versiegelte, ließ keinen Ton heraus.

Borg blieb hart. Er setzte den Deckel auf.

Als das geschafft war, strich Borg Gustav aus seiner Erinnerung, lief noch einmal in den Nachbarraum, wo er eine Art Leichentuch in einer Schublade fand, mit der er die Körperflüssigkeiten vom Boden aufwischte.

Jetzt war alles vollbracht.

Als hätte es eine geheime Absprache zwischen Borg und von Rotfelder gegeben, schaltete sich plötzlich das Krematorium an, und die Luke, vor der der Sarg stand, begann sich zu öffnen.

»Die Show beginnt«, dachte Borg. Er zog den kleinen Monitor hinten aus dem Hosenbund und sah, dass er bereits ein Bild übertrug.

Vorn war von Rotfelder zu erkennen, er nahm fast die Hälfte des Bildes ein. Hinter ihm auf Stühlen in einem Raum mit schummrigem Licht saßen der Anwalt, Koukol und Norbert. Zwei weitere Personen hörte man sprechen und lachen, aber man sah sie nicht.

»Lieber Herr Borg. Geht es Ihnen gut? Wir sind jetzt live auf Sendung!« Von Rotfelder lachte, und das Lachen der anderen brandete einmal auf.

Borg sprach in sein Telefon, das die Worte an das Smartphone sendete, das bei Gustav im Sarg lag.

»Wenn Sie den Sarg nicht stoppen, dann sind Sie ein Mörder!«, sagte Borg, der unheimlich erleichtert war, dass sein Plan funktionierte. Er sprach schnell und spürte die in sich angestauten Aggressionen. Beides war für ihn völlig unüblich, und er schob es auf die Drogen.

Von Rotfelder hatte eine große Leinwand in dem Raum aufgebaut, in dem er und seine Schergen sich versammelt hatten.

Gespannt starrten die Zuschauer auf die Übertragung, als wäre es das Endspiel einer Fußballweltmeisterschaft. Das Bild zeigte aber nur hellbraune Stiefel und die sich bewegenden Beine Gustavs, von denen alle dachten, es handelte sich um die Beine von Kommissar Oliver Borg.

»Wir übertragen nicht nur live. Wir schneiden auch mit!«, freute sich von Rotfelder. »Ihr Feuertod wird uns ein hübsches Sümmchen bringen. Die Damen und Herren, die mit Vorliebe die Filme von uns kaufen, die wir mit unseren Kinderdarstellern produzieren, sind offen für neue stimulierende, nie da gewesene Aufnahmen!«

Borg hielt das Telefon vor seinen Mund, und den kleinen Monitor dicht vors Gesicht. Wo war dieser Raum, in dem von Rotfelder mit seinen perversen Handlangern hockte? In der Roten Villa? Oder gab es auf dem Ehrenfriedhof ein weiteres Gebäude?

»Wo sind Sie? In der Villa?«, fragte Borg.

»Im Keller! Meine kleine private Zufluchtsstätte für besondere Momente und gute Freunde. Ein Jammer, dass Sie nicht hier sein können. Ich bin sicher, hier bei Champagner und Kaviar würde es Ihnen besser gefallen als auf dem Weg in die Hölle!«

Der Sarg mit Gustav darin ruckelte. Von Rotfelder und seine Männer sahen die zuckenden Beine, und Gelächter brach aus.

Borg schaute vom Monitor auf und sah, wie der Sarg wackelte. Er konnte in etwa nachempfinden, welche Gedanken jetzt durch Gustavs Kopf rasen mussten.

Mit einem Ruck setzte sich das Förderband in Bewegung, und der Sarg fuhr langsam auf die gähnende Öffnung zu, die zur ersten Brennkammer führte.

»Sie Mistkerl! Was haben Sie davon? Was bringt es Ihnen? Sind sie einfach nur ein Psychopath! Was soll das Ganze?«, brüllte Borg in das Telefon. Seine Stimme dröhnte über das Handy im Sarg und wurde von der Kamera in von Rotfelders Vorführraum übertragen.

»Muss ein Bösewicht immer einen Plan haben? Es gibt so viele Killer, die keinen Grund haben und dennoch killen«, er wandte sich an seine Gäste: »Stimmt's, Jungs?«

Es wurde gegrölt.

»Dummerweise passen Kriminalität und Dummheit nicht gut zusammen! Sie werden auffliegen!«, sagte Borg wütend.

»Niemals! Ich werde auf Ihre Asche pissen!«, schrie von Rotfelder, und die Stimmung in seinem Raum erreichte einen Höhepunkt. Der Sarg war jetzt ganz in die Brennkammer eingefahren, die Luke begann sich zu schließen.

Von Rotfelder starrte auf die Übertragung der sich bewegenden Füße von Gustav.

»In einer Minute springt der Ofen an. Ich habe alles programmiert!« Er drehte sich wieder zu seinen Leuten um: »Ein Feuerwerk der guten Laune!«

Sie schrien vor Lachen.

»Warum haben Sie den Kammerjäger, diesen Newski, getötet?«, fragte Borg laut.

»Wieso wollen Sie das wissen? Ihr Gehirn wird gleich bei 800°C brennen. Da bleibt nichts übrig. Alles, was Sie wissen und jemals wussten, wird von Ihrer Festplatte gelöscht. Jegliches Lernen und Verstehen im Leben ist völlig überflüssig, wenn Sie es nicht in einem Buch niederschreiben oder einer anderen Person erzählen, die das dann wiederum tut«, philosophierte von Rotfelder. »Und Sie können sicher sein, Sie werden nie wieder mit jemand anderem sprechen als mit mir!«

Borg schwieg. Von Rotfelder hatte teilweise recht, nur dass es nicht Borgs Gehirn war, dass gleich brennen würde, sondern Gustavs.

Auch von Rotfelder versank kurz in Gedanken. »Aber,« sagte er schließlich, »ich sage Ihnen, was Sie wissen wollen. Dann werden Sie mich nicht für gänzlich böse halten.«

»Ist mir völlig egal, was Sie mir erzählen. Sie sind das manifestierte Böse. Da gibt es kein Fünkchen Mitleid oder Empathie in Ihrem Leben. Sie sind der leibhaftige Teufel«, sagte Borg in sein Telefon.

»Niemand ist ausschließlich böse«, sagte von Rotfelder und schob seinen Kopf nahe an seine Kamera heran, sodass Borg die spitzen Zähne des Mannes deutlich auf dem kleinen Monitor sehen konnte. »Hitler war auch nicht durchweg ein böser oder schlechter Mensch«, sagte von Rotfelder. »Er hat auch gute Dinge getan.«

»Ja, indem er sich selbst getötet hat«, sagte Borg. »Vielleicht tun Sie mir den Gefallen und jagen sich auch eine Kugel in den Kopf.«

»Ich sehe, wir kommen hier nicht weiter. Ich beantworte Ihnen jetzt Ihre letzte Frage, und dann gibt's ein feuriges Ende. Was wollen Sie wissen?«

»War der Kammerjäger auch ein Mitglied im Kinderpornographiering?«

»Nein, das war er nicht. Ich hatte hier auf dem Friedhof ein Rattenproblem und musste ihn einschalten. Dann hat dieser dumme Mensch hier herumgeschnüffelt, und auf der Suche nach dem Bau der Viecher ist er hinter einem Schrank auf das Fach gestoßen, in dem ich die ganzen Armbanduhren der kleinen Engel aufbewahrt habe. Das hat ihn neugierig gemacht, und er fand im Schuppen unseres Gärtners die Bilder der hübschen, kleinen, toten Körper. Da hat er wohl Angst bekommen und ist abgehauen.«

»Verständlich«, sagte Borg.

»Allerdings wusste er nicht, dass ich ihn mit der Überwachungskamera aufgezeichnet habe, als er die Uhren einsteckte. Tja, da musste ich Koukol beauftragen, ihn auszuschalten.«

Borg lächelte befriedigt: »Dummerweise hatte er mit seinem Handy Fotos von den Fotos gemacht und eine Ladung Armbanduhren in seinen Rucksack gesteckt und auch gefilmt. Dieser ›dumme Mensch‹, wie Sie sagen, war also gar nicht so dumm. Durch seine Taten bin ich direkt zu Ihnen geführt worden.«

»Im Gegenteil. Er hat etwas sehr Dummes getan, wenn wir das mal aus Ihrer Sicht betrachten«, sagte von Rotfelder, »er hat Sie direkt in den Tod marschieren lassen.«

Borg stellte sich vor, welch psychische Hölle Gustav im Sarg durchleben musste.

»Bei Ihnen gibt es immer nur eine Lösung: den Tod. Stimmt's?«, fragte Borg.

»Sie sollten wissen, warum ich es nicht für verwerflich halte, zu töten. Es ist ganz einfach: Ich denke, dass wir evolutionär in einem Zwischenstadium sind zwischen primitiven Menschenaffen und zivilisierten Lebewesen. Und solange wir nicht zivilisiert sind – und das sind wir nicht, sehen Sie sich doch die Zerstörung des Planeten durch den Menschen an – solange wir nicht zivilisiert sind, ist es nicht schlimm, wenn wir uns gegenseitig töten.«

»Ich komme darauf zurück …«, sagte Borg. Da kam der erste hinterfragende Blick von Rotfelders über den Monitor, und Borg mahnte sich zur Vorsicht.

»Warum haben Sie den Kammerjäger nicht einfach in Ihren Brennofen geworfen?«, fragte Borg.

»Das Krematorium ist erst seit einer Woche in Betrieb, und ganz zu Beginn hatten wir noch eine technische Störung – typische Kinderkrankheiten bei einem neuen Gebäude. Der Brenner lief nicht, und die Reparatur war erst für diese Woche angesetzt. Aber die Leiche von diesem Newski musste hier weg! Ich hatte kein freies Grab und wollte auch keine Spuren hier, also haben wir es so machen wollen wie immer. Die Lösung mit der Biogasanlage haben wir schon einige Male nutzen müssen.«

»Und was war mit dem Fahrer des Transporters?«, fragte Borg.

»Der hat lange mit mir zusammengearbeitet, weil er auch immer frisches Videomaterial der Kleinen von mir bekommen hat. Als er aber diesen Newski abtransportieren sollte, da wollte er aussteigen. Koukol hat ihm dann auf seine Art klargemacht, dass man aus unserem elitären Club nicht einfach aussteigen kann«, erklärte von Rotfelder.

»Deshalb wollten Sie auch ihn in Biogas umwandeln lassen …« Jetzt ergab alles Sinn. Dummerweise hatte der tablettenumnebelte Koukol dann den Unfall mit dem Häckseltransporter.

Ein Poltern wurde über das Telefon im Sarginneren auf Borgs Telefon übertragen. Gustav mobilisierte verzweifelt seine letzten Kräfte. Noch 40 Sekunden, und das Krematorium würde seine tödlichen Flammen auf den Sarg schießen.

»Jetzt verstehe ich auch, warum Sie mir Newski extra im Leichenwagen zum Präsidium geschickt haben. Sie wollten hier keine Polizei, was?«, sagte Borg und ging in Gedanken den Fall durch. Von Rotfelder hatte ja nicht ahnen können, dass der tote Newski ein Handy in seiner ›Knastbrieftasche‹ geschmuggelt hatte. Ihm ging es nur darum, dass die Polizei nicht aufs Gelände kam – logisch: Hier gab es ja noch andere

Spuren, zum Beispiel die Kinderhände. Und wahrscheinlich gab es auch Dateien mit pornographischem Material auf den PCs, das hier gefilmt und dann über die Fitnesscenterkette in Umlauf gebracht wurde. Das könnten seine Kollegen heute Nacht alles sicherstellen, dachte Borg.

Er sah auf seine Uhr. Es war viertel vor zwölf – gleich würde Sina vor dem Haupteingang stehen. Er musste die Beweise holen.

Mit einem Grollen startete das Krematorium seinen vermeintlich unaufhaltsamen Verbrennungsprozess. Borg sah den orangefarbenen Lichtschein des Feuers durch die kleine, runde feuerfeste Scheibe der Ofenkammer strahlen. Im selben Moment kamen Schreie über sein Handy – Gustav musste derart gewütet und gebrüllt haben, dass das Gafferband von den Lippen abgegangen war. Alle hörten das Kreischen des Mannes, das jegliche Lautsprecher zum Übersteuern brachte, und das Jubeln der teuflischen Gesellschaft im Keller mischte sich mit Gustavs Todesschreien.

Hätten die wohl auch so gejubelt, wenn sie gewusst hätten, dass sie dort einen ihresgleichen verbrannten?

Borg stand auf und ging an der Brennkammer vorbei. Stirb in meinen Stiefeln, dachte er und lief in Richtung Haupthaus, wo er die in Formaldehyd eingelegten Kinderhände zuletzt gesehen hatte.

KAPITEL 30

Mondeskälte

Als er das Krematorium verließ, peitschte ihm die kalte Luft Starkregen ins Gesicht. Es war das erste Mal seit Tagen, dass er diesen Niederschlag nicht als unangenehm empfand. Es fühlte sich erfrischend an, und Borg hoffte, der heftige Schauer würde ihm den Gestank der Leiche vom Rücken waschen. Sein Oberteil war in kürzester Zeit völlig durchgeweicht.

Er erreichte das Haupthaus und hielt noch immer den Monitor in der Hand. Von Rotfelder und seine Schergen verfolgten die Verbrennung von Gustav wie andere Menschen eine Folge von ›Let's Dance‹ im Fernsehen. Sie aßen Chips und Kaviar und tranken Champagner.

Borg hatte sein Handy ausgeschaltet und in die weite Hosentasche fallen lassen.

Nur der Mond beobachtete ihn, als er mit dem Generalschlüssel, den er vor dem gestrigen Abendessen in einen Schlitz zwischen Gips und Arm gesteckt und nun hervorgeholt hatte, den Hintereingang öffnete.

Ihm war zwar schwindelig, doch er fand problemlos zu dem Raum zurück, in dem er zuletzt das Glas mit den Händen darin gesehen hatte.

Er hob das Glas aus dem Fach und war zuversichtlich, diesen Fall heute Nacht abschließen zu können.

Die Hände tanzten in der schwappenden Flüssigkeit – komischerweise schwammen sie alle oben – und wirkten steifer als beim ersten Betrachten. Borg dachte nicht weiter darüber nach. Hauptsache, der Beweis war gesichert.

Als er zum Schauraum kam, sah er, dass dieser zwar aufgeräumt worden war – die kaputten Urnen und die Scherben der Schaufensterscheibe sowie das Blut des durchtrennten Hundes waren verschwunden – doch die Scheibe hatte man nur provisorisch abgedeckt; wie auch beim ersten Mal, als Spieß sie zerschossen hatte.

Borg riss ein Loch in die Folie, und Wind wehte in den Schauraum.

Im Licht der Leuchtreklame erschien Sina. Ihre Haare hingen wild herunter, sie war sicher bis auf die Unterwäsche durchnässt.

Borg empfand beim Anblick seiner Kollegin eine tiefe Verbundenheit. Ihm wurde klar, dass es noch eine Welt gab dort draußen, abseits dieses Schlachtfeldes.

Sina lächelte ihn an. »Alles in Ordnung?«, fragte sie.

»Hier sind die Beweise! Das sind abgetrennte Kinderhände! Bring Sie ins Präsidium. Mobilisiere alle Kräfte, und dann nehmt den Laden hoch!«, drängte Borg und gab Sina das Glas. »Du erreichst mich nur über das Handy aus dem Kommissariat, meins ist Asche.«

Sie fasste ihm ins Gesicht. »Komm da raus!«, sagte sie. Ihre Finger waren weich und warm, und sie fuhr ihm zärtlich mit den Fingerspitzen über die Wange.

»Ich kann nicht! Er hat eine Frau und zwei Kinder hier in seiner Gewalt! Ich muss sie erst holen. Dann kommen wir alle raus!«, sagte Borg und drückte ihre Hand mit seiner auf seine Wange. Er dachte an Donantienne, und jetzt, da er Sina vor sich sah, so lebendig, so hübsch wie immer, so zerbrechlich und doch so stark, war er verwirrt. Natürlich hatte sie recht: Ein Schritt, und er hätte diesen Albtraum verlassen.

Wenn dieses Wirrwarr ein Ende hatte, würde die Zeit zeigen, wohin der Weg führte, dachte er.

Dann aber besann er sich. Da gab es Unschuldige auf diesem Gelände, und es gab Geheimnisse! Vielleicht hatte von Rotfelder noch Kinder am Leben gelassen und hier eingesperrt. Mit jeder Minute, die verstrich, erhöhte sich die Gefahr für alle potenziellen Opfer, die es hier gab.

»Nein, Sina, ich muss wieder rein! Tu, was ich dir gesagt habe!« Borg drehte sich schnell um und lief wieder durch den Schauraum zurück zum Hinterausgang, der auf das Gelände führte. Er musste zur Roten Villa zurück und Donantienne finden.

In diesem Moment gab es einen Knall. Das Geräusch kam aus dem Krematorium, und es klang, als wäre ein Schuss gefallen. Im nächsten Moment sprang eine Alarmanlage an.

Borg schaute auf den kleinen Monitor in seiner Hand.

Von Rotfelder war aufgesprungen, seine Schergen waren verstummt.

»Was war das?«, brüllte von Rotfelder.

Norbert hatte einen Laptop auf seinem Schoß aufgeklappt. »Das Krematorium ist im Störungsmodus. Der Verbrennungsprozess wurde gestoppt!« Seine Stimme klang nicht menschlich, weil seine Worte aus der Sprechkanüle verzerrt waren.

Borg jubelte innerlich! Die Spraydose mit dem Insektenvernichtungsmittel, die er Gustav in den Sarg gelegt hatte, war unter hohem Druck im Feuer explodiert und hatte das Krematorium in den Störungsstopp geschossen!

Jetzt war es von Rotfelder bis zum Eintreffen der Polizei nicht möglich, weitere Beweise einzuäschern.

Borg fühlte sich wie ein Sieger.

»Was sollen wir jetzt machen?«, fragte Norbert.

»›Was sollen wir jetzt machen‹«, äffte von Rotfelder nach. »Beheben Sie die Störung!« Dann wandte er sich an einen Mann, der nicht im Bild war.

»Adermann. Bereiten Sie eine Leiche vor. Wir müssen noch ein Kind verpacken! Und Sie, Dr. Adomaitis, laden die letzten Filme hoch. Auch die mit Borgs Abgang. Auch wenn man weniger von ihm sieht, als ich mir erhofft hatte!«

Borg rannte quer über den nachtschwarzen Rasen hinüber zu einem Busch. Gleich würden hier also ein paar Leute vorbeikommen, um das Krematorium wieder zum Laufen zu bringen.

Die Kälte erfasste Borgs Körper, als er sich im Gebüsch verborgen hielt, und der Regen war auch wieder unangenehm.

Keine zwei Minuten später kamen zwei Männer und gingen in das Krematorium. Ihnen folgte Nico Adermann, der schnell lief, um nicht ganz durchnässt zu werden, über das Gelände, schlug aber einen anderen Weg ein.

Er sollte eine Leiche vorbereiten, hatte von Rotfelder gesagt, und Borg huschte aus dem Gebüsch und folgte Adermann.

Der sportliche Fitnesstrainer lief zum Haupthaus, schloss auf und huschte hinein. Borg war rechtzeitig da, bevor die Tür zufallen konnte und presste sich still durch die verbleibende Öffnung in das Haus.

Adermann war in einen Nebenraum abgebogen den Borg kannte: Es war das Zimmer, in dem von Rotfelder den kleinen Vogel getötet hatte. Borg öffnete die Tür einen kleinen Spalt und blickte hinein.

Adermann war soeben im Begriff, sich ein Stirnband anzulegen, an dem eine Gopro befestigt war. Wollte er das Vorbereiten der Leiche filmen?

Borg beobachtete jeden von Adermanns Handgriffen und fühlte sich der realen Welt entzogen. Was er hier sah, war ein Horrorfilm. Das Geräusch fließenden Wassers hatte bei Borg Harndrang ausgelöst, doch er zwang sich, das grausame Schauspiel bis zum Schluss zu verfolgen. Mit angehaltenem Atem und sehr aufmerksam presste er seine Augen an den Türspalt. Adermann hatte den nackten toten Körper einer Frau vor sich auf einem Vorbereitungstisch.

Seine langen Finger streckten sich aus und begannen die Brüste, weiß wie Schnee, geschmückt mit zwei aufblühenden Knospen, zu kneten.

Die tote Haut glänzte – er hatte sie offenbar eingeölt – und eine feine Linie verlief vom Nabel an abwärts. Plötzlich stieg Adermann auf den Tisch und hockte sich über die Leiche.

Borg fuhr mit seiner Hand zum Mund und hielt ihn zu. Es war so gespenstisch.

Dann nahm Adermann zwei blaue Handschuhe, die er zuvor an das Kopfende des Tisches gelegt hatte, und zog sie an.

Borg erinnerte sich an die Aufnahmen, die das Handyvideo auf dem Präsidium gezeigt hatten: Hände in blauen Handschuhen, die ein Kind betasteten.

Borg sah nun live, wie die beiden blau behandschuhten Hände eine Schere aus einer kleinen Schüssel vom nebenstehenden Tisch nahmen und die beiden Schneiden mit aller Kraft in den Bauch der Leiche gestoßen wurden. Die Frau war noch nicht lange tot: Blut, tiefrot, spritzte unvermittelt unter dem Nabel hervor. Von Panik ergriffen schloss Borg die Augen, verharrte aber in seiner Position.

Was war das für ein Wesen, das da hockte? War das ein Mensch?

Jetzt war wieder das Wassergeräusch zu hören. Es war aber kein Wasser, das da floss. Adermann hatte sich bis auf die Unterhose ausgezogen und übergoss sich mit dem Blut, dass er mit einer Schüssel aufgefangen hatte. Seine Hände verrieben es auf seinem nackten Oberkörper und auch in seinem Gesicht. Borg wurde speiübel.

Adermann stellte die Schüssel beiseite und wandte sich wieder der Leiche zu. Seine Hände griffen in den Bauch und bewegten sich unaufhörlich. Nach mehrfachem klappern der Schere nahm er nach und nach alle Eingeweide aus der toten Frau, um sie in eine Wanne neben sich zu legen.

Mit seinen blutigen Händen ergriff er danach wieder die weichen Eingeweide, die er aus der Leiche herausgeholt hatte und wusch sie sorgfältig in einer anderen Schüssel. Dann verstaute er sie in einem blauen Müllsack.

Anschließend nahm er eine Schöpfkelle, wusch nacheinander die Arme, die Brust, die Leistenbeugen, die Füße und selbst jeden einzelnen ihrer Zehen, so dass die ausgeweidete Frau fast wieder so frisch wie vor der abscheulichen Prozedur aussah.

Borg dachte, das Schlimmste überstanden zu haben, aber jetzt zog Adermann seine Unterhose ebenfalls aus und kletterte wieder auf den Tisch. Borg wollte das nicht sehen, aber er musste. Der Teufel brauchte seine Zuschauer. Adermann zeigte also das seltene psychologische Störungsbild der *Nekrophilie* und lebte es voll aus. Er fand es erregend, sexuelle Handlungen an toten Körpern vorzunehmen, und Borg wünschte sich, niemals geboren worden zu sein.

Mit jedem Beckenstoß, den Adermann unter tierischen Lauten ausführte, rutschte der kalte ausgeweidete Körper weiter auf dem Tisch nach hinten, bis der Kopf über die Tischkante nach hinten fiel.

Adermann glitt aus ihr, zog den Körper an den Beinen wieder mittig auf den Tisch und warf ihn mit Wucht auf den offenen Bauch herum. Dann kletterte er von Neuem auf den Tisch und schändete die Leiche von hinten.

Ein ekelerregender Blutgeruch hing in der Luft – Borg war irritiert – Menschenblut roch noch stärker als Fischblut! Das Schließen der Augen war Borg nicht genug. Er musste sie sich zuhalten. Nun hatte er eine Hand vorm Mund und den Gips vor seinen Augen. Ihm war eiskalt. Es war aber nicht mehr die Kälte, die ihn zum Zittern brachte, es war die pure Angst vor dem Bösen.

Als Adermann nach einer schier endlosen Zeitspanne laut schreiend zum Orgasmus kam, war Borg, mit zitternden Knien und dem Würgen nahe, kurz davor, ohnmächtig zu werden.

Adermann wusch sich und versuchte ohne großen Erfolg, die Spuren seiner Ekstase und des Blutes von seinem Körper zu entfernen. Als er sich angezogen hatte, ging er zur Leiche, griff brutal in das lange blonde Haar der toten Frau, zog den Kopf wie den einer Puppe nach oben und küsste sie leidenschaftlich auf den halbgeöffneten Mund, dessen lila Lippen den Kuss nicht erwiderten, sondern nur den Hauch des Todes verströmten.

Borg zwang sich in professionelle Gedanken, stellte sich vor, wie er Adermann erschießen würde, aber dann wurde er durch Adermanns Stimme in die Realität zurückgerufen.

Adermann telefonierte: »Herr Von Rotfelder! Ich bin fertig«, keuchte er. »Es ist alles vorbereitet. Sie können mit der Füllung beginnen.«

Konnte Borg also doch noch nicht zuschlagen! Jetzt kam der Meister. Was würde von Rotfelder nun tun? Borg wollte es gar nicht wissen, aber er blieb in seinem Versteck.

Es dauerte nicht lange, bis eine Tür geöffnet wurde, und von Rotfelder in einem langen schwarzen Mantel hereinkam.

»Wie sieht es denn hier aus!«, schimpfte er. »Die Schweinerei machen Sie heute Abend aber noch weg! Verstanden?«

»Ja, Herr von Rotfelder«, kuschte Adermann.

»Fassen Sie mit an! Wir nehmen die Bahre«, sagte von Rotfelder.

Die beiden Männer legten die tote ausgeweidete Frau auf eine Tragbahre und gingen mit ihr aus dem Raum. Borg schlich hinterher.

Der Weg führte zum Hinterausgang des Gebäudes und dann hinüber zum Ehrenfriedhof.

Von Rotfelder und Adermann stellten die Bahre kurz auf den Boden, und von Rotfelder öffnete das Tor zu dem Bereich, den Borg noch nicht betreten hatte.

Als die beiden Männer den im Dunkeln liegenden Ehrenfriedhof betreten hatten, schlossen sie die Tür von innen. Borg war verzweifelt.

Alles, was er gesehen hatte, hatte so viel Schaden in ihm angerichtet, und doch wusste er genau genommen nichts.

Er starrte hinauf zum Himmel, wo er glaubte ein Quietschen gehört zu haben. Die Kette des großen Krans bewegte sich im Wind und schwang über dem abgeschotteten Ehrenfriedhof. Das war die Lösung! Der Kran stand hier zugänglich außerhalb des abgesperrten Bereiches, der Ausleger führte aber direkt über das abgeschottete Friedhofsgelände.

Konnte er dort hinauf und an der Kette hinunter in das rätselhafte schier unerreichbare Gebiet gelangen? Borg dachte nicht weiter darüber nach und rannte durch den Regen hinüber zum Fuß des Krans.

Der Himmel blitzte grell auf, als Borg den Kran erreicht hatte. Der Schuss, der durch die Wolken gefahren war, hatte die letzte Schleuse gänzlich geöffnet. Einen solch starken Regen hatte Borg noch nicht erlebt.

»He! Was machen Sie da!«, brüllte eine Männerstimme, und Borg wirbelte herum. Der starke Lichtstrahl einer Taschenlampe traf ihn im Gesicht und blendete ihn.

Borg hob die Hand, um sich gegen das gleißende Licht abzuschirmen.

»Sie?« Victor war deutlich überrascht.

Verdammt!, dachte Borg. Jetzt war er aufgeflogen!

Victor stand in fünf Metern Entfernung, und ein Fluchtversuch schien zwecklos. Wo sollte er auch hinlaufen? Auch auf den Kran zu klettern, würde ihm jetzt nicht helfen.

Victor trug eine unpassende, in Messing eingefasste runde Brille, die seine hervorquellenden Augen noch vergrößerte. Aber da die Brillengläser durch seinen Hauch beschlugen und voller Regentropfen waren, konnte er kaum sehen.

Victor griff an seinen Gürtel und machte etwas davon ab: ein Sprechfunkgerät.

»Bleiben Sie, wo Sie sind!«, befahl er, dem der Regen nichts auszumachen schien. Er war schon länger hier draußen unterwegs gewesen.

In dem Moment, als Victor das Funkgerät zum Mund hob, um von Rotfelder zu alarmieren, hielt er plötzlich inne. Auch Borg hatte bemerkt, dass sich dort etwas in den Büschen neben den Grabsteinen bewegt hatte.

Victor leuchtete mit der Taschenlampe schnell hinüber, und der Lichtstrahl ließ zwei Augen aufblitzen.

Da saß ein Wesen in den Sträuchern. Borg erkannte, dass es ein Hund war, der wie er ausatmete. Im selben Moment kam der vermisste Kampfhund aus dem Busch hervor und lief langsam und knurrend auf die beiden Männer zu.

»Da bist du ja, Safel! Wo hast du gesteckt?«, rief Victor erleichtert. Dann wandte er sich wieder an Borg, und der stand erneut im Lichtkegel. »Tja, Herr Borg, das tut mir leid für Sie. Jetzt wird es doch ein schmerzhaftes Ende!« Victor lachte.

Borg konnte sich vorstellen, was jetzt kommen würde, und er hatte recht.

»Safel! Fass!«, rief Victor. Der Herr der Hunde wollte seine lebendige Waffe ausspielen und sich daran erfreuen, wie Safel Borg angreifen und im Idealfall totbeißen würde.

Die Nacht war unwirklich, die Luft bitterkalt und Borgs Kopf leicht und leer. Jetzt würde er zerfleischt werden – was für ein Ende!

»Fass!«, befahl Victor noch einmal und leuchtete wieder auf das Tier, das jetzt noch näher herangekommen war und dessen Knurren sich mit dem Heulen des Windes mischte. Der Hund lief urplötzlich von rechts nach links und fletschte die Zähne. Dann knickte einer seiner Vorderläufe um, und er blieb kurz stehen. Er war aufgeregt, und dennoch war sein Verhalten untypisch. War er verletzt?

»Was ist denn los, Safel? Fass! Verdammt nochmal! Fass! Schnapp ihn!« Victor verfiel wieder in seine Rolle des grausamen Herrchens. Er hätte den

Hund sicher geprügelt, wenn er nahe genug gewesen wäre und er etwas zum Schlagen bei sich gehabt hätte.

Borg blieb starr stehen und beobachtete das Schauspiel. Was war mit diesem Hund los? Als der Lichtstrahl wieder auf den Kopf des Hundes gerichtet war, sah Borg etwas Bauschiges aus der Schnauze des Hundes quellen: Schaum! Jetzt war ihm alles klar: Safel hatte Tollwut, das erklärte auch das Wegknicken seines Beines: Lähmungserscheinungen zählten zu den zuverlässigsten Anzeichen dieser Krankheit. Das Virus wurde von Tier zu Tier und auch von Tier zu Mensch übertragen. Die Übertragung erfolgte durch engen Kontakt mit dem Speichel infizierter Tiere, in der Regel aber durch Bisse, Kratzwunden und das Lecken offener Hautstellen und Schleimhäute. Sicher hatte Safel sich bei den Ratten infiziert, die hier auf dem Gelände waren. Vielleicht war das Borgs Rettung.

Als er das dachte, drehte der Hund sich aufgeregt um die eigene Achse und nahm Anlauf.

Ein letztes Mal schrie Victor aus voller Kehle sein hasserfülltes »Fass!«, dann schoss der Hund mit drei großen Sprüngen auf den Mann zu, hob vom schlammigen Boden ab und sprang genau in das Licht der Taschenlampe.

Victor taumelte, von der Wucht des Hundekörpers getroffen, nach hinten, und noch bevor er auf dem Boden aufschlug, hatte Safel seine Kiefer um das Gesicht des Mannes geschlossen. Victors Schrei klang dumpf, wie in eine Tüte ausgestoßen, weil er in den Rachen des Hundes schrie.

Die Pfützen auf dem Boden spritzten zu allen Seiten, als Victor mit einem dumpfen Schlag in sie hineinfiel und sich wand.

Safels Attacke wirkte, als würde man sie in doppelter Geschwindigkeit sehen. Immer wieder schnappte er zu und riss große Fetzen aus dem Gesicht Victors. Die Schreie des Schurken, der dem Hund sicher nicht immer die besten Zeiten beschert hatte, klangen schrill.

Borg wollte nicht hinsehen und konnte nicht wegsehen.

Immer wieder drosch Victor mit der schweren Taschenlampe auf den Körper des Hundes ein, als würde er versuchen, den Staub aus einem schweren schwarzen Pelz zu schlagen, mit dem er sich bereits zugedeckt hatte. Der Hund ließ in seinem Angriff nicht nach, ganz im Gegenteil: Jeder Schlag schien ihn wütender zu machen. Victors Schreien verwandelte sich in ein Gurgeln, und als er kraftlos die Taschenlampe aus den Händen verlor und diese so neben ihm landete, dass sie genau seinen Kopf beleuchtete, sah Borg, dass er keine Nase mehr hatte.

Victors Arme und Beine ruderten käferhaft, und wie er von seinem im Todeskampf auf dem Rücken lag und selbst der starke Regen es nicht schaffte, das Blut schnell von seinem Gesicht zu spülen, setzte Safel das Zerfleischen des Mannes ungebremst fort.

Das Mondlicht und der gelbliche Schein der Taschenlampe gaben dem Gemetzel eine gespenstische Farbe.

Borg glaubte zu erkennen, wie Safel die Zunge aus Victors Mund riss. Als sich einer der alles zerstörenden Bisse der Bestie in der Halsgegend des Opfers den Kehlkopf vornahm und auch ihn mitsamt der Haut, den Sehnen, Adern und dem umliegenden Fleisch aus dem Körper riss, da fielen die zuvor noch so wild herumwirbelnden Arme und Beine Victors auf den Schlamm und blieben bewegungslos liegen.

Die Taschenlampe flackerte zweimal auf und erlosch – zeitgleich mit ihrem Besitzer.

Safel kaute und schluckte, dann drehte er seinen Kopf langsam zu Borg. Trotz der lediglich durch das Mondlicht erhellten Nacht konnte Borg genau erkennen, wie der durchnässte und blutverschmierte Kampfhund ihn als sein nächstes Opfer auswählte.

Borg machte einen kleinen Schritt zurück und ertastete hinter sich den kalten Stahl des Krans.

Bei Tollwut war das aggressive Verhalten eines Tieres kaum abschätzbar. Hier ging es nur darum, die Zähne in warmes Fleisch zu jagen und zu töten.

Borg bekam Angst.

Safel duckte sich, wie zum Sprung Energie sammelnd, und genau in dem Augenblick, in dem Borg den Angriff erwartet hatte, rannte der Hund jaulend nach links in das Gebüsch, aus dem er gekommen war.

Es wurde still, und nur das Plätschern des Regens gab dem Schauplatz etwas beruhigend Monotones.

Eine dunkle Wolke schob sich vor den Mond und nahm dieser Szenerie jetzt jegliches Licht, lediglich die Mondeskälte blieb.

Borg wagte sich auf den toten Victor zu und tastete den Matsch rund um die Leiche ab. Als er die Taschenlampe gefunden hatte, nahm er sie auf, klopfte ein paarmal damit gegen seinen Oberschenkel, und das Licht ging wieder an. Borg schöpfte neue Hoffnung. Er leuchtete zur Sicherheit noch einmal auf den Busch, aus dem Safel zuvor gekommen war, aber dort bewegte sich nichts. Tollwut zählte zu den tödlichsten Infektionskrankheiten weltweit – sicher würde Safel qualvoll verenden.

Borg leuchtete den Boden ab und fand in der braunrötlichen Mischung aus Schlamm und Blut Victors Funkgerät. Er hob es auf und steckte es in die weite Hosentasche. Dann durchsuchte er die Leiche nach etwas Nützlichem und fand ein Jagdmesser. Besser als nichts, dachte er und schob es sich vorsichtig hinten in den Hosenbund.

Wie eine Mahnung quietschte die Kette, die vom Kran herunterhing.

Borg besann sich auf das, was er vorhatte, ging zurück zum Fuß des Gittermastkrans und kletterte langsam auf den Unterwagen.

KAPITEL 31

Liga der Vampire

Wäre das alles ohne den Drogencocktail im Blut möglich gewesen? Insgeheim dankte Borg von Rotfelder, der ihm damit wahrscheinlich das Leben gerettet hatte.

Der Kran war ein sogenannter Untendreher: Das Drehwerk befand sich auf dem Unterwagen knapp über dem Boden.

Die Metallsprossen waren scharfkantig, und Borg hatte Mühe, sich mit einer Hand festzuhalten, während er vorsichtig, dem Regen trotzend, immer weiter hinaufkletterte.

Gittermastkrane wie dieser hier erlaubten ein eigenständiges Fahren des gummibereiften Untergestelles. Von Rotfelder hatte dieses stählerne Ungetüm also auf seinem Gelände hin- und herfahren lassen können. Er konnte die Grabsteine genau dort aufnehmen lassen, wo sie hergestellt worden waren, und die Höhe des Krans ermöglichte es, sie über die Mauern des Ehrenfriedhofs direkt hinunterzulassen.

Was verbarg sich tatsächlich hinter den Mauern? Warum war es so wichtig für von Rotfelder, dass selbst seine Angestellten von ihnen abgehalten wurden?

Während sich Borg Meter für Meter weiter nach oben kämpfte, spürte er, wie ihm immer kälter wurde. Je weiter er sich hinaufzog, desto stärker wehte der Wind, den von Rotfelder so bezeichnend ›Totengräberwind‹ genannt hatte. Borg merkte, wie der Kran leicht schwankte, und er sah auf die kleinen roten Punkte, die an verschiedenen Stellen unten auf dem Friedhof blinkten und flackerten. Die Grabkerzen auf den letzten Ruhestätten wirkten von hier aus wie Glühwürmchen, die ihre Position nicht veränderten.

Als Borg fast ganz oben war, konnte er in der Ferne die Rote Villa erkennen. Brannte dort in einem der Zimmer ein schwaches Licht? Saß Donantienne mit den Kindern in einem der Räume und wartete auf ihn? Vielleicht war sie eingeschlossen? Er musste das hier zu Ende bringen und sie dann holen. Borg spürte seine Finger kaum noch. Erst als er die Ebene mit dem Ausleger erreicht hatte, der direkt über den Ehrenfriedhof führte, spürte er in seiner Magengegend, in welch schwindelerregender Höhe er sich befand. Zehn Meter sahen von unten nicht hoch aus, von oben aber erschreckend tief!

Borg schob sich wie eine Raupe auf dem Ausleger nach vorn. Zwischendurch drehte er sich um und blickte in Richtung Gegenausleger, der sich vom Himmel als schwarze Struktur abhob, als es wieder einmal geblitzt hatte. Es wäre nicht gut, wenn das Gewitter über den Kran wandern würde, dachte er, als seine linke Hand das kalte Metall ergriff, um den Körper weiter nach vorn zu ziehen. Mit den Füßen stieß er nach, immer darauf bedacht, keinen seiner Gegenstände zu verlieren: das Handy, das Insektenspray, das Jagdmesser hinten im Hosenbund, einen Kugelschreiber, den kleinen Bildschirm aus dem Sarg und – ja, er hatte ihn fast vergessen – seinen Backenzahn. Es dauerte fast fünfzehn Minuten, bis er an der Winde angekommen war, über die die Kette lief, an der unten der Grabstein baumelte.

Egal, in welche Richtung er über das weite Gelände abseits des Ehrenfriedhofs blickte: Auf allen vier Seiten tanzten die Kerzenschatten. Er begann, sich unwohl zu fühlen und an seinem Vorhaben zu zweifeln. War es wirklich möglich, an der Kette hinunterzurutschen? Wie weit war es vom Grabstein, der daran hing, bis zum Boden des Friedhofs? Es mussten mindestens zwei Meter sein, denn man konnte den Grabstein von außerhalb des Ehrenfriedhofs dort hängen sehen.

Jetzt kam die Stunde der Wahrheit. Der abgeschottete Friedhof unter ihm lag in Schwärze. Hier leuchtete keine Grabkerze, und es gab auch keine anderen Lichtquellen. Sollte er sich hinabwagen? Borg hatte ein flaues Gefühl im Magen. Er setzte sich an den Rand des Auslegers und überlegte, wie er die Kette am besten greifen sollte. Erst als er bereits dabei war, sich an dem Metallende des Auslegers hinunterzulassen und mit seinem rechten Bein um die Kette fuhr, merkte er, wie schwer sein Körper war und welche Schmerzen es verursachte, sich hier festzuhalten. Er drehte sein Bein, und die Kette wand sich um seinen Unter- und Oberschenkel. Er ließ die Metallsprosse mit der linken Hand los und umfasste die kalten Glieder. Der stechende Schmerz in seinem gebrochenen Arm, der noch eine Teillast seines Körpers am Kran stützte, fuhr böse in seine Schulter. Jetzt oder nie! Genau in dem Moment, als Borg voll an der Kette hing, ging es ruckartig abwärts. Die Glieder der rostigen Kette boten ihm kaum Halt, und er rutschte mit viel zu hoher Geschwindigkeit in Richtung Grabstein. Es war völlig unmöglich, sich richtig festzuhalten. Die Kette war glitschig und seine Hand von der Anstrengung so ermüdet, dass er nur spürte, wie seine Finger über die unzähligen und unebenen Einzelelemente ratterten. Er versuchte, die Beine zusammenzudrücken und die Kette mit dem linken Arm an seinen Rippenbogen zu pressen, während er nach unten sauste.

Die Wucht, mit der er auf dem einige Meter über der Friedhofserde hängenden Grabstein aufprallte, fuhr wie ein Hammerschlag durch sein Skelett und pumpte ihm die Luft aus den Lungen. Was für eine Scheißidee!, dachte Borg. Er blieb fünf Minuten auf dem Grabstein sitzen, um sich von den wenigen Sekunden dieser übermäßigen Belastung zu erholen. Er war eindeutig zu alt für diesen Mist!

Das Schwarz blieb schwarz, und er konnte den Abstand zum Boden nicht abschätzen.

Borg schaltete die Taschenlampe ein und leuchtete nach unten. Unwirkliche Strukturen tanzten im Lichtschein, Schatten wurden lebendig und huschten vorüber. Borg blieb nichts anderes übrig: Er ließ die Taschenlampe fallen. Es hörte sich an, als plumpse sie in Wasser, doch da das Licht nicht erlosch, war Borg klar, dass er festen Grund unter sich hatte.

Der nächste Baum war zu weit entfernt, und da niemand den Kran schwenken konnte, hatte er keine andere Wahl, als sich in die Ungewissheit fallen zu lassen.

Er erwartete einen alles zermürbenden Schmerz, wurde aber angenehm überrascht, als er bis zu den Knöcheln in schlammige Erde fiel und mit dem Oberkörper neben der Taschenlampe in den Schlamm klatschte. Diesmal hatte der Regen etwas Gutes für sich gehabt: Der Boden war ein einziger Matsch geworden. Borg zog seine Beine mit Mühe aus dem Morast, was furzähnliche Geräusche erzeugte. Borg war beschmiert und völlig durchgeweicht, aber er war seinem Ziel einen großen Schritt näher gekommen.

Er hob die Taschenlampe wieder auf, schickte ein Stoßgebet zum Himmel, dass sie noch funktionierte, und ging an den Grüften und Grabmälern vorbei. In der Tat war das hier eine andere Welt. Der Friedhof war nicht mit denen außerhalb dieses Abschnittes zu vergleichen, und man merkte deutlich, dass hier vermögende Personen begraben waren.

Borg leuchtete auf den Boden, in der Hoffnung, es könne sich ein Weg zeigen, auf dem Spuren zu erkennen waren, aber dieser Wunsch wurde ihm nicht erfüllt.

Als er an den steinernen Kreuzen und Grabsteinen vorbeiging, den Lichtschein der Taschenlampe darüber gleiten ließ und beiläufig einige Namen und Daten las, wurde er stutzig:

Johanna Teufel, geboren am 16.4.1985, gestorben am 20. April 2016, daneben Valentina Hagen, geboren am 13. Dezember 1984, gestorben am 20. April 2017. Auf dem dritten Grabstein stand der Name Charlotte Buschmann, geboren am 16. Januar 1988 und gestorben am 20. April 2018. Alle waren am selben Tag in aufeinanderfolgenden Jahren begraben worden. Auch die drei Grabsteine daneben trugen den 20. April als Todesdatum: 2019, 2020 und 2021. Borg ging in die zweite Reihe der Gräber und leuchtete auf einen efeuüberwucherten Erdhügel mit Stein dahinter: Nadine Pieper war am 20. April 2015 gestorben. Neben ihr in der Erde lag Julia Plagge. Todesdatum: 20. April 2014. Borg versuchte das zu verstehen. Es war ihm bisher nicht gelungen, alle Geheimnisse zu lösen, die von Rotfelder ihm aufgegeben hatte, aber mit jeder Stunde, die er hier auf dem Friedhof verbrachte, kamen weitere Geheimnisse hinzu.

Nur in den Winkeln, die der Wind nicht erreichen konnte, war ein wenig Laub liegen geblieben. Mit Mühe entzifferte Borg beschädigte Stelen und kam an eine Gruft, die keine Tür mehr hatte. Als er einen Schritt hineinging, flogen mehrere Fledermäuse, aufgeschreckt durch seine Taschenlampe, aus ihrem Zuhause. Borg erschrak.

Draußen donnerte es. Der Himmel war zornig. Borg spann lyrische Gedanken: Die himmlischen Heerscharen schlugen mit Beinknochen wilder Donnertiere auf große mit Kui-Rinderhaut aus dem Ostmeer bespannte Trommeln – so hatte er es einmal in einem klassischen Theaterstück gesehen.

Er verließ die Gruft wieder und ging durch den Regen zwischen den Büschen hindurch, die hier viel gepflegter aussahen als die auf den frei zugänglichen Bereichen des Anwesens.

Vielleicht hatte sich der Hund nicht bei den Ratten, sondern bei den Fledermäusen die Tollwut geholt. Das ist wahrscheinlicher, denn auch sie übertragen das Virus, dachte Borg.

Abgesehen von den Gräbern und Statuen, die hier standen, fiel Borgs Augenmerk auf einen Kleinbagger, der neben dem Eingang zu einer Gruft geparkt war.

Das im Lichtschein der Taschenlampe gelb schimmernde Fahrzeug schien überhaupt nicht hierher zu passen. Andererseits zeigte es wieder, dass von Rotfelder keine Kosten und Mühen scheute: Mit einem solchen Bagger ließ sich ein Grab schnell ausheben und auch wieder zuschaufeln.

Im Halbdunkel erahnte er hinter einigen Hügeln einen Abschnitt ohne Grabsteine und jenseits davon einen mit Schilfrohr bestandenen Sumpf.

Es roch nach nasser, frischer Erde, als habe man vor Kurzem ein Grab ausgehoben. Plötzlich fühlte er sich sehr lebendig.

Borg war nun bereits mehrere Minuten kreuz und quer über das Gelände geirrt, als ein weiterer Bagger seine Aufmerksamkeit erregte. Er ging zum Eingang der Gruft neben dem Fahrzeug. Die lateinische Inschrift lautete: »Dæmon in te dimittitur, cum mors corpus tuum manducat«, darunter stand »Illi qui noluerunt ire« und dann der Name »Von Rotfelder«.

Borg erstarrte. Hier waren von Rotfelders Vorfahren beigesetzt! Die mit Eisen beschlagene Tür unter dem Spruch sah sehr alt aus, aber irgendetwas sagte Borg, dass sie diese Gruft noch nicht lange verschloss. Als er mit der Taschenlampe auf den Boden leuchtete, konnte er Abdrücke von Schuhen erkennen, die hier in den Schlamm tiefer als an anderen Stellen eingesunken waren.

Borg legte sein Ohr an die Grufttür. Nichts.

Trotz eines unguten Gefühls fasste er den metallenen Türklopfer, nicht aber, um anzuklopfen, sondern um daran zu ziehen. Mit einem Knirschen, jedoch ohne jeglichen Widerstand, den man bei einer Grufttür erwartet hatte, öffnete sich der Eingang, und vor Borg gähnte Schwärze.

Er war dem Tod so oft entkommen. Warum soll ich jetzt nicht einmal dorthin gehen, wo der Tod selbst wohnt?, dachte er.

Drinnen flackerten noch einige kurze Kerzen, aber der kühle Wind blies die Flammen aus, und Borg tappte Schritt für Schritt voran. Er kam sich vor wie jemand, der sich in der Dunkelheit verlaufen hatte.

Hinten in der Gruft hatte noch eine brennende Kerze dem Wind getrotzt. Ihre schwache Flamme schien vor schrecklicher Angst zu zittern. Zu Recht: Sie erlosch im selben Moment, als Borg zu ihr hinüberblickte.

Schließlich kam es ihm so vor, als käme die immer stärker werdende Düsterkeit vom Grund seines Herzens. Dieser Planet war schon unglaublich! Wie schnell man, eben noch in gleißendem Licht umherirrend, von der Dämmerung eingeschlossen werden konnte! Borg dachte an seine abendlichen Spaziergänge von Watenbüttel nach Ölper. Manchmal hatte er sich an einen Baum an der Landstraße gelehnt, während der Sonnenuntergang die Dächer der Häuser Watenbüttels erreicht hatte und die feuerrote Sonne, rund wie ein Wagenrad, nach und nach die Kraft verlor. Als sie dann den unendlichen Horizont berührte, strahlte sie noch einmal auf. Dann versank sie flirrend in einem graublauen Gemisch aus Häusern und Bäumen – nur rosafarbene

Wolken blieben am Himmel zurück. Er sehnte sich nach diesem sicheren Ort! Doch jetzt war er hier.

Borg öffnete einen der unteren Hemdknöpfe und schob die Taschenlampe unter den Stoff. Das Licht war gedimmt, reichte aber noch aus, um erkennen zu können, was sich hier befand.

Drei kleine steinerne Stufen führten in den Vorraum der Gruft. Hier gab es keine Särge, und Borg fand die warme Luft, die ihm entgegenschlug, ungewöhnlich.

Er ging langsam durch den quadratischen Raum und kam am Ende an eine weitere Tür. Auch sie war nicht verschlossen, und hinter ihr verbarg sich eine weitere Treppe. Borg staunte nicht schlecht, als er erkannte, dass die Stufen, die gerade nach unten führten, wie solche in einem Neubau wirkten. An den Wänden brannten kleine LED-Lampen, und der gespenstische Hauch einer Gruft war sofort verflogen. Wo führte diese Treppe hin?

Wer auch immer diesen Gang gebaut hatte, er hatte die Natur unterschätzt. Die Wände waren feucht, und ab und zu hörte man einen Tropfen fallen. Die Natur wollte diesen Tunnel zurückhaben. Borg schaltete die Taschenlampe aus und folgte der Treppe nach unten, wo sie in einen engen, geraden Gang überging. Dieser Tunnel schien kein Ende zu nehmen. Als Borg bereits rund fünfzig Meter gegangen war, merkte er, dass der Boden leicht anstieg. Hinten im schummrigen Licht sah er eine offen stehende Tür, die in einen Raum führte. Rechts und links gingen zwei weitere Türen ab, und ein Surren nahm zu, je näher Borg den Räumen kam. Vielleicht wurde der Friedhof von hier mit Elektrizität versorgt.

Borg konzentrierte sich auf die offene Tür des Raumes direkt vor ihm. Leise schlich er sich an den Rand des Türrahmens, spähte um die Ecke und war von dem, was er sah, verblüfft: Der Raum war eingerichtet wie ein altes Wohnzimmer, die Möbel waren aus der Zeit gefallen, und der große Röhrenfernseher auf einem braunen Unterschrank hatte mindestens vierzig Jahre auf dem Buckel. Und: Im Raum befanden sich drei Personen!

Borg beugte sich leicht nach vorn. Vielleicht konnte er hier irgendwo eine Waffe oder einen Gegenstand finden, den man als Waffe benutzen konnte.

Überall brannten Räucherstäbchen.

Borg krümmte seinen gebrochenen Gips. War es nötig, hier jemanden zu bedrohen? Die Personen sahen harmlos aus. Ihre Kleidung wirkte kaum so, als wären sie jünger als vierzig Jahre. Ein Mann saß mit dem Rücken zu ihm, die anderen beiden verharrten unbeweglich in der künstlichen Dämmerung, die ein schwach eingestellter Deckenfluter hier verbreitete. Wer waren die drei? Borg beobachtete die Personen eine weitere Minute. Schliefen sie im Sitzen? Warum bewegten sie sich nicht? Borg dachte, dass es sich um Puppen handeln müsse. Jemand hatte sich hier einen Retro-Raum mit brauner Tapete und dunkelgrünen Bodenfliesen erschaffen, eine Art Museum. Ein Grammophon stand in einer Ecke, und im kleinen Aquarium am anderen Ende des Raumes befanden sich weder Fische noch Unterwasserpflanzen. Lediglich eine angestrahlte Muschel öffnete sich dann und wann und ließ Luftblasen aufsteigen. Borg ging leise in den Raum und sah sich genauer um. Als er den Tisch umrundete, erschrak er, denn die Person, die mit dem Rücken zu ihm vor dem gedeckten Tisch gesessen hatte, war eine Leiche, deren mumifiziertes Gesicht eingefallen und vertrocknet unter den fransig geschnittenen grauen Haaren hervorstarrte. Es war ein Gesicht aus purem Staub.

Der militärisch gerade sitzende Mann in den Vierzigern trug eine Kette mit einem großen Karneol daran um den Hals. Der Stein, der vor dem geblähten Brustkorb der Mumie hing, war poliert worden. Er schimmerte blank.

Borg schaute sich die beiden anderen Figuren an. Es waren zwei Frauen. Ihre Gesichter wirkten unecht. Sie glänzten, als seien sie aus Plastik. Auch das waren einmal Menschen gewesen.

Was war das für ein absurder Ort! Andererseits: Borg hatte auf dem Friedhof eine Gruft betreten und war hierhergelangt. Was hätte er auch anderes vorfinden sollen als Leichen? In diesem seltsam hergerichteten Zimmer brannten bereits über zehn Kerzen, und Weihrauch stieg in Spiralen auf. Es musste vor Kurzem jemand hier gewesen sein. Von Rotfelder? Kaum hatte Borg das gedacht, hörte er die Stimme, die ihm nur zu gut bekannt war.

»Herzlich willkommen zurück! Sie sind zäher als ich dachte!« Von Rotfelder stand in der Tür, eine Pistole auf ihn gerichtet, den ›Doppeladler‹.

»Jetzt sehen wir wieder, wofür ein Anwalt doch gut ist!« Er hob die Waffe etwas höher. »Dr. Adomaitis hat mir seine Pistole ausgeliehen! Nur ein Schuss, aber der würde reichen.«

Würde das Ganze auf ein Duell hinauslaufen? Borg hatte auch nur noch einen Schuss im Lauf.

»So schnell werden Sie mich nicht los, von Rotfelder. In Kürze ist hier die Hölle los.«

»Falls Sie es noch nicht gemerkt haben: Das hier ist die Hölle«, grätschte von Rotfelder dazwischen.

Borg ließ sich nicht unterbrechen: »Meine Kollegin hat die Hände der Kinder. Aus der Nummer kommen Sie nicht mehr raus«, sagte er und fragte sich, ob er den letzten Schuss in von Rotfelder jagen konnte, ohne dass der zuvor seine Spezialwaffe abfeuerte. Das Risiko war zu groß. Sollte er von Rotfelder verfehlen oder ihn nicht tödlich treffen, so würde der ganz sicher auch auf ihn schießen, und bei der Art von Geschoss, das in der Spezialwaffe Adomaitis‘ lauerte, hätte Borg vermutlich hinterher ein faustgroßes Loch im Körper.

Von Rotfelder lachte glucksend. »Die Hände!«, sagte er voller Freude. »Die Hände!«

Borg fragte sich, was von Rotfelder daran so lustig fand.

»Jeopardy, mein Schatz kommst du mal!«, rief von Rotfelder in den Gang, und es dauerte nicht lange, da zeigte sich das verweinte Gesicht des Mädchens schüchtern im Türrahmen. »Leiste dem Kommissar doch bitte etwas Gesellschaft. Ich möchte ein paar Vorbereitungen für Sie treffen!«

Jeopardy wurde von von Rotfelder mit der freien Hand unsanft in das Zimmer geschoben, und dann verschloss er die Tür von außen.

Gleich als der Raum abgeschlossen wurde, ließ Borg den Gips sinken und eilte auf Jeopardy zu, die ihn ängstlich ansah.

»Keine Angst!«, sagte Borg, aber er wusste, dass aller Anlass zur Sorge bestand. Wenn von Rotfelder schon ›Vorbereitungen‹ treffen wollte, dann konnte das nichts Gutes bedeuten.

Jeopardy schluchzte.

»Als Mama nicht da war, hat Johann mir weh getan!«, sagte Jeopardy mit weinerlicher Stimme.

»Was hat er getan?«

»Er hat mein Ohrläppchen mit einer Blume eingerieben. Dann hat er's mit Salz bestreut und gesagt, das tut nicht weh, aber als er das Ohrläppchen gerieben hat, ist's dick geworden und brannte. Dann hat er es mit einer Nadel durchgepiekt!«

»Warum?«

»Er wollte mir einen Ohrring schenken. Hat er aber nicht.«

Von Rotfelder widerte Borg an. Natürlich hatte er niemals vorgehabt, dem Kind einen Ohrring zu schenken, er wollte einfach nur in frisches Fleisch stechen.

Borg streichelte über den Kopf des Kindes. »Lass mal sehen.«

Jeopardys Tränen kullerten, als sie sich die vergangenen Ereignisse in Erinnerung rief.

»Papa hat von allen meinen Puppen die Hände abgeschnitten!« Jeopardy weinte bitterlich. Sie klang schon heiser, offensichtlich weinte sie schon lange und war erschöpft. Als sie sich ihr Unglück noch einmal vergegenwärtigte, fing sie noch lauter an zu schluchzen.

Borg tätschelte ihren Kopf. »Alles gut. Er kauft dir bestimmt neue Puppen.«

»Ich will aber keine neuen Puppen.«

Borg grübelte. »Wann hat er denn die Hände der Puppen abgeschnitten?«, fragte Borg.

»Gestern. Er ist in mein Zimmer gekommen und hat alle Puppen mitgenommen. Dann hat er sie mir wiedergebracht und alle Hände waren ab! Er ist so gemein!«

Borg dachte angestrengt nach. Konnte man sich auf die Taten eines solchen Psychopathen einen Reim machen? Diesmal schon. Die Antwort kam prompt im selben Augenblick, als Borgs Telefon klingelte. Sina!

Hastig nahm er das Gespräch an.

»Oliver! Du jagst einem Hirngespinst hinterher. Wir haben das Glas hier auf dem Revier geöffnet. Es sind keine echten Hände drin. Sie sind aus Plastik!«, sagte sie, und in ihrer Stimme schwang Stress mit.

Borg war die Erleuchtung im selben Moment gekommen, in dem der Anruf eingegangen war. Verdammter Mistkerl!, dachte er und biss sich auf die Lippen. Von Rotfelder hatte ihn zum Narren gehalten und die Hände im Glas ausgetauscht. Wahrscheinlich hatte er die echten Kinderhände bereits verschwinden lassen, und nun stand Borg wie ein Idiot da. Das Glas war voll mit Puppenhänden.

»Sina, die Kacke ist hier am Dampfen. Schickt alle her, die ihr bekommen könnt! Von Rotfelder mordet, und er hat eine ganze Liga von Vampiren um sich versammelt! Hast du mit Koller gesprochen?«

Borg lauschte auf ihre Antwort.

»Sina?« Nichts. Keine Antwort. Borg nahm das Handy vom Ohr und schaute auf das Display. Das Telefon war aus. Der Akku war leer. Natürlich! Der Klassiker! Stunden sinnloser Gespräche, meterweise WhatsApp-Nachrichten und ein Smiley nach dem anderen flogen durch den Äther, aber wenn man dann dringend eine Nachricht übermitteln wollte, dann war der Akku leer.

»Scheißdreck!« Borg schleuderte das Telefon an die Wand, und Jeopardy erschrak und lief zur verschlossenen Tür.

»Oh. Tut mir leid«, sagte Borg verständnisvoll. »Ich wollte dich nicht erschrecken.«

Borg schaute sich im Raum um. Das Zimmer war eine Ikea-Version der Vergangenheit, die drei am Tisch sitzenden Körper machten es zu einem Gruselkabinett.

Ohne Zweifel waren das die am besten erhaltenen Leichen zweier Frauen, die Borg je gesehen hatte. Sie saßen beide in der gleichen Haltung, die Beine übereinander geschlagen.

Er näherte sich einen Schritt und sah den verwesten Mann an. Aus Angst, er könne in sich zusammenfallen, wagte er aber nicht, diesen zu berühren, sondern streckte nur einen Arm aus, um den hühnereigroßen Karneol zu fassen, den der Tote an einer Kette um seinen Hals trug.

Borg machte einen Schritt und verlagerte seinen Schwerpunkt, sein ganzer Körper beugte sich unmerklich nach vorn. Er sah die eingefallenen Augen des Mannes aus der Nähe, seine Pupillen blickten starr, als wären sie künstlich.

»Du brauchst keine Angst zu haben, das sind nur Puppen«, sagte Borg zu Jeopardy.

»Das sind keine Puppen«, antwortete sie und erklärte: »Das sind Oma und Opa und meine Uroma.«

Borg sah das Mädchen erstaunt an. »Bist du oft hier?«, fragte er.

»Manchmal bringt Papa mich und Luzi hierher. Dann passen sie auf uns auf.«

Du liebe Güte, dachte Borg. Was mussten diese Kinder hier durchmachen?

Welche Auswirkungen hatten diese grausamen Eindrücke auf die Psyche der Kinder?

Borg durchsuchte seine Tasche und überlegte, was er mit dem Zeug, das er mit sich herumschleppte, anfangen konnte: der kleine Monitor, der Kugelschreiber, das »Summ-Summ-EX«-Insektenvernichtungsmittel, das Jagdmesser und – Borg schüttelte den Kopf, als er tief in seine Hosentasche griff – der Backenzahn.

Ungläubig fuhr seine Zunge wieder in die Lücke, in der der Zahn gesteckt hatte. Jetzt, da die Wirkung der Drogen und Schmerzmittel langsam nachließ, war ihm auch wieder klar, warum seine rechte Gesichtshälfte so sehr schmerzte. Wie hatten die Menschen früher nur Zahnbehandlungen ertragen, als es noch keine Narkosen und Betäubungsmittel gab?

Borg öffnete die Schubladen der Schränke, die diesen Raum so wirken ließen, als würde hier tatsächlich jemand leben. Er fand eine Programmzeitschrift von 1987, Wolle, aber leider keine Stricknadeln, einen Fingernagelknipser und eine Rolle breites Klebeband. Alles wenig wirksam gegen seine Gegner.

Borg nahm das Klebeband heraus und zog sein Hemd aus. Jeopardy beobachtete ihn.

»Jeopardy, kannst du mir einen Gefallen tun?«, fragte Borg. Sie sagte weder Ja noch Nein.

»Kannst du mir das Messer mit dem Klebeband auf dem Rücken festmachen?«

Sie kam langsam, mit kindlicher Neugier, von der Tür zu ihm hinüber.

Borg schlüpfte aus der regennassen Jacke, pellte sich aus dem Hemd, legte sich mit dem Bauch auf den Teppich, platzierte das Messer umständlich zwischen seinen Schulterblättern und riss mit seinem Mund große Streifen des Klebebands ab, während er die Rolle mit der linken Hand hielt.

Jeopardy war fingerfertig. Borg merkte, dass es ihr tatsächlich gelang, das Messer gut und fest an seinem Rücken zu fixieren.

»Das machst du ganz super! Nimm noch zwei Streifen, damit es hält.«

Die Kleine gab sich die größte Mühe. Sie war sehr geschickt, und ihre motorischen Fähigkeiten überraschten Borg.

»Wo sind denn Luzi und deine … und Donantienne?«, fragte er.

»Die sind da oben im Haus«, sagte Jeopardy und zeigte mit dem Finger zur Decke.

Jetzt verstand Borg: Die Tunnel hatten vom Ehrenfriedhof direkt unter die Rote Villa geführt. Deshalb hatte von Rotfelder den Kellereingang zumauern lassen. Er wollte nicht, dass jemand über das Haus herunterkam und sein Gruselkabinett fand. Aber war es der einzige Weg, der hier hinführte?

»Wie kommt man denn hier in dieses Zimmer?«, fragte Borg.

»Entweder du gehst den ganzen Weg und dann durch den dunklen Tunnel, oder du kommst über den ›Worteraum‹, sagte Jeopardy und klebte den letzten Streifen Klebeband fest, den Borg ihr gereicht hatte.

Innerhalb weniger Minuten war es ihr gelungen, das Messer an Borgs Rücken zu befestigen. Er zog das klamme Hemd wieder über einen Arm und schlüpfte in die Jacke mit Reißverschluss am Ärmel – keinen Moment zu spät, das Türschloss knackte: Jemand schloss auf.

Mit einem schwarzen wehenden Umhang, der an den Vampir-Dress aus einem Dracula-Film erinnerte, kam von Rotfelder wieder mit vorgehaltener Waffe in den Raum.

Er hatte einen grimmigen Zug um den Mund.

»Wir haben Victor gefunden!« Er schäumte vor Wut.

»Das war aber nicht ich. Ihr Hund hat das für mich erledigt«, sagte Borg.

Hinter von Rotfelder sah Borg zwei der Totengräber, die auch gut als Türsteher in einem Klub auf der Reeperbahn hätten durchgehen können.

»Zeit für Sie zu gehen! Für immer!«, zischte von Rotfelder.

»Wollen Sie mich wieder einäschern?«, fragte Borg.

»Leider ist das Krematorium Ihretwegen im Moment außer Betrieb.«

Das hörte Borg gerne.

»Aber seien Sie gewiss: Bald wird es wieder laufen. Meine Männer arbeiten schon daran. Allerdings will ich nicht riskieren, dass Sie mir wieder in die Quere kommen, daher werden Sie einen anderen recht unschönen Tod finden, mein Lieber«, sagte von Rotfelder, und ein mildes Lächeln umspielte seinen schmalen Mund.

»Übrigens«, fügte er hinzu, »ich habe Sie noch nicht miteinander bekannt gemacht.« Er deutete auf die drei Leichen, und seine Stimme durchschnitt ein weiteres Mal die Stille: »An diesem Tisch sitzen mein Vater, meine Mutter und meine Großmutter mütterlicherseits, sie erwarten mich zum Essen.«

KAPITEL 32

Erinnerungen an einen Spaziergang im Zoo

Borg wagte nicht zu sprechen. Von Rotfelder ging im großen Bogen um ihn herum, und der Boden unter den grünen Teppichfliesen knarrte unter seinen Schuhen.

Von Rotfelder nahm ein Feuerzeug aus seiner Hosentasche und zündete eine weitere Kerze an, die in der Mitte des Tisches stand, um den die Toten saßen.

»Jeopardy, mein Schatz. Geh bitte in dein Zimmer!«, sagte von Rotfelder, und das Kind gehorchte wortlos. Es ging zwischen den beiden Türstehern hindurch und verschwand nach links.

»Was, glauben Sie, ist der Sinn des Lebens?«, fragte von Rotfelder.

»Das Leben selbst! Hier auf der Erde zu sein und das Leben zu genießen«, sagte Borg.

Von Rotfelder lachte.

»Ich glaube, es ist arrogant, davon auszugehen, dass die Erde der einzige Ort ist, an dem sich Leben zu einer Form von Intelligenz entwickelt hat. Leben ist ein ziemlich häufiges Phänomen, wie sich herausgestellt hat. Da fällt es nicht ins Gewicht, wenn ich ein paar Leben auslösche. Es ist einfach Gerechtigkeit. Wer gelebt hat, hat auch das Recht darauf, zu sterben. Ich persönlich denke ja, Gerechtigkeit ist der Sinn des Lebens«, philosophierte von Rotfelder.

»Morden? Das ist Ihre Vorstellung von Gerechtigkeit?«

»Für mich enthält das Wort Gerechtigkeit ›Rache‹. Ich bin ein Racheengel«, sagte von Rotfelder.

»Und was oder wen wollen Sie rächen?«

»Sie wollen Zeit schinden, indem Sie mich in ein Gespräch verwickeln, was?«, fragte von Rotfelder.

»Ja. Vielleicht sterben Sie irgendwann an Altersschwäche, wenn wir nur lange genug plaudern«, sagte Borg.

Von Rotfelder lachte wieder kurz auf. »Mein Vater war ein grausamer Mann. Er hat mich fast zehn Jahre in der Wohnung eingesperrt. Er nahm mich jeden Sonntag an die Hand und führte mich durch die Räume. Mal behauptete er, wir wären im Park, ein andermal führte er mich zur vollen Badewanne und sagte, wir seien im Schwimmbad, wieder an einem anderen Tag sagte er, wir wären in einem Zoo. Er war geisteskrank! Er hat meine Großmutter und meine Mutter getötet und einbalsamiert.« Von Rotfelder unterbrach sich, um den Docht einer Öllampe zu regulieren, die zu flackern begonnen hatte, dann sprach er weiter: »Mich hat er wie ein Tier in seinem Haus gehalten. Und als ich schließlich entkommen konnte, da hat mich die ganze Welt wegen meiner Defizite ausgelacht. Ich war nicht gesellschaftsfähig, mein Wissen war nicht auf dem Stand, den ich in meinem damaligen Alter hätte haben müssen, und ich konnte fast nichts selbst. Aber ich kann meinem Vater kaum vorwerfen, wie er mich behandelt hat. Die Gesellschaft hatte ihn zu dem gemacht, was er war, und er hat das an mich weitergegeben. Kinder lernen immer von ihren Eltern. Stimmt's? Aber was lernt ein Kind, das etwas falsch macht und angeschrien wird? Es lernt Schreien!« Von Rotfelder holte tief Luft. »Also, langer Rede kurzer Sinn: Da war es nur naheliegend, dass ich sein Werk fortgeführt habe, aber auf meine Art.«

»Haben Sie ihn getötet?«, fragte Borg, aber er konnte es sich denken.

»Ich hab ihm die Augen ausgestochen. Als er auf dem Boden krabbelte, habe ich ihm mit einem geschickten Schnitt ganz intuitiv die Halsvene geöffnet und ihn ausbluten lassen wie ein Schwein. Ganz einfach, aber nicht ganz schmerzfrei.« Von Rotfelders Augen waren starr ins Nichts gerichtet. Er war gedanklich in die Vergangenheit eingetaucht.

Die ganze Atmosphäre war aus der Zeit gefallen: Hinten im kleinen Raum stand ein Tisch, der wie ein Altar aussah – ein aufgeschlagenes Buch mit Sutren lag darauf –, die Wandbehänge wechselten sich mit Götterbildern, Ahnentafeln oder Inschriften ab, und ein riesiger Spiegel täuschte vor, dass das Zimmer groß war und man sich nicht so eingeengt fühlte. Er hing, geschützt von einer einfachen Holzbalustrade, in der Mitte der Wand gegenüber dem Eingang.

»Und warum töten Sie Kinder?«, fragte Borg hasserfüllt. »Was haben die Ihnen getan?«

»Die sind übrig. Die werden groß und kriegen Kinder, und deren Kinder kriegen wieder Kinder. Die Welt ist überbevölkert.«

»Das gibt Ihnen noch lange kein Recht zum Morden. Kinder sind unschuldig!«

»Mag sein. Aber auch Unschuldige werden Schuldige. Außerdem ist es recht lukrativ, Kinderpornos zu drehen. Ich habe ein ausgezeichnetes Team. Meine Liga.«

Die Liga der Vampire, dachte Borg.

»Wir haben ein Netzwerk aufgebaut und versenden unsere Videos gegen hohe Honorare weltweit. Hat man so einen reinen Kinderkörper erstmal geschändet, dann bekommt man viel Geld für die Bilder und Videos. Und mal ehrlich: Bin ich der einzige Bösewicht? Sehen Sie nicht selbst ein, in was für einer kranken Gesellschaft wir leben?« Er ging hinüber zu einem Beistelltisch und schob pedantisch einen leeren Aschenbecher Millimeter um Millimeter von einer Seite zur anderen, nur um ihn dann dort stehen zu lassen, wo er auch zuvor schon gestanden hatte. »Logischerweise müssen die Kinder nach den Aufnahmen sterben, und das aus mehreren Gründen. Keine Spuren dürfen zu mir führen. Zeugen sind ein Unding. Die Kunden wollen immer neue Körper, und die Kinder werden vermisst. Und weil sie gesucht werden, müssen sie verschwinden … außerdem will ich ihre kleinen zarten Hände haben.«

Borg schüttelte voller Verachtung den Kopf.

»Ich will sie halten, ich will mit ihnen spazierengehen, und ich will mich mit ihnen streicheln. So wie sie es getan hätten, wenn ich die Hände an ihren Armen belassen hätte und sie mich gemocht hätten.«

Borg konnte das nicht mehr hören. Er wünschte sich, von Rotfelder auf der Stelle sterben zu sehen, aber er hatte nicht die Möglichkeit, diesen Wunsch Realität werden zu lassen.

Von Rotfelder ging zum Tisch der Mumien und setzte sich zu ihnen, während er noch immer die Waffe hielt.

»Ich finde, mein Vater hat beim Einbalsamieren seiner Frau und ihrer Mutter großartige Arbeit geleistet. Was sagen Sie?«

»Er war krank, genau wie Sie!«, sagte Borg.

»Krank? Finden Sie, das Gunther von Hagens ein kranker Mann ist? Er hat ab November 2006 von zeitweise bis zu 200 Beschäftigten Plastinate von echten Menschen herstellen lassen.«

»Ja. Aber von Hagens hat Menschen genommen, die schon gestorben waren, und keine getötet«, sagte Borg, der in Berlin mehrfach Körperweltenausstellungen besucht hatte und von Hagens‘ Namen daher kannte.

»Haben Sie Ihre Frau auch plastiniert? Die Mutter von Jeopardy und Luzi?«, fragte Borg.

»Nein. Ich bin doch kein Tier. Als die Kinder geboren wurden und ich sah, dass Luzi nicht vollkommen war, habe ich ihr die Kehle durchgeschnitten, als wir wieder zu Hause waren. Sie liegt hier auf dem Friedhof. Ich gehe sie nachts oft mit den Kindern besuchen. Ich liebe sie ja.«

Borg biss die Zähne zusammen und merkte wieder, wie vom Zahnfleisch aus an der Stelle des herausgerissenen Backenzahns ein Schmerz durch seinen Kopf fuhr.

»Ja, ich weiß, was Sie denken:›Kinder brauchen eine Mutter‹, und Sie haben vollkommen recht. Im Lauf der Jahre habe ich bereits acht Mütter getestet. Alle völlig unfähig«, sagte von Rotfelder.

»Alle tot, vermute ich.« Borg sprach das aus, als wäre es lapidar.

»Genau. Alle hier begraben. Die Probezeit habe ich immer am 20. April ablaufen lassen.«

Der 20. April! Borg wurde jetzt einiges klar. Er hatte die verschiedenen Grabsteine auf dem Ehrenfriedhof gesehen, die alle dasselbe Todesdatum trugen. Hier lagen alle verflossenen Frauen des Herrn von Rotfelder. Diese armen Frauen, die in das Netz der Spinne geraten waren und nur, weil sie ihm nicht zusagten, umgebracht worden waren.

»Damit die Kinder nicht das Gefühl hatten, jemand würde fehlen, habe ich immer Ausschau nach neuen Lebensgefährtinnen gehalten.« Er lachte wieder. »Patentlösung für Neurotiker: Beziehungen, die sich überschneiden. Jetzt dachte ich, ich hätte eine Traumfrau gefunden: Donantienne. Dummerweise hat sie mit Ihnen Verrat an mir begangen. Sie wird also vor dem 20. April das Zeitliche segnen. So ein Jammer! Wir sind erst seit dem ersten Mai ein Paar, und sie war die erste, die alles mit sich machen ließ, ohne sich zu wehren.«

Borg hatte niemals zuvor in seinem Leben jemanden so sehr gehasst.

»Nun haben Sie meine Zeit lange genug in Anspruch genommen«, sagte von Rotfelder. Er befahl seinen Männern, Borg zu durchsuchen. Borg blieb ohne Gegenwehr stehen, wo er war, als sie auf ihn zukamen. Die klobigen Hände der Männer tasteten seinen Körper unsanft ab, und Borg betete, dass sie seinen Rücken auslassen würden.

»Er hat hier eine Dose Insektenvernichtungsmittel in der Tasche, ein Funkgerät, einen Kugelschreiber und einen Monitor«, sagte einer der Männer. Den Backenzahn hatte er nicht gefunden.

Von Rotfelder lachte. »Lassen Sie ihm alles. Auch die Dose! Er wird sie vielleicht brauchen, wenn die ersten Käfer anfangen, auf ihm herumzukrabbeln.«

Ein Handlanger von Rotfelders steckte Borg das Insektenvernichtungsmittel zurück in die Tasche.

Der Schlag auf den Hinterkopf traf Borg völlig unerwartet, und das Schwarz wickelte ihn ein.

Borg raste in seinem Wagen die dunkle Straße entlang, aber er konnte durch die Frontscheibe nichts erkennen. Er schaltete die Scheibenwischer an, was die Situation nicht verbesserte. Die Scheibe wurde mit jedem Wischen undurchsichtiger, und der Wagen schlingerte. Borg kniff die Augen zusammen. Das Lenkrad in seinen Händen fühlte sich eigenartig an und jetzt, jetzt bröckelte es!

Borg schaute zu Spieß hinüber, der auf dem Beifahrersitz saß und schlief!

»Aufwachen!«, schrie Borg.

Das Lenkrad war plötzlich aus Gips und zerfiel in seine Einzelteile, wobei der Wagen weiterraste. Borg konnte nicht mehr lenken und verlor die Kontrolle. Als er erneut zu Spieß schaute, war der verschwunden, und an seiner Stelle saß einer von von Rotfelders Hunden auf dem Beifahrersitz. Genau in dem Moment, als das Tier mit dem Schaum vorm Mund nach Borgs Gesicht schnappte, erwachte dieser mit einem Schrei schweißgebadet.

Borg brauchte einige Sekunden, um sich zu orientieren und festzustellen, dass er nur geträumt hatte. Die Realität um ihn herum sah aber nicht weniger beängstigend aus.

Ein furchtbarer Gestank stieg in seine Nase. Borg befand sich auf dem Fahrersitz seines Autos. Auf allen Seiten des Wagens ragten Mauern empor.

Er schüttelte den Kopf, um einen klaren Gedanken fassen zu können, aber nur mühsam nahm sein Gehirn den Betrieb auf. Sein Hinterkopf brannte höllisch.

»Hier oben bin ich!«, rief eine Stimme, die Borg, als dieser Satz ein zweites Mal gerufen wurde, als die Stimme Johann von Rotfelders erkannte.

Borg versuchte, sich zu orientieren. Er duckte sich und spähte durch die obere Hälfte der Windschutzscheibe seines Wagens. Der Wagen stand in einem Erdloch.

»Das ist der außergewöhnlichste Sarg, den ich jemals habe beerdigen lassen«, rief von Rotfelder, während er sich mit einer Taschenlampe selbst anstrahlte.

Borg erkannte, dass er in seinem Wagen saß, und er begriff auch recht schnell, dass dieser Wagen sich in einem exakt passenden, tief ausgehobenen Loch befand. Viel war von von Rotfelder nicht zu sehen. Das Grab war gigantisch. Durch die kaputte Seitenscheibe auf der Beifahrertür drang der Geruch von nasser Erde hinein. Dieser Geruch mischte sich aber mit einem, der Borg an eine Grillparty erinnerte, und immer, wenn der Wind den Umweg in den Wagen nahm, roch es nach Verwesung.

»Zum Glück haben wir einen Lastkran. Damit konnten wir Ihr Auto problemlos auf den Ehrenfriedhof heben. Einen Grabstein für Sie habe ich auch schon fertig machen lassen!«, rief von Rotfelder und richtete sich den Kragen.

Borg sah sich um und bekam einen furchtbaren Schreck, als er erkannte, dass weitere Personen im Auto saßen. Auf dem Beifahrersitz, durch die Dunkelheit kaum zu erkennen, saß bewegungslos ein Mann, der völlig schwarz wirkte – ein Schatten seiner selbst – und auf der Rückbank, mit dem Kopf am Fenster, lehnte eine weitere Person, die aussah, als ob sie schliefe.

Borg griff nach oben und schaltete die Innenraumbeleuchtung ein.

»Ich hoffe, es macht Ihnen nichts aus, meine Mitarbeiter bei sich zu haben, wenn ich Sie begrabe?«, fragte von Rotfelder, und Borg konnte hören, dass der Schurke beim Sprechen lächelte.

Der Kommissar machte ein angewidertes Gesicht, als er durch die schwache Beleuchtung erkannte, dass der tote Gustav neben ihm saß. Das Krematorium war durch die Explosion der Sprayflasche mit dem Insektenvernichtungsmittel, die Borg darin platziert hatte, ausgeschaltet worden. Gustav also war nicht eingeäschert worden, lediglich seine Haut war völlig verbrannt, sein Körper war aber zu erkennen.

Daher der Grillgeruch!, dachte Borg und drehte sich um.

Auf der Rückbank saß der blutüberströmte und vom Regen völlig durchgeweichte Victor. An seinem Hals klaffte eine große Wunde, und sein schmerzverzerrtes Gesicht schien noch immer stumme Schreie auszustoßen. Der Hund hatte wirklich ganze Arbeit geleistet.

»Ich kann es mir nicht erlauben, dass man hier Leichen meiner Mitarbeiter findet, und vor allem nicht Ihre. Da das Krematorium frühestens morgen früh wieder läuft, ich aber davon ausgehe, dass Ihre dämlichen Kollegen vorher hier auftauchen werden, gebe ich Sie und die anderen der Erde zurück. Gute Nacht!« Von Rotfelder trat aus Borgs Blickfeld, und anstelle der Taschenlampe flammten plötzlich zwei Scheinwerfer auf. Motorengeräusche drangen zu Borg hinunter. Er streckte sich, um etwas erkennen zu können. Plötzlich fiel mit einem lauten Poltern ein großer Haufen Erde auf die Motorhaube. Borg zuckte zusammen. Die Baggerschaufel setzte sich wieder in Bewegung, ein Steinhagel ging auf das Auto nieder, es herrschte Höllenlärm. Borg stieß Verwünschungen aus. Es klang nach Schlägen und Tritten, die das Auto trafen. Das Geräusch von splitterndem Glas machte diese Szene zu einem Moment aus der Hölle, während Borg zu denken begann, dass seine Leiden erst dann ihren Höhepunkt erreichen würden, wenn er ganz begraben war …

Tatsächlich hatte sich von Rotfelder die Mühe gemacht, ein Loch ausheben zu lassen, in das das ganze Auto passte.

Jetzt schob einer von von Rotfelders Mitarbeitern mit einem Radlader die zuvor ausgehobene Erde zurück in das Loch, in das man Borg und seinen VW hinabgelassen hatte.

Borg versuchte, die Fahrertür zu öffnen, aber von Rotfelders Männer hatten Millimeterarbeit geleistet: Die Tür öffnete sich kaum eine Handbreit, bevor sie an die Innenseite des Autograbes stieß. Es war nicht daran zu denken, den Körper durch diese Öffnung zu zwängen.

Die nächste Ladung Erde, Schlamm und Lehm fiel auf die Haube und trommelte beim Aufschlagen. Die Erde, die auf den blechernen Sarg polterte, und das weiße Fleisch der Wurzeln, die sich darunter mischten, gaben dem Moment etwas Gruseliges. Wieder: Bumm! Bumm! Trommelschläge herabfallender Brocken, deren Schall die Organe des Körpers vibrieren ließ.

Borg lehnte sich über den verkohlten Gustav. Der Körper des Mannes war völlig rau.

Wäre doch alles nur ein Albtraum! Borg wünschte sich, aufzuwachen, aber ihm war auch klar, dass er nicht aufwachen würde. Er war wach und würde sterben, wenn ihm nicht schnell ein Ausweg einfiele.

Die nächste Ladung kam von links, und neben der Fahrertür füllte sich der Spalt sofort bis auf Höhe der halben Fensterscheibe. Noch drei oder vier Ladungen, und Borg würde aus diesem Grab niemals entkommen können.

Borg ruckelte an Gustavs Tür, aber auch sie öffnete sich nur Zentimeter.

Die nächste Schaufelladung Erde füllte weitere freie Lücken im Grab.

Borg bekam Panik. Er tastete am Lenkrad und ergriff den Autoschlüssel, den er, um möglichst schnell flüchten zu können, stecken gelassen hatte.

Der Wagen sprang sofort an, und die Scheinwerfer flammten auf. Vor Borg lag eine braune Wand aus Erde. Er gab Gas, und das Auto schob sich weniger als einen halben Meter nach vorn, wo es sich in das nasse Erdreich des überdimensionalen Grabes drückte.

Braune Klumpen polterten auf das Dach. Jetzt wurde es ernst! Borg legte den Rückwärtsgang ein. Es hätte ihm klar sein müssen, dass das nichts brachte. Der Wagen machte einen Ruck nach hinten an die schlammige Erdwand. Victors Körper fiel nach vorn und blieb mit dem Gesicht an der Rückseite des Beifahrersitzes liegen.

Borg duckte sich und schaute zum heranfahrenden, Erde schiebenden Bagger hinauf. Er erkannte einen von von Rotfelders Schergen hinter dem Steuer, da dieser ebenfalls die Innenbeleuchtung des Baggers eingeschaltet hatte.

Borg fluchte. Er suchte nach einem Ausweg. Eine Ladung Erde prallte auf die Frontscheibe, und ein Riss teilte das Glas, ohne es völlig zu zerbrechen, mittig quer in zwei Hälften. Beim nächsten Erdhaufen, der hier herunterstürzte, würde die Scheibe ganz sicher unter dem Druck brechen.

Borg schaute in den schief hängenden Rückspiegel und sah einen großen Blutfleck auf dem Polster der Rückbank, an die Victors Leiche zuvor angelehnt gewesen war.

Da hatte Borg einen Geistesblitz. Spieß hatte gesagt, er habe das Scharfschützengewehr in den Kofferraum gelegt, als er geflüchtet war.

Borg sprang förmlich vom Fahrersitz auf die Rückbank. Er suchte nach den Knöpfen, mit denen man die Bank entriegeln und umklappen konnte.

Ein Klirren der Frontscheibe ließ ihn zusammenzucken. Jetzt drang das Erdreich in den Fahrerraum. Gleich würde der Wagen weiter gefüllt werden, und Borg würde erbärmlich ersticken.

Da waren die Knöpfe, die die Lehne der Rückbank entriegelten. Borg sah sich nicht um und hörte nur, wie es hinter ihm polterte. Er drückte die schwarzen Knöpfe so sehr in ihre Vertiefung, dass die Finger seiner linken Hand schmerzten. Tatsächlich ließ sich die Rückbank jetzt umlegen.

Er quetschte Victors toten Körper weiter zum Beifahrersitz, als er die hintere Sitzlehne umzuklappen begann. Da war das Gewehr von Spieß!

Adrenalin flutete Borgs Inneres. Er umklammerte die kalte Waffe am Lauf und schob seinen geschundenen Körper unter Schmerzen zurück nach vorn.

Gustavs Schoß war schon mit Erde bedeckt. Borg wand sich am Schaltknüppel vorbei und bog seinen Rücken nach oben. Sein Iliosakralgelenk verpasste ihm einen Schmerzimpuls wie einen

Stromschlag, doch er konnte jetzt nicht auf seinen Körper hören. Da kamen sie wieder: die beiden leuchtenden Scheinwerferaugen des Schaufelbaggers.

Borg legte das Gewehr an. Hoffentlich war es geladen.

Schon sah er die Visage des Mannes, für den der Tod einfach nur ein Geschäft war, eine zu verrichtende Arbeit. Aber er mordete für von Rotfelder, und das war sein Verhängnis.

Borg hatte seinen rechten Arm noch immer im zerbrochenen Gips stecken, und so blieb ihm nichts anderes übrig, als mit der linken Hand zu schießen. Sollte es einen Gott geben, flehte Borg, möge er ihm wohlgesonnen sein. Das Gewehr knallte. Der Rückstoß verpasste Borg einen Schlag ins linke Schultergelenk, im Bagger sprang die Scheibe, und der Mann darin schien sich aufzurichten, doch dann sackte er zusammen.

Borg riss die Augen auf, als er erkannte, dass das Fahrzeug seine Geschwindigkeit nicht verlangsamte.

Als er sich auf die Rückbank warf, fiel zunächst ein Schwall Erde in das Auto. Dann, mit lautem Krachen, drückte sich das Dach über ihm zusammen, als befände er sich in einer Zigarettenschachtel, die ein Riese in seiner Faust zerquetschte. Alle noch unversehrten Scheiben sprangen, sich in glitzernde Sterne verwandelnd, aus ihren Rahmen. Der in das Grab gestürzte Bagger begann den Wagen zu zerdrücken.

Gustavs Leiche wurde auf die Hälfte ihrer Größe komprimiert. Der hintere Teil des Autodaches ließ noch etwas Spielraum, sodass Borg in Richtung Rückfenster klettern konnte. Die beiden aufeinander liegenden Fahrzeuge gaben quietschende und knarrende Geräusche von sich, während das Dach von Borgs VW unter dem Druck des Baggergewichtes immer mehr nachgab.

Borg keuchte, als er sich aus dem kaputten Rückfenster in den Regen hinauswand.

Als er seine Füße aus dem Wagen gezogen hatte, gab das Dach völlig nach und versiegelte die Fahrgastzelle für immer.

Dieser VW war zerstört – da würde auch die Schuster & Nass GmbH, die Autowerkstatt seines Vertrauens, die bisher alle von Borgs Fahrzeugen wieder zum Laufen gebracht hatte, nichts machen können. Das Auto war tot, so viel war sicher.

Borg robbte über den Kofferraum und merkte, wie sich die Erde unter seine Fingernägel grub, als er sich an der steilen Wand des Loches nach oben zog.

Er hatte überlebt! Bis jetzt. Aber Borgs Mission war noch nicht zu Ende.

KAPITEL 33

Doppeladler

Borgs Kleidung saugte den Regen auf wie ein Schwamm, und innerhalb weniger Minuten war sein Körper über und über mit Schlamm bedeckt, als er versuchte, an den lehmigen Wänden des Autograbs hinaufzuklettern.

Es würde sicher nicht lange dauern, bis seine Gegner herausfanden, dass es ihnen wieder nicht gelungen war, ihn von diesem Planeten zu entfernen.

Borg versuchte sich zu orientieren: Er war auf dem Ehrenfriedhof. Der mobile Kran, mit dem man Borgs Wagen hier in das Grab gehoben hatte, hatte seine Position verändert. Der Ausleger ragte jetzt über den normal zugänglichen Friedhof, der Kran stand aber außerhalb dieser Mauern, und so war es ausgeschlossen, von diesem Ort auf dieselbe Weise wegzukommen, wie er zuvor hierher gelangt war.

Mit anderen Worten: Borg konnte nur wieder den Weg durch die Gruft der von Rotfelders wählen, die ihn unter die Rote Villa geführt hatte.

Er wollte keine Zeit verlieren. Ihm kam es vor, als liefe er schnell an den Gräbern vorbei in Richtung Grufteingang. Ein Außenstehender hätte diese Bewegung kaum von der Geschwindigkeit einer Person unterscheiden können, die normal ging, so kraftlos und ermattet war er.

Borg nutzte wieder den Türklopfer, und noch immer war der Eingang nicht verschlossen. Warum auch? Da niemand Unbefugtes hier auf das Gelände gelangen konnte, brauchte von Rotfelder keine Vorsichtsmaßnahmen zu treffen.

Borg eilte die Treppenstufen hinunter und lief durch den Gang, der ihm diesmal viel länger vorkam. Wenn er recht hatte, dass er sich bald unter der Roten Villa befand und es einen geheimen Gang nach oben gab, dann konnte er Donantienne, Jeopardy und Luzi aus dem Haus holen. Sie würden die Villa über den Haupteingang verlassen können und dann über das zerstörte Schaufenster im Haupthaus entkommen.

Borg schnappte nach Luft, als er auf den Raum zulief, in dem von Rotfelder die drei Leichen am Tisch platziert hatte.

Jeopardy war aus dem Zimmer geschickt worden und nach links abgebogen. Das war ein guter Hinweis.

Plötzlich hörte Borg Stimmen. Er erkannte den Metallklang und wusste, dass von Rotfelder sprach. Die Stimmen kamen aus einem Raum, dessen Tür nur angelehnt war. Ein leichter Lichtschein fiel in den schummrigen Gang.

Borg verlangsamte sein Tempo, auch um die Geräusche seiner Schritte zu kontrollieren, und schlich an die Tür.

Als er durch den Spalt spähte, sah er Adermann und von Rotfelder an einem Tisch stehen, auf dem die Leiche der Frau lag, die Adermann ausgeweidet und geschändet hatte.

Es war wie bei einem Unfall: Man wollte nicht hinsehen, aber man musste.

Borgs linkes Auge, mit dem er zum Türspalt hineinsah, erfasste die Aktivitäten hier drinnen.

»Es ist das letzte Mal, dass wir ein Kind auf diese Weise entsorgen«, sagte von Rotfelder. »Wenn das Krematorium wieder funktionsfähig ist, dann können wir uns den ganzen Aufwand sparen!«

»Aber wo bleibt denn da der Spaß?«, fragte Adermann.

»Spaß? Das war haarscharf. Wenn dieser Oliver Borg entkommen wäre, dann würden wir ganz schön alt aussehen.«

Johann von Rotfelder ging auf die andere Seite des Raumes und schob eine Rollbahre neben den Tisch, auf dem die tote Frau lag.

Borgs sah, dass auf der Bahre ein totes Kind mit asiatischen Gesichtszügen lag, höchstwahrscheinlich der vermisste fünfjährige Ho Yi Wong, der vor wenigen Tagen im Timmerlaher Busch verschwunden war.

Der Kinderleiche waren die Hände abgeschnitten worden.

»Die Idee mit der Verpackung ist aber genial!«, freute sich Adermann.

»Es ist ja auch meine Idee«, sagte von Rotfelder und nahm sich eine Knochensäge.

Borg beobachtete das, was jetzt geschah, mit einem solchen Ekel, dass er wie versteinert am Türrahmen stand. Seine Knie fühlten sich an, als wären sie aus Gelee.

Obgleich die beiden Körper, um die es sich hier handelte, bereits tot waren, konnte Borg nicht fassen, was er jetzt sah.

Von Rotfelder begann, über den Kniescheiben des kleinen Jungen zu sägen. Die Haut und das Fleisch schoben sich zunächst der Sägerichtung folgend hin und her, dann drangen die Zähne in das Gewebe und in die darunterliegenden Knochen. Die Unterschenkel des Kindes waren in weniger als einer Minute abgetrennt.

Adermann wusste, was er zu tun hatte. Er nahm die dünnen Beinchen, zog den Bauchraum der toten Frau auf, und schob die Beine rechts und links hinein.

»Was für ein Glück, dass Haut so dehnbar ist«, sagte er.

»Ja. Aber ein bisschen geschickt muss man schon sein. Es ist wie ein Puzzlespiel«, ergänzte von Rotfelder und sägte jetzt den Hals der Kinderleiche durch.

Adermann fasste an einen Arm des Kindes.

»Erst der Kopf«, sagte von Rotfelder. Die beiden Männer beugten sich über die Leichen.

Borg glitt nach hinten und lehnte sich im düsteren Flur an die Wand. Er hatte genug gesehen. Jetzt wurde ihm alles klar: Die entführten Kinder waren, wenn sie nicht mehr für Filmaufnahmen und Fotos gebraucht wurden, alle ermordet worden. Um die Leichen verschwinden zu lassen, hatte von Rotfelder einen genialen Trick angewandt: Er hatte tatsächlich verstorbene Menschen ausgeweidet und die Kinderleichen in deren leere Körper gesteckt. Das erklärte auch, warum der eine Kampfhund von Rotfelders die Organe und sogar den Herzschrittmacher eines Toten gefressen hatte. Entweder hatte von Rotfelder das Tier damit gefüttert, oder der Hund war unbeaufsichtigt in einen der Räume gelaufen und hatte die Organe gefressen.

Borg erinnerte sich an die Nacht, in der er zusammen mit Krumen und Spieß den Toten ausgegraben hatte, weil er sich sicher war, dass man im Sarg ein Kind hatte verschwinden lassen. Natürlich hatten sie das Kind nicht finden können! Borg schüttelte ungläubig den Kopf. Das vermisste Kind hatte sich zerlegt im Körper des Toten befunden, und der war ganz normal beerdigt worden. Niemand würde auf die Idee kommen, eine Leiche in einer Leiche zu suchen.

Borg warf einen letzten Blick in die Kammer des Schreckens und sah, wie von Rotfelder mit geschickten Handgriffen am Körper der toten Frau herumnähte; die Kinderleiche war verschwunden.

Er drehte sich auf den Absätzen der Schuhe um, die er Gustav abgenommen hatte. Er orientierte sich kurz und lief in die Richtung, in der er glaubte, einen Gang zur Roten Villa zu finden.

Leise öffnete er eine Tür, die rechts in die feuchte Mauer eingelassen war. Fehlanzeige. Es handelte sich nur um den Raum, in dem von Rotfelders Schergen gesessen hatten, um die Einäscherung auf einer Großbildleinwand zu verfolgen.

Borg wollte die Tür gerade schließen, als er neben einer Bar auf einem Tisch eine Waffe liegen sah. Intuitiv huschte er in den Raum und erkannte die Marke wieder: Es war die spezielle Handfeuerwaffe, die von Rotfelders Anwalt als ›Doppeladler‹ bezeichnet hatte.

Borg nahm die Spezialpistole vom Tisch und prüfte das eine Patrone fassende Magazin. Mist! Die Waffe war nicht geladen. Es wäre ja auch zu schön gewesen! Borg legte sie wieder zurück und hatte bereits die Tür zum Flur geöffnet, als er noch einmal kehrt machte.

Er ging hastig zum Tisch zurück, auf dem die Pistole lag. Wenn er die Waffe schon nicht aktiv einsetzen konnte, dann vielleicht passiv. Borg durchsuchte mit seiner linken Hand seine Hosentaschen. Tatsächlich fand er, was er suchte: seinen herausgerissenen Backenzahn.

Borg nahm die Waffe und drückte sie, den Lauf nach oben gerichtet, mit seinem völlig schlammverschmierten Gipsarm an seine Brust. Jetzt nahm er den Backenzahn, an dem das getrocknete Blut und etwas Zahnfleisch eine rotbraune Farbe angenommen hatten, und drückte ihn mit dem Zeigefinger in den Lauf der Waffe.

Die Idee war absurd, aber Borg überließ nichts dem Zufall. Zu oft hatte er überlebt, weil er im richtigen Moment den richtigen Einfall gehabt hatte.

So seltsam dieser Gedanke war, so genial war er zugleich. Der Zahn ließ sich nur schwer in den Lauf drücken, aber das war umso besser. Als Borg fertig war, legte er die Waffe wieder zurück auf den Tisch und verließ den Raum.

Er bog rechts in einen Nebengang ab, in dem das Licht noch viel diffuser war als im breiteren Hauptgang. Was hatte von Rotfelder hier unten für ein höllisches Labyrinth erbaut!

An den Wänden verlaufende Wasserleitungen und andere dünne Rohre, die an der Decke entlanggeführt wurden, schienen sich hier zu sammeln und gaben Borg die Richtung an. Wo diese Leitungen und Rohre hinführten, da gab es Wasser und Strom – dieser Weg führte ganz sicher zur Villa.

Endlich kam Borg an eine hölzerne Wendeltreppe. Erleichtert stieß er die Luft aus. Alles, was nach oben führte, war gut. Je weiter er nach oben gelangte, desto ferner würde er der Hölle sein.

Borg lief die Wendeltreppe hinauf und gelangte an eine hohe, breite Wand, die ebenfalls aus Holz zu sein schien.

Er drückte an die raue Oberfläche, und die ungewöhnliche Tür öffnete sich mit einem Knarren in einen Raum. Borg wusste sofort, wo er sich befand.

Der Geruch von Büchern stieg ihm in die Nase, und warme Luft schlug ihm entgegen. Er stand in von Rotfelders Bibliothek, in der er schon mehrfach gefrühstückt hatte. Die Wendeltreppe hatte zu dieser Geheimtür geführt, auf deren Vorderseite ein breites Bücherregal angebracht war.

Er ging in den Raum hinein und verschloss die Geheimtür wieder. Er erkannte, dass sie sich genau hinter den Regalen befand, in denen die Kinderbücher standen – makaber.

Sein Hass kochte hoch. Hier hatte von Rotfelder viele unschuldige Kinder durchgeschleust, um sie auf grausame Art schänden zu lassen und dann zu töten.

Er hätte am liebsten alles kurz und klein geschlagen, aber er war noch lange nicht außer Gefahr und wollte jetzt schleunigst Donantienne und die beiden Mädchen finden.

Da er die Flure in der Roten Villa mehrfach durchquert hatte, wusste er, wo die Treppe in das Obergeschoss zu finden war. An diesem Ort vermutete er Donantienne.

Borg schoss auf den Flur hinaus und lief in Richtung Vorhalle. Dort wurde er jäh gebremst: Der bullige Koukol stand vor ihm, blockierte den Durchgang und atmete schwer. Jetzt würde es eine unschöne Konfrontation geben, dachte Borg und rechnete jeden Moment mit einem Angriff, aber nichts geschah.

Borg überlegte, ob er etwas sagen sollte, verhielt sich aber still. Etwas stimmte mit Koukol nicht: Der Fleischberg machte zwei ungeschickte Vorwärtsschritte und blieb dann wieder stehen.

Borg versuchte, das Gesicht des Mannes hier im Halbdunkel besser zu erkennen, und plötzlich gab Koukol ein Grunzen von sich. Dann wurde es Borg klar: Koukol schlafwandelte.

Borg hob seine linke Hand und machte eine leichte Hin-und-Herbewegung, aber trotz seiner geöffneten Augen reagierte der Mann nicht.

Borg merkte, wie die Erleichterung in ihm aufstieg, und er hoffte, dass es sich wirklich um das klassische Schlafwandeln handelte und nicht um eine REM-Schlaf-Verhaltensstörung, von der er einmal gelesen hatte. Dabei konnten Menschen zu gewalttätigen Taten und sogar zu Tötungen fähig sein. Es war ein Fall belegt, bei dem ein Kanadier, Borg meinte sich an den Namen Kenneth Parks zu erinnern, nachts während einer solchen Phase 23 Kilometer weit mit dem Auto gefahren war und am Ankunftsort seine Schwiegermutter getötet hatte. Wieder bei klarem Bewusstsein stritt er jede Erinnerung an die Vorfälle ab. Er wurde aufgrund eines schlafmedizinischen Gutachtens freigesprochen.

Borg drückte seinen Körper an die Wand zu seiner Rechten und schlich an Koukol vorbei. Er überlegte kurz, ob er den Mann vielleicht ausschalten sollte, denn trotz des eigenartigen Dämmerzustands waren Schlafwandler, soweit Borg wusste, fähig, ihre Umgebung wahrzunehmen. Es wäre nicht gut, wenn sich Koukol beim Wachwerden an die Begegnung erinnern könnte. Er erwog tatsächlich, ihn einfach und kaltblütig umzubringen …

Andererseits: Krach war jetzt keine schlaue Idee. In wenigen Minuten war der Fall abgeschlossen, und noch einmal würde es ihm vielleicht nicht gelingen, sich aus den Fängen des Todes zu befreien. Während Koukol mit ungelenken Schritten weiterging, schlich er zur Treppe, die nach oben führte. Wenn er Donantienne doch hier nur finden würde, dann wäre alles gut! Er würde mit ihr fliehen und von Rotfelder würde statt in seinem Todeslabyrinth in einer Gefängniszelle auf seinen Freund, den Tod, warten.

Er eilte weiter.

Oben im Flur mit den grässlichen Bildern lief Borg an gerahmten Kunstdrucken von Salvator Rosas ›Die Versuchung des Hl. Antonius‹, Gustave Moreaus ›Diomède dévoré par ses chevaux‹ und an einem übergroßen Replikat von Hieronymus Boschs ›Der Garten der Lüste‹ vorbei, als er die große Flügeltür aufdrückte, die zu einem ihm bisher unbekannten Raum führte.

Die Erleichterung lief wie eine Welle durch seinen Körper. Auf dem Bett, in einem geschmackvollen Seidennegligé lag Donantienne da Ricci. Sie drehte ihren Kopf erschrocken in seine Richtung, und erst jetzt merkte er, dass sie gefesselt und geknebelt war.

Er eilte zum Bett und begann, sie loszubinden.

»Ich bin so froh, dass du noch lebst!«, stöhnte sie.

»Und ich erst«, sagte Borg.

»Was ist passiert? Ich habe dich kaum erkannt!«, sagte sie erleichtert und rieb ihre Handgelenke, an denen die Fesseln rote Striemen hinterlassen hatten.

Jetzt wurde sich Borg wieder bewusst, wie er aussah. Ein Teilnehmer eines Tough Mudder-Events strahlte im Vergleich zu ihm vor Sauberkeit. Seine Kleidung war schlammig und sein Gesicht braun beschmiert.

»Wir müssen hier weg. Dein Mann ist ein Mörder!«, sagte Borg.

»Er ist nicht mein Mann. Mein Mann ist tot«, korrigierte sie. »Ich will ihn nicht heiraten. Er will!«

»Er sieht das vielleicht als ganz legitim an«, sagte Borg. »Es gibt Kulturen, da sind Sechsjährige mit noch ungeborenen Kindern verlobt. Es ist alles eine Frage der Kultur.«

Beide verharrten einen Moment regungslos in ihren Positionen. Donantienne hatte sich hingekniet, und Borg saß auf der Bettkante. Er sah sie an und verspürte die Lust, durch ihr Negligé hindurch ihre Brust zu berühren. Er hatte Lust auf diesen feinen Stoff und wusste nicht, worauf man sonst noch hoffen müsste. Alles war möglich. Aber er ermahnte sich: Nicht jetzt!

»Zu dir hatte ich die reinste Beziehung, die eine Frau haben kann«, sagte sie leise.

Er sah sie fragend an.

Ihm erschlossen sich ihre Gedanken nicht. Vielleicht war er auch einfach nur zu erschöpft, um sie zu verstehen.

Donantienne erinnerte Borg an eine Frau, die er vor vielen Jahren einmal geliebt hatte. Es war in einer Kinovorstellung gewesen. Er hatte ihre Brüste gestreichelt und sie dann geküsst, aber schlecht und unerfahren. Nach dem Kino war sie dann mit zu ihm nach Hause gekommen …

»Vorsicht!« Donantiennes Schrei dröhnte in Borgs Ohren. Im selben Moment riss ihn ein Schlag an den Hals vom Bett.

Koukol stand grunzend hinter ihm und warf seinen bulligen Körper nach vorn, um Borg zu packen.

Das Gewicht des Mannes hätte Borg sicher mehrere Rippen gebrochen, aber er rollte sich auf dem Teppich vor dem Bett instinktiv zur Seite und hörte, wie der Mann neben ihm aufschlug und die Luft aus seinen Lungen entwich.

Er war schnell wieder auf den Beinen und verpasste Koukol einen Tritt an den kahlen Schädel. Dessen kugelrunder weißglänzender Kopf wurde nach hinten geschleudert, als Borg plötzlich eine zweite Gestalt hinter sich wahrnahm.

Der Faustschlag traf ihn unvermittelt, und sein ganzer Kiefer schien sich aus seiner Verankerung zu lösen. Borg taumelte nach hinten und erkannte mit flimmernden Blick Dr. Adomaitis, dessen Gesicht sich in eine diabolische Fratze verwandelt hatte.

»Schnapp dir die Frau!«, schrie Adomaitis. Dieser Befehl galt Koukol.

Borg warf seinen Körper nach vorn und nutzte den Moment der Überraschung. Adomaitis hatte nicht damit gerechnet, dass er so schnell wieder angriffsbereit sein würde. Die beiden Männer stürzten gegen einen Sekretär aus Kastanienholz, der krachend unter ihnen in Einzelteile zerbrach.

Adomaitis rollte sich auf Borg und griff sich ein abgebrochenes Tischbein, dessen eine Bruchstelle zu einer spitzen Waffe geworden war. Borg versuchte, sich aus der Klemme zu befreien, und drückte den Gipsarm quer gegen Adomaitis Handgelenk des Armes, der den Pflock auf seine Kehle zuschnellen ließ. Diese Attacke führte ins Leere, und das Tischbein verfehlte Borgs linkes Auge um Zentimeter. Das Holz zersplitterte an der Schlafzimmerwand, als Adomaitis mit Wucht an Borgs Kopf vorbeistach.

Alle Sinne geschärft, fühlte Borg, wie das Messer, das Jeopardy mit Klebeband an seinem Rücken befestigt hatte, aus seiner Halterung gerutscht war und nun locker hinten in seinem Hemd lag.

Borg versuchte, sich auf die Seite zu rollen, als die gewaltigen Füße Koukols neben seinem Kopf auftauchten. Der Muskelprotz stand auf einer Art Läufer, der hier auf dem Parkett vor einem Spiegel lag.

Borg reagierte blitzschnell und riss mit aller Kraft einhändig an dem Teppich. Der Plan ging auf. Koukol verlor das Gleichgewicht und stürzte rückwärts in den Spiegel. Die Scherben sprangen durch den ganzen Raum.

Donantienne war vom Bett aufgestanden und hatte sich die Nachttischlampe gegriffen. Sie kam auf Dr. Adomaitis zu, der einen weiteren Angriff startete. Borg wollte wieder auf die Beine kommen, aber da hatte ihn der flinke Anwalt schon wieder umgeworfen. Borg spürte, wie ihm das Messer hinten aus dem Hemd glitt und auf dem Boden landete.

Koukol kam mit zahlreichen Schnittwunden wieder aus dem Scherbenhaufen hervor. Die Krise spitzte sich zu. Aber das Wort ›Krise‹ setzt sich im Chinesischen aus zwei Schriftzeichen zusammen – das eine bedeutet Gefahr und das andere Gelegenheit. Dennoch: Lange würde Borg sich gegen diese beiden so unterschiedlichen Angreifer nicht zur Wehr setzten können.

Genau im Moment dieses Zweifels, die Situation nicht bewältigen zu können, fletschte Adomaitis seine Zähne, sprang auf ihn zu, und seine Finger umschlossen Borgs Hals.

Der Druck war gigantisch, und Borg musste handeln. Er drückte den Abzug der Waffe in seinem Gips. Der letzte ihn vielleicht rettende Schuss sollte jetzt abgefeuert werden, aber nichts geschah. Es rauschte in Borgs Ohren, als sein Hinterkopf mit Druck auf das Parkett gepresst wurde, und sein Gesichtsfeld verengte sich.

Er sah, wie Koukol von Donantienne mit der Lampe geschlagen wurde, sie ihr aber aus der Hand schleuderte und die Frau mit einem brutalen Faustschlag zu Boden streckte.

Borgs Finger verkrampfte sich an der Waffe. Warum löste sich der Schuss nicht? War das Magazin leer? Borgs Angst und Verzweiflung nahmen ihm jede Kraft. Er drückte den Abzug wieder und wieder, und dann spürte er seinen Herzschlag in seiner Brust. Die Waffe ließ sich nicht abfeuern, weil ein Stück des gebrochenen Gipses zwischen Abzug und Magazinhalter geraten war. Der Gipsbrocken hatte sich dort verklemmt, der Abzug ließ sich nicht ganz durchdrücken. Borg verspürte das Bedürfnis zu würgen, aber er konnte nicht, denn sein Hals wurde von den Händen des Mannes, der ihn töten wollte, fest umschlossen.

Dr. Adomaitis hatte eine unglaubliche Kraft in den Händen. Borg merkte, dass er mit seiner linken Hand niemals die würgenden Pranken des Angreifers würde lösen können.

Warum nur immer dieses ganze Gekämpfe?, dachte Borg verzweifelt. Er kämpfte nur, um zu überleben, es gab nichts anderes, um das gekämpft wurde, er schützte sich nur. Er hatte nicht den Mut eines Selbstmörders, der sich einfach aufgeben konnte, und er war nicht so tief verzweifelt, ohne Gegenwehr einfach zu sterben. Er hatte noch nicht genug gelebt! Borg spürte, dass er nur noch Sekunden bei Bewusstsein bleiben konnte. Kurz bevor ein Mensch starb, strömt er einen Todeshauch aus. Das war wie bei einem Unheil: Man konnte es nicht sehen, nicht hören, es war alles eine Frage der Wahrnehmung. Vielleicht lebte er noch, weil seine Kehle durch den Druck so zugeschnürt war, dass der Todeshauch nicht entweichen konnte. Borg dachte diese irren Gedanken nicht, sie dachten sich selbst.

Er ließ von Adomaitis‘ Handgelenken ab und tastete verzweifelt nach dem Messer, das hier irgendwo neben ihm auf dem Boden liegen musste. Doch vergeblich! Das Einzige, was seine Hand griff, war etwas Rundes.

Borg wusste nicht, was es war, aber er musste mit dem arbeiten, was er hatte, wenn er überleben wollte. Mit letzter Kraft schleuderte er seine Hand nach oben und drückte den Gegenstand in den weit geöffneten, nach Luft schnappenden Mund des Anwalts.

Überrascht von dieser Attacke verringerte sich der Druck von Adomaitis‘ Fingern auf Borgs Hals.

Jetzt sah Borg, dass er dem Anwalt die Spraydose mit dem Insektenvernichtungsmittel darin in den Rachen geschoben hatte.

Die Sprühflasche musste Borg beim Kampf aus der Tasche gefallen sein, und Adomaitis versuchte, die Dose, die so tief in seinem Mund steckte, dass sie fast zur Hälfte verschwunden war, herauszuwürgen. Borg glaubte, die Gedanken des Angreifers lesen zu können. Der Mann musste eine Entscheidung treffen: Oliver Borg weiter würgen und die Dose für ein paar

Sekunden in seinem Hals steckend ertragen oder vom Kommissar ablassen und sich den Gegenstand aus dem Rachen ziehen.

Für einen Bruchteil einer Sekunde erfasste Borg eine Hoffnung, die aber rasch wieder verflog, als der Druck der Finger sich wieder verstärkte. Die Wut stand Adomaitis in die Augen geschrieben, und Borg machte sich bereit, zu sterben. Seine Hand fuhr ein letztes Mal neben sich über das Parkett, als er einen weiteren Gegenstand berührte: das Messer.

In einem verzweifelten letzten Versuch, dem Tod zu entfliehen, packte Borg fast automatisch das Messer am Griff und riss es nach oben. Die Klinge drang in Adomaitis' Wange ein, und das, was jetzt geschah, begriff Borg nicht gleich: Aus Nase und Mund des Mannes schoss mit dem Druck einer stark aufgedrehten Duschbrause ein Schwall Blut und Gas, danach gab es einen dumpfen Knall, und der Unterkiefer des Anwalts wurde grotesk aufgerissen. In derselben Sekunde begannen Borgs Augen bestialisch zu brennen, aber der Griff um seinem Hals lockerte sich.

Borg fasste sich an den Hals, der sich seltsam fremd anfühlte, dann rollte er sich nach rechts weg, als Adomaitis mit tierischem Jaulen von ihm herunterkletterte. Borg krabbelte einen Meter und versuchte, sich den Schmerz aus den Augen zu wischen. Verschwommen sah er, wie Adomaitis sich vor ihm aufrichtete.

Dem Anwalt war die Spraydose mit dem Insektenvernichtungsmittel im Mund explodiert, als Borg dessen Wange und das Metall der Dose mit dem Messer durchstoßen hatte.

›Summ-Summ-EX‹!, dachte Borg.

Jetzt stand Adomaitis mit verschobenem Gesicht vor ihm und schwankte. Borg kam auf die Knie, und Adomaitis versuchte, mit seinen Händen den herausgerissenen, nur noch an einigen Hautlappen hängenden Unterkiefer zurück an seinen Kopf zu schieben. Er hatte den Tod im Blick, und doch lebte er.

Borg wartete auf den Moment, in dem der taumelnde Mann umfallen und sterben würde, doch das passierte nicht. Adomaitis ließ den Kiefer los, der nach unten klappte und dort baumelte. Die Zunge des Mannes bewegte sich in der Luft, und aus seinen tränenden Augen, die dem Sprühregen aus Blut und Insektenvernichtungsmittel ausgesetzt gewesen waren, sah Borg, wie Adomaitis plötzlich den ›Doppeladler‹, auf Borgs Kopf richtete. Borg war klar, dass er jetzt sterben würde.

Er schloss die Augen. Es gab einen lauten Knall, und dann blieb nur ein Piepen in Borgs Ohren zurück. Das Piepen wurde zu einem Surren, und er traute sich, die Augen wieder zu öffnen.

Adomaitis stand schwankend vor ihm. Die Finger der Hand, in der er die Waffe gehalten hatte, standen in alle Richtungen ab, und der Zeigefinger fehlte sogar. Das Weiße in Adomaitis' Augen füllte fast sein ganzes

Gesicht. Dem Mann war die Waffe in der Hand explodiert. Ein Teil der zerfetzten Waffe war sogar in den Schädelknochen zwischen den schmalen Stirnfalten eingedrungen und ragte dort wie eine kleine Pfeife aus einem Mund heraus.

Borg wurde schwindelig, aber ihm war klar, was ihn gerettet hatte: Er hatte vorhin seinen Backenzahn in den Lauf des ›Doppeladlers‹ gedrückt. Als Adomaitis die Pistole nun abgefeuert hatte, war das kleine Sprenggeschoss im Lauf auf den Zahn geschlagen und dort explodiert.

Adomaitis sah Borg ungläubig an, während das Blut aus dem Mund ohne Unterkiefer über seine Brust lief. Der ›Doppeladler‹ hatte zum letzten Mal geschossen.

»Schöne Grüße von der Zahnfee!«, sagte Borg und stützte sich an der Wand hinter sich ab. Er spürte, wie ihm schwarz vor Augen wurde. Das Letzte, was er sah, bevor er in Ohnmacht fiel, wirkte surreal: Dr. Adomaitis fiel wie in Zeitlupe klatschend mit dem zerstörten Gesicht auf das Parkett.

KAPITEL 34

Schlangen-göttin

Als Borg wieder zu sich kam, fühlte er sich nicht viel besser. Es war dieses Gefühl, nach einer schweren OP zu erwachen, oder das starke Unwohlsein, nachdem man sich erbrochen hatte. Vielleicht hatte er sich sogar tatsächlich erbrochen.

Borg lag auf den kalten Fliesen in einem ihm unbekannten Raum, und ein Mann ging vor ihm auf und ab. Das konnte unmöglich der Anwalt sein. Borg erinnerte sich an die letzten Momente, die er in von Rotfelders Schlafzimmer wahrgenommen hatte. Jetzt merkte er, dass man seine Arme und Beine gefesselt hatte – schon wieder!

Dieser Fall war wie ein Buch: Es gab kein Zurück! Jedes Kapitel konnte gelesen oder nicht gelesen werden, doch hatte man es einmal bis hierhin gelesen, so war es gelesen und konnte nicht mehr ungelesen gemacht werden …

Oh Gott! Donantienne! Wo war sie? Borg schüttelte seinen Kopf in der Hoffnung, die volle Leistungsfähigkeit seines Gehirns würde zurückkehren. Er schluckte und merkte, wie sein Hals höllisch brannte, als habe er eine Hand voll Chilischoten heruntergeschluckt.

»Wasser!«, flehte er und erkannte seine Stimme kaum wieder, so rau war sie. Dieser Anwalt hatte seinen Stimmbändern übel mitgespielt.

Der Mann, der vor Borg hin und her gelaufen war, drehte sich jetzt um und zeigte sein Gesicht: Nico Adermann.

»Ah! Da sind Sie ja. Ich habe mich schon gefragt, wann Sie zu sich kommen würden.«

Adermann hockte sich vor Borg auf den Boden. Er trug eine indigoblaue Jacke.

»Sie haben da ein hübsches Chaos angerichtet, aber alle guten Dinge sind drei. Wenn Sie sich nicht verbrennen und auch nicht begraben lassen, dann bleiben Sie vielleicht zum Essen«, sagte Adermann.

Borgs Schläfen pochten, und er hätte alles für ein Aspirin gegeben. Er betrachtete die rötlich glänzenden, gut rasierten Wangen seines Gegenübers.

Adermann ging durch den Raum und kam mit einem Becher zurück. Er hielt ihn Borg an den Mund.

Borg nahm einen großen Schluck und spie die Flüssigkeit wieder aus.

Adermann lachte wie ein Verrückter. »Pisse!«, freute er sich. »Meine Pisse!«

Borg versuchte Spucke im Mund zu sammeln und spuckte noch zwei weitere Male aus. Zum ersten Mal war er dankbar, dass im Oktober keine Spargelzeit war.

»Wo ist Donantienne?«, krächzte Borg.

»Bei Johann, nehme ich an. Da, wo sie hingehört. Er wird es ihr besorgen, wenn er schlau ist, und ihr dann die Kehle durchschneiden.«

Borg wand sich auf dem Boden.

»Ganz ruhig, mein Freund!«, sagte Adermann, und Borg wurde durch eine Reflexion auf das aufmerksam, was Adermann da in seinen Händen hielt: ein kurzes Schwert.

»Wissen Sie, was das ist?«, fragte er Borg.

»Ein Schmetterlingsschwert«, sagte Borg leise.

»Genau. Schlauer Bursche. Wissen Sie, was ich jetzt mache?«

Borg hatte nichts zu verlieren: »Harakiri, wenn Sie mir einen Gefallen tun wollen«, sagte er.

»Ganz sicher nicht! Ich werde Ihnen die Füße abhacken. Und wissen Sie auch, warum?«, wollte der Schurke wissen.

»Oh, Mann. Müssen wir das machen? Müssen Sie hier die große Quizshow abziehen?« Borg war müde und fühlte sich ausgelaugt. Die Schmerzen bohrten sich wie kleine Splitter in sein Herz. Er wollte nur noch schlafen und hier einfach liegen, ohne das dämliche Frage-und-Antwort-Spiel mit Adermann zu spielen. Er empfand nicht einmal Angst. Ihm war alles egal.

Borg hatte dem Tod jetzt so oft ins Auge geblickt, dass er voller Gleichgültigkeit in Adermanns kalte Augen starrte. Nach Elisabeth Kübler-Ross machte jeder Mensch, der wusste, dass er sterben würde, fünf Phasen durch. Das ging über das »Nicht-wahrhaben-Wollen« und die Isolierung über Zorn und weiter zu einer Stufe, da man verhandelte und versuchte, einen Deal zu machen, um nicht sterben zu müssen. Hatte man auch dieser Phase durchlaufen, dann folgte meist ein depressiver Gemütszustand, und schließlich stellte sich die Zustimmung ein. Genau diese letzte Phase hatte Borg jetzt erreicht. Sollte Adermann ihn doch einfach töten, dann konnte er schlafen. Schlafen für immer. Er war so schrecklich müde.

Borg sah sich im Zimmer um. Es befanden sich hier keine Möbel, lediglich ein großes Aquarium oder Terrarium stand hinten im Raum. Von der Decke leuchteten Halogenlampen auf Borg und Adermann herab. Das Licht gab dem Raum die Stimmung eines Verhörzimmers, und die Gesichter der beiden Männer wirkten sehr blass, wobei man Borgs Blässe nur an einigen Stellen sehen konnte, weil sein Gesicht noch die Schichten verkrusteten Schlamms und auch einige Blutspuren zeigte.

Borg schaute sich nach der Ausgangstür um. War das das Zeichen, dass er vielleicht doch noch Hoffnung hatte, zu entkommen? Etwas Lebenskraft kehrte in ihn zurück, und er konzentrierte sich auf verschiedene Teile seines Körpers, um durch Anspannen und Entspannen herauszufinden, wo er Schmerzen hatte und was er bewegen konnte. Auf den Verlust der Hoffnung folgte bei sterbenden Menschen in der Regel bald der Tod. Borg aber hatte Hoffnung. Er hatte Victor, Gustav und den Anwalt ausgeschaltet. Adermann, Koukol und von Rotfelder standen noch auf seiner Liste.

Er würde niemals aufgeben, und wenn es das Letzte war, was er tat. Immer wieder dachte er an Donantienne und die Kinder – er musste hier herauskommen und sie retten. Das war er ihnen schuldig. Das war er sich selbst schuldig.

»Es interessiert Sie gar nicht, was ich mit Ihnen vorhabe? Das sollte es aber, denn der Tod ist das Spannendste an so einem einfallslosem Leben, wie Sie es führen.« Adermann war wütend geworden, weil Borg desinteressiert wirkte und Adermann es nicht ertragen konnte, nicht im Mittelpunkt zu stehen. Unbeachtet zu sein, regte ihn auf.

»Ich werde Ihnen Ihren Schwanz abschneiden!« brüllte Adermann.

Oh nein! Nicht wieder so einer!, dachte Borg und sah vor seinem geistigen Auge einen längst besiegten Feind. Warum glaubten Männer immer, sie könnten anderen Männern am meisten schaden und sich die größten Glücksgefühle bescheren, wenn sie ihrem Gegner das Geschlechtsteil abschnitten? Es ging oft darum, Feinde, die man längst besiegt hatte, zu demütigen und die eigene Überlegenheit zu demonstrieren. Mit ihrem Geschlechtsteil nahm man den Männern im übertragenen Sinne auch ihre Frauen.

»Haben Sie mich nicht verstanden? Ich schneide Ihnen den Schwanz ab!« Adermanns Brüllen wurde lauter und lauter.

Borg merkte, dass die Gelassenheit, die er ausstrahlte, auch wenn es in seinem Inneren ganz anders aussah, Adermann mehr und mehr provozierte. Wer wütend war, der machte Fehler. Borg beschloss, bis zum Äußersten zu gehen.

»Mit diesem Schwert werde ich Ihnen alles nehmen, was Sie zum Mann macht!« Adermann fuchtelte mit dem Schwert herum.

»Das Schwert ist dafür nicht groß genug«, sagte Borg mit gespielter Ruhe. In Wirklichkeit stieg mit zunehmender Bedrohung auch seine Angst. Er konnte sich kaum vorstellen, welche Schmerzen ihm Adermann bereiten wollte, aber sie mussten höllisch sein.

Borg dachte an die Nachrichten der vergangenen Jahre – die Medien hatten berichtet, wie es in den Jugoslawienkriegen zu Kastrationen an bosnischen Kriegsgefangenen gekommen war. Serbische Soldatinnen hatten den Männern in den Lagern ihre Hoden abgetrennt. Unbeschreiblich, zu welchen Gräueltaten Menschen fähig waren, ganz gleich, welcher Ethnie und welcher Gesellschaftsschicht sie angehörten.

Adermann sah Borg mit durchdringendem Blick an. »Als ich jünger war und noch bei meinen Eltern wohnte, da schloss ich mich oft im Keller ein und wurde vom Verlangen nach einer Frau gequält. Das war in diesem Alter natürlich. Ich dachte dabei nie an eine bestimmte. Aber ich dachte so sehr an eine Frau, an alle Frauen, an alle, die ich gekannt hatte, an alle Situationen, in denen ich sie geliebt hatte, dass mein dunkler Keller sich mit all ihren Gesichtern bevölkerte und von all meinem Verlangen erfüllt wurde.« Er sprach monoton und fast regungslos, trotz einiger nervöser Tics, die seinen Mund verzerrten. »In einer Hinsicht brachte mich das aus dem Gleichgewicht. In einer anderen aber schlug es die Zeit tot; die Zeit, bis ich reif genug war, um zu erkennen: Ich musste die Frauen auslöschen, damit ihre Gesichter nicht wieder auftauchen konnten.«

Borg hörte sich diese absonderliche Geschichte an, aber Adermann war noch nicht am Ende. »Und dann wurde mir klar: Wenn ich Kinder nehme statt Frauen, dann würden diese Gesichter sich von ganz allein vernichten, indem sie alterten. Sie konnten dann also nicht mehr zu mir zurückkommen und meine Träume füllen oder mich anstarren. Niemals altert ein Gesicht so schnell wie das eines Kindes. Wir nennen das ›Wachsen‹. Völliger Quatsch, sich im Erwachsenenalter über eine weitere Falte zu ärgern, die innerhalb eines halben Jahres entstanden ist. Sehen Sie sich mal das Gesicht eines Kindes nach 12 Monaten erneut an – es ist kaum wiederzuerkennen.«

Borgs Magen knurrte laut.

»Haben Sie Hunger?«, fragte Adermann verblüfft.

»Jetzt, wo sie es sagen – ja! Ich sterbe vor Hunger«, sagte Borg, schaute aber an Adermann vorbei. Er war durch etwas irritiert worden: Hinten in dem großen Glasbehälter hatte sich etwas bewegt. Eine riesige Schlange!

Adermann hatte bemerkt, dass sich Borg durch etwas hinter ihm hatte ablenken lassen. »Ah! Sehr gut. Astaroth ist wach – die Boa ist Johann von Rotfelders neuer Dauergast hier. Wir haben einen Deal gemacht«, sagte Adermann. »Mit anderen Worten: Sie sterben nicht vor Hunger, sondern für Hunger.« Adermann lachte wie ein Irrer.

Und damit war eine der Fragen, die noch offen war, beantwortet: Von Rotfelder hatte von einem Gast gesprochen. Die Schlange war also dieser geheimnisvolle Gast, der im Keller wohnte.

»Sie hat wochenlang nicht gefressen.« Adermanns Mund wurde von einem falschen Lächeln umspielt, dann zuckten die Lippen wieder.

»Ich wollte ursprünglich Ihre kleine Freundin Dana verfüttern, aber der Zufall hat sie gerettet.«

Es gab keine Zufälle, dachte Borg.

»Und jetzt wollen Sie mich verfüttern?«, fragte er.

»Ganz richtig!«, sagte Adermann. Er ging hinüber zum Terrarium und klopfte mit dem Finger gegen die Scheibe. »Bist du hungrig, Astaroth, meine kleine Schlangengöttin?«, fragte er, als könne das Tier ihn verstehen und antworten.

Adermann beugte sich wieder zu Borg herunter, umfasste seinen Hals und drückte langsam zu. Borg spürte, wie der Druck in seinem Kopf zunahm, und er ließ es einfach geschehen …

Sterben ist wie einschlafen, dachte Borg. Und alles, was Angst macht, erscheint gleichgültig. Goethe kam ihm in den Sinn: ›Wie ein Kind, umwunden von der Schlange, des erquickenden Schlafs genießt, so legt der Müde sich noch einmal vor der Pforte des Todes nieder und ruht tief aus, als ob er einen weiten Weg zu wandern hätte.‹

Dann aber war da wieder der Wunsch, den alles Lebendige in sich trug, in Borg erwacht: Alles, was lebte, sofern es normal war, wollte auch leben.

Aus einer irren Laune heraus griff Adermann Borg in die Haare, hob dessen Kopf und ließ ihn krachend auf den Boden schnellen.

Borg schrie vor Schmerz.

»Ich gebe Ihnen Glück zurück«, sagte Adermann. »Als Sie auf die Welt gekommen sind, haben Sie laut und hemmungslos geschrien, erst später wurden Sie durch alle möglichen Regeln, Riten und Erziehungsprinzipien gebändigt. Jetzt endlich haben Sie das Glück wiedergewonnen, völlig frei zu schreien.«

Er würgte Borg wieder, und der begann durch die seltsam bekannten Schmerzen zu schwitzen. Er fühlte mit seinem rechten Zeigefinger die Waffe im Gips. Eine Patrone war noch im Lauf, doch die Waffe hatte sich schon beim letzten Versuch nicht abfeuern lassen, weil sich dieses verdammte Stück Gips verklemmt hatte. Borg drückte mit seinem Zeigefinger gegen den Klumpen, von dem zwar ein kleiner Teil abbrach, der Großteil aber hinter dem Abzug blieb und ihn damit weiterhin blockierte. Er drückte fester und versuchte, das Stück zu lösen. Die Haut an seiner Fingerkuppe brannte schon. Vermutlich war sie wund, oder es hatte sich vom vielen Drücken und Schieben schon eine Blase daran gebildet.

Kurz bevor Borg ohnmächtig wurde, ließ Adermann aus irgendeinem Grund von ihm ab.

»Es war völlig klar, dass Dana oder Sina oder wie sie heißt, mir verfallen würde«, protzte Adermann. »Frauen sind so leicht zu manipulieren, und ich bin ein sehr guter Schauspieler.«

Borg sah ihn verächtlich an.

»Ich habe sogar mal am Braunschweiger Staatstheater eine Rolle gehabt. Eine Spielzeit im Stück ›Romeo und Julia‹«, sagte Adermann.

»Wen haben Sie gespielt? Julia?«, fragte Borg.

»Romeo natürlich!«, schrie Adermann. »Ich musste das Ensemble verlassen. Meine Schauspielkolleginnen haben damit gedroht, mich wegen sexueller Belästigung anzuzeigen.«

Der ist ein echter Psychopath, dachte Borg.

Draußen auf dem Flur waren plötzlich Schritte zu hören, dann schloss jemand die Tür auf, und Borg dachte, er würde seinen Augen nicht trauen. Norbert, der Handlanger mit der Trachealkanüle, hatte die Tür geöffnet, und neben ihm stand Sina Bachmann, die verängstigt in den Raum blickte.

»Sina!« Borg stieß die Luft aus.

»Na, wen haben wir denn da?« Adermann war ebenso überrascht.

»Ich habe das kleine Luder erwischt, als sie über den Ausstellungsraum eindringen wollte. Die kleine Schlampe!«

Norbert stieß Sina nach vorne in den Raum.

»Zwei wird Astaroth nicht schaffen!«, sagte Adermann. »Aber das Spiel scheint spannend zu werden.« Er lachte, und auch Norbert pfiff und prustete diese Emotion hinaus.

»Herr von Rotfelder hat gesagt, du kannst mit ihr machen, was du willst!« Norbert versuchte, über seine Kanüle ein weiteres Lachen herauszukeuchen.

»Wir werden unseren Spaß haben, da kannst du sicher sein!«, flachste Adermann, dann wandte er sich an Sina: »Wie immer, stimmt's?«

Sie sah ihn mit Abscheu an, dann warf sie Borg einen verzweifelten Blick zu.

In dem Moment, als er sie erkannt hatte, war viel der Kraft aus seinem Körper gewichen. Er hatte gehofft, dass sie Verstärkung mitbringen würde. Die Tatsache, dass man sie geschnappt hatte, war der nächste herbe Rückschlag in der langen Reihe herber Rückschläge, die Borg bei diesem Fall hatte einstecken müssen. Er resignierte.

»Hast du sie durchsucht?«, fragte Adermann Norbert.

»Ja. Sie hatte nur ein Telefon dabei«, krächzte Norbert, der einen Finger auf das Luftloch an Hals gelegt hatte. Dann nahm er die Hand herunter, griff in seine Tasche und warf Adermann das Smartphone zu.

Borg schüttelte den Kopf. Sina, Sina, was hast du nur gelernt? Da tauchte sie im Schlangennest auf und war noch nicht einmal bewaffnet.

»Da rüber!« Norbert schubste Sina zu Borg.

»Wartet nicht auf mich. Jetzt ist ja für meine Abendplanung gesorgt.« Adermann legte Sinas Handy auf den Tisch neben das Terrarium und fuchtelte mit dem Schmetterlingsschwert herum.

»Willst du bei der Bestattung nicht dabei sein?«, fragte Norbert verwundert.

»Nein«, sagte Adermann knapp. »Ich spiele lieber mit Körpern, als sie ineinander zu stecken und zu begraben.«

Borg vermutete, von Rotfelder und seine Schergen würden jetzt die Frau unter die Erde bringen wollen, in die sie das zerstückelte Kind eingenäht hatten. Immer mehr Spuren verschwanden, und die Zeit rannte. Borg presste seine Kiefer aufeinander. Wieder schoss der Schmerz in der Zahnlücke nach oben in den Kopf, und er verfluchte sich, diese Pein ausgelöst zu haben. Jetzt tat ihm vor allem die Stirn weh, und alle seine Adern pochten.

Norbert sagte noch etwas, das Borg aber nicht verstehen konnte, weil seine Zahnschmerzen ihn ablenkten. Aus Norberts Blasloch im Hals schoss ein feiner Sprühregen aus Spucke hervor, er drehte sich auf dem Absatz um und verschwand durch die sich schließenden Tür.

»Dana, du hast Glück, meine Beste. Der Kommissar kann nicht mit dem mithalten, was dein Körper zu bieten hat. Ich werde ihn der Schlange überlassen, und dann machen wir das, was wir am besten können«, sagte Adermann.

»Das kannst du vergessen!«, zischte Sina.

»Ach, jetzt auf einmal. In der letzten Woche konntest du nicht genug davon bekommen!« Adermann wurde wütend.

»Ich habe jede Sekunde gehasst. Du bist ein widerlicher Kerl!«

Szenen einer Ehe, dachte Borg und blickte an Sina hinauf, die nun neben ihm stand, während Adermann auf der anderen Seite des kleinen Raumes mit seinem Schmetterlingsschwert vor dem Terrarium auf und ab ging.

»Ich werde dem lieben Kommissar jetzt die Füße abhacken, und dann können wir beide uns in der Villa ein schönes Zimmer suchen!«, sagte Adermann.

Borg sah ihn verstört an.

»Ach. Sicher fragen Sie sich, warum ich Ihnen die Füße abhacken werde, oder?« Adermann richtete die Frage an Borg, als wäre er der große Gönner, der mit all seinem Edelmut dem Gast noch ein interessantes Geheimnis verraten wolle.

»Normalerweise würde ich auf diese Information scheißen, aber damit dieser Fall auch Hand und Fuß hat, freue ich mich natürlich über diese ach so wichtigen Details!«, sagte Borg sarkastisch.

»Sie werden die größten Schmerzen Ihres Lebens haben und sich am Boden hin und her winden. Damit schlage ich zwei Fliegen mit einer Klappe: Erstens können Sie nicht mehr wegrennen, wenn Astaroth Sie anpeilt … Verbluten werden Sie ganz sicher nicht.«

»Und zweitens?«, fragte Borg.

»Durch Ihre Bewegungen wird die Schlange erst richtig heiß auf Sie. Sie wissen ja: Schlangen wollen Beute fangen. Der Schmerz wird Sie in Bewegung halten. Wenn Sie nur leblos und unbeweglich daliegen würden, würde es vielleicht Stunden dauern, bevor sie Sie verschluckt, und ich möchte nicht riskieren, dass hier noch einer von Ihrer Bande aufkreuzt und Sie wieder davonkommen.«

Aha, deshalb hat er mich nicht erwürgt, dachte Borg.

Adermann ging auf das Terrarium zu und öffnete den Deckel. Borg sah seine Hand und entdeckte auf den Fingern die tätowierten Buchstaben ›F U C K‹. Das könnte die große Überschrift dieser ganzen Mission sein, dachte er.

»Wenn du schlau bist, dann folgst du mir, wenn Astaroth zum Abendessen herauskommt«, sagte Adermann zu Sina.

Die Schlange war konditioniert. Schon wenige Sekunden, nachdem Adermann das Terrarium geöffnet hatte, hob sie ihren glänzenden Kopf.

Adermann sah Borg an und setzte sich in Bewegung, als plötzlich Sinas

Handy zu klingeln begann. Er hielt in seiner Bewegung inne, ging hinüber zum Tisch und schaute auf das Display.

»Dana. Du bist so ein dummes Stück!«, sagte er. »Der Anrufer wird mir als ›Leiter der Mordkommission – Frederick Koller‹ angezeigt!« Er lachte.

Borg schloss seine Augen. Er konnte das alles nicht glauben.

Adermann ging mit dem Handy zu Borg und setzte ihm die Klinge des Schmetterlingschwertes an den Hals. »Wenn jemand von euch einen Mucks macht, dann stoße ich zu!«, drohte er und nahm dann den Anruf entgegen.

»Ja bitte?«, fragte er unschuldig.

Im Hintergrund hatte die Schlange ihren Kopf über den Rand des Terrariums geschoben und züngelte.

Borg konnte nicht verstehen, was Koller am anderen Ende der Leitung sagte, aber er konnte es sich ausmalen, als Adermann antwortete: »Ich bin Jan-Ole Hermann Schulz … Ja. Ihr Freund. Nein. Sie steht gerade unter der Dusche. Kann ich etwas ausrichten? … Gut. Ich werde es ihr sagen. Wie war noch Ihr Name? Ach, Herr Koller? Sie sind das! Sie hat schon so viel von Ihnen erzählt … Natürlich. Die schwärmt von Ihnen! Gut. Ich richte es ihr also aus. Einen schönen Abend … Ja, den werden wir haben. Ich freue mich schon darauf, Sie einmal persönlich kennenzulernen, Herr Koller. Ja. Dankeschön!«

Adermann beendete das Gespräch. »So ein netter Chef!«, sagte er. »Er wünscht dir einen schönen Abend. Er meldet sich morgen früh. Ist das nicht nett?«

Adermann ging wieder auf Abstand zu Sina und Borg. Er legte das Schmetterlingsschwert auf den Tisch und öffnete die Schale des Telefons.

»Bevor hier noch jemand anruft oder die uns gar orten, werde ich mal eine kleine Vorsichtsmaßnahme ergreifen.«

Er holte die SIM-Karte heraus, knickte sie und schloss das Handy wieder.

Adermann blickte zum Terrarium. Die Schlange war träge. Sie hing halb über den Rand und ließ sich soeben auf den Boden hinunter.

Er warf das Telefon zu Sina herüber, und sie fing es geschickt auf. »Hier! Kannst du wiederhaben. Es ist jetzt nutzlos für dich, und ich bezweifle auch, dass du in diesem Leben eine neue SIM-Karte einsetzen wirst!« Er lachte und ging auf sie zu.

Der Schlag mit der flachen Hand traf Sina völlig überraschend. Sie taumelte zwei Schritte nach links. Als sie sich wieder aufrichten wollte, knallte der zweite Schlag an ihren Kopf, und es fühlte sich in ihrem Schädel an, als sei eine Sprengladung darin explodiert. Sterne blitzten vor ihren Augen auf. Sie ließ das Handy fallen und sank auf die Knie.

Borg lag hilflos und gefesselt mit angespanntem Körper am Boden und versuchte, sich aus dem Weg zu rollen, um an eine Wand zu kommen, an der er sich aufrichten könnte. Die Schlange hatte ihn bereits als Opfer auserkoren. Ihr Kopf war auf ihn gerichtet.

»He! Immer mit der Ruhe, du Penner!«, schrie Adermann und ließ von Sina ab. »Du kannst es wohl gar nicht erwarten, dass ich deine Knöchel durchhacke, was?« Adermann ging, die Schlange ständig im Blick, schnell zum Tisch hinüber und ergriff das Schwert. Ihm war auch nicht wohl dabei, sich mit der ausgehungerten Schlange im gleichen Raum zu befinden. Das Tier war desorientiert, denn es kroch geschmeidig einen großen Bogen.

»Wir sollten uns beeilen!«, sagte Adermann zu Borg und hob das Schwert für einen ersten Hieb. Borgs Herz übersprang einen Schlag. Das ist jetzt das Finale!, dachte er.

»He!«, rief Sina laut.

Als Adermann sich umdrehte, tauchte ein Blitz den Raum in ein grelles Blau.

Borg schaute zu Sina hinüber. Sie hatte das Handy wieder aufgehoben und ein Foto geschossen.

»Du Schlampe!«, schrie Adermann und rannte mit erhobenem Schwert auf Sina zu.

Es blitzte zum zweiten, dann zum dritten Mal.

Adermann hob das Schwert und wollte es in diesem Augenblick auf Sina niedersausen lassen, als ihn der vierte Blitz des Smartphones in der Bewegung lähmte.

Borg beobachtete ungläubig, was nun geschah: Adermann bog sich nach hinten und schrie das Wort »Nein!«, während ihm das Schwert im hohen Bogen aus der Hand flog und neben dem Terrarium landete.

Das zweite »Nein!« aus Adermanns Kehle klang schon nicht mehr so, als wäre es seine Stimme.

Sina machte ein weiteres Foto mit Blitzlicht.

Adermann war bereits mitten in einem Krampfanfall. Er stürzte nach hinten und zuckte unkontrolliert.

Borg schaute verblüfft auf das Schauspiel.

»Er ist Epileptiker«, sagte Sina und kam schnell zu Borg hinüber. Dummerweise kam nicht nur Sina – Astaroth hatte jetzt scheinbar eine Wahl getroffen.

»Nicht bewegen!«, sagte Borg. »Die Schlange! Hinter dir!«

Sina erstarrte und sah ihn mit großen Augen an.

Nico Adermann lag etwas abseits im Raum und zuckte wie wild. Er hatte bereits Schaum vorm Mund. Wie lange würde sein Krampfanfall dauern?

»Bleib einfach still!«, sagte Borg. Sina hatte ihre Hand an seinen Fußfesseln.

»Soll ich das Schwert holen und der Schlange den Kopf abschlagen?«, fragte sie.

»Das schaffst du nicht. Es liegt da ganz hinten. Bleib hier!« Borg hoffte einfach.

Die Boa constrictor schlängelte sich auf Borg und Sina zu. Sie war nur noch einen Meter entfernt.

Borg lief ein Schweißtropfen über die rechte Wange. Sein Gesichtsausdruck war der Spiegel für Sina. In ihm konnte sie erkennen, wie ernst die Lage war.

Adermann lag auf dem Boden und zuckte immer noch. Jetzt kroch die Schlange nach links. Sie hatte ihn wahrgenommen.

Schön weiterzucken!, dachte Borg und erschrak plötzlich, als das Raubtier nach vorn schoss. Adermanns Bewegung hatte ihn als Beute prädestiniert. Der lange Körper der Boa war plötzlich unglaublich schnell und peitschte sich förmlich um Adermanns Leib.

»Sie hat ihn geschnappt!«, stieß Borg hervor. Sina fuhr herum. Sie sah, wie der Kiefer der Schlange sich um Adermanns Kopf gelegt hatte und der Körper sich um Adermanns Brustkorb und seinen Bauch wickelte.

Da würde er nicht wieder herauskommen.

»Mach mich los!«, drängte Borg.

Sina wandte sich ihm wieder zu und begann, seine Fesseln zu lösen.

»Wir haben es geschafft!«, sagte sie erleichtert.

»Sina! Wir sind hier an einem Ort des Todes! Wir sind noch lange nicht in Sicherheit!«

Plötzlich hörte Borg dumpfes Schreien oder eher ein Jaulen, das aus einer tiefen Höhle zu kommen schien. Adermanns Kopf war gänzlich in der Boa verschwunden, die mehr und mehr von dem Mann verschlang. Das Knacken von Knochen, die unter dem enormen Druck wie Zahnstocher brachen, ließen ihn verstummen. Sein Schultergürtel war zusammengeklappt, aber er atmete noch.

Beide, Oliver Borg und Sina Bachmann, sahen die Schlange für einen Moment bewegungslos an.

Jetzt hatte sich das alte chinesische Sprichwort bewahrheitet, dass der mächtige Drache der Schlange am Feldrain nicht gewachsen war, dachte Borg.

Als seine Fesseln gelöst waren und er aufgestanden war, drückte er Sina fest an sich. Ihre Wangen berührten sich.

»Danke«, flüsterte er. »Jetzt sind wir quitt!«

»Bis zum nächsten Mal!«, sagte sie leise in sein Ohr.

In einem großen Bogen umrundeten sie das Schauspiel des Todes, öffneten die Tür und traten in den dunklen Flur.

Borg, der vorgegangen war, warf einen letzten Blick zurück in das Zimmer, in dem Adermann verschlungen wurde. Die Beine des Mannes zappelten in der Luft. Sie liefen ein letztes Mal erfolglos davon, ohne den Boden zu berühren.

»Danke, dass Sie zum Essen geblieben sind!«, rief er dem zuckenden Adermann zu und hatte das Gefühl, die Schlange mit ihrem ausgehakten Kiefer würde ihm zublinzeln.

»Kennst du den Weg?«, fragte Sina.

Borg wollte eben antworten, als ihn etwas sehr Schweres mit großer Wucht am Hals traf. Es war, als würde ihm der Kopf von den Schultern gerissen, und während die Tür ins Schloss fiel und das letzte Licht in diesem Raum erlosch, schoss auch Borg Schwärze durch den Kopf. Er spürte noch eine Sekunde den Schreck, die Überraschung, dann ergriff ihn ein Taumel voller Schmerz und Beklemmung, und er sank in tiefe Ohnmacht.

KAPITEL 35

Der Quasimodo-Schachzug

»Oliver! Oliver! Komm zu dir! Olli! Bitte! Du musst zu dir kommen!«

Diese ständigen Weckrufe gingen ihm gehörig auf die Nerven. Borg versuchte, sich zu drehen. Er wollte einfach nur liegenbleiben. Schlafen und den Schmerz vergessen, der zu seinem ständigen Begleiter geworden war.

»Oliver, wach auf!« Sinas Stimme machte ihn wütend. Würde sie doch nur endlich Ruhe geben!

Borg spuckte Blätter aus, die in seinen Mund geraten waren, und das war es tatsächlich, was ihn eine Stufe näher zur Besinnung führte. Er öffnete seine Augen und sah über sich den Sternenhimmel.

Sina lag atemnah und bewegte sich, als läge sie auf heißen Kartoffeln.

»Was ist denn?«, fragte er.

»Gott sei Dank, du bist wach! Wir stecken in der Scheiße! Bekommst du deine Fesseln auf?«

Wieder waren seine Arme hinter seinem Rücken zusammengebunden. Das schien zu einer lästigen Gewohnheit zu werden.

»Wo sind wir?«, fragte Borg.

»Irgendwo auf Feldern in einem großen Container. Dieser Quasimodo hat uns hierher gebracht. Wir sind fast zwanzig Minuten in einem Leichenwagen unterwegs gewesen!«, sagte Sina.

Motorengeräusche waren zu hören, und das Bett aus Pflanzenresten vibrierte jetzt leicht.

»Ist er weg?«, fragte Borg.

»Ja, aber ich befürchte, dass er gleich wiederkommt!«, sagte Sina.

Borg versuchte zu begreifen, wo er sich befand. Er lag recht bequem auf einem Haufen zerschnittener Pflanzenreste in einer Art großem Metallcontainer. Seine Kleidung war wieder durchnässt, und die Motorengeräusche klangen wie die von einem Bagger oder einem Trecker.

Mein Gott! Jetzt war Borg klar, wo er sich befand! Dieser Killer wollte ihn und Sina in der Biogasanlage entsorgen, die Borg zu Beginn des Auftrags aufgesucht hatte, als die Ermittlungen noch nicht weit fortgeschritten waren. Wenn er damit recht hatte, dachte Borg, dann würde man jetzt eine große Ladung Maishäcksel auf sie kippen, und vermutlich würden sie darunter ersticken. Nach und nach würden die Schrauben unten im Container den Häcksel zu sich heranziehen, seinen und Sinas Körper in ca. 5 bis 50 Millimeter große Stücke zerkleinern und zusammen mit der Pflanzenmasse in den Fermenter transportieren.

Borgs Gips war nur noch eine lose zusammenhängende Masse aus Brocken, um die ein Verband gewickelt worden war. Die Waffe hatte nun so lange in seiner Hand gelegen, dass er sie kaum noch wahrnahm, und da der Abzug sich nicht mehr drücken ließ, schien sie auch völlig nutzlos zu sein.

»Kommst du an meine Haare ran?«, fragte Sina.

»Wie denn?« Sie musste doch gemerkt haben, dass auch er gefesselt war.

»Mit deinen Lippen!«, sagte sie.

»Warum?«

»Zieh meine Haarspange raus!«

»Was willst du damit anfangen?«

»Die ist scharfkantig. Ich habe mich gestern Morgen sogar daran geschnitten und wollte sie erst wegschmeißen!«, sagte Sina und bewegte ihren Kopf in Richtung seines Mundes.

Borg wühlte sich mit seiner Nase in ihr Haar. Er hätte das gerne einmal unter anderen Umständen getan.

An seiner Wange spürte er die Spange, und Sina hielt still. Borg ertastete die Haarspange mit seinen Lippen und öffnete seinen Mund. Der Kiefer schmerzte, und die Haut über seinen Wangen lag straff – vermutlich war sein Gesicht leicht angeschwollen.

»Ich hab sie zwischen den Zähnen! Was jetzt?«, fragte er undeutlich.

»Reiß sie raus!«

Borg nahm keine Rücksicht auf Sinas Haare, von denen er auch einige Büschel zwischen den Zähnen eingeklemmt hatte. Mit einem Ruck pflückte er das kleine Stück Metall aus ihrem Haar.

Sina rollte sich auf den Bauch und schob sich in der Maismasse Stück für Stück nach vorn, bis sie mit den Händen, die ebenfalls auf dem Rücken gefesselt waren, in Höhe seines Mundes angekommen war. Borg spuckte die Haarklammer in ihre Handfläche.

»Schieb dich zu mir hoch!«, sagte sie. »Ich versuche, deine Fesseln durchzuschneiden. An meine komme ich nicht ran – so weit kann ich mein Handgelenk nicht biegen.«

Die Geräusche eines Fahrzeugs wurden lauter, und genau in dem Moment, als Borg das gedacht hatte, verdeckte die riesige Schaufel eines Baggers den Sternenhimmel und schirmte den Regen ab. Im nächsten Moment änderte sich der Winkel der Schaufel, und eine große Ladung Maishäcksel fiel genau dort in den Container, wo Borg und Sina vor wenigen Augenblicken noch gelegen hatten. Ihre Beine wurden von der schweren nassen Masse bis zur Mitte der Oberschenkel bedeckt. Hätte man das Zeug über ihre gesamten Körper geschüttet, wäre das Atmen jetzt schon zu einem Problem geworden.

Der Fahrer des Baggers hatte nicht die Möglichkeit, in den Container hineinzuschauen. Er musste die Pflanzenmasse demzufolge Pi mal Daumen hineinschütten. Der Bagger entfernte sich wieder, vermutlich, um eine weitere Ladung Häcksel aufzunehmen.

Borg robbte noch ein Stück weiter nach oben, und Sina und er drehten sich Rücken an Rücken. Sie begann mit geschickten Bewegungen, an Borgs Fesseln zu schneiden, dabei schmiegte sie ihr Gesäß an seine Oberschenkel.

»Das wird etwas dauern!«, sagte sie.

»Ich schaue mir so lange die Sterne an«, sagte Borg.

Sie zwängte sich an ihn, was diesmal einer völlig anderen Situation geschuldet war als sonst. Frauen sind so, dachte Borg, sie suchen immer Wärme.

War das Leben für andere Menschen auch so absurd? Borg ließ seinen Gedanken freien Lauf. Er hatte keine Wahl. Er war völlig ausgeliefert und konnte nur darauf hoffen, dass Sinas Plan funktionierte. Rein vom Gefühl her tat sich nichts. Seine eingegipste Hand war so unbeweglich wie zuvor.

Er lauschte auf die Baggergeräusche und fragte sich, wann die nächste Ladung auf sie hinuntergekippt werden würde.

»Magst du Milch?«, fragte er Sina unvermittelt.

»Milch? Wie kommst du jetzt darauf?«

»Gelegentlich werden gezielt Milchsäurebakterien zur gehäckselten Pflanzenmasse gegeben, um den Anteil an Acetat in der Silage zu erhöhen. Das hat mir einer der Arbeiter hier erklärt.« Borg dachte an den Tag, als er die Anlage besichtigt hatte.

»Du hast eine seltsame Art von Humor. Stillhalten!«

Ein Nachtvogel schlug laut mit den Flügeln auf und erschreckte Borg.

Er lag nun so, dass er den Himmel nicht mehr sehen konnte, nur den Regen, strömenden Regen auf die Maismasse, auf der er lag.

Der Bagger rollte wieder heran.

»Leg deinen Kopf unter meinen, damit du im Notfall ein Luftloch hast, wenn der das Zeug hier abkippt!«, sagte Borg schnell.

Sina schob ihren Kopf unter Borgs und merkte, wie er seinen anhob, um sie abzuschirmen. Ein riesiger Berg zerkleinerter Pflanzen wurde wieder über ihnen ausgekippt. Die erdrückende Masse hatte jetzt ihre Beine komplett bedeckt, aber nur vereinzelt waren Stücke auf ihre Köpfe gefallen.

»Jetzt wird es eng«, sagte sie und kam wieder unter Borgs Kopf hervor. »Mit der nächsten Ladung schüttet er uns zu!«

»Säg weiter!« Borg wollte nicht, dass sie aufgab. »Tut sich da was?«

»Ich bin fast durch!«

»Fast durch? Beeil dich!«

Die Motorengeräusche wurden leiser. Beim letzten Mal war der Bagger nach rund zwei Minuten wieder dagewesen. Das war kein sehr großes Zeitfenster.

»Zumindest sterben wir mit einem Nutzen!«, sagte Borg.

»Hör auf, Scheiße zu reden!«, protestierte Sina.

»Stimmt aber. Wir werden zu Biogas«, sagte er und verspürte noch weiter das Bedürfnis, dummes Zeug zu reden, um sich abzulenken, doch plötzlich war seine Hand frei.

»Gut gemacht!«, rief Borg überrascht und zog die Hand hinter dem Rücken hervor. Er bewegte den zerbrochenen Gips vorsichtig und, unter Schmerzen im Arm, ebenfalls vor seinen Körper. Er löste rasch die Beinfesseln, die zum Glück stümperhaft um seine Knöchel gelegt waren. Vermutlich war man nicht davon ausgegangen, dass er so schnell zu sich kommen würde.

»Bleib hier. Ich nehme mir den Kerl vor und komme dich dann holen«, sagte Borg und kroch unter dem Berg Maissilage hervor, der seine Beine bedeckte.

Er richtete sich leicht auf und spähte über den Rand des Containers.

Da war er, der Bagger. Die kleinen Lichter an der Front der Maschine sahen aus wie Augen, und die Kanzel war mit dem bulligen Körper Koukols fast völlig ausgefüllt.

Borg kletterte so schnell es ging über den Rand und ließ sich auf den Boden fallen. Seine Knöchel knackten bedenklich, als er auf den Füßen landete, aber er war in seiner Beweglichkeit nicht eingeschränkt.

Borg lief über den mit Schlamm bedeckten Asphaltboden, der durch die Lichter des Baggers schimmerte.

Während er die Strecke von rund zwanzig Metern zurücklegte, schaute er nach rechts und links, ob sich hier ein geeigneter Gegenstand finden ließ, den man gegen Koukol einsetzen konnte, und als Borg nun direkt vor dem Bagger stand und fest entschlossen war, einen Angriff zu starten, da war die Kanzel leer.

Der Schurke hatte den Bagger nicht ausgeschaltet, er war auf der Beifahrerseite hinausgesprungen.

Eine andere Maschine, die hier vor den Fermentern geparkt war, erwachte plötzlich zum Leben.

Irgendwie war es Koukol gelungen, zu einem Saugbagger zu laufen und ihn zu starten. Borg versuchte zu erkennen, wo Koukol sich befand. Der Fleischberg wollte offenbar Verwirrung stiften, denn er saß nicht an der Steuerung.

Borg schoss um das Fahrzeug herum und sah nur, wie die dunkle Gestalt auf den großen Fermenter zulief.

Der Saugbagger war wohl tagsüber im Einsatz gewesen und stand noch hier, da die Arbeiter am nächsten Morgen ihre Arbeit fortsetzen wollten. Jetzt füllte der Motorenlärm des LKW die ruhige Nacht. Der LKW-Motor trieb über das Verteilerschaltgetriebe die beiden Vakuumpumpen an, die in einer Stunde unfassbare 18.000 Kubikmeter Luft durch die Schläuche sogen, die durch eine Öffnung in der Behälterwand in den Fermenter geführt wurden.

Da war Koukol! Er rannte plump die metallene Wendeltreppe an der Außenseite des Fermenters hinauf. Borg setzte sich in Bewegung.

Hatte Koukol geglaubt, Borg würde ihn nicht sehen, oder war er tatsächlich dort hinaufgelaufen, weil er glaubte, man würde ihn dort nicht finden? Wollte er Borg vielleicht in eine Falle locken? Dieser hatte keine Lust, der Frage auf den Grund zu gehen. Ihm war nur eines wichtig: Koukol zu stellen oder besser noch auszuschalten.

Der Saugbagger zur Reinigung des Gärproduktelagers, der hier draußen stand und dessen Schlauch ins Innere des Fermenters lief, machte ohrenbetäubenden Lärm. Vielleicht hatte Koukol ihn nur angeworfen, damit man seine Schritte auf der Metallwendeltreppe nicht hören konnte.

Borg erreichte den Treppenaufgang. Koukol war bereits oben angekommen und kletterte über die Wand und auf der anderen Seite an einer Leiter nach unten. Der riesige Behälter war leergepumpt worden, und das Dach stand offen.

Die Spezialisten hatten in den vergangenen Tagen bereits einen Großteil der Sedimente abgesaugt; vor allem Sand und Schlamm, der mit Gras, Mais und Mist in den Fermenter gelangt war und sich unten auf dem Boden abgesetzt hatte.

Borg rannte die Treppe hinauf und schaute durch die Gitterstufen in die Tiefe.

Der Saugbagger wachte wie Zerberus vor dem riesigen Nachgärtank und sah mit den ausgefahrenen Stützfüßen wie ein gigantisches Insekt aus.

Als Borg oben angekommen war und in den Tank hineinschauen konnte, war nicht viel zu erkennen. Ein ideales Versteck für Koukol.

Das schwache Mondlicht gab zwei kleinen Radladern, die hier im Fermenter standen, kaum erkennbare Umrisse. Die Minilader waren am Tag zuvor mit einem Kran in den Fermenter gehoben worden. Die elektrischen Rührwerke dieser Anlage waren abgeschaltet.

Borg kletterte die Leiter im Inneren des Behälters hinunter. Den letzten Meter sprang er von den Sprossen.

Die Sauggeräusche des luftziehenden Schlauches, der gestern oder heute hier eingeführt worden war, waren hier drinnen noch lauter. Der runde Aufbau des Fermenters hielt den Schall wie ein Kessel.

Borg stapfte durch den Matsch und schaute unruhig nach rechts und links. Irgendwo musste Koukol sich verkrochen haben.

Plötzlich wurde vor Borg ein Radlader mit Schaufel gestartet. Die beiden Frontlichter blendeten ihn.

Koukol beschleunigte und fuhr durch den Rest des Schlamms direkt auf Borg zu.

Der schlug einen Haken, um dem Fahrzeug zu entkommen, und rannte in die Richtung, in der der Schlauch des Hochleistungssaugers in dieses Gebäude geführt wurde.

Koukol hatte sein Gefährt gut im Griff, und das Knickgelenk am Lader richtete sich ruckartig auf Borg aus. Der Lader selbst folgte automatisch. Das Fahrzeug beschleunigte rasch.

Borg rutschte aus und fiel in den Dreck. Er war zwar schnell wieder auf den Beinen, aber dieser Ausrutscher hatte ihn wertvolle Sekunden gekostet.

Der Hubrahmen senkte sich schnell in Bodennähe, und Borg rannte aus dem Gefahrenbereich, um nicht von der Ladeschaufel erfasst zu werden.

Die Scheinwerfer leuchteten an Borg vorbei an die Innenwand des Fermenters. So gaben sie Borg einen guten Hinweis, ob der Lader schon direkt hinter ihm war. Immer wenn vor Borg sein eigener Schatten zu tanzen begann, schlug er eine andere Laufrichtung ein. Das war ein ungerechtes Spiel, bei dem der Verlierer von vornherein feststand. Der Motor das Laders heulte immer wieder auf, und Koukol war in seiner Fahrerkabine von Euphorie erfasst worden.

Wieder rutschte Borg aus, diesmal kam er aber schneller auf die Beine. Mehr noch: Er hatte sich einen Klumpen Schlamm gegriffen.

Der Radlader raste haarscharf an ihm vorbei. Borg wirbelte herum und schleuderte Koukol den Schlammbrocken ins Gesicht. Treffer! Der übergewichtige Glatzkopf riss die Hände nach oben und trat das Gaspedal voll durch. Er versuchte, sich den Schlamm aus den Augen zu wischen, was ihm nicht gelang. Die Ladeschaufel schrammte jetzt am Boden entlang, als der Lader eine unkontrollierte große Linkskurve fuhr.

Das Anbaugerät vorne bremste die Geschwindigkeit etwas, als es gegen den Boden drückte, und Borg ergriff seine Chance. Er rannte neben dem Fahrzeug her, und als er auf gleicher Höhe war, zog er sich in die Fahrerkabine.

Koukol, der immer noch nichts sehen konnte, spürte Borgs Angriff und wollte dem Angreifer einen Tritt versetzen. Diese ungeschickte und unkontrollierte Aktion führte aber nur dazu, dass Koukol das Gleichgewicht verlor und mit Borg aus dem jetzt in engen Kreisen fahrenden Lader herausgeschleudert wurde.

Die beiden Männer klatschten in der Nähe des blubbernden Saugrohres in den Matsch.

Kaum waren sie aufgeschlagen – der Schmerz des Aufpralls hatte noch nicht einmal seine volle Stärke entfaltet – da versetzte Koukol Borg einen wuchtigen Schlag gegen das Brustbein. Borg konnte nicht aufstehen, also rollte er sich zur Seite. Plötzlich erfasste ihn der Scheinwerfer des Laders, der seinen Kreisbahnen folgend, auf ihn zuraste. Borg drückte sich mit dem Knie ab und bewegte seinen Körper im letzten Moment, bevor die Schaufel ihn ernsthaft verletzen konnte.

Koukol war wieder aufgestanden. Vermutlich hatte er den üblichen Tablettencocktail intus. Diese Kraft, diese ungebändigte Aggressionslust

… das war alles nicht menschlich. Borg behielt sowohl Koukol als auch den wieder herannahenden Lader im Auge.

Der Quasimodoverschnitt nahm Anlauf, und Borg kam auf dem glibberigen Untergrund nicht von der Stelle. Die Pranken des Glatzkopfs rissen Borg am Arm, und wieder fielen beide Männer in den Schlamm.

Das Sauggeräusch wurde durch den Hall hier drinnen verstärkt. Borg vermutete, dass die Öffnung der zehn Zoll breiten Saugleitung sich keinen halben Meter von ihm entfernt befand. Dieses alles schluckende schwarze Loch war neben Koukol und dem unkontrollierten Radlader eine weitere nicht zu unterschätzende Gefahr.

Der Schlauch lief hinten aus der Wand kommend fast fünf Meter hier in den Fermenter hinein. Durch den hohen Unterdruck konnten Schlamm, Steine, ja sogar Schutt eingesaugt werden.

Plötzlich wurde Borg mit hohem Druck die Luft aus den Lungen gepresst. Koukol war auf Borgs Bauch gesprungen. Faustschläge trafen Borg, und er hörte das Knacken, als sein Nasenbein brach.

Da kam wieder der Scheinwerfer des Baggers und leuchtete die beiden Männer direkt an. Koukol schätzte ab, dass der Lader direkt auf sie zufuhr, und warf sich von Borg herunter. Das Fahrzeug änderte unvermittelt die Richtung – weder auf Koukol noch auf Borg raste es jetzt zu: Es fuhr mit Wucht gegen den Schlauch des Saugbaggers und schob ihn durch den Schlamm. Borg kam auf die Beine und sprang Koukol, der den Lader beobachtete, von hinten an.

Der schwere Mann stürzte in eine moorige Pfütze, und im selben Moment wurde die saugende Öffnung des Schlauches vom Lader über eine Unebenheit am Boden geschoben und damit angehoben, sodass das Schlauchende direkt zwischen den gespreizten Beinen Koukols landete.

Der Mann stützte sich verblüfft auf die Hände, und als sein Körper in eine Sitzposition kam, da hatte die Öffnung des Rohres sich bereits zwischen seinen Beinen festgesaugt.

Koukol schrie aus Leibeskräften, als durch die immense Saugleistung die Schichten seiner Bauchwand den Leistenkanal durchbrachen. Er spürte voller Entsetzen, wie sich sein gesamtes Becken und seine Geschlechtsorgane in rasender Geschwindigkeit mit Flüssigkeit aus seinem Inneren, hauptsächlich Blut, füllten. Nur zwei Sekunden hatte diese brutale Einlage gedauert, aber trotz der festen Hose, die Koukol trug, konnte man deutlich eine übergroße Schwellung in der Leistengegend sehen. Offenbar hatte ihm der Unterdruck sogar eine Erektion beschert!

Koukol wusste nicht, wie ihm geschah, und Borg nutzte seine Gelegenheit: Er trat seinem Feind mit aller Kraft gegen den Schädel. Dieser Angriff jedoch riss Borg selbst von den Beinen, und er landete unsanft auf dem Rücken.

Koukol raste wie ein verwundetes Tier, und ohne sich um seine schweren Verletzungen im Genitalbereich und Unterleib zu kümmern, krabbelte auf Borg zu.

Borg rollte sich nach links und merkte erst durch die lauter werdenden Geräusche, dass er sich in Richtung Saugrohr bewegt hatte.

Koukol war nicht zu stoppen. Wieder hatte er Borg erreicht, und die Faustschläge trafen dessen Körper wie Hämmer. Borg war kurz davor, das Bewusstsein zu verlieren, und hieb mit seinem Gips gegen den kahlen Kopf seines Gegners.

Koukol rollte von Borg herunter, und was jetzt geschah, begriff Borg nicht sofort: Koukol stürzte auf seine rechte Körperseite und rollte um 180° nach links weg. Als der Radlader auf der anderen Seite hinter Borg laut gegen eine Wand knallte und zum Stehen kam, wirbelte Koukol reflexartig noch einmal herum. Sein Gesicht landete bei dieser zufälligen Kür direkt vor dem schwarzen Loch des immer noch Luftmassen einsaugenden Schlauches. Das Erste, was diese unaufhaltsame Maschine schluckte, war der erbärmliche Schrei des Mannes, dessen Gesicht nur fünf Zentimeter vor der Öffnung liegen geblieben war. Mit einem ›Plop‹ saugte sich der Schlauch des Hochleistungssaugers an Koukols Gesicht, und der Schrei war einem gurgelnden Geräusch gewichen. Borg konnte in der Dunkelheit nicht erkennen, was genau vor sich ging, aber der tödliche Unterdruck riss Koukol nicht nur die Luft aus den Lungen. Es klang, als würde man mit einem Pümpel einen Abfluss reinigen: Es blubberte, als Koukols Augen aus dem Schädel gesaugt wurden, und das schwarze Loch nahm sich ausnahmslos, was ungehindert hindurchpasste. Koukols Gesicht platzte an allen weichen Stellen auf, über seinen geöffneten Mund wurde die Zunge aus dem Hals gerissen. Dann holte sich der Unterdruck die Eingeweide des Mannes über die Speiseröhre nach oben und verschluckte sie für immer. Koukol wurde ausgesaugt, sein Körper verlor jegliche Form, und Borg sah mit Erstaunen, wie die Umrisse des dicken Bauches in sich zusammensackten.

Der Schlauch hatte einen unstillbaren Hunger, und als Koukols Gaumen von oben durchgebrochen war und die das Gehirn schützenden Knochen der Hirnschale nachgaben, war der Mann nur noch eine leere Hülle, die unter der Belastung der lauten Maschine zu schlackern begann.

Langsam senkte sich auch die Beule in der Hose des Toten – jetzt war wirklich alles tot, dachte Borg.

Wie ein Stein, der ins Wasser fiel, fanden die blubbernden Geräusche des Saugrohres bald kein Echo mehr und ebbten ab, dann hatte es sich satt gesaugt.

»Oliver! Wo bist du?« Borg riss die ihm bekannte Stimme aus dieser schockierenden Szene. Sina war es gelungen, sich zu befreien. Sie war ebenfalls über die Wendeltreppe auf den Fermenter gelangt und über die Leiter hier nach unten in den Kessel gestiegen.

Keuchend stand sie neben Borg.

»Alles in Ordnung?« Sie versuchte den Krach der Maschine zu übertönen.

»Was ist passiert?«, fragte sie entsetzt, als sie den flatternden leeren, fast kopflosen Körper Koukols auf dem Boden liegen sah.

»Ich hab‘ hier nur einmal ordentlich durchgesaugt!«, sagte Borg.

KAPITEL 36

Bis dass der Tod uns scheidet

Nachdem Borg zusammen mit Sina den Fermenter über die Leiter verlassen hatte, waren sie vor der Anlage noch einmal stehen geblieben und hatten sich die Arme genommen. Er hatte die Weichheit ihres Körpers, die ausstrahlende Wärme gespürt.

»Was jetzt?«, fragte sie.

Niemand wollte das geheimnisvolle, sich langsam beruhigende Pulsieren dieser bereits überstrapazierten Nacht noch einmal stören, aber es gab keine Alternative.

»Ich muss zurück zu von Rotfelder. Er hat Donantienne und die Kinder noch in seiner Gewalt.«

Sina schwieg.

Borg sah sich um. In der Nähe waren Straßenlaternen und Lichter von Häusern des nahe gelegenen Dorfes zu sehen. Es würde in weniger als zwei Stunden hell werden, und die ersten Bewohner waren bereits aufgestanden, um sich für einen ganz normalen Arbeitstag vorzubereiten.

»Lauf rüber ins Dorf und hol Hilfe!«, sagte Borg.

»Und was willst du machen?«, wollte Sina wissen.

»Ich hoffe, Koukol hat den Schlüssel stecken lassen.« Borg zeigte auf den goldenen Leichenwagen, der vor der Biogasanlage parkte.

»Willst du wirklich, dass wir uns trennen?«, fragte sie enttäuscht.

»Wir müssen! Ich brauche bei von Rotfelder Unterstützung, aber wir dürfen auch keine Zeit verlieren!«, sagte Borg ernst, und Sina wusste, dass er recht hatte.

»Pass auf dich auf!« Sie wollte ihn nicht verlieren. Da war mehr als das kollegiale Miteinander, das hatte sie schon beim letzten Auftrag gespürt, aber irgendwie wollte sich dieser Keim der Liebe nicht richtig entwickeln.

Sina schaute Borg in die Augen und hoffte inständig, er würde diesen Einsatz überleben. Der klassische Satz ›Bis dass der Tod uns scheidet‹ sollte auf keinen Fall jetzt Wirklichkeit werden, vielleicht irgendwann einmal, aber jetzt noch nicht. Derzeit ging es wieder um Leben und Tod, und der bevorstehende Verlust von Menschen, die Borg wichtig waren, hatte die Trennung auf Zeit, wie sie hoffte, unvermeidlich gemacht.

Erschrocken mit den Flügeln schlagend flog ein Vogel über den Fermenter und stieß einen Schrei aus.

Borg küsste Sina einmal kurz auf die Stirn, und ehe er sich richtig besinnen konnte, saß er schon im Leichenwagen, dessen Räder auf dem nassen Untergrund durchdrehten, ehe sie griffen. Das Fahrzeug sprang förmlich in Fahrt.

Sina wurde im Rückspiegel kleiner und kleiner.

Es dauerte nicht lange, und Borg erreichte die Autobahn. Hatte er vor einigen Tagen noch in völligem Stillstand hier verharrt, fuhr er jetzt mit einem Leichenwagen durch die Nacht und beschleunigte das Fahrzeug mehr, als es der Motor üblicherweise zugelassen hätte. Die Lichter sausten an den Fenstern vorbei.

Die schwach weißen Streifen der Fahrbahnmarkierung, die sich in der Dunkelheit im Scheinwerferlicht abhoben, schossen wie Pfeile, immer länger werdend, am Fahrzeug vorbei und verkürzten sich hinter dem Leichenwagen wieder in der Dunkelheit.

Borg dachte an seinen Sohn Paul und fragte sich, was er ihm bisher mitgegeben hatte. Er würde sich von jetzt an mehr um ihn kümmern, wenn das Schicksal ihn ließ …

Das Schwarz des Himmels war einem dunklen Grau gewichen, als Borg direkt vor dem Schaufenster von ›Dem Himmel so nah‹ parkte.

Borg überlief ein Schauer, weil er wieder in die Höhle des Löwen gehen musste. Er überlegte, wie viele Handlanger hier auf dem Anwesen noch sein würden. Koukol war ausgeschaltet worden, ebenso Victor und Gustav, auch der Anwalt und Nico Adermann. Borg versuchte, sich die Schurken, die übrig, waren noch einmal in sein Gedächtnis zu rufen, aber ihm fiel nur die abgrundtief hässliche Putzfrau ein, die morgens immer in sein Zimmer gekommen war – wahrscheinlich war sie die Schlimmste von allen.

Borg stieg aus. Der kalte Wind belebte ihn. Er war zuvor auf der monotonen Autofahrt über die Landstraßen, dann auf der Autobahn und hier wieder über die Landstraßen müde geworden. Vielleicht war es auch keine Müdigkeit, sondern einfach nur Schwäche, die der Wind jetzt für einen Moment verdrängte.

Borg ging auf das Schaufenster zu, in dem die zerschnittene Bauplane im Wind wehte. Offenbar gab es eine technische Störung, denn die Leuchtreklame des Beerdigungsinstitutes flackerte.

Borg stieg in die Vorhalle, in der die Särge standen, und sofort fühlte er sich wieder wie in einem Käfig.

Im Idealfall würde er niemandem begegnen, Donantienne und die Kinder einfach hier herausholen und im Leichenwagen davonrasen. Dann konnten sich Koller und die anderen Polizisten mit dem verbliebenen Abschaum herumschlagen.

Borg lief durch den Flur zum Hinterausgang.

Ein leises Pfeifen erregte seine Aufmerksamkeit, und alle seine Sinne waren sofort wieder geschärft. Er blieb an der Glastür stehen, die hier nach hinten zu einem Platz führte, auf dem zahlreiche unfertige Grabsteine standen.

Plötzlich trat eine Gestalt hinter ihm in den Gang: Norbert! Aus dessen Trachealkanüle kam also das leise Pfeifen.

Die Tür vor Borg war abgeschlossen, und er sah, wie Norbert langsam – mit einer hin und wieder aufblitzenden Klinge in der Hand – im Gang auf ihn zukam.

Borg war fast unbewaffnet; sein Finger drückte wieder hinter den Gipsklumpen, der sich am Abzug festgeklemmt hatte. Warum hatte er sich noch nicht darum gekümmert? Er wurde nervös, und Norberts überlegenes Lächeln bereitete ihm Unbehagen. Borg griff geistesabwesend in seine Tasche. Tatsächlich! Da war noch der Generalschlüssel, den Donantienne ihm besorgt hatte. Mit hektischen Bewegungen führte er den Schlüssel ungeschickt zum Schloss und drehte sich, während er die Verriegelung öffnete, immer wieder angespannt zu Norbert um, der sich keine Mühe gegeben hatte, schneller zu gehen, sondern, einem bummelnden Spaziergänger gleich, langsam im Gang auf ihn zu kam.

Borg drückte die Tür auf, quetschte sich durch den Spalt nach draußen und schob sie mit aller Kraft wieder ins Schloss.

Norbert ging weiterhin stur auf ihn zu. Er war noch drei oder vier Meter entfernt.

Borg steckte den Schlüssel von außen ins Schloss und drehte ihn zweimal um. Dieses Geräusch beruhigte Borg, und nur wenige Sekunden später stand Norbert direkt vor ihm an der Scheibe.

Borg atmete erleichtert aus und schaute seinem Gegenüber in die Augen.

An der Scheibe vor dem Loch der Trachealkanüle beschlug das Glas durch Norberts Atem.

Borg wollte sich gerade umdrehen und auf den Weg zur Roten Villa machen, als der Eingeschlossene erst zu grinsen und dann zu lachen anfing.

Borg kam das merkwürdig vor. Nicht nur, weil man Norbert nicht hören, sondern auch, weil man sein Lachen durch die Scheibe der verschlossenen Tür so deutlich sehen konnte. Was erfreute dieses Scheusal so sehr, dass es Borgs Aufmerksamkeit erregte?

Langsam hob Norbert die Klinge seines Jagdmessers nach oben.

Ja, lass nur deine Phallussymbole sehen, benutzen kannst du sie ja doch nicht, dachte Borg, denn er fühlte sich hinter der Tür sicher.

Norbert legte seine freie Hand von innen auf die Klinke der Glastür und drückte sie herunter.

Borg machte einen kleinen unsicheren Schritt zurück, und der Schreck erfasste und lähmte ihn, als die Tür sich butterweich von innen öffnen ließ.

»Eine Fluchttür! Das Abschließen hättest du dir sparen können! Die muss immer aufgehen. Vorschrift«, stieß Norbert über den Mechanismus in seinem Hals hervor, und dann sprang er wie eine Heuschrecke aus dem Raum ins Freie.

Borg wirbelte herum und rannte ungebremst in eine Hecke. Die Äste waren jung und dünn, und abgesehen von einigen Kratzern im Gesicht trug er keine Verletzungen davon. Seine Kleidung hatte sich sofort durch die Nässe der Blätter vollgesogen.

Norbert hatte offenbar weniger Glück. Er wurde durch einen dickeren Ast aufgehalten, als er die Hecke ebenfalls zu durchdringen versuchte. Borg nutzte diesen Moment der Verzögerung und lief an der Hecke entlang auf eine kleine Lichtung zu. An einem orange gestreiftem Absperrgitter lehnte ein Spaten. Borg schnappte ihn sich, um ihn als Waffe zu benutzen. Da kam Norbert aus dem Gebüsch geschossen. Er hatte einen anderen Weg eingeschlagen, als Borg vermutet hätte.

Mit Wucht ließ Borg das Blatt des Spatens nach vorn sausen, in der Hoffnung den Kopf Norberts Kopf zu treffen, doch das Metall knallte nur gegen dessen Hand. Zumindest schleuderte dieser Schlag dem Mann das Messer aus der Hand.

Borg wollte eine zweite Attacke starten, aber Norbert war schnell und bekam den Spatenstiel mittig zu fassen. Als Borg ihn ihm entreißen wollte und rechts und links von dessen Händen den Stiel packte, warf sich Norbert gekonnt nach hinten, und Borg wurde in die Luft gerissen. Mit einem zirkusreifen Überschlag schlug er wie ein nasser Sack auf dem weichen Erdboden auf, und das Wasser, das sich dort gesammelt hatte, spritzte in alle Richtungen. Auch Norbert war auf dem Rücken aufgeschlagen, stand jedoch schnell wieder auf. Borg wäre lieber am Boden geblieben, aber ihm war nicht danach, zu sterben. Er kämpfte sich wieder auf die Beine.

Die Angst des lebendigen menschlichen Körpers vor dem Tod war in diesem Moment so konkret, dieser physische Körper, den man nicht einfach so aufgeben konnte, er gewann sein volles Bewusstsein wieder. Borgs Sinne schärften sich, aber das, was er angestrebt hatte, widerfuhr ihm jetzt selbst: Das Metall der Schaufel kam ihm heiß vor, als das Blatt mit voller Wucht sein linkes Jochbein traf. Borg drehte sich im Kreis. Im Augenwinkel sah Borg ein einen Meter breites schwarzes Loch im Boden. Er erinnerte sich und erkannte jetzt wieder, wo er war. Hier hatte von Rotfelder ihn entlanggelotst und vor dem Absturz bewahrt. Das Loch der Brunnenbohrung, das 32 Meter senkrecht in die Tiefe führte, war noch immer nicht abgesichert worden.

Borg erkannte seine Chance. Da Norbert ihm den Spaten entrissen hatte, griff Borg auf der Suche nach etwas Nützlichem in seine Tasche und erfühlte lediglich den Kugelschreiber, mit dem er, manipuliert durch eine ihm unbekannte Substanz im Wein, sein Testament beim Abendessen im Hause von Rotfelder unterschrieben hatte.

Der nächste Spatenschlag traf Borg am Hinterkopf, und er war im Begriff, in die Knie zu gehen. Das Holz des Spatenstiels knackte bedenklich, als es anbrach – so stark waren die Schläge, die Norbert ausgeteilt hatte.

Jetzt noch nicht, du Bastard!, dachte er, und der Schmerz gab der Wut Kraft. Borg fuhr herum, den Kugelschreiber wie einen Dolch in der Faust, und hoffte, er würde mit der Mine in ein Auge von Norbert treffen oder ihm zumindest die Wange durchstoßen können. Tatsächlich hatte Norbert die Distanz zu Borg genau in diesem Moment verringert, um ihm die Kante des Spatens von hinten ins Genick zu treiben. Es war die Sekunde, die alles entscheiden sollte, als Borgs Faust an Norberts Hals entlangsauste.

Zwei Dinge ereigneten sich fast zeitgleich: Borgs Bewegung wurde abgebremst, als der Kugelschreiber in etwas eindrang und der Stift knackte, als er in zwei Teile zerbrach und Borg seine Faust weiterbewegen konnte.

Borg taumelte zwei Schritte zurück, und Norbert starrte ihn fassungslos an.

Wo hatte er diesen Verbrecher mit dem Kugelschreiber getroffen?

Norberts Brustkorb hob und senkte sich. Auch er ging zwei Schritte zurück, dann ließ er den Spaten zumindest mit einer Hand los und griff sich an den Hals.

Jetzt wurde Borg alles klar! Was für ein Glückstreffer! Beim Versuch, Norbert den Stift ins Gesicht zu rammen, war er mit der Stiftspitze mit voller Wucht in die Trachealkanüle eingedrungen. Durch die Kraft der Bewegung war der Stift in der Mitte zerbrochen, und der vordere Teil war in der Kanüle in Norberts Hals hinuntergerutscht und verstopfte sie nun.

Borg schaute auf den halben Stift in seiner Hand, die mit blauer Tinte beschmiert war, und hielt den Atem an.

Norbert röchelte und fummelte mit seinem Finger in der Kanüle herum. Als er nach wenigen Sekunden begriff, dass ihm das Pruckeln an seiner Gurgel keine Luft verschaffte, krallte er sich mit der ganzen Hand an den Hals und riss mit Wucht den Apparat aus seiner Kehle. Schleim und Schaum traten aus, und wenn Borg auch zum entscheidenden Schlag hätte ausholen können, so sah er nun mit Faszination und Abscheu, wie Norbert, immer noch mit der Angst des Erstickens in seinem Gesicht, erst zwei, dann drei Finger in das Loch seines Halses steckte und versuchte, den abgebrochenen Stift in seiner Luftröhre zu fassen zu bekommen.

Das Sekret mischte sich mit dem Blut der Verletzung, und Norberts Finger, die den Stift zwar erfühlen konnten, ihn aber nur an der Bruchstelle griffen, glitten immer wieder ab.

Der Mann geriet in Panik und lief unkontrolliert von rechts nach links.

Borg überlegte, was zu tun sei und ob er Norbert einfach seinem Schicksal überlassen sollte, aber genau in dem Moment verschwand dieser, wie von unsichtbaren Fäden gezogen, im Boden.

Der Schurke war direkt über das Brunnenloch gelaufen und hineingefallen. Borg hechtete nach vorn und erkannte, dass Norbert noch nicht ganz in die Tiefe gestürzt war: Der Spatenstiel, an dem er sich mit einer Hand festhielt, hatte sich über das Loch gelegt, und Norbert hing im engen Schacht darunter.

Trotz der Dunkelheit des Lochs, waren Norberts Augen, das Mondlicht widerspiegelnd, gespenstisch weiß und riesig.

Borg überlegte, ob er Norberts Handgelenk greifen und ihn herausziehen sollte, aber im nächsten Moment gab der Spatenstiel ein knackendes Geräusch von sich, brach in der Mitte entzwei, und Norbert sauste in die Tiefe.

Stille.

Borg richtete sich auf, versuchte sich zu orientieren und lief über den nassen Rasen.

Als er um einen Busch bog, erschrak er. Er beruhigte sich, als er erkannte, dass die Person, die ihm den Schrecken eingejagt hatte, keine Gefahr darstellte. Vor ihm auf der Bank saß der alte Mann, sein Verbündeter in einem so persönlichen Krieg.

Borg ging langsam um die Bank herum.

Als er »Guten Morgen« sagte, wurde ihm aber schnell klar, dass der Alte diesmal nichts erwidern würde. Ihm war ebenso klar, dass der Alte auch nie wieder mit ihm über die Friedhöfe gehen würde. Er war tot.

Der Kommissar ging nahe an die Bank heran und schaute in die offenen Augen seines Gegenübers. Er konnte noch nicht lange tot sein. Seine Augen wirkten klar, aber starr, und Borg hatte das Gefühl, er würde in die Augen eines Mönchs blicken, der hier im Lotussitz aufrecht gestorben und in die Glücksseligkeit eingegangen war. Der Totengräberwind wehte durch sein graue Haar; der Wind war ein unsichtbares Leichentuch.

Obwohl Borg diesen Moment als tragisch empfand, war er glücklich, dass der Mann nun wieder bei seiner Frau sein konnte.

Es raschelte im Gebüsch, und als Borg sich umdrehte, stand da völlig verdreckt der eine Kampfhund von von Rotfelder.

Das Tier starrte Borg an, und der Schaum an der Schnauze des Hundes tropfte herunter.

Borg erkannte zwar, dass der Hund am Ende seiner Kräfte war, aber das galt ebenso für ihn. Würde das Tier einen Angriff starten, hätte Borg die schlechteren Karten. Ein Biss des tollwütigen Tieres wäre das geringste Übel.

Borg lief hinter die Bank mit dem toten Alten und zwischen zwei Bäumen hindurch.

Er versuchte, etwas zu sehen und den Weg zu finden, gleichzeitig aber dem Hund zu entkommen. Borg war der Schatten eines Schattens. Es konnte doch nicht so schwer sein, diese verdammte Villa anzupeilen, dachte Borg.

Die dünnen Zweige und Äste der Weide gegenüber waren lose ineinander verschlungen, die Äste der Ulmen dahinter hatten nur kleine Zweige. Wie sollte man sich hier orientieren?

Seine Schuhe drückten sich immer tiefer in den Schlamm des Untergrundes, als er verzweifelt schneller werden wollte und immer langsamer wurde.

Es wuchs hier und da etwas Wildgras. Die Wege verrieten ihr Geheimnis nicht, die Nacht gab keine Hinweise. Borg rannte und rannte. Es war der klassische Albtraum, man rannte, aber man kam nicht davon.

Borgs letzte Kraft verwandelte sich in Zähigkeit der Muskeln, die sich nicht mehr bewegen wollten, als er plötzlich in weiter Ferne Johann von Rotfelders Stimme rufen hörte.

»Kommissar Borg! Kommissar Borg!«

Borg sah sich um, aber er konnte von Rotfelder nirgends sehen.

»Herr Kommissar! Gönnen Sie sich eine Pause!«, rief die Stimme. Sie schien von allen Seiten zu kommen.

Borg keuchte. Wo versteckte sich dieser Teufel?

Vor ihm ragte plötzlich eine Mauer auf. Der Widerhall kam von den hohen, kahlen Wänden dieser Steinmauer als Echo zurück.

Borg machte kehrt. Er musste sich irgendwo verstecken. Musste entkommen.

»Kommissar Borg! Bleiben Sie stehen! Es gibt unendlich viel Zeit, sich auszuruhen«, echote von Rotfelders Stimme aus dem Nichts.

Wie verlockend das klang: ›sich ausruhen‹ – selbst, wenn es einem vom Teufel angeboten wurde …

»Sie können sich unendlich ausruhen«, hallte es wieder. »In der Unendlichkeit nach dem Tod!«, rief es aus der Ferne …

KAPITEL 37

Ein stilles Armageddon

Plötzlich stand Borg wieder vor einer Mauer. Er tastete daran entlang. Überall nur Ziegel. Er war von der Mauer geradezu eingeschlossen, ein Gefangener auf diesem Friedhof. Borg wandte sich um und lief einen weiten Bogen in die andere Richtung. Er orientierte sich wieder an den Bäumen und Gräbern. Wusste er nicht mehr, wo Osten, Süden, Westen oder Norden war? Die Büsche verdeckten die Sicht, aber er war ziemlich sicher, dass dieser Weg in Richtung Krematorium führte. Da war auch der Kranausleger am Himmel zu sehen. Borg rannte und wusste nicht, wohin. Er rannte und kannte nicht die Quelle seiner Energie, die seine Beine antrieb. Er hatte längst alle Reserven aufgebraucht, und dennoch taten seine Füße einen Schritt nach dem anderen. Es war unglaublich, was ein gejagter, in Angst versetzter Körper für Kräfte mobilisieren konnte, selbst wenn er schon alles gegeben hatte.

Dieser Norbert hatte ihm übel zugesetzt. Borgs Wirbelsäule fühlte sich krumm und schief an, sein rechtes Jochbein pochte und schmerzte – vielleicht war es sogar gebrochen – und er hatte Mühe, seinen Kopf zu drehen.

Wieder ragte eine Mauer vor ihm auf. War das nicht dieselbe, vor der er vor wenigen Minuten schon einmal gestanden hatte? Er schlug mit der Faust gegen den alten Putz und schrie vor Wut.

Eine strenge Stimme ertönte plötzlich hinter ihm: »Stehenbleiben!« Es war Johann von Rotfelder. Seine Gestalt hob sich gegen das Morgengrauen ab.

Borg blieb vor der Mauer stehen und drehte sich langsam um.

Von Rotfelder sah sich um. »Wo ist Norbert?«, fragte er barsch.

»Der wird nicht kommen. Der hat so'n Hals!« Borg machte mit der Hand eine entsprechende Geste vor seinem Kehlkopf.

Von Rotfelder betrachtete Borg aufmerksam und sah dessen Wunden.

»So, so, Sie sind sich also begegnet. Sind Sie vor ihm geflüchtet?«, fragte von Rotfelder.

»Ich bin nicht geflüchtet. Er ist abgetaucht und … und jetzt guckt er aus der Röhre!« sagte Borg gleichgültig.

»Bewegen Sie sich keinen Schritt, oder Ihr Gehirn spritzt in den Schlamm!«

»Wollen Sie mich schon wieder umbringen? Es wird allmählich langweilig«, sagte Borg mit gespielter Ruhe. »Warum denn immer dieses ganze Töten und Morden? Haben Sie nichts Besseres zu tun?«

Von Rotfelder wurde übellaunig.

»Ich möchte Ihnen mal eine Frage stellen: Was machen Sie denn, wenn eine Fliege auf Ihrem Bein landet?«

Borg hatte sofort ein Bild vor Augen – er sah in seiner Erinnerung, wie Spieß eine Fliege in der Kantine totgeschlagen hatte – und er wusste auch, was er wahrscheinlich tun würde, aber er sprach es nicht aus.

»Sie schlagen drauf. Nicht wahr? Sie töten. Einfach so, ohne Grund. Und das ist es, worauf es immer hinausläuft: tot, tot, tot. Jetzt werden Sie sicher sagen: ›Ja, eine Fliege! Die ist ja kein Mensch‹. Aber ich sage: Leben ist Leben, und wenn wir eine Fliege töten können, warum dann keinen Menschen?«

Borg ertrug von Rotfelders Monolog widerstandslos. Er hatte sogar Vorteile: Er verschlang Zeit. Zeit, in der Hilfe eintreffen konnte. Borg bewegte sich einen Schritt nach hinten. Er wusste, dass es dumm war und dass er den Regen nicht loswürde, wenn er sich mit einem Schritt von der Stelle bewegte.

»Eine Fliege ist eine Fliege und kein Mensch«, sagte Borg.

»Sie verstehen mich nicht. Ihre Ansichten sind nicht schlüssig. Hat eine Fliege weniger das Recht zu leben als eine Hummel? Scheint so, wenn es nach Ihnen geht. Und ein Vogel auch wieder mehr als eine Hummel? Ja, sagen Sie. Und ein Hund mehr als ein Vogel? Wieder würden viele Menschen wie Sie ›Ja‹ sagen, ich aber sage, alle sind gleich. Jeder hat bei mir das Recht zu sterben. Das nenne ich evolutionäre Fairness.«

Johann von Rotfelders Augen waren jetzt ganz schwarz. Sie hatten nie Mitgefühl gezeigt, aber jetzt, in dieser finalen Konfrontation, waren die Augen des Mannes zwei Fenster ins Nichts. Langsam ging er auf Borg zu.

Das war das Aus, dachte Borg. Jetzt hatte er verloren. Er ging erst in die Knie, dann fiel er seitlich in eine Sitzposition, die nicht viel bequemer war.

»Zu schade, dass Sie in die falsche Richtung gelaufen sind. Ja, mein Anwesen ist sehr groß, und man kann sich ja nicht jede Mauer merken, oder?« Selbst in dieser Dunkelheit sah Borg die spitzen, dünnen Zähne von Rotfelders, als der Schurke zufrieden zu lächeln begann.

»Ich habe es in meinem Leben immer geschafft, den Dämonen und ihren Mauern zu entkommen. Sie hatten da wohl etwas weniger Glück!«, sagte von Rotfelder.

Borg hörte, wie er seine Waffe entsicherte. Aber noch fiel kein Schuss. Von Rotfelder holte tief Luft und begann zu erzählen: »Als ich ein Kind war, hat mir mein Vater eine Geschichte erzählt. Wenn man nachts umherläuft, dann tauchen manchmal plötzlich Dämonenmauern vor einem auf. Das kann eine Felswand sein oder ein tiefer Fluss. Versucht man, die Mauer zu umgehen oder den Fluss an einer Brücke zu überqueren, also dennoch voranzugehen, so kommt man immer wieder an seinem Ausgangspunkt an. Dass man im Kreis läuft, ist noch das Harmloseste, was passieren kann, denn kommt man an eine Sackgasse, so bedeutet das den sicheren Tod.«

»Wie Sie sehen, lebe ich noch!«, sagte Borg.

»Ja. Phänomenal, wie Sie das immer noch schaffen! Und das, wo ich ein Abkommen mit dem Tod habe, dass er Sie noch heute holen würde …«

»Der einzige Dämon hier sind Sie!« Borg spuckte die Worte fast aus.

»So? Finden Sie nicht, dass Sie dem Dämon, den Sie jagen und fangen wollen, ähnlich sehen? Besonders, wenn Sie wütend sind!« Von Rotfelder lachte. »Können Sie sich vorstellen, was ich mit Ihnen machen werde … selbst wenn Sie tot sind? Das Krematorium ist wieder funktionsfähig. Donantienne wird es noch heute ausprobieren. Sie ist schon bereit«, freute sich von Rotfelder.

Energie kehrte in Borg zurück, als er den Namen hörte.

»Da Sie offenbar meinen Kollegen verspeist haben, traue ich Ihnen alles zu«, sagte Borg bitter.

»Wirklich? Wärmen Sie jetzt wieder diese alte Geschichte auf? Ich dachte, das wäre längst gegessen?« Von Rotfelder griente teuflisch. »Soll ich Ihnen mal etwas verraten?« Er machte nun ein Gesicht, als wolle er gleich das Geheimnis eines gigantischen Zaubertricks enthüllen. »Veganer laufen viel größere Gefahr, Opfer von Kannibalismus zu werden.«

Borg blickte von Rotfelder zwar, wie er es empfand, mit unveränderter Miene an, aber dieser merkte, dass der Kommissar sich innerlich nach dem ›Warum?‹ fragte.

»Ist doch logisch«, sagte von Rotfelder, »Veganer kommen einer freilaufenden, antibiotikafreien, grasgefütterten Fleischquelle am nächsten. Sie sind also für Kannibalen am gesündesten.«

Borg verdrehte gelangweilt die Augen.

Von Rotfelder entsicherte die Waffe. Aber wie ein großer Diktator konnte und wollte er einfach nicht aufhören zu sprechen, weil er sich gerne reden hörte. Er nahm einen weiteren tiefen Atemzug und sagte dann zu Borg: »Sie sind kaum anders als ein Wolf, Sie haben reichlich Schaden angerichtet, da ist es nur natürlich, von einem anderen Wolf totgebissen zu werden, ohne Grund und ohne Sinn. Nirgendwo herrscht größere Gerechtigkeit als in meinem Umfeld, dem Friedhof des Vergessens. Das letzte Zuhause von Mensch und Wolf ist am Ende immer der Tod.«

Das Quietschen in der Luft erinnerte Borg daran, dass es für jeden ein Damoklesschwert gab.

Borg schaute hinauf zu dem Kran, an dessen Kette ein schwerer Grabstein hing. Er schätzte die Position ab und überlegte fieberhaft, wie seine Umgebung ihm das Leben retten konnte, aber es sah alles nicht danach aus, als hätte das Schicksal einen Plan, der für Borg ein gutes Ende vorsah.

Der Grabstein würde wohl kaum durch eine göttliche Fügung aus seiner Halterung fallen und von Rotfelder erschlagen, außerdem stand von Rotfelder viel zu weit vorn. Der Grabstein wäre im Zweifelsfall zwei Meter hinter ihm eingeschlagen, wenn er herunterfallen würde, dachte Borg. Doch dann, mit dem kalten Wind, der ihm ins Gesicht wehte, fühlte er sich plötzlich, als habe ihn eine Idee angepustet. Eine völlig abwegige Idee, aber in der Situation, in der sich Borg befand, durfte er keine auch noch so geringe Chance ungenutzt lassen. Er beschloss, bis zum letzten Herzschlag zu kämpfen und niemals aufzugeben.

Borg sah eine Planke, die an der Mauer lehnte, und schob sich im Matsch seitwärts darauf zu. Er berührte das Brett mit seiner linken Hand. Das Holz war schon morsch und ließ sich mit der Hand eindrücken. Es zerfiel förmlich, die verfaulten Holzsplitter fühlten sich nass und schwammig an – die Zeit hatte Borg diese mögliche Waffe geraubt. Alles wurde früher oder später von der Zeit gestohlen, dachte er. Überall, wo er hintrat, wuchs Moos. Er schob einen Moosklumpen mit dem Fuß zur Seite; ein Gewimmel kroch in alle Richtungen davon. Diese kleinen Insekten würden auch seinen Körper früher oder später fressen, eine Aussicht, die nicht unbedingt heiter stimmte.

»Der Tod hat mir zwar mehrfach Streiche gespielt, aber nun, da ich der Dämonenmauer entkommen bin, frohlocke ich innerlich«, sagte Borg und merkte, wie gekünstelt es klang, aber er hatte sich auf das geschwollene Sprachniveau von Rotfelders eingelassen.

»Wie kommen Sie darauf, den Dämonenmauern entkommen zu sein? Sie stehen doch direkt vor einer und blicken in den Lauf meiner Waffe.«

»Das könnte ich Ihnen erklären, aber ich bin müde. Meine Kraft reicht gerade noch aus, dass ich mich bei Ihnen bedanken kann«, sagte Borg.

»Danken?«, fragte von Rotfelder irritiert. »Wofür?«

»Sie haben mir alles gegeben, was ich brauchte, um gegen Sie gewappnet zu sein.«

»Wie meinen Sie das? Das müssen Sie mir erklären. Sie liegen hier vor mir im Schlamm, Ihre letzten Sekunden verstreichen, und Sie bedanken sich? Das ist doch völliger Unsinn. Haben Sie den Verstand verloren?« Von Rotfelder schüttelte ungläubig den Kopf und lachte unecht.

»Ich erkläre es Ihnen gerne«, sagte Borg ruhig. »Als ich hierherkam, war ich Ihnen ab dem ersten Moment sofort ausgeliefert. Sie hätten mich völlig unproblematisch beseitigen können, aber weil Sie es dramatisch mögen, haben Sie mich so kompliziert aus dem Weg räumen wollen, dass es nicht gelang.«

»Sie hatten einfach Glück«, sagte von Rotfelder.

»An Glück glaube ich nicht. Es war Schicksal.«

»Zufall!«

»Es gibt keine Zufälle«, sagte Borg und sprach schnell weiter. »Sie haben mir das Insektenvernichtungsmittel zurückgegeben, mit dem ich diesem Anwalt das Maul stopfen konnte. Sie waren es, der mir den Zahn gezogen hat. Der hat mich schließlich vor einem tödlichen Schuss bewahrt, den ihr schmieriger Anwalt abgefeuert hat.«

Borg sah, wie er von Rotfelder zum Nachdenken gebracht hatte, und fuhr fort: »Dank Ihnen bin ich an ein Scharfschützengewehr gelangt, und alles nur, weil Sie mich in meinem eigenen Auto begraben wollten. Es lag im Kofferraum. Ihnen verdanke ich es auch, dass einer Ihrer Hunde sich hier auf dem Friedhof die Tollwut eingefangen hat und mich davor bewahrte, diesem Victor in die Falle zu gehen. Ach ja: Danke für den Stift, den Sie mir zum Unterschreiben des Testaments gaben. Die eine Hälfte steckt in diesem Norbert …«

Während Borg sprach, ruckelte er unbemerkt mit seinem Zeigefinger vorsichtig am Abzug der Walther P99 herum, die in seinem mehrfach gebrochenen Gips steckte. Es musste doch möglich sein, diesen kleinen Gipsbrocken hinter dem Abzug herauszuschieben, um die Waffe wieder abfeuern zu können …

Er kontrollierte jeden seiner Atemzüge. Sein Finger bewegte sich gefühlvoll.

Der Wind brachte den Grabstein, der am Kran hing, in eine minimale Pendelbewegung, und die Kette quietschte leise und gleichmäßig.

»Was habe ich damit zu tun, dass der Hund Tollwut hat?«, fragte von Rotfelder.

»Sie haben den Kammerjäger getötet, deshalb laufen hier noch so viele Ratten rum – bei denen hat sich der Hund möglicherweise das Virus eingefangen … Schlussendlich haben Sie mir jedes Mal geholfen. Denn Sie gaben mir auch das hier ...« Borg griff in seine Hosentasche und zog den kleinen Monitor heraus. Er warf ihn wie eine Frisbeescheibe mit Schwung einen Meter hinter von Rotfelder in den Schlamm.

»Was ist das?«, fragte von Rotfelder.

»Sehen Sie selbst!«, sagte Borg. Er hoffte, dass von Rotfelder den kleinen Bildschirm aufheben würde.

Tatsächlich, die Waffe weiterhin auf Borg gerichtet, ging von Rotfelder langsam rückwärts. Mechanisch beugte er die Knie, ging in die Hocke, alles, ohne Borg aus den Augen zu lassen, und hob den Monitor auf.

»Wie hat Ihnen das hier geholfen?«, fragte von Rotfelder neugierig und betrachtete den Monitor.

»Es hat Sie dahin gebracht, wo Sie jetzt stehen!«, sagte Borg scharf.

Von Rotfelder sah überrascht nach oben und erstarrte in seiner Bewegung. Genau über ihm hing der Grabstein. Die Situation war äußerst angespannt.

Nur Sekunden vorher war es Borg gelungen, den Gipsklumpen herauszudrücken, der sich hinter dem Abzug seiner P99 verklemmt hatte. Er hatte gezielt, gehofft und abgedrückt.

Der Schuss kam überraschend. An der Winde oben am Kran schlug die Kugel Funken. Der Aufprall pfiff, als die Patrone auf dem Metall der Winde aufschlug, und von Rotfelder riss erschrocken die Arme nach oben.

»Sie mieser Bastard!«, schrie er. Er warf den kleinen Monitor in den Dreck und zielte genau auf Borgs Kopf. Der wiederum sah nach oben und hoffte.

Das Rattern von Metall war zu hören, so als würde jemand eine Eisenkette über einen Stahlträger ziehen.

Im letzten Moment, bevor man stirbt, weiß man, dass man stirbt, aber man will es nicht wahrhaben. Fassungslosigkeit ergreift das Gehirn, gleich wird es seine Arbeit für immer einstellen. Genau dieses Gefühl des herannahenden, unaufhaltsamen Todes erfasste von Rotfelder, als er nach oben schaute und den Grabstein auf sich zukommen sah. Borg hatte direkt auf die Winde gezielt und getroffen. Scharfschütze Tom Spieß wäre stolz auf ihn gewesen. Die schwere Kette hatte begonnen, sich schneller und schneller abzurollen, als der schwere Grabstein nach unten sauste.

Nur Bruchteile einer Sekunde, bevor der Stein von Rotfelder erreicht hatte, öffnete sich dessen Mund weit und wurde zu einem tiefen Loch in seinem Kopf, der vorbereitete Schrei hatte aber nicht mehr genug Zeit, um aus ihm hervorzuschießen.

Von Rotfelders Körper wurde in sich zusammengedrückt. In extremen Situationen ist Wahrnehmung ebenfalls extrem, und Borg sah das Ende seines Feindes in Zeitlupe.

Von Rotfelders Kopf wurde in den Hals gedrückt, der Bauch blähte sich zu allen Seiten, und die Beine knickten an verschiedenen Stellen in alle Richtungen, als der rund 900 Kilogramm schwere Grabstein den aufplatzenden Körper am Boden breitdrückte. Es hörte sich an, als würde man aus großer Höhe in ein Fass voller Weintrauben springen.

Absolute Stille trat ein.

Borg blieb einen Augenblick regungslos im Matsch liegen, dann robbte er sich an den platt am Boden liegenden Grabstein heran. Er wollte einfach sicher sein. Er wollte Gewissheit. Zu oft war er dem Tod entkommen und hatte Erleichterung gespürt, und dann stand der Sensenmann doch wieder hinter ihm. Er kam nahe an den Grabstein heran, auf dem der Regen sein monotones Lied spielte. Unter dem Stein ragten eine Hand und ein Teil von von Rotfelders Unterarm hervor. Die letzte Bewegung, die Johann von Rotfelder machte, hatte etwas Gruseliges an sich. Die unter dem Grabstein herausschauende Hand krümmte sich durch die letzten Impulse ihrer Nervenenden wie eine Kralle, und die langen weißen Finger gruben sich mit den spitzen, viel zu langen Nägeln in das Erdreich. Dann öffnete sich die Hand wieder etwas – reine Reflexe. Mit einem Klumpen feuchter Erde in der fast geschlossenen Faust starb dieser Greifreflex zusammen mit dem abscheulichen Mann, der so viel Unheil über Lebende und Tote gebracht hatte.

Johann von Rotfelder hatte recht gehabt. Der Begriff ›Leichenbestatter‹ war völlig unzutreffend. ›Totengräber‹ traf das, was der Schurke gewesen war, viel genauer.

Die Totenstille wurde nur von einem einzigen Geräusch erfüllt. Es war das Prasseln des Regens, dessen große Tropfen klatschend auf den völlig eben liegenden Grabstein fielen, der dalag, als würde er auf einem ganz glatten Untergrund liegen, und das, obwohl er von Rotfelder unter sich zerquetscht hatte. Das Leben ist fragil, dachte Borg.

Die Glocke der Kapelle begann zu läuten. Der Glockenton blieb, auch nachdem er verklungen war, hartnäckig in Borgs Kopf. Sein innerer Schmerz war kaum zu ertragen, und sein Herz klopfte wild und verwirrt. Er war voller Unruhe und sein Kopf im Begriff, zu bersten. Zwischen Tod und Leben kämpfte man sich ab, existierte noch, das bedeutete, noch floss Blut in den Adern, das Leben war noch nicht vorbei.

Borg las die Inschrift auf dem Grabstein, der mit der Vorderseite nach oben vor ihm eingeschlagen war, zweimal: »Oliver Borg – Geboren am 24. Mai 1979 – Gestorben am 4. Oktober 2022« – das heutige Datum. Darunter stand ein Grabspruch, der nur dem kranken Gehirn eines Menschen wie von Rotfelder hatte entspringen können: »Es gibt ein ungeschriebenes Gesetz: Leben muss sterben.«

Johann von Rotfelder hatte wieder vorausschauend gehandelt. Der gelernte Steinmetz hatte für Oliver Borg einen geschmackvollen riesigen Grabstein vorbereitet, auf dem Borgs Geburtsdatum und das heutige Datum als Todestag eingemeißelt worden waren. Äußerst geschmackvoll, und bis auf das Geburtsdatum und den Namen stimmte auch alles – denn es war von Rotfelders Stein geworden. Borgs nahm dumpfe das Schlagen seines Herzens in der Brust wahr.

Am Himmel brach der Morgen durch, und der Wind zeigte an den zerfetzten Rändern der nach oben stiebenden dunklen Wolken seine Kraft.

Es war der ewige Kampf, dachte Borg. Oft näherte man sich einem Gipfel und dachte erschöpft, es wäre das letzte Mal. Wenn man aber mit letzter Kraft sein Ziel erreicht hatte und auch die Müdigkeit nachließ – worauf er jetzt hoffte – und man von Neuem in der Ferne den Gipfelgrat sah, dann spürte man den Drang, erneut hochzusteigen.

Während Borg nun still dort lag und versuchte, wieder Herr seiner Sinne zu werden, kam eine Ratte aus dem Gebüsch gelaufen. Er sah das Tier erst, als es den Grabstein vor ihm erreicht hatte. Geschickt sprang die Ratte auf den flach liegenden Stein. Darauf angelangt, stellte sie sich auf die Hinterbeine und schnupperte in den Regen hinein, dann ließ sie sich auf alle vier Pfoten nieder, kackte drei längliche schwarze Köttel auf den Stein, sprang herunter und huschte an einer anderen Stelle wieder ins Gebüsch. Borg sah das alles an, als wäre es eine kleine Showeinlage, die zum großen Ganzen gehörte.

Der Regen wurde stärker, das Klatschen nahm zu. Flüssiger Applaus, dachte Borg.

Es war nicht der Regen, sondern das Ausbleiben der auf ihn prasselnden Tropfen, das Borg wieder zu klaren Gedanken brachte. Er lag vor dem Grabstein im Schlamm, und von Rotfelders verkrampfte Hand saß wie eine weiße langbeinige Spinne im Matsch und verharrte in ihrer Totenstarre.

Borgs Nerven, die seine Schmerzen in den vergangenen Minuten unterdrückt hatten, um ihn bei klarem Verstandfür die Notfallsituation gewappnet und unabgelenkt bereithalten wollten, ließen alle auf einmal den Strom des Schmerzes durch ihre Bahnen fahren.

Wenn man im Reich der Toten wandelte, lag das Leben nicht in der eigenen Hand; dass er überhaupt noch atmete, kam von seiner Verwirrung – das Leben hing zwischen einem und dem nächsten Moment der Verwirrung. Borg stöhnte und wand sich am Boden. Er schien in der Luft zu gleiten, auseinanderzufallen und sich langsam aufzulösen. Er verlor jede menschliche Gestalt. Vollkommen ruhig schwebte er im finsteren, kalten, tiefen Tal wie ein Spinnfaden.

Ja, so war es: Waren erst einmal der anfängliche Schreck und die Angst vor dem Tod, Verzweiflung und Unruhe vorüber, kam die Verwirrung.

Er versuchte sich klarzumachen, dass die Gefahr vorüber war, aber er war ein gebranntes Kind und hatte kein Vertrauen in eine sichere Zukunft. Und dann waren da ja auch noch Donantienne und die beiden Mädchen …

Er robbte durch den Schlamm. Wie hatte er nur jemals laufen können? Seine Beine fühlten sich fremd an, sein rechter Arm pochte bei jeder Bewegung vor Schmerz und schien doppelt so groß zu sein. Der letzte abgefeuerte Schuss hatte einen dicken Riss durch den Gips fahren lassen, und der schälte sich jetzt wie die beiden Hälften einer geknackten Walnuss von seinem noch lange nicht zusammengeheilten Arm ab.

Borg half mit der linken Hand nach und warf die Gipsbrocken in das schlammige Gras. Er kam mühsam auf die Knie, und dann taumelte er mehr, als er ging, auf das Krematorium zu, vorbei an einem abgestorbenen Baum, dem er wankend auswich, als ginge auch der umher. War es ein Baum oder eine schräg gen Himmel weisende schwarze Harpune?

Der Morgen graute, und aus dem Schwarz der Umgebung erhoben sich die interessantesten Blau-, Grau- und Brauntöne. Die Welt begann sich für den anbrechenden Tag zu schminken, und sie würde noch viel Make-up auflegen müssen.

Endlich erreichte er den Vorraum des Krematoriums und ließ sich hier wieder auf den Boden gleiten.

Die wenige Kraft in seinen Armen reichte nicht aus, um sich auf den kalten weißen Fliesen des Untergrundes aufzustützen. Borg verlor gegen die Schwerkraft und klatschte mit der rechten Wange auf die glatte Fläche. Hier sollte es also enden.

Er schob sich gegen die Tür des zentralen Krematoriumsraums und drückte sie auf. Er sah rechts und links die Stuhlreihen vor sich, und durch den Mittelgang erkannte er auf dem Förderband des Krematoriums den geöffneten Eichensarg, in den von Rotfelder Donantienne da Ricci gelegt hatte.

Noch ein letztes Mal stieg der Hass gegen Johann von Rotfelder in Borgs Gedanken auf, aber er entsann sich, dass dieser Mann nie wieder Schaden anrichten würde.

Der Anblick Donantiennes hatte ihn wieder auf die Füße gebracht, aber Borgs Beine gaben schnell nach, und er sank wieder auf die Knie. In diesem Stadium der Erschöpfung war es ein Wunder, dass er bis hierher gekommen war.

Borg reckte seinen Hals: Gott sei Dank! Donantienne atmete. Sie war wohl nur bewusstlos.

Da kamen aus dem Nebenraum Jeopardy und Luzi gelaufen, und obgleich sie Borg sahen, wandten sie sich doch dem Sarg zu.

Jeopardy hielt eine recht echt nachempfundene Babypuppe, der die Hände fehlten, unter ihrem rechten Arm. Als sie Donantienne im Sarg liegen sah, ließ sie die Puppe auf den Boden fallen und kletterte geschickt auf das Förderband und in den offenen Sarg, in dem die Frau lag, die sie für sich als Mutter auserkoren hatte.

»Mama, wach mal auf!«, rief die Kleine und rüttelte an Donantiennes Körper, der in dieser Schneewittchenposition eine Ruhe und Schönheit ausstrahlte, die Borg surreal vorkam.

»Wach auf, Mama. Ich bin es, Jeopardy!«

Borg versuchte auf die Beine zu kommen, aber es wollte ihm nicht gelingen.

Luzi schaute zwischen Borg und dem Sarg hin und her. Ihre Augen verengten sich zu Schlitzen, dann schien sie einen Einfall zu haben, und Borg beobachtete ungläubig, wie das Kind um den Sarg herum zur Steuerungseinheit des Krematoriums lief.

Jeopardy saß mit gespreizten Beinen auf Donantienne und rüttelte stärker an ihr. Das kleine Mädchen konnte und wollte es einfach nicht verstehen, warum sie nicht aufwachte.

Borg hatte ein ungutes Gefühl, als Luzi auf den Hocker kletterte, der vor dem Steuerungspult stand.

»Nicht, Luzi! Fass die Knöpfe nicht an!«, rief Borg, und er glaubte im Gesichtsausdruck der kleinen Luzi die Trägheit des Herzens zu erkennen, den Moment, wenn in kürzester Zeit jedes Mitgefühl schwindet.

»Nicht!«

Das Heulen von Martinshörnern ertönte in der Ferne. Sina hatte es geschafft. Sie hatte die Kollegen alarmiert. Die verbliebenen Handlanger von Rotfelders würden nun kein Problem mehr für Borg darstellen.

Sein entkräfteter Körper unternahm einen weiteren kläglichen Versuch, sich zu erheben. Zwecklos.

Luzi sah mit einem starren Blick zu ihrer Schwester hinüber, die noch immer auf Donantienne hockte und versuchte, sie aus ihrer Ohnmacht zu wecken.

Borg war hilflos. Er konnte nur mit ansehen, was jetzt geschah: Luzi krümmte den einzigen Finger an ihrer rechten Hand und drückte damit einen tiefschwarzen Knopf auf dem Armaturenbrett vor sich. Im selben Augenblick erkannte Borg das Geräusch des sich öffnenden Krematoriums wieder.

Jeopardy bekam einen Schreck, als sich der Schlund vor ihr auftat, und ruckelte heftiger an Donantienne.

»Nein! Nein!«, schrie Borg. Hätte er doch nur einen anderen, einen frischeren, jüngeren, leistungsfähigeren Körper besessen. Seine Unterarme waren aus Gelee, als er versuchte, sich aufzustützen, um einzugreifen.

»Mama. Du musst jetzt aufwachen!«, rief Jeopardy, doch Donantienne erwachte nicht aus ihrem Schlaf.

»Komm da runter, Jeopardy!« Borgs Ruf hallte zwischen den Wänden des Krematoriums, und als wollte die in Gang gesetzte Maschine ein lautes Ausrufezeichen hinter seine Worte setzen, fuhr das Förderband mit einem Knacken los, um den Sarg mit Donantienne und dem Kind darauf in die dunkle Brennkammer zu befördern.

Jeopardy öffnete den Mund wie beim Weinen, traute sich aber nicht, es zu tun.

Borg wusste nicht, wie es ihm gelungen war, aber als er wieder Herr seiner Wahrnehmung wurde, kniete er bereits auf seinen vor Schmerzen brennenden Beinen.

Der Sarg fuhr unaufhaltsam in die Dunkelheit, und Jeopardy drehte sich zu Borg um. Ihre Augen schwammen jetzt in Tränen, und Borg schnitt es alle Worte ab. Sie weinte weiter und verzog den Mund.

Luzi hingegen kletterte von dem Stuhl herunter und ging näher an die sich schließende Klappe heran, die ihre Schwester und Donantienne verschluckt hatte.

Nun war doch noch alles verloren, dachte Borg.

Aus dem Inneren des Krematoriums drang ein Wimmern in Borgs Ohren, und dann wurde ein laut aufgellendes Kinderschreien im selben Moment zu einer Stille des Todes.

Luzi kam unschuldig auf Borg zugeschlendert, der seinen schlaffen Körper wieder hilflos auf den Boden hatte sinken lassen. Der letzte

Augenblick hatte viel in ihm zerstört. Mit großer Anstrengung bewegte er sich rutschend vorwärts. Seine Hände und Füße waren schon längst gefühllos. Dieser Moment, da die Klappe des Krematoriums sich vor die großen Augen Jeopardys gesenkt hatte, war jetzt schon als sein persönlicher Albtraum in sein Gedächtnis eingebrannt. Er würde ihn nie mehr vergessen.

Luzi stand nun mit gleichgültigem Gesichtsausdruck vor ihm.

»Mir ist langweilig«, sagte sie.

Borg hob den Kopf, und das kleine vor ihm stehende Mädchen wirkte wie eine Riesin, als er an ihr hinaufsah.

Luzi hob ihre missgebildeten Hände und krümmte die beiden Finger wie Haken. »Spielen wir Piraten?«, fragte sie Borg unschuldig.

Borgs Bilder wurden unscharf, er konnte seinen Kopf nur mit Mühe hochhalten.

Es stimmte schon: Man brauchte den Kindern nichts beizubringen, man musste sie nicht einmal bewusst erziehen. Sie machten den Erwachsenen ja doch alles nach.

Ermüdet und deprimiert atmete Borg langsam aus. Jeder Muskel seines Körpers entspannte sich, und seine leere Hülle sank auf die kalten Schachbrettfliesen. Dieses Spiel hatte er gewonnen und verloren. Er ließ seinen Kopf sinken. Dann umfing ihn Schwärze.

Oliver Borg

KEHRT ZURÜCK …

… IN

Kleine Mädchen schält man nicht

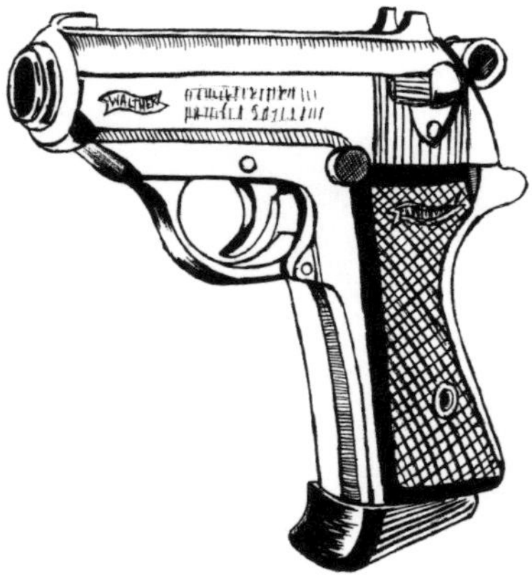

Hat Ihnen dieses Buch gefallen?

Haben Sie Wünsche und/oder Anregungen, wie es mit Oliver Borg weitergehen könnte? Dann lassen Sie es uns wissen.

Ihr Draht zu uns:
feedback@ifub-verlag.de

Möchten Sie einen Gastauftritt im kommenden Roman? Dann nehmen Sie gerne über Instagram oder Facebook Kontakt zu Autor Danny Morgenstern auf.

DANKSAGUNGEN

Ich danke meiner Frau Janine für ihre Tipps und die Hilfe bei allen meinen Fragen rund um diese Geschichte.

Unterstützung erhielt ich auch in hohem Maße von Doris Kreklau-Giemulla. Sie ist unermüdlich.

Vielen Dank an Marla Teufel für die Schöpfungshilfe beim Neologismus »missgnügt« – »missvergnügt« gibt es, schien uns aber unpassend und auch zu langweilig. »Forschend«, »resignierend«, »wissend«, »abschätzig«, »ungläubig«, »widerstrebend« und »demoralisiert« trafen den Nagel nicht auf den Kopf.

Der Dank geht diesmal auch an Stefan Löhr, der mir einen interessanten Einblick in eine Biogasanlage ermöglichte. Ebenso bedanke ich mich bei Thomas Markwalder für die inspirierenden Gespräche in der Schweiz.

Vielen Dank an Astrid und Christian Bondzio für die *hautnahe* Unterstützung.

Stephan Tengler, Bodo Kahlsdorf und Suanne Damke-Isensee bin ich dankbar für den tollen Support und für die erstklassige Fotokampagne zum Buch geht ein »Dankeschön« an Simone Hobrecht-Kettner.

Sven Uwe Mertens machte wieder viel Dampf (das kann er am besten): Ohne dich geht nix!

Nachwuchsautor Ron danke ich für das Interesse an diesem Manuskript, und Tina darf dann auch nicht vergessen werden.

Alexandra Seggelke danke ich für Ihre Hilfe mit ›Alexa‹, Carsten Wittebrock, dessen spannende Spurensuche auf meinem Computer bis nach Venedig führte, für die Rettung meiner PCs.

Ohne das Vertrauen von Björn Sülter, meinem Verleger von *In Farbe und Bunt* und die großartige finale Arbeit von Telma Vahey würde dieses Buch nicht vorliegen. Ihr seid toll!

Danny Morgenstern

Liebe Leserinnen und Leser, kennen wir nicht alle diese Urban Legend mit der Schlange, die Maß nimmt, und auch die seltsame Geschichte mit der Baufolie? Dennoch: Ich fand diese beiden Ideen, auch wenn sie nicht von mir sind, so unterhaltsam und skurril, dass ich sie in diesen Roman eingebaut habe. Sollte ich Sie damit gelangweilt haben, weil Sie die Ideen schon kannten, so bitte ich, dies zu entschuldigen.

An Danny M., Mason C., Axel H., Gao X. und Albert C. geht ebenfalls mein Dank!

Dan Braun

Für die Unterstützung der Werbekampagne zu diesem Buch bedanken wir uns ferne bei der *Schlangenfarm Schladen*, besonders bei Oliver Keudel und Svenja Büsing (www.schlangenfarm-schladen.de).

DIE AUTOREN

Danny Morgenstern ist ein deutscher Autor, Moderator, Tanzlehrer, Trainer und Business-Knigge-Coach auf der Basis der Empfehlungen des Arbeitskreises Umgangsformen International. Er hat mittlerweile über 20 Bücher geschrieben, ist als James-Bond-Experte mehrfach im Fernsehen aufgetreten und war Gast bei Talk-Veranstaltungen und Podiumsdiskussionen in Deutschland, Österreich und der Schweiz. Morgenstern arbeitet eng mit verschiedenen Radio- und TV-Sendern zusammen und unterstützt Journalistinnen und Journalisten bei den Themenbereichen »James Bond«, »Knigge und Umgangsformen« und »Körpersprache«.

Unter seinem richtigen Namen vermietet **Dan Braun** seit Jahren seinen Körper und seinen Geist. Er wurde Ende der 1970er Jahre in Niedersachen geboren, heiratete viele Jahre später in Amerika und lebt heute mit seiner Frau und seinen Kindern in Deutschland.

Braun hat sich bei seiner Arbeit als Autor erstmals dem Genre Krimi gewidmet und sich mit der überdurchschnittlichen Brutalität seiner bildhaften Sprache umgehend ein Markenzeichen geschaffen. Die bisherigen Bücher, die der Autor unter seinem richtigen Namen schrieb, waren allesamt erfolgreich, und er konnte sich als Schriftsteller auf dem Buchmarkt etablieren.

Über seine Arbeit an diesem Buch sagt Braun: »Der Leser weiß, wo die meisten Romane haltmachen. Man muss darüber hinausgehen.«

DER VERLAG

Lesen ist wie Fernsehen im Kopf!

So lautet ein Slogan, den wir für uns aufgegriffen haben.

Seit fünf Jahren ist es unser Anliegen, Ihnen ein spannendes Programm in diesem "Kopf-Fernsehen" zu bieten, das im Gegensatz zu den schwarzen Zeichen auf weißem Grund in Ihrem Kopf gerne in Farbe und so bunt wie möglich ablaufen darf.

Richtig bunt sollen die Welten also sein, in die wir Sie mit unseren Büchern entführen wollen. Nicht beliebig, nicht von der Stange. Unsere Geschichten sind nicht durch die Marktforschung gegangen, aber kommen von Herzen.

Entdecken Sie unsere Visionen.
Folgen Sie uns in fantastische Welten. In Farbe und Bunt.

Der **Verlag in Farbe und Bunt** bietet Romane, Biografien, Sachbücher, Comics, E-Books, Kinder-, Jugend- und Hörbücher aus allen Bereichen und für jedes Alter.